Otto Zwierlein

Die Urfassungen der Martyria Polycarpi et Pionii
und das Corpus Polycarpianum

Untersuchungen zur antiken Literatur und Geschichte

Herausgegeben von

Heinz-Günther Nesselrath, Peter Scholz
und Otto Zwierlein

Band 116

De Gruyter

Die Urfassungen
der Martyria Polycarpi et Pionii
und das Corpus Polycarpianum

Band 1:
Editiones criticae

von

Otto Zwierlein

mit armenisch-deutschem Text
und englischer Übersetzung von Daniel Kölligan

De Gruyter

ISBN 978-3-11-037100-0
e-ISBN 978-3-11-036916-8
ISSN 1862-1112

Library of Congress Cataloging-in-Publication Data

A CIP catalog record for this book has been applied for at the Library of Congress.

Bibliografische Information der Deutschen Nationalbibliothek

Die Deutsche Nationalbibliothek verzeichnet diese Publikation in der Deutschen
Nationalbibliografie; detaillierte bibliografische Daten sind im Internet
über http://dnb.dnb.de abrufbar.

© 2014 Walter de Gruyter GmbH, Berlin/Boston

Druck und Bindung: Hubert & Co. GmbH & Co. KG, Göttingen
∞ Gedruckt auf säurefreiem Papier

Printed in Germany

www.degruyter.com

Vorwort

Ziel und Verlauf dieser zweibändigen Untersuchungen, deren erster Band im wesentlichen den kritischen Editionen vorbehalten ist, werden in der nachfolgenden Einleitung kurz skizziert. An dieser Stelle gilt es, Dank zu sagen: allen voran R. Hübner, der den Impuls gegeben, beständigen Rat beigesteuert und dann das fertige Manuskript geprüft und durchkorrigiert hat, G. O. Hutchinson für seine sorgfältige Durchsicht der griechischen und englischen Übersetzungen des ersten Bandes, zu denen er zahlreiche Verbesserungen beigesteuert hat, Th. Riesenweber für tief eindringende kritische Lektüre des Manuskripts und die übermenschlichen Mühen bei der Herstellung der komplizierten Druckvorlage einschließlich der Stemmata.

Als sich in einer späteren Phase der Untersuchungen die Notwendigkeit ergab, altarmenische Versionen in die Textkonstitution einzubeziehen, sind mir drei Armenologen zur Seite gesprungen: Frau Armenuhi Drost-Abgarjan (Halle–Wittenberg) hat bereitwillig meiner Bitte entsprochen, eine neue Übersetzung der in der Handschrift **arm**^M vorliegenden Polykarp-Kapitel aus der *Kirchengeschichte* Eusebs anzufertigen, und diese inzwischen als Beitrag zur Festschrift für Hubert Kaufhold (2013) publiziert[1]. Durch diese neue Übertragung wurden in einem entscheidenden Punkt die sonst recht zuverlässigen Angaben von P. VETTER (1881) berichtigt und dadurch die Authentizität der armenischen Kurzfassung untermauert. Christian Hannick (Ostkirchliches Institut an der Universität Würzburg) hat aufopferungsvoll die im Apparat des Pionius-Herausgebers SRAPIAN verzeichneten Varianten des Codex **arm**^W, soweit sie für meine Zwecke bedeutsam schienen, übersetzt und kommentiert. Erst spät bin ich auf den mir geographisch benachbarten Armenisch-Kenner Daniel Kölligan (Köln) verwiesen worden. Die überaus fruchtbare Zusammenarbeit mit ihm hat dazu geführt, daß dieser erste Band durch einen armenisch–deutschen Text, ganz aus seiner Hand, und durch die englischen Übersetzungen der beiden Urfassungen bereichert wird.

---

1   Die armenische Version des Polykarp-Martyriums, in: P. BRUNS – H. O. LUTHE (Hrsgg.), Orientalia Christiana (= Eichstätter Beiträge zum christlichen Orient) 3, Festschrift für HUBERT KAUFHOLD zum 70. Geburtstag, Wiesbaden 2013, 155–167.

Auch diesmal schulde ich R. Stichel Dank für unschätzbare Hilfe bei der Beschaffung von Handschriften. Für Auskünfte über den Verbleib von Manuskripten und für Reproduktionen danke ich dem Megas Archimandrítes Athenagoras, Erzabt des Ökumenischen Patriarchats von Istanbul, dem Abt des Wiener Mechitharisten-Klosters P. Paulus Kodjanian, der Direktorin der Library of the Centre for Slavo-Byzantine Studies "Prof. Ivan Dujcev", Frau Prof. Aksinija Džurova (Sofia), dem Direktor des Stadtarchivs Trier, E. Nolden, dem Leiter der Stiftsbibliothek des Klosters Einsiedeln, Pater Justinus Pagnamenta, ferner den folgenden Bibliotheken und Handschriftenzentren: Badische Landesbibliothek (Karlsruhe), Bibliothèque municipale de Reims, Bibliothèque nationale de France (Paris), Biblioteca Nazionale Marciana (Venedig), Bibliothèque Royale de Belgique (Brüssel), Bodleian Library (Oxford), British Library (London), Institut de Recherche et d'Histoire des Textes (Orléans/Paris), Library of Congress (Washington D. C.), Österreichische Nationalbibliothek (Wien), Staatliches Historisches Museum Moskau, Staatsbibliothek zu Berlin – Preußischer Kulturbesitz.

Bei der Erörterung spezieller Fragen durfte ich die Hilfe folgender Kollegen und Freunde in Anspruch nehmen: K. Alpers, M. Beck, M. Deufert, G. O. Hutchinson, R. Jakobi, P. Nagel, M. D. Reeve, Th. Riesenweber, A. Schüller-Zwierlein. Die kritische Erstedition der spätlateinischen *Passio Pionii* ist durch die Umsicht und den Scharfsinn M. Deuferts und R. Jakobis sehr gefördert worden. R. Jakobi hat zudem das ganze Manuskript kritisch gelesen und mich noch zu einem Zeitpunkt, da bereits die Endformatierung des 1. Bandes vor dem Abschluß stand, mit einem elektronisch übermittelten Osterbrief überrascht (20.4.2014), in dem er das Ergebnis seiner Kollation des neuen lateinischen Textes mit der weit gediehenen (mir unbekannten) Ausgabe Oskar von Gebhardts im Gebhardt-Nachlaß der Berliner Staatsbibliothek übermittelte. Auch wenn diese Recherchen an keiner Stelle zu einer Änderung des neuen Textes führten, ist nun dem großen Namen die Reverenz erwiesen, daß er im Apparat der *Passio Pionii* überall dort dem Namenskürzel des Herausgebers vorangestellt wurde, wo beide Forscher unabhängig die gleiche Emendation gefunden haben.

Den beiden Mitherausgebern gebührt diesmal ein besonderer Dank für die Bereitschaft, sich während des laufenden Semesters die Durchsicht eines so umfangreichen Manuskriptes zuzumuten. H.-G. Nesselrath hat diese Aufgabe in bewundernswerter Effizienz gemeistert: mit seinem geradezu magischen Auge entlarvt er selbst arglistig getarnte Verschreibungen und Irrtümer! Frau Legutke ist die langfristige Terminplanung und die anspruchsvolle Koordination der in verschiedenen Abteilungen angesiedelten Verlagsarbeiten aufs schönste gelungen! Al-

len, die zum Entstehen und zur Publikation der beiden Bände beige-
tragen haben, sei im Namen unserer Wissenschaft von Herzen gedankt!

Bonn, den 20. Mai 2014   Otto Zwierlein

Inhaltsverzeichnis

Literaturverzeichnis

Achelis, H.: Die ältesten Quellen des orientalischen Kirchenrechtes, Bd. I: Die Canones Hippolyti, Leipzig 1891 (TU 6/4)

Alföldy, G.: Konsulat und Senatorenstand unter den Antoninen, Bonn 1977

Ameling, W.: Die Jüdische Diaspora Kleinasiens und der 'Epigraphic Habit', in J. Frey (2007) 253–282

——: The Christian *lapsi* in Smyrna, 250 A. D. (*Martyrium Pionii* 12–14), Vig. Christ. 62 (2008), 133–160

Atti e Passioni dei Martiri, edd. A. A. R. Bastiaensen, A. Hilhorst et al., Milano 1987 (^{2}1990)

Balestri, I. et Hyvernat, H.: Acta martyrum II, Leuven 1924 (CSCO 86 [SC 6]) [Nachdr.: Louvain 1953], 62–72; 363–364

Barnard, L. W.: The Problem of Saint Polycarp's Epistle to the Corinthians, Church Quarterly Review 163 (1962), 421–430

——: In Defence of Pseudo-Pionios' Account of Saint Polycarp's Martyrdom, in: Kyriakon. Festschrift J. Quasten (ed. P. Granfield and J. A. Jungmann), Bd. I, Münster 1970, 192–204

——: The 'Epistle of Barnabas' and its Contemporary Setting, in: ANRW II 27.1 (1993), 159–207

Barnes, T. D.: A Note on Polycarp, Journal of Theological Studies 18 (1967), 433–437

——: Pre-Decian *Acta Martyrum*, Journal of Theological Science 19 (1968), 509–531

——: The Editions of Eusebius' *Ecclesiastical History*, Greek, Roman and Byzantine Studies 21 (1980), 191–201

——: Early Christian Hagiography and Roman History, Tübingen 2010

Bastiaensen, A. A. R.: siehe Atti e Passioni

Baumeister, T.: Die Anfänge der Theologie des Martyriums, Münster 1980

Baur, F. C.: Die sogenannten Pastoralbriefe des Apostels Paulus, aufs neue kritisch untersucht, Stuttgart 1835

Becker, J.: Mündliche und schriftliche Autorität im frühen Christentum, Tübingen 2012

Bihlmeyer, K.: Die Apostolischen Väter, 2. Aufl. mit einem Nachtrag von W. Schneemelcher, Teil I, Tübingen 1956

Boeft, J. den – Bremmer, J.: Notiunculae Martyrologicae 1–5, Vig. Christ. 35 (1981), 43–56; 36 (1982), 383–402; 39 (1985), 110–130; 45 (1991), 105–122; 49 (1995), 146–164

Borse, U.: 1. und 2. Timotheusbrief, Titusbrief, Stuttgart 1986

Bowersock, G. W.: Marturdom and Rome, Cambridge 1995

——: s. L. Robert

Brent, A.: Ignatius of Antioch, London 2007

Brightman, F. E.: Liturgies, Eastern and Western, Bd. 1: Eastern Liturgies, Oxford 1896 (Reprint 1965)

Brind'Amour, P.: La date du martyre de Saint Polycarpe (le 23 février 167), Analecta Bollandiana 98 (1980), 456–462

Brox, N.: Irenäus von Lyon, Epideixis. Adversus Haereses, 5 Bde., Freiburg 1993–2001 (Fontes Christiani 8/1–5)

——: Der Hirt des Hermas, Göttingen 1991 (KAV 7)

Bürki, H.: Der zweite Brief des Paulus an Timotheus, die Briefe an Titus und an Philemon, Wuppertal 1975

Burgess, R. W.: 'NON DUO ANTONINI SED DUO AUGUSTI'. The Consuls of 161 and the Origins and Traditions of the Latin Consular *Fasti* of the Roman Empire, ZPE 132 (2000), 259–290

Buschmann, G.: Martyrium Polycarpi: Eine formkritische Studie. Ein Beitrag zur Frage nach der Entstehung der Gattung Märtyrerakte, Berlin–New York 1994

——: Das Martyrium des Polykarp, Göttingen 1998

Cacitti, R.: Grande Sabato. Il contesto pasquale quartodecimano nella formazione della teologia del martirio, Milano 1994

Cadoux, C. J.: Ancient Smyrna, Oxford 1938

Caird, G. B.: Paul's Letters from Prison (Eph, Phil, Col, Phlm), Oxford 1976

Campbell, W. S.: The "We" Passages in the Acts of the Apostles: The Narrator as Narrative Character, Atlanta 2007

Campenhausen, H. Frhr. von: Polykarp von Smyrna und die Pastoralbriefe, Heidelberg 1951 (= Aus der Frühzeit des Christentums, Tübingen 1963, 197–252)

——: Bearbeitungen und Interpolationen des Polykarpmartyriums. SB Heid. Ak. Wiss., Phil.-hist. Kl. 1957, 3, Heidelberg 1957

Capone, A.: The narrative sections of Macarius Magnes' Apocriticus, in: ders. (Hrsg.), Lessico, argomentazioni e strutture retoriche nella polemica di età cristiana (III–V sec.), Turnhout 2012, 253–270

Chapot, V.: La province romaine proconsulaire d'Asie, Paris 1904

Collins, R. F.: 1 & 2 Timothy and Titus, Louisville/Kentucky 2002

Committee of the Oxford Society of Historical Theology (Hrsg.), The New Testament in the Apostolic Fathers, Oxford 1905

Conzelmann, H.: Bemerkungen zum Martyrium Polykarps, NAWG, Phil-hist. Kl. 2 (1978), 3–20

Corssen, P.: Die Vita Polycarpi, ZNtW 5 (1904), 266–302

Cuming, G. J.: The Liturgy of St. Mark, Roma 1990 (Orientalia Christiana Analecta 234)

De Aldama, J. A.: Repertorium Pseudochrysostomicum, Paris 1965

Dehandschutter, B.: Martyrium Polycarpi: Een literair-kritische studie, Leuven 1979 (Bibliotheca Ephemeridum Theologicarum Lovaniensium, 52)

——: The Martyrium Polycarpi: a Century of Research, ANRW II 27.1 (1993), 485–522

——: Polycarpiana. Studies on Martyrdom and Persecution in Early Christianity. Collected Essays, edited by J. Leemans, Leuven 2007 (Bibliotheca Ephemeridum Theologicarum Lovaniensium, 205)

——: siehe zu Stewart-Sykes

Deininger, J.: Die Provinziallandtage der Römischen Kaiserzeit, München–Berlin 1965

Delafosse, H.: Lettres d'Ignace d'Antioche, Paris 1927

Delehaye, H.: Les Passions des Martyrs et les genres littéraires, Brüssel 1921

Donelson, L. R.: Pseudepigraphy and Ethical Argument in the Pastoral Epistles, Tübingen 1986

Duchesne, L.: Vita Sancti Polycarpi Smyrnaeorum Episcopi auctore Pionio, Paris 1881

Eckey, Wilfried: Die Briefe des Paulus an die Philipper und an Philemon, Neukirchen-Vluyn 2006

Ehrman, B. D.: The Apostolic Fathers (1Clem, 2Clem, Ignatius, Polycarp, Didache),Cambridge–London 2003 (Loeb Class. Libr.)

——: Forgery and Counter-forgery. The Use of Literary Deceit in Early Christian Polemics, Oxford 2013

Eichhorn, J. G.: Einleitung in das Neue Testament, Bd. III, Teil 1, Leipzig 1812, 315–328

Faivre, A. et C.: Genèse d'un Texte et Recours aux Écritures. Ignace, *aux Ephésiens* 14,1–16,2, RevSR 65 (1991), 173–196

Feldman, L. H.: Jew and Gentile in the Ancient World, Princeton 1993

Feltoe, C. L.: Διονυσίου λείψανα. The letters and other remains of Dionysius of Alexandria, Cambridge 1904

Fischer, J. A.: Die Apostolischen Väter, Darmstadt [10]1993 ([1]1956)

Fowl, S. E.: Philippians, Cambridge 2005

Freudenberger, F.: Die Akten der scilitanischen Märtyrer als historisches Dokument, Wiener Studien 86 (1973), 196–215

Frend, W. H. C.: Martyrdom and Persecution in the Early Church, Oxford 1965 (Grand Rapids 1981)

Frey, J. et al. (Hrsgg.): Jewish Identity in the Greco–Roman World, Leiden–Boston 2007

Fuchs, R.: Unerwartete Unterschiede. Müssen wir unsere Ansichten über die Pastoralbriefe revidieren?, Wuppertal 2003

Futre Pinheiro, M. P. et al. (Hrsgg.), The Ancient Novel and Early Christian and Jewish Narrative: Fictional Intersections, Groningen 2012 (Ancient Narrative, Supplementum 16)

Funk, F. X.: Das Martyrium des hl. Polykarp (im Codex Hierosol. S. Sepulcri 1), Centralblatt für Bibliothekswesen 15 (1898), 364–366

Funk, F. X. – Diekamp, F.: Patres Apostolici II, Tübingen 1913

Gamber, K.: Das koptische Ostrakon London B. M. Nr. 32799 und 33050 und seine liturgiegeschichtliche Bedeutung, Ostkirchliche Studien 21, 1972, 298–308

Gebhardt, O. von: Collation einer Moskauer Handschrift des Martyrium Polycarpi, ZHT 45 (1875), 355–395, bes. 356–363

——: Das Martyrium des heil. Pionius. Aus dem Cod. Ven. Marc. CCCLIX zum ersten Male herausgegeben, Archiv für slavische Philologie 18 (1896), 156–171

Geerlings, W.: Traditio Apostolica. Apostolische Überlieferung, Freiburg 1991 (Fontes Christiani 1)

Gero, S.: Jewish Polemic in the Martyrium Pionii and a "Jesus" Passage from the Talmud, Journal of Jewish Studies 29 (1978), 164–168

Gibson, E. L.: Jewish Antagonism or Christian Polemic: the Case of the *Martyrdom of Pionius*, Journal of Early Christian Studies 9 (2001), 339–358

Goulet, R.: Macarios de Magnésie. Le Monogénès, 2 Bde., Paris 2003

Gourgues, M.: Les deux lettres à Timothée. La lettre à Tite, Paris 2009

Grafer, T. W.: The Apocriticus of Macarius Magnes, London 1919 (= Translations of Christian Literature, Series I. Greek Texts)

Green, R. P. H.: Latin Epics of the New Testament. Juvencus, Sedulius, Arator, Oxford 2006

Grégoire, H. et Orgels, P.: La véritable date du martyre de S. Polycarpe (23 février 177) et le 'Corpus Polycarpianum', Analecta Bollandiana 69 (1951), 1–38

Guyot, P. – Klein, R.: Das frühe Christentum bis zum Ende der Verfolgungen, 2 Bände, Darmstadt 1993/1994 (2 Bände in einem Band: 3., unveränderte Auflage 2006)

Häfner, G.: „Nützlich zur Belehrung" (2Tim 3,16). Die Rolle der Schrift in den Pastoralbriefen im Rahmen der Paulusrezeption, Freiburg 2000

Hagner, D. A.: The Use of the Old and New Testaments in Clement of Rome, Leiden 1973

Hanson, A. T.: The Pastoral letters: commentary on the First and Second Letters to Timothy and the Letter to Titus, London [u. a.] 1966

——: Studies in the Pastoral Epistles, London 1968

Harnack, A.: Die Zeit des Ignatius und die Chronologie der antiochenischen Bischöfe bis Tyrannus nach Julius Africanus und den späteren Historikern. Nebst einer Untersuchung über die Verbreitung der Passio S. Polycarpi im Abendlande, Leipzig 1878

Harrison, P. N.: The Problem of the Pastoral Epistles, Oxford 1921

——: Polycarp's two epistles to the Philippians, Cambridge 1936

Hartog, P.: Polycarp and the New Testament. The Occasion, Rhetoric, Theme, and Unity of the Epistle to the Philippians and its Allusions to New Testament Literature, Tübingen 2002

Helm, R.: Die Chronik des Hieronymus (Eusebius Werke, Bd. VII), Berlin 1956

Hilgenfeld, A.: Der Paschastreit der alten Kirche nach seiner Bedeutung für die Kirchengeschichte und für die Evangelienforschung, Halle 1860

——: Der Quartodecimanismus Kleinasiens und die kanonischen Evangelien, ZWTh 4 (1861), 285–318

——: Polykarp von Smyrna, ZWTh 17 (1874), 305–345

——: Des Chrysostomos Lobrede auf Polykarp, Zeitschrift für wissenschaftliche Theologie 45 (1902), 569–572

——: Eine dreiste Fälschung in der alten Zeit und deren neueste Verteidigung, ZWTh 48 (1905), 444–458

Hill, C. E.: Who Chose the Gospels? Probing the Great Gospel Conspiracy, Oxford 2010

Hitchcock, F. R. M.: Philo and the Pastorals, Hermathena 55 (1940), 113–135

Holtz, G.: Die Pastoralbriefe, Berlin ³1980

Holtzmann, H. J.: Das Verhältnis des Johannes zu Ignatius und Polykarp, ZWTh 20 (1877), 187–214

——: Die Pastoralbriefe, kritisch und exegetisch behandelt, Leipzig 1880

Hoover, J.: False Lives, False Martyrs: „Pseudo-Pionius" and the Redating of the Martyrdom of Polycarp, Vig. Christ. 67 (2013) 471–498

Hübner, R. M.: Thesen zur Echtheit und Datierung der sieben Briefe des Ignatius von Antiochien, ZAC 1 (1997), 44–72

——: Der paradox Eine. Antignostischer Monarchianismus im zweiten Jahrhundert. Mit einem Beitrag von M. Vinzent, Leiden 1999

——: Überlegungen zur ursprünglichen Bedeutung des Ausdrucks 'Katholische Kirche' (καθολικὴ ἐκκλησία) bei den frühen Kirchenvätern, in: J. Arnold et al. (Hrsgg.), Väter der Kirche. Ekklesiales Denken von den Anfängen bis in die Neuzeit (Festgabe für H. J. Sieben SJ zum 70. Geburtstag), Paderborn 2004, 31–79

Hüttl, W.: Antoninus Pius, Bd. 2: Römische Reichsbeamte und Offiziere unter Antoninus Pius, Prag 1933

Hutchinson, G. O.: Greek to Latin: Frameworks and Contexts for Intertextuality, Oxford 2013

Janssen, Martina: „Wider die Antithesen der fälschlich sogenannten Gnosis" – 1 Tim 6,20 und die Antithesen Markions, in: M. Janssen/F. S. Jones/J. Wehnert (Hg.), Frühes Christentum und Religionsgeschichtliche Schule, Festschrift für Gerd Lüdemann, Göttingen 2011 (NTOA/StUNT 95), 96–109

Joly, R.: Le Tableau de Cébès et la philosophie religieuse, Bruxelles–Berchem 1963

——: Le dossier d'Ignace d'Antioche, Bruxelles 1979

——: Le milieu complexe du 'Pasteur d'Hermas', in: ANRW II 27.1, Berlin/New York 1993, 539f.

Johnson, L. Th.: The first and second Letters to Timothy, New York 2001

Keim, K. Th.: Celsus' wahres Wort, Zürich 1873

——: Aus dem Urchristentum, Zürich 1878, bes. 90–170

Khomych, T.: "An Early Church Slavonic Translation of the Martyrdom of St. Polycarp": Three Decades later, Anal. Boll. 130 (2012), 294–303

Kinzig, W. et al.: Tauffragen und Bekenntnis, Berlin 1999 (AKG 74)

Knight III, G. W.: The Pastoral Epistles. A Commentary on the Greek Text, Grand Rapids/Mich. 1992

Knoch, O.: 1. und 2. Timotheusbrief. Titusbrief, Würzburg 1988

Knoch, O. B.: Im Namen des Petrus und Paulus. Der Brief des Clemens Romanus und die Eigenart des römischen Christentums, in: ANRW II 27.1, Berlin 1993 [dort 8–9 Anm. 9 Berührungen zwischen 1Clem und Polyc]

Köster, H.: Synoptische Überlieferung bei den Apostolischen Vätern, Berlin 1957 (TU 65)

——: Überlieferung und Geschichte der frühchristlichen Evangelienliteratur, ANRW II 25.2, Berlin–New York 1984, 1463–1542

Kraft, H.: Die Lyoner Märtyrer und der Montanismus, in: E. Dassmann – K. S. Frank (Hrsg.), Pietas. Festschr. B. Kötting, Münster 1980, 250–266

Lane Fox, R.: Pagans and Christians, New York 1987

Laqueur, R.: Eusebius als Historiker seiner Zeit, Leipzig 1929

Lawlor, H. J. – Oulton, J. E. L.: Eusebius. Ecclesiastical History and Martyrs of Palestine. Translated with introduction and notes, 2 Bde., London 1927–28 [Nachdr. 1954]; Vol. I: Translation, Vol. II (1928): Introduction, Notes and Index.

Lebek, W. D.: Das Datum des ersten Clemensbriefes, in: B. R. Suchla (Hrsg.), Von Homer bis Landino (Festgabe für A. Wlosok zum 80. Geburtstag), Berlin 2011, 133–206

Lechner, T.: Ignatius adversus Valentinianos? Chronologische und theologiege-
schichtliche Studien zu den Briefen des Ignatius von Antiochien, Leipzig 1999

Leo, F.: Die griechisch–römische Biographie nach ihrer literarischen Form, Leipzig 1901 (Nachdr. Hildesheim 1965)

Levison, W.: Conspectus Codicum Hagiographicorum, in: B. Krusch – W. Levison, Passiones Vitaeque Sanctorum aevi Merovingici, MGH Script. Rer. Merov. VII (1920), 529–706

Lieu, J. M.: Image and Reality: The Jews in the World of the Christians in the Second Century, Edingburgh 1996

——: Accusations of Jewish persecution in early Christian sources, with particular
reference to Justin Martyr and the *Martyrdom of Polykarp*, in: G. N. Stanton –
G. G. Stroumsa (Hrsgg.), Tolerance and Intolerance in Early Judaism and
Christianity, Cambridge 1998, 279–295

Lightfoot, J. B.: The Apostolic Fathers, [2]London 1889 (Nachdr. Hildesheim 1973)

Lindemann, A. – Paulsen, H.: Die Apostolischen Väter, Tübingen 1992

Lips, H. v.: Von den „Pastoralbriefen" zum „Corpus Pastorale", in: U. Schnelle
(Hrsg.), Reformation und Neuzeit: 300 Jahre Theologie in Halle, Berlin 1994,
49–71

Lipsius, R. A.: Der Märtyrertod Polykarps, ZWTh 17 (1874), 188–214

Löhr, W. A.: Der Brief der Gemeinden von Lyon und Vienne (Eusebius, h.e. V, 1–
2(4)), in: D. Papandreou et al. (Hrsgg.), Oecumenica et Patristica (Festschr. W.
Schneemelcher zum 75. Geburtstag), Stuttgart 1989, 135–149

Lohse, B.: Das Passafest der Quartadecimaner, Gütersloh 1953

Lona, H. E.: Der erste Clemensbrief, Göttingen 1998 (KAV 2)

Looks, C.: Das Anvertraute bewahren. Die Rezeption der Pastoralbriefe im 2. Jahrhundert, München 1999

Lotz, J.–P.: Ignatius and Concord, New York 2007

Magie, D.: Roman Rule in Asia Minor, 2 Bde., Princeton 1950

Markschies, Chr.: Wer schrieb die sogenannte „Traditio Apostolica"? Neue Beobachtungen und Hypothesen zu einer kaum lösbaren Frage aus der altkirchli-
chen Literaturgeschichte, in: W. Kinzig – Chr. Markschies – M. Vinzent,
Tauffragen und Bekenntnis, Berlin 1999, 1–74

——: Die Kirche in vorkonstantinischer Zeit. Von der Mitte des 2. bis zum Ende
des 3. Jahrhunderts, in: Ökumenische Kirchengeschichte I, Darmstadt 2006,
59–98

Marrou, H.–I.: La date du martyre de S. Polycarpe, Analecta Bollandiana 71
(1953), 5–20

Matthews, Sh.: Perfect Martyr. The Stoning of Stephen and the Construction of
Christian Identity, Oxford 2010

Merz, A.: Die fiktive Selbstauslegung des Paulus. Intertextuelle Studien zur Inten-
tion und Rezeption der Pastoralbriefe, Göttingen 2004

Morlet, S. – Perrone, L.: Eusèbe de Césarée, Histoire Ecclésiastique, Commentaire,
Tome I: *Études d'introduction*, Paris 2012

Moss, C. R.: On the Dating of Polycarp: Rethinking the Place of the *Martyrdom of
Polycarp* in the History of Christianity, Early Christianity 1 (2010), 539–574

——: The Other Christs. Imitating Jesus in Ancient Christian Ideologies of Martyrdom, Oxford 2010

——: Ancient Christian Martyrdom: Diverse Practices, Theologies, and Traditions, New Haven/CT: Yale University 2012

——: Nailing Down and Tying Up: Lessons in Intertextual Impossibility from the *Martyrdom of Polycarp*, Vig. Christ. 67 (2013), 117–136

Mosshammer, A. A.: The *Chronicle* of Eusebius and Greek Chronographic Tradition, Cranbury–London 1979

Müller. H. (= Müller 1908a): Das Martyrium Polycarpi: Ein Beitrag zur altchristlichen Heiligengeschichte, Röm. Quartalschr. 22 (1908), 1–16

——: (= Müller 1908b): Aus der Überlieferungsgeschichte des Polykarp-Martyrium, Paderborn 1908

——: Eine Bemerkung zum Martyrium Polycarpi, Theologie und Glaube 2 (1910), 669f.

Müller, U. B.: Der Brief des Paulus an die Philipper, Leipzig ²2002

Musurillo, H.: The Acts of the Christian Martyrs, Oxford 1972

Nesselrath, H.–G.: Libanios, Stuttgart 2012

Nestle, E.: Die Kirchengeschichte des Eusebius. Aus dem Syrischen übersetzt, in: Texte u. Untersuchungen zur Gesch. der Altchristlichen Literatur 21 (NF 6), Leipzig 1901

Niederwimmer, K.: Die Didache, Göttingen ²1993 (KAV 1)

Norelli, E.: Ascensio Isaiae, Turnhout 1995 (CCSA 7/8)

NTAF: siehe Committee of the Oxford Society

Oberlinner, L.: Die Pastoralbriefe, Zweite Folge: Kommentar zum Zweiten Timotheusbrief, Freiburg 1995

Osiek, C.: Rich and Poor in the *Shepherd of Hermas*, Washington 1983

Papadopoulos, Chrysostomos A.: Μαρτύριον τοῦ ἁγίου Πολυκάρπου, Ekklēsiastikos Pharos 1 (1908), 209–230 (= 17–38)

Parkes, J.: The Conflict of the Church and the Synagogue. A study in the origins of antisemitism, London 1934

Peterson, E.: Das Martyrium des hl. Petrus nach der Petrus-Apokalypse, in: Frühkirche, Judentum und Gnosis, Darmstadt 1982, 88–91

Prostmeier, F. R.: Der Barnabasbrief, Göttingen 1999 (KAV 8)

Reuning, W.: Zur Erklärung des Polykarpmartyriums, Darmstadt 1917 (Diss. Gießen)

Reuter, R.: Synopse zu den Briefen des Neuen Testaments, Teil I (Kol, Eph, 2Thess), Frankfurt 1997

——: Synopse zu den Briefen des Neuen Testaments, Teil II: Die Pastoralbriefe, Frankfurt 1998

——: Textvergleichende und synoptische Arbeit an den Briefen des Neuen Testaments, Frankfurt 2003

Richards, W. A.: Difference and Distance in Post-Pauline Christianity. An Epistolary Analysis of the Pastorals (SBL 44), New York 2002

Robbins, V. K.: By Land and by Sea: The We-Passages and Ancient Sea-Voyages, in: Ch. Talbert (Hrsg.), Perspectives on Luke-Acts, Edinburgh 1978, 215–242

Robert, L.: Le Martyr de Pionios Prêtre de Smyrne, édité, traduit et commenté par L. Robert, mis au point et complété par G. W. Bowersock et C. P. Jones, Washington 1994

Robinson, J. A.: Liturgical Echoes in Polycarp's Prayer, The Expositor 9 (1899), 63–72

Roloff, J.: Der erste Brief an Timotheus, Neukirchen 1988 (EKK 15)

Ronchey, S.: Indagine sul martirio di San Policarpo: Critica storica e fortuna agiografica di un caso giudiziario in Asia Minore, Roma 1990 (Nuovi Studi Storici 6)

Rordorf, W.: Zum Problem des „Grossen Sabbats" im Polykarp- und Pioniusmartyrium, in: E. Dassmann – K. S. Frank (Hrsgg.), Pietas. Festschr. B. Kötting, Münster 1980, 245–249

Rougé, J. – Turcan, R. (Hrsgg.): Les martyrs de Lyon (177), Paris 1978

Rousseau, A. – Doutreleau, L.: Irénée de Lyon, Contre les Hérésies III (2 Bde.), Paris 1974 (SC 210/211)

Sanders, E. P.: Literary Dependence in Colossians, JBL 85 (1966), 28–45

Schleiermacher, F.: Über den sogenannten Ersten Brief des Paulos an den Timotheos. Ein kritisches Sendschreiben an J. C. Gass, Berlin 1807

Schmidt, C.: Gespräche Jesu mit seinen Jüngern nach der Auferstehung, Leipzig 1919

Schmithals, W.: Zu Ignatius von Antiochien, ZAC 13 (2009), 181–203

Schoedel, W. R.: Polycarp. Martyrdom of Polycarp; Fragments of Papias (The apostolic fathers [Opera patrum apostolicorum]; a new translation and commentary, ed. R. M. Grant, Bd. 5), Camden/N. J. – Toronto 1967

——: Ignatius of Antioch, Philadelphia 1985 (= Die Briefe des Ignatius von Antiochien, übersetzt v. G. Koester, München 1990)

——: Polycarp of Smyrna and Ignatius of Antioch, ANRW II 27.1 (1993), 272–358

Schöllgen, G.: Didache. Zwölf-Apostel-Lehre, Freiburg ²1992 (Fontes Christiani 1)

Schreckenberg, H.: Die christlichen Adversus-Judaeos-Texte und ihr literarisches und historisches Umfeld (1.–11. Jh.), Frankfurt–Bern 1982 (⁴1999)

Schürer, E: Die Passastreitigkeiten des 2. Jahrhunderts, Zeitschrift für historische Theologie 40 (NF 34), 1870, (II,) 182–284

Schwab, G.: Echtheitskritische Untersuchungen zu den vier kleineren Paulusbriefen, Band 1/Halbband A: Der Philemonbrief. Beobachtungen zur Sprache des Philipper- und des Galaterbriefs, Norderstedt 2011

Schwartz, E.: Eusebius Werke, Bd. II: Die Kirchengeschichte (II 1–3), Leipzig 1903–1909 (GCS IX 1–3)

——: De Pionio et Polycarpo, Göttingen 1905

——: Griechische Geschichtsschreiber, Leipzig 1957 (Eusebios: S. 495–598)

Sepp, B.: Das Martyrium Polycarpi, Regensburg 1911

Simon, M.: Verus Israel. Etudes sur les relations entre Chrétiens et Juifs dans l'Empire Romain (135–425), Paris ²1964

Srapian, M.: Das Martyrium des hl. Pionius aus dem Altarmenischen übersetzt, Wiener Zeitschrift für die Kunde des Morgenlandes 28 (1914), 376–405

Steitz, G. E.: Der Charakter der kleinasiatischen Kirche und Festsitte um die Mitte des zweiten Jahrhunderts, Jbb. f. dt. Theol. 1861, 102–141

Stewart-Sykes, A.: The Life of Polycarp, edited and translated with an introduction and notes, Sydney 2002 (Early Christian Studies 4) – dazu die Rezension von B. Dehandschutter, Vig. Christ. 58 (2004), 209–214

Strobel, A.: Die Passa-Erwartung als urchristliches Problem in Lc 17,20f., ZNW 49 (1958), 157–196

Sturdy, J. V. M.: Redrawing the Boundaries. The Date of Early Christian Literature, edited by J. Knight, London–Oakville 2007

Swainson, C. A.: Greek Liturgies, London 1884 (Nachdr.: Hildesheim 1971)

Syme, R.: The Proconsuls of Asia under Antoninus Pius, ZPE 51 (1983), 271–290

Taylor, M. S.: Anti-Judaism and Early Christian Identity: A Critique of the Scholarly Consensus, Leiden 1995 (Studia Post-Biblica. 46)

Thümmel, H. G.: Polykarp und kein Ende: Zum Polykarp-Martyrium, ZAC 16 (2013), 550–553

Tiersch, C.: Johannes Chrysostomus in Konstantinopel (398–404), Tübingen 2002

Trebilco, P. R.: Jewish Communities in Asia Minor, Cambridge 1991

Trummer, P.: Die Paulustradition der Pastoralbriefe, Frankfurt 1978

Vinzent, M.: „Ich bin kein körperloses Geistwesen". Zum Verhältnis von κήρυγμα Πέτρου, 'Doctrina Petri', διδασκαλία Πέτρου und IgnSm 3, in: R. Hübner (1999), 241–286

——: Give and Take amongst Second Century Authors. The *Ascension of Isaiah*, the *Epistle of the Apostles* and Marcion of Sinope, Studia Patristica 50 (2011), 105–129

——: Christ's Resurrection in Early Christianity and the Making of the New Testament, Farnham (Surrey) 2011

Völter, D.: Polykarp und Ignatius und die ihnen zugeschriebenen Briefe (Die Apostolischen Väter neu untersucht. II,2), Leiden 1910

Vokes, F. E.: Life and Order in an Early Church: the Didache, in: ANRW II 27.1 (1993), 209–233

Volp, U.: Makarios Magnes. Apokritikos. Kritische Ausgabe mit deutscher Übersetzung, Berlin/Boston 2013 (Texte und Untersuchungen zur Geschichte der altchristlichen Literatur 169)

Wallace-Hadrill, D. S.: Eusebius of Caesarea, London 1960

Weiser, A.: Der zweite Brief an Timotheus, Neukirchen 2003 (EKK 16/1)

Weninger, F.: Die Pastoralbriefe in der Kanongeschichte zur Zeit der Patristik, Diss. masch. Wien 1964 (s. Looks)

Wengst, K.: Schriften des Urchristentums II, Darmstadt 1984

——: Das Johannesevangelium, 2 Bde., Stuttgart ²2004/²2007 (ThKNT 4,1/2)

Weyman, C.: Analecta sacra et profana, in: M. Jansen, Festgabe. Hermann Grauert zur Vollendung des 60. Lebensjahres gewidmet von seinen Schülern, Freiburg 1910; zur *Passio Pionii* dort S. 15–17

Wifstrand, A.: *EIKOTA*. Emendationen und Interpretationen zu griechischen Prosaikern der Kaiserzeit (IV.6. Zu christlichen Schriftstellern), Årsberättelse 1938–1939, 9–40 (Bulletin de la Société des Lettres de Lund [Humanistiska Vetenskapssamfundet i Lund])

Wilson, S. G.: Luke and the Pastoral Epistles, London 1979

Wolter, M.: Die Pastoralbriefe als Paulustradition, Göttingen 1988

Wohleb, L.: Die Überlieferung des Pionios-Martyriums, Röm. Quartalschr. 37 (1927), 173–177

Wright, W. – McLean, N.: The Ecclesiastical History of Eusebius in Syriac, with a Collation of the ancient Armenian Version by Dr. A. Merx, Cambridge 1898

Yarbrough, Mark M.: Paul's Utilization of Preformed Traditions in 1 Timothy, London [u.a.] 2009 (Library of New Testament studies. 417)

Zahn, Th.: Ignatius von Antiochien, Gotha 1873

——: Ignatii et Polycarpi Epistulae Martyria Fragmenta, Leipzig 1876 (Patrum Apostolicorum Opera, II)

——: Zu Makarius von Magnesia, ZKG 2 (1877), 450–459

——: rez. L. Duchesne, Vita Sancti Polycarpi, GGA 1882, 289–305

Zwierlein, O.: Lucubrationes Philologae I (Seneca), II (Antike und Mittelalter), Berlin–New York 2004 (UaLG 71. 72) [= Lucubr. I/II]

——: Petrus in Rom: Die literarischen Zeugnisse. Mit einer kritischen Edition der Martyrien des Petrus und Paulus auf neuer handschriftlicher Grundlage, Berlin–New York 2009, 2., durchgesehene und ergänzte Auflage 2010 (UaLG 96) [= Zw. bzw. ²Zw.]

——: Petrus und Paulus in Jerusalem und Rom. Vom Neuen Testament zu den apokryphen Apostelakten, Berlin–New York 2013 (UaLG 109)

Einleitung

Ausgangspunkt der hier vorgelegten Studien war eine durch R. HÜB-
NER angestoßene Neubewertung des seit Jahrhunderten umstrittenen
Briefes Polykarps an die Philipper, der in Kapitel 1 und 13 einschnei-
dende Veränderungen erfahren hat, die Leben und Werk des Ignatius
berühren[2]. Hinzu kam der von anderer Seite erhobene Einspruch gegen
das im Petrusbuch favorisierte Todesdatum Polykarps (unter Marc Au-
rel um 161–168/9)[3]. Dieses ist unauflöslich verbunden mit chronologischen Hinweisen in den *Martyrien* der beiden Smyrnäischen Presbyter
Polykarp und Pionius. Die daran anknüpfenden chronologischen, über-
lieferungsgeschichtlichen und echtheitskritischen Untersuchungen haben erst durch eine neue Gewichtung der Polykarp- und Ignatiuscorpora
des ausgehenden 4. Jh.s eine plausible Perspektive gewonnen. Ein *Corpus Polycarpianum* war vor allem von ZAHN und LIGHTFOOT Ende des
19. Jh.s erschlossen worden, später aber auf Skepsis gestoßen und dann
zunehmend in Vergessenheit geraten[4]. Der große Polykarpkenner DE-
HANDSCHUTTER hat die Existenz eines solchen Corpus zeitlebens be-
stritten; doch ist die frühere Konzeption Anfang unseres Jahrhunderts
zu Recht wiederbelebt worden[5].

---

2   Den Stachel, die von mir früher (Zw. 2009 [= ²Zw. 2010] 188–193) im Anschluß an
     LIGHTFOOT vertretene „unitarische" Position noch einmal auf den Prüfstand zu bringen,
     hat mir R. HÜBNER bald nach Erscheinen des Petrusbuchs ins Fleisch gesetzt (Brief
     vom 12.9.2009).
3   Siehe Zw. (2009/²2010) 201[191] und Zw. (2013) 287.
4   Rühmliche Ausnahmen sind BIHLMEYER XLI (die Polykarpvita sei wahrscheinlich En-
     de des 4. Jh.s als typischer Βίος πρὸ τοῦ μαρτυρίου zur Ergänzung des Leidensberichtes
     angefertigt worden, um mit ihm und dem Philipperbrief zu einem *Corpus Polycarpia-
     num* zusammengefaßt zu werden) und VON CAMPENHAUSEN (1957), der ebenfalls in ei-
     nem einzigen Satz zu Beginn seiner knappen Skizze der Überlieferung des griechischen
     Textes darauf hinweist, daß alle Handschriften „auf eine einzige Rezension, das *Corpus
     Polycarpianum* des Pseudo-Pionios, zurückgehen, wo es [sc. das *Polykarpmartyrium*]
     mit dem Polykarpbrief und der von Pseudo-Pionios verfaßten *Vita Polycarpi* in Ver-
     bindung gebracht war" (7).
5   Siehe STEWART-SYKES (2002) 10–13. [Doch die Freude währte nur kurz: Nach Ab-
     schluß des 2. Bandes, der Mitte Januar 2014 an R. HÜBNER zur Begutachtung ging
     (Rückantwort vom 13.2.2014: „Ich habe gestern die Lektüre Ihres Buches beendet"), er-
     schien J. HOOVER, False *Lives*, False Martyrs: Pseudo-Pionius and the Redating of the
     Martyrdom of Polycarp, Vig. Christ. 67, 2013, 471–498 (mir bekannt geworden durch
     R. JAKOBI über e-mail M. BECK vom 19.2.2014, denen beiden hiermit auch öffentlich

Der Urheber des *Corpus Polycarpianum*, der sich selbst im Anhang zum *Martyrium Polycarpi* das Pseudonym „Pionios" beilegt, hat vermutlich um 400 eine Sammlung von „Polykarp-Schriften" zusammengestellt (darunter auch das *Martyrium Polycarpi* und das *Martyrium Pionii*) und diese in eine von ihm selbst verfaßte Polykarpvita integriert bzw. um sie herum gruppiert. Er trägt die Verantwortung für eine große Zahl von Interpolationen, die wir heute mühsam aus den einst im Corpus zusammengeschlossenen, später teils individuell, teils im Verbund überlieferten Texten wieder auszusondern haben. Aber schon lange vor seiner Zeit waren die Martyrientexte (jedenfalls das *Martyrium Polycarpi*) in großem Umfang redigiert worden. Die vielen Unsicherheiten in den Sachfragen (Chronologie, Martyriumskonzeption, Ursprung und Entwicklung der Begriffe μέγα σάββατον, μαρτύριον, καθολικὴ ἐκκλησία, das Motiv der Christusangleichung, Judenpolemik und früher 'Antisemitismus') sind eng mit diesen schwierigen Überlieferungsverhältnissen verbunden. Dies führte am Ende langwieriger Bemühungen zu der Einsicht, daß ohne eine neue kritische Edition der beiden Martyrientexte fester Boden nicht zu gewinnen sei. Doch auch die Arbeit an der Neuausgabe selbst verlief zunächst auf unsicherem Boden, bis eine neue Entdeckung zum ungeahnten Ziel führte.

Der Kenntnisstand vom September 2012 spiegelt sich in dem Ausblick, mit dem das Buch 'Petrus und Paulus in Jerusalem und Rom' schließt (Zw. 2013, 287f.). Das *Martyrium Polycarpi* wird dort als ein mehrschichtiges Gebilde beschrieben, das tiefgreifende Redaktionen erfahren hat. Die Eingriffe des Ps.-Pionios seien zumindest teilweise durch einen Vergleich mit den Auszügen, die uns Euseb zu Beginn des 4. Jh.s in seiner *Kirchengeschichte* überliefert hat, von dem früheren Textkörper abhebbar. Als dies geschrieben wurde, war die altarmenische Fassung **arm**^M, die P. VETTER (1881) im Apparat seiner armenischen Hauptübersetzung mitführt, noch nicht in den Blick getreten. Ihre Einbeziehung in die Textkonstitution brachte den entscheidenden Durchbruch: Sie repräsentiert eine syrische Version des griechischen Eusebiustextes, die von einigen Experten in das 4. Jh., von anderen um ± 400 datiert wird, und gibt – wie sich bald herausstellte – einen der Urfassung des *Polykarpmartyriums* sehr nahen Kurztext, den ich der er-

---

Dank gesagt sei). In diesem Aufsatz wird die Skepsis DEHANDSCHUTTERs erneuert, ja, zusätzlich dessen Einverständnis mit der communis opinio, daß der Pseudo-Pionius, der sich am Ende des *Martyrium Polycarpi* als Verfasser des „Kolophons" ausgibt, identisch sei mit dem Verfasser der anonymen *Vita Polycarpi*, aufgekündigt und das Kolophon ins 3. oder frühe 4. Jh. vordatiert. Ich habe HOOVER aufmerksam gelesen; die Notwendigkeit, meine Darlegungen (oder dieses Vorwort) zu ändern, hat sich nirgends ergeben.]

sten Ausgabe der *Kirchengeschichte* Eusebs (um 295) zuordne. Die griechischen Martyriumshandschriften dagegen bieten eine durch viele redaktionelle Zusätze erweiterte Langfassung (unterschiedlicher Ausdehnung), über deren Stellung zu den späteren von Euseb selbst veranstalteten Ausgaben seiner *historia ecclesiastica* im zweiten Band zu handeln sein wird.

Ganz analog erwiesen sich die Verhältnisse im nachträglich untersuchten *Martyrium Pionii*. Auch dort führte eine altarmenische Version auf die richtungweisende Spur: Der Mechitharist MOSES SRAPIAN (1914) teilt im Apparat seiner armenisch–deutschen Ausgabe des *Pioniusmartyriums* kontinuierlich Abweichungen der Wiener Handschrift **arm**^W mit, die eine zweifellos ursprünglichere Fassung des *Martyriums* dokumentieren[6]. Diese ist um eine gute Hälfte kürzer als der in den heute gültigen Ausgaben gedruckte *Pionius*-Text, während die einzige erhaltene griechische Handschrift und die sonstigen armenischen Versionen wieder einen durch viele Wucherungen entstellten Langtext bieten. Anders als das *Polykarpmartyrium* hat das *Martyrium Pionii* auf den frühen Überlieferungsstufen nur wenig unter Kontamination gelitten. Aus diesem Grunde läßt sich durch einen kritischen Vergleich der verschiedenen Fassungen, die uns in den Handschriften überliefert sind, der Urtext beinahe modellhaft aus den späteren Überwucherungen herausschälen. Eine solche methodische Stringenz ist im *Polykarpmartyrium* wegen späterer Redaktionen und des schwer kalkulierbaren Einflusses unterschiedlicher Fassungen der *Kirchengeschichte* Eusebs, die der Autor selbst über drei Jahrzehnte hin mehrmals erweiterte und veränderte, nicht gegeben. Die Überlieferung des *Pioniusmartyriums* hat ferner den großen Vorzug, daß die wichtigen armenischen Versionen direkt aus griechischen Vorlagen übersetzt sind, nicht aus syrischen Zwi-

---

6 Der vom Schreiber Thaddäus im Jahr 1224 kopierte Text des auf San Lazzaro in Venedig liegenden Mechitharisten-Codex (**arm**^V) scheint eng verwandt zu sein mit **arm**^W; s. Bd. 2, S. 80[138]. Sporadisch sind Varianten dieser Handschrift **arm**^V, soweit sie von dem 1882 verstorbenen Mechitharisten P. J. CATERGIAN exzerpiert worden waren (s. Bd. 2, S. 39), ebenfalls im Apparat der Ausgabe SRAPIANs verzeichnet; doch scheint CATERGIAN nur wenige „Fehlstellen" in **arm**^V berücksichtigt zu haben. Leider ist es nicht gelungen, eine Kopie dieser wichtigen armenischen Handschrift aus Venedig zu erhalten. Um so dankbarer bin ich dem Abt des Wiener Mechitharisten-Klosters P. PAULUS KODJANIAN, daß er mir bereitwillig eine digitale Reproduktion des armenischen *Pionius*-Textes der Wiener Handschrift (224 = **arm**^W) zur Verfügung gestellt hat. Sie ist von D. KÖLLIGAN zur Grundlage seines hier abgedruckten armenisch–deutschen Textes gemacht worden. Es wäre wünschenswert, daß ein kundiger Armenologe die Aufgabe einer Editio maior der armenischen *Pionius*-Version übernimmt. Ihm bleibt es vorbehalten, den hier wiedergegebenen Text abzusichern und die Filiation der bisher bekannten fünf armenischen Handschriften und deren Position im Stemma der Gesamtüberlieferung des *Martyrium Pionii* genauer zu bestimmen.

schenquellen, wie dies beim *Polykarpmartyrium* der Fall ist. Diese gün-
stige Situation hat mich veranlaßt, im zweiten Band die Rekonstruktion
des Urtextes der beiden *Martyrien* dem Leser zunächst anhand des zeit-
lich späteren *Martyrium Pionii* vorzuführen, in der Hoffnung, daß er
danach genügend gewappnet sein wird für die gesteigerten Anforderun-
gen des *Polykarpmartyriums*.

Aus praktischen Gründen ist das Hauptergebnis der Untersuchungen, die neue kritische Edition der beiden Texte, als Band 1 an den Anfang gesetzt. Der Leser wird es zu schätzen wissen, die beschwerliche
Reise in dem Bewußtsein antreten zu dürfen, daß das Ziel tatsächlich
erreicht wurde – und daß ihm die Vorwegnahme des Ergebnisses
manch lange Umwege erspart hat. Den Neuausgaben folgt im 2. Band
nicht unmittelbar, wie man erwarten könnte, die Textgeschichte und die
sich daraus ergebende Rekonstruktion, sondern es wird eines der beiden
Hauptthemen vorgeschaltet, die den Anlaß zu dem ganzen Unterneh-
men gegeben haben: die für die Patristik und Kirchengeschichte in viel-
facher Hinsicht zu einem Schlüsselproblem gewordene Frage nach dem
Todesdatum Polykarps. Sie kann vermutlich am besten die Dringlich-
keit der hier vorgelegten Untersuchungen verdeutlichen.

Nach Abschluß des zweiten Bandes habe ich mich dazu durchgerun-
gen, auch dem bisher nur grob erfaßten lateinischen Überlieferungszweig ε des *Martyrium Pionii* ein schärferes Profil zu geben und diese
frühere der beiden lateinischen Übersetzungen erstmals kritisch zu
edieren. Sie galt den letzten Herausgebern des *Martyrium Pionii* als
mittelalterlich. Wiedergewonnen wurde ein kostbares Stück rhythmi-
sierter Prosa mit literarischem Anspruch aus der Mitte des 5. Jahrhunderts. Es bildet nun (nebst einer deutschen Übersetzung) den Ausklang
des ersten Bandes.

A. Das Martyrium Polycarpi

I. Die Urfassung
(mit englischer Übersetzung von D. Kölligan)

Μαρτύριον τοῦ ἁγίου Πολυκάρπου

inscr. Ἡ ἐκκλησία τοῦ θεοῦ, ἡ παροικοῦσα Σμύρναν, ταῖς ἐκκλησίαις ταῖς κατὰ τὴν Ἀσίαν καὶ πάσαις ταῖς κατὰ πάντα τόπον τῆς ἁγίας ἐκκλησίας παροικίαις· χάρις καὶ εἰρήνη καὶ ἀγάπη θεοῦ πατρὸς καὶ τοῦ κυρίου ἡμῶν Ἰησοῦ Χριστοῦ πληθυνθείη.   5

1   (1,1) Ἐγράψαμεν ὑμῖν, ἀδελφοί, τὰ κατὰ τοὺς μαρτυρήσαντας καὶ τὸν μακάριον Πολύκαρπον, ὅστις ὥσπερ ἐπισφραγίσας διὰ τῆς μαρτυρίας αὐτοῦ κατέπαυσε τὸν διωγμόν. (2,2) τὸ γὰρ γενναῖον αὐτῶν καὶ ὑπομονητικὸν τίς οὐκ ἂν θαυμάσειεν; οἳ μάστιξι μὲν καταξανθέντες, ὥστε μέχρι τῶν ἔσω φλεβῶν καὶ ἀρτηριῶν τὴν τῆς σαρκὸς οἰκονομίαν   10 θεωρεῖσθαι, ὑπέμειναν, ὡς καὶ τοὺς περιεστῶτας καταπλῆξαι. (2,4) ὁμοίως δὲ καὶ οἱ εἰς τὰ θηρία κριθέντες ὑπέμειναν δεινὰς κολάσεις, κήρυκας μὲν ὑποστρωννύμενοι καὶ ἄλλαις ποικίλαις βασάνοις κολαφιζόμενοι.

2   (3,1) Πάντων δὲ θαυμασιώτερος ἦν ὁ γενναῖος Γερμανικός, ὃς καὶ   15 ἐπίσημον ἑαυτὸν ἐδείξατο ἐν ἐκείνῳ τῷ ἀγῶνι. βουλομένου γὰρ τοῦ ἀνθυπάτου πείθειν αὐτὸν προβαλλομένου τε τὴν ἡλικίαν καὶ λέγοντος· Παῖς ὢν καὶ κομιδῇ νέος φείδου σεαυτοῦ, ἠμέλησεν, προθύμως δ᾽ ἐπιχειρήσας ἐπεσπάσατο εἰς ἑαυτὸν τὸ θηρίον, οὐ μόνον παροξύνας ἀλλὰ καὶ προσβιασάμενος, ὡς ἂν τάχιον τοῦ ἀδίκου καὶ ἀνόμου βίου αὐτῶν   20 ἀπαλλαγείη. (3,2) τούτου δ᾽ ἐπὶ τῷ διαπρεπεῖ θανάτῳ πᾶν τὸ πλῆθος ἐθαύμασεν τὴν τοῦ θεοφιλοῦς μάρτυρος ἀρετήν.

3   (5,1) Ὁ δὲ θαυμασιώτατος Πολύκαρπος τὸ μὲν πρῶτον ἀκούσας ἀτάραχος ἔμεινεν εὐσταθὲς τὸ ἦθος καὶ ἀκίνητον φυλάξας· (6,1) ἐπικειμένων δὲ σὺν πάσῃ σπουδῇ τῶν ζητούντων αὐτόν, τὸ δεύτερον αὖθις   25 ὑπὸ τῆς τῶν ἀδελφῶν στοργῆς ἐξεβιάσθη πάλιν μεταβῆναι ἐφ᾽ ἕτερον ἀγρόν. καὶ μετ᾽ οὐ πολὺ τὸ ἴχνος εὑρόντες ἐπέστησαν ἐκεῖ οἱ ζητοῦντες αὐτόν, συνελάβοντο δὲ αὐτόθι παιδάρια δύο, ὧν τοῦ ἑτέρου βασανιζομένου ἀγαγόντες αὐτοὺς ἔδειξαν τὴν τοῦ Πολυκάρπου καταγωγήν.

4   (7,1) Ὀψὲ δὲ τῆς ὥρας ἐπελθόντες, αὐτὸν μὲν εὗρον ἐν ὑπερῴῳ κα-   30 τακείμενον. (7,2) καὶ δὴ μαθὼν παρόντας καὶ καταλαβόντας, καταβὰς αὐτοῖς διελέξατο εὖ μάλα φαιδρῷ καὶ πραοτάτῳ προσώπῳ. καὶ εὐθέως ἐκέλευσεν τράπεζαν αὐτοῖς παρατεθῆναι καὶ τροφὴν ἄφθονον αὐτοῖς εἰσενεχθῆναι, ἐξῃτήσατο δὲ αὐτοὺς ἵνα δῶσιν αὐτῷ ὥραν πρὸς τὸ προσεύξασθαι ἀδεῶς. (7,3) τῶν δὲ ἐπιτρεψάντων ἀναστὰς προσηύξατο   35 πλήρης ὢν τῆς χάριτος τοῦ κυρίου ὥστε ἐκπλήττεσθαι τοὺς παρόντας εὐχομένου αὐτοῦ ἀκροωμένους πολλούς τε αὐτῶν μετανοεῖν ἐπὶ τῷ τοιοῦτον ἀναιρεῖσθαι μέλλειν σεμνὸν καὶ θεοπρεπῆ πρεσβύτην.

The martyrdom of Polycarp

The church of God dwelling in Smyrna to the churches in (the province of) **inscr.**
Asia and to all the communities of the holy Church everywhere: may the grace
and peace and love of God the Father and of Jesus Christ our Lord be multi-
5 plied.

(1,1) We are writing to you[i], brothers, the story of the martyrs and of the **1**
blessed Polycarp who put a stop to the persecution by his own martyrdom as
though he were putting a seal upon it. (2,2) Who, indeed, would not admire
their nobility and endurance? For even when they were torn by whips until the
10 very structure of their bodies was laid bare down to the inner veins and arte-
ries, they endured it, filling even the bystanders with astonishment. (2,4) Simi-
larly did those who were condemned to the beasts endure terrifying torments,
being laid out upon trumpet-shells and punished by other different kinds of
tortures.

15 (3,1) More admirable than anybody else was the noble Germanicus, who **2**
distinguished himself in the trial. For when the proconsul wanted to persuade
him, reminding him of his young age, saying: "You are still a child, take care
of yourself and spare your young life", he paid no heed, but eagerly he
attacked and dragged the beast on top of himself, not only provoking, but
20 actually forcing it to attack him, intending to be freed all the more quickly
from their [i. e. his tormentors'] unjust and lawless life. (3,2) At his noble
death the whole crowd admired the virtue of this witness (of the true God) dear
to God.

(5,1) Now at first when the most admirable Polycarp heard of this, he was **3**
25 not disturbed, keeping his composure firm and unshaken; (6,1) but when those
who were looking for him pressed with great effort, he was forced once again
to leave for another estate, for the love of his brothers, and shortly afterwards
his pursuers caught his trail and arrived there. In that same place they seized
two slaves, and when they had tortured one of them, they led them, showing
30 them the place where Polycarp was lodging.

(7,1) It was late in the evening when they closed in; they found him **4**
reclining in a room upstairs. (7,2) When he noticed their presence and realized
that they had caught him, he went downstairs and talked to them with a very
bright and calm countenance. And immediately he had a table set up for them
35 and plenty of food brought in, and he asked them to grant him an hour to pray
undisturbed. (7,3) When they consented, he rose and prayed, being filled with
the grace of the Lord, such that those present were amazed when they heard
him pray and many of them regretted that such an honourable and marvellous
old man was about to be killed.

---

i   Epistulary aorist 'we have written'.

5   (8,1) Ἐν τούτῳ δὲ τῆς ὥρας ἐλθούσης τοῦ ἐξιέναι ὄνῳ καθίσαντες
αὐτὸν ἤγαγον εἰς τὴν πόλιν. (8,2) καὶ ὑπήντα αὐτῷ ὁ εἰρήναρχος Ἡρώδης καὶ ὁ πατὴρ αὐτοῦ Νικήτης, οἳ καὶ μεταθέντες αὐτὸν ἐπὶ τὴν καροῦχαν ἔπειθον παρακαθεζόμενοι καὶ λέγοντες· Τί γὰρ κακόν ἐστιν εἰ-
πεῖν· Κύριος Καῖσαρ, καὶ ἐπιθῦσαι καὶ διασώζεσθαι; ὁ δὲ τὰ μὲν πρῶτα   5
οὐκ ἀπεκρίνατο αὐτοῖς, ἐπιμενόντων δὲ αὐτῶν ἔφη· Οὐ μέλλω ποιεῖν ὃ
συμβουλεύετέ μοι. (8,3) οἱ δὲ ἀποτυχόντες τοῦ πεῖσαι αὐτὸν δεινὰ ῥήματα ἔλεγόν τε αὐτῷ καὶ ἅμα ἐπιλαβόμενοι καθήρουν αὐτὸν ἀπὸ τῆς
καρούχας ὡς καὶ καταπεσόντα ἀποσῦραι τὸ ἀντικνήμιον. καὶ μὴ ἐπι-
στραφεὶς ὡς οὐδὲν πεπονθὼς προθύμως μετὰ σπουδῆς ἐπορεύετο.   10
6   Ἤγαγον αὐτὸν εἰς τὸ στάδιον ὅπου τὰ θηρία κατακέκλειστο. τοσοῦτο δὲ πλῆθος ἦν ἐν τῷ σταδίῳ ὡς μηδὲ πολλοῖς αὐτῶν ὀφθῆναι ὅτι
Πολύκαρπος εἰσελήλυθεν εἰς τὸ στάδιον. (9,1) καὶ λοιπὸν προσαχθέντος αὐτοῦ θόρυβος ἦν μέγας ἀκουσάντων ὅτι Πολύκαρπος συνείληπται. (9,3) ἐγκειμένου δὲ τοῦ ἀνθυπάτου καὶ λέγοντος· Ὄμοσον, καὶ   15
ἀπολύω σε, λοιδόρησον τὸν Χριστόν, ἔφη ὁ Πολύκαρπος· Ὀγδοήκοντα
καὶ ἓξ ἔτη ἔχω δουλεύων αὐτῷ καὶ οὐδέν με ἠδίκησεν. καὶ πῶς δύναμαι
βλασφημῆσαι τὸν βασιλέα μου τὸν σώσαντά με;
7   (11,1) Ἔφη πρὸς αὐτὸν ὁ ἀνθύπατος· Θηρία ἔχω ἀφιέναι· τούτοις
σε παραβαλῶ ἐὰν μὴ μετανοήσῃς. ὁ δὲ εἶπεν· Κάλει, ἐλθέτω. ἀμετάθε-   20
τος γὰρ ἡμῖν ἡ ἀπὸ τῶν κρειττόνων ἐπὶ τὰ χείρω μετάνοια. (11,2) ὁ δὲ
πάλιν πρὸς αὐτόν· Πυρί σε ποιήσω δαπανηθῆναι εἰ τῶν θηρίων καταφρονεῖς. ἔφη πρὸς αὐτὸν ὁ Πολύκαρπος· Πῦρ ἀπειλεῖς τὸ πρὸς ὥραν
καιόμενον καὶ μετ' ὀλίγον σβεννύμενον. ἀγνοεῖς γὰρ τὸ τῆς μελλούσης
κρίσεως καὶ αἰωνίου κολάσεως τοῖς ἀσεβέσι τηρούμενον πῦρ. ἀλλὰ μὴ   25
βραδύνῃς· φέρε ὃ βούλει.
8   (12,1) Ὁ δὲ ἀνθύπατος ἐκπλαγεὶς ἔπεμψεν ἐν μέσῳ τοῦ σταδίου κη-
ρῦξαι· Τρὶς Πολύκαρπος ὡμολόγησεν ἑαυτὸν Χριστιανὸν εἶναι. (12,2)
τούτου λεχθέντος ὑπὸ τοῦ κήρυκος, ἅπαν τὸ πλῆθος ἀκατασχέτῳ θυμῷ
καὶ μεγάλῃ φωνῇ ἐπεβόα· Οὗτός ἐστιν ὁ τῆς ἀσεβείας διδάσκαλος, ὁ   30
πατὴρ τῶν Χριστιανῶν, ὁ τῶν ἡμετέρων θεῶν καθαιρέτης· καὶ γὰρ διδάσκει τοὺς ἀνθρώπους μὴ προσκυνεῖν αὐτοῖς. ταῦτα λέγοντες ἠρώτων
τὸν Ἀσιάρχην ἵνα ἐπαφῇ τῷ Πολυκάρπῳ λέοντα. ὁ δὲ ἔφη μὴ εἶναι ἐξὸν
αὐτῷ ἐπειδὴ πεπληρώκει τὰ κυνηγέσια. (12,3) τότε ἔδοξεν αὐτοῖς ὁμοθυμαδὸν ἐπιβοῶσιν ὥστε τὸν Πολύκαρπον ζῶντα κατακαῦσαι.   35
9   (13,2) Ὅτε δὲ ἡ πυρὰ ἡτοιμάσθη, ἀπέθετο ἑαυτῷ πάντα τὰ ἱμάτια.
(13,3) εὐθέως οὖν αὐτῷ περιετίθετο τὰ πρὸς τὴν πυρὰν ἡρμοσμένα ὄργανα. μελλόντων δὲ αὐτὸν καὶ προσηλοῦν, εἶπεν· Ἄφετέ με οὕτως. ὁ
γὰρ δοὺς ὑπομεῖναι τὸ πῦρ δώσει καὶ μὴ προσηλούμενον ἀσάλευτον
ἐπιμεῖναι τῇ πυρᾷ.   40
10   (14,1) Οἱ δὲ εἴασαν αὐτὸν οὕτω καὶ οὐ καθήλωσαν μέν, ἔδησαν δὲ
αὐτὸν δεσμοῖς. αὐτὸς δὲ ὀπίσω τὰς χεῖρας ποιήσας καὶ προσδεθεὶς

(8,1) But when in the course of these events the hour of leaving had come, **5**
they put him on a donkey and thus conducted him into the city. (8,2) The
police captain Herod and his father Nicetes came out to meet him and they
shifted him on to their carriage and sitting beside him they tried to convince
5   him, saying: "What is so bad about saying: 'Caesar is Lord.' and offering a
sacrifice and saving your life?" He would not answer them at first, but when
they insisted, he said: "I am not going to do what you advise me to do." (8,3)
And when they could not persuade him, they hurled heavy insults at him and at
the same moment they took him and threw him down from the carriage. And
10   when they had thrown him down, he scraped his shins. But taking no notice, as
though nothing had happened, he walked on eagerly and quickly.

They brought him into the amphitheatre where the beasts were shut in. But **6**
there was such a huge crowd in the amphitheatre that not many of those
present noticed that Polycarp had come into the amphitheatre. (9,1) And then
15   as he was brought forward there was a great uproar when they heard that it was
Polycarp who had been arrested. (9,3) And the proconsul insisted and said:
"Swear [by Caesar], and I will let you go, curse Christ!" Polycarp said: "For
eighty-six years I have been his servant and he has never done me any wrong.
So how can I blaspheme against my king and saviour?"
20   (11,1) The proconsul said to him: "I have wild beasts that I may let loose; I **7**
will expose you to them if you do not change your mind." But he said: "Let
them come. For a change of mind from the better to the worse is impossible for
us." (11,2) And again he said to him: "If you are not afraid of the animals, I
will have you consumed by fire." Polycarp said to him: "You threaten me with
25   a fire that burns for a short time only and is extinguished soon, for you do not
know the fire of the coming judgement and of the eternal damnation awaiting
the impious. Do not hesitate; do as you please."

(12,1) The proconsul was amazed and sent a herald into the centre of the **8**
arena to announce: "Thrice Polycarp has confessed that he is a Christian."
30   (12,2) After he had said this, the whole crowd shouted in unrestrained rage and
in a loud voice: "This is the teacher of impiety, the father of the Christians, the
destroyer of our gods; for he teaches men not to revere them." And while they
were saying this, they asked the Asiarch to have a lion loosed on Polycarp. But
he said that he was not allowed to do this, since the days of the animal games
35   were past. (12,3) Then they decided, shouting unanimously, that Polycarp
should be burnt alive.

(13,2) And when the pyre had been prepared, Polycarp took off his **9**
clothes. (13,3) Immediately then the equipment prepared for the pyre was
placed around him. When they were about to nail him to it, he said: "Leave me
40   as I am. For he who gives me the strength to endure the fire will also grant me
to remain unshaken on the pyre even without the nails."

(14,1) And they left him like that and did not nail him to it, but only bound **10**
him with fetters. And he himself put his hands behind his back and was bound

ὥσπερ κριὸς ἐπίσημος ἀναφερόμενος ἐκ μεγάλου ποιμνίου ὁλοκαύτωμα δεκτὸν θεῷ παντοκράτορι, προσευχόμενος εἶπεν· Ὁ τοῦ κυρίου
ἡμῶν Ἰησοῦ Χριστοῦ, τοῦ εὐλογητοῦ παιδός σου, πατήρ, δι' οὗ τὴν
ἐπίγνωσιν τῆς σῆς ἀληθείας εἰλήφαμεν, ὁ θεὸς ἀγγέλων καὶ δυνάμεως
παντός τε τοῦ γένους τῶν δικαίων, οἳ ζῶσιν ἐνώπιόν σου, (14,2) εὐλο- 5
γῶ σε ὅτι ἠξίωσάς με τῆς ἡμέρας καὶ ὥρας ταύτης, τοῦ λαβεῖν μέρος ἐν
ἀριθμῷ τῶν μαρτύρων σου· ἐν τούτοις γὰρ ἐγγιῶ ἐνώπιόν σου σήμερον
ἐν θυσίᾳ προσδεκτῇ.

11   (15,1) Πληρώσαντος δὲ αὐτοῦ τὴν εὐχὴν καὶ ἀναπέμψαντος τὸ
ἀμήν, οἱ τοῦ πυρὸς ἐργάται ἐξῆψαν τὸ πῦρ. μεγάλως δὲ ἐκλαμψάσης 10
φλογός θαυμάσιόν τι θέαμα αὐτοῖς ἐφάνη· (15,2) τὸ γὰρ πῦρ καμάρας
εἶδος ποιῆσαν ὥσπερ ὀθόνη πλοίου ὑπὸ πνεύματος πληρουμένη, κύκλῳ
περιετείχισεν τὸ σῶμα τοῦ μάρτυρος. καὶ ἦν μέσον οὐχ ὡς σὰρξ καιομένη ἀλλ' ὡς χρυσὸς καὶ ἄργυρος ἐν καμίνῳ πυρούμενος. καὶ γὰρ εὐωδίας ἡδείας ἀντελαβόμεθα ὡς λιβανωτοῦ πνέοντος. 15

12   (16) Πέρας γοῦν ἰδόντες οἱ ἄνομοι μὴ δυνάμενον αὐτοῦ τὸ σῶμα
ὑπὸ τοῦ πυρὸς δαπανηθῆναι, ἐκέλευσαν προσελθόντα αὐτῷ κομφέκτορα παραβῦσαι ξίφος. καὶ τοῦτο ποιήσαντος, ἐξῆλθεν πλῆθος αἵματος
ὥστε κατασβέσαι τὸ πῦρ καὶ θαυμάσαι πάντα τὸν ὄχλον, εἰ τοσαύτη τις
ἐκλογὴ μεταξὺ τῶν τε ἀπίστων καὶ τῶν τῷ θεῷ πιστευόντων. 20

13   (18,1) Ἰδὼν οὖν ὁ ἑκατοντάρχης τὸ γενόμενον, θεὶς τὸ σῶμα ἐν μέσῳ, ὡς ἔθος αὐτοῖς κατέκαυσεν. (18,2) οὕτως τε ἡμεῖς ὕστερον ἀνελόμενοι τὰ τιμιώτερα λίθων πολυτελῶν καὶ δοκιμώτερα ὑπὲρ χρυσίον πυρούμενον τῶν ὀστῶν αὐτοῦ λείψανα ἀπεθέμεθα ὅπου καὶ ἀκόλουθον
ἦν. 25

like a noble ram chosen from a great flock for an oblation, a holocaust made acceptable for almighty God. Praying, he said: "O Father of our Lord Jesus Christ, of your blessed child, through whom we have acquired the knowledge of your truth, God of the angels and the powers and of the whole people of the
5 just, who live in your sight, (14,2) I praise you, for you have found me worthy of this day and hour, to have a share in the number of your witnesses; for among them I will approach your sight today as an acceptable sacrifice."

(15,1) When he had finished his prayer and sent upwards his "Amen", the   **11** men in charge of the fire started to light it. A flame blazed up high and a
10 wondrous miracle happened before their eyes: (15,2) the fire formed itself into the shape of a vault like a ship's sail filled by the wind, and thus surrounded the martyr's body with a wall. And he was inside it not like burning flesh, but like gold and silver proved in a melting-furnace. And from it we perceived such a sweet fragrance as if from smoking frankincense.

15 (16) In the end, when the lawless men realized that his body could not be   **12** consumed by the flames, they ordered a killer to go up and plunge a dagger into the body. When he did this, there came out such a quantity of blood that the fire was extinguished, and the whole crowd was amazed that there was such a difference[i] between the unbelievers and those believing in God.

20 (18,1) Now when the centurion saw what had happened, he put the body in   **13** front of everyone, as was their custom, and burnt it. (18,2) And thus we later collected his remains, which were more valuable to us than precious stones and finer than gold proved in fire, and we buried them in a fitting spot.

---

i   ἐκλογή 'election, selection'.

II. Editio critica

Sigla

MPol *Martyrium Polycarpi* vel epistula Christianorum Smyrnensium de Polycarpi presbyteri martyrio ca. a. 161–168 p. Chr. n. ad Asiae ecclesias missa

ω   archetypus (ca. 260–280) = acta martyrum in Asia post Decium composita imperatorem, quae inclusit Eusebius in sua ipsius antiquorum martyrum collectione (sc. συναγωγῇ τῶν ἀρχαίων μαρτύρων) ante ca. 295 confecta; cf. Eus. h.e. 4,15,47; 5 praef. 2; 5,4,3; 5,21,5

Eus¹ *Martyrii Polycarpi* textus, qua fuit forma in Eusebii historiae ecclesiasticae editione prima, ex versione armenia recuperatus (ca. 295)

arm^M versio *Martyrii Polycarpi* ex **Eus¹** excerpti armenia, quam ca. a. 420 ex quarti saeculi versione Syriaca (**syr¹**) haustam esse constat, vide
P. VETTER, Ueber die armenische Uebersetzung der Kirchengeschichte des Eusebius, Tübinger Quartalschrift (= Theologische Quartalschrift) 63, 1881, 250–276; cf. Vkayabanowt'iwn Srboyn Polikarposi, episkoposi Zmiwrnac' woc' k'alak'i, in: Vark' ew vkayabanowt'iwnk' srboc', Venetik 1874, vol. 2, 233–238 (= Vitae et Passiones Sanctorum selectae ex Eclogariis II, Venetiae 1874, p. 233–238 [BHO nr. 999]) =
http://archive.org/stream/VarkEwVkayabanutiwnkSrbotslivesAndMartyrdoms OfTheSaintsVol.2/Vark2#page/n9/mode/2up

α   *Martyrium Polycarpi* post Diocletiani vel Galerii ut videtur persecutionem auctum et interpolatum, fons totius deinceps traditionis (ca. 307–312)
Eus* Eusebii historiae ecclesiasticae editio vel posterior vel ultima (ca. 313–325)

  Eus^Ruf Eusebii historia ecclesiastica a Rufino presbytero Aquileiensi translata et continuata (402/403), ed. TH. MOMMSEN, Lipsiae 1903–1908 (GCS IX 1–2)

  copt codex Vaticanus copt. 58, fol. 79–89v (versio *Martyrii Polycarpi* ex **Eus*** excerpti coptica), vide
  E. AMÉLINEAU, Les Actes Coptes du Martyre de St. Polycarpe, Proceedings of the Society of Biblical Archaeology 10, 1888, 391–417; I. BALESTRI – H. HYVERNAT, Acta martyrum II (CSCO 86 [SC 6]), Luvanii 1924 (= 1953), 62–72; 363–364

  syr* versiones *Martyrii Polycarpi* ex **Eus*** excerpti syriacae (parvi, ut videtur, ad textum graecum constituendum pretii), vide
  PAUL BEDJAN, Acta martyrum et sanctorum, Parisiis 1896, 56–67; W. WRIGHT – N. MCLEAN, The Ecclesiastical History in Syriac, with a Collation of the ancient Armenian Version by Dr. A. MERX, Cantabrigiae 1898; E. NESTLE, Die Kirchengeschichte des Eusebius aus dem Syrischen übersetzt (TU 21 [NF 6], 2), Lipsiae 1901 (135–146)

syr¹ vide ad **arm^M**

β   *Martyrium Polycarpi* a Pseudo-Pionio ca. a. 400 p. Chr. n. redactum et primo collectionis suae, quae *Corpus Polycarpianum* dicitur, loco positum
= hyparchetypus familiarum **γδε**

γ   fons codicum **ABHP**
     A   codex Atheniensis 989, s. XII (DEHANDSCHUTTER 2007, 23–27)
     B   codex Baroccianus 238, fol. 14v–18, s. XI
     H   codex Hierosolymitanus S. Sepulchri 1, fol. 136–140v, s. X/XI
     P   codex Parisinus Graec. 1452, fol. 192v–196v, s. X
     slav versio antiqua slavica menologii Mosquensis, quod *Academicum*
          dicitur, s. XV; ad textum graecum constituendum nullius fere
          pretii cum **BPH** facere videtur, cf. inscr. Φιλομηλίῳ] φιλαδελφίᾳ
          Bslav: -ίῳ P; 12,2a ἀσεβείας γ(**slav**)ζ: Ἀσίας **Eus**¹ᐟ*ε; **17,2a** ὑπέ-
          βαλεν γοῦν (*add.* ὁ πονηρός AF: <u>ὡς π.</u> **Hslav**: ὡς δεινὸς καὶ μισά-
          γιος ὁ πονηρός ζ) Νικήτην **β**: ὑπέβαλον γοῦν τινες Νικήτην **Eus***;
          itidem in corollario (MPol 20–22) cum γ concordat; vide
          R. MATHIESEN – R. F. ALLEN, An Early Church Slavonic Trans-
          lation of the Martyrdom of St. Polycarp, Harv. Theol. Rev. 72,
          1979, 161–163; T. KHOMYCH, „An Early Church Slavonic Trans-
          lation of the Martyrdom of St. Polycarp: Three Decades Later",
          Analecta Bollandiana 130, 2012, 294–302

δ   fons codicum ζ**FL**ᶜʰ
     ζ   fons codicum **CV**
          C   codex Chalcensis 95, fol. 78v–82, s. XI
          V   codex Vindobonensis Hist. Graec. 3 (olim 11), fol. 200v–
               205, s. XI/XII
     F   codex Hierosolymitanus mutilus, s. XVII (?)
          continet 5,2b–9,3a (συνόντας … ὅμοσον, καὶ ἀπο |) et 14,3–19,1a
          (ἁγίῳ δόξα … αἰώνων ἀμήν), desinit 19,1a (vide ad **L**ᶜʰ)
     Lᶜʰ   codex Carnotensis 190, fol. 54v–56 (*Chiffletianus*), deperditus
          desierat **L**ᶜʰ ut F 19,1a in clausula *martyrium in Smyrna videtur
          implesse*

ε   fons codicum **KM**
     K   codex D. gr. 60 (olim Kosinitza 28) in Sede studiorum slavo-by-
          zantinorum „Ivan Dujčev", quae est apud Sardicensem Universita-
          tem, s. Clementi Achridano dicatam, asservatus, fol. 15–17v, s. XI
     M   codex Mosquensis 390, fol. 96–99, s. XIII
     L   versio antiqua latina, cuius non melior exstat editio quam Zahnii
          (Lipsiae 1876, p. 133–168), qui recte iudicavit interpretem latinum
          innumeris in locis – ut ipsius utar verbis – ingenio suo indulsisse,
          res ipsas aeque ac verba graeca neglegens [p. LIV])

[…]   ex archetypo delendum
{…}   addidit redactor recensionis **α** ca. 307–312
          – (in paucis admodum locis) addidit nescio qui librarius recentior
          – (in Eus. h.e. IV 15) addidit sive Eusebius sive nescio qui librarius
{{…}}   addidit Ps.-Pionius (= **β**) ca. 400
<…>   lacunam supplevit n. n.
Hutch.   G. O. HUTCHINSON (*per litteras*)
Hutchᴳʳ G. O. HUTCHINSON *Graece vertit*

Codicum stemma

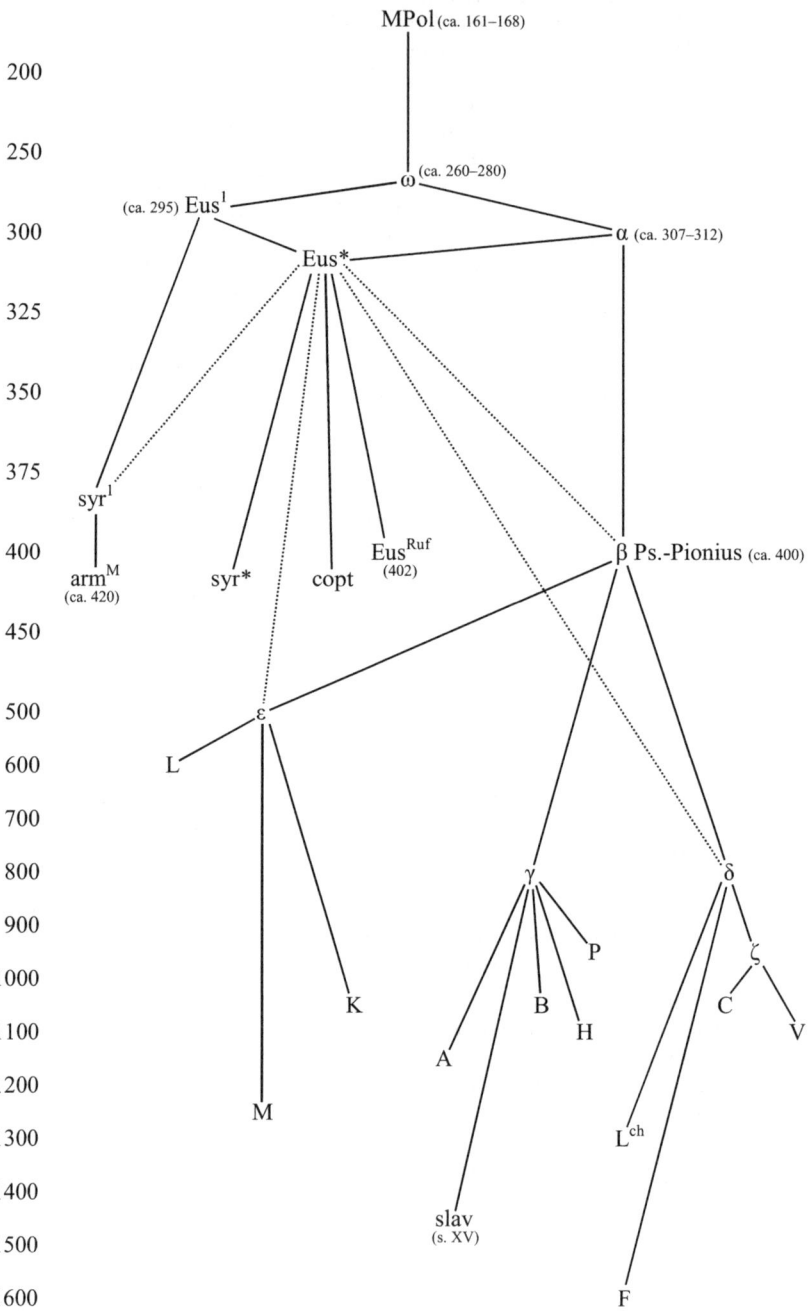

MPol (*vel* ω *ex* **arm**^M   **recensio α** (*vel* β)   **Eus* h.e. IV 15**
[= **Eus**¹] *restitut.*)   (*Schwartz*)

1. ἐν τούτῳ δὲ ὁ Πολύ-
καρπος μεγίστων τὴν Ἀσί-
αν ἀναθορυβησάντων δι-
ωγμῶν μαρτυρίῳ τελειοῦ-
ται, ἀναγκαιότατον δ' αὐ-
τοῦ τὸ τέλος ἐ γ γ ρ ά φ ω ς
ἔ τ ι φ ε ρ ό μ ε ν ο ν ἡγοῦμαι δεῖν μνήμῃ τῆσδε τῆς
ἱστορίας καταθέσθαι.
2. ἔστιν δὲ ἡ γ ρ α φ ὴ ἐκ
προσώπου ἧς αὐτὸς ἐκ-
κλησίας ἡγεῖτο ταῖς κατὰ
<πάντα> τόπον παροικίαις
τὰ κατ' αὐτὸν ἀ π ο σ η -
μ α ί ν ο υ σ α διὰ τούτων·

Epistula Smyrnensium Christianorum in prima fronte non habuit titulum, sed inscriptionem
(*vide infra*). *omnes enim qui in codicibus inveniuntur tituli praepositi recentioris sunt tempo-*
ris, velut
Μαρτύριον τοῦ ἁγίου Πολυκάρπου ἐπισκόπου Σμύρνης τῆς Ἀσίας πρὸ ἑπτὰ καλανδῶν φευ-
ρουαρίων **B**
Μαρτύριον τοῦ ἁγίου Πολυκάρπου ἐπισκόπου γεναμένου ἐν Σμύρνῃ τῆς Ἀσίας τῇ πρὸ ἑπτὰ
καλανδῶν **H**
Ἄθλησις (*sic etiam* **A**) τοῦ ἁγίου πατρὸς ἡμῶν Πολυκάρπου ἐπισκόπου γενομένου Σμύρνης
τῆς κατὰ τὴν Ἀσίαν κειμένης **P**
Ἐξήγησις τοῦ μαρτυρίου τοῦ ἐν ἁγίοις πατρὸς ἡμῶν Πολυκάρπου ἐπισκόπου γενομένου
Σμύρνης **K**
Μαρτύριον τοῦ ἁγίου Πολυκάρπου τοῦ ἐπισκόπου μαρτυρήσαντος ἐν Σμύρνῃ πρὸ ζ καλαν-
δῶν μαρτίων **M**
Μαρτύριον (Ἄθλησις **C**) τοῦ ἁγίου {καὶ ἐνδόξου ἱερομάρτυρος} Πολυκάρπου ἐπισκόπου
Σμύρνης τῆς Ἀσίας **CV**

Eus. h.e. 4,15,1 *idem fere tradit* **Eus**¹ *quod* **Eus*** (*vide dextram columnam*)   **4,15,2** ἔστιν
δὲ ἡ γ ρ α φ ὴ ἐκ προσώπου ἧς αὐτὸς ἐκκλησίας ἡγεῖτο „ταῖς ἐκκλησίαις ταῖς κατὰ τὴν Ἀσίαν" – διὰ τούτων γὰρ ἀ π ο σ η μ α ί ν ο υ σ α – „καὶ πάσαις ταῖς κατὰ πάντα τόπον τῆς ἁγίας
ἐκκλησίας παροικίαις" **arm**^M (= **Eus**¹): ἔστιν ... ἡγεῖτο ταῖς κατὰ πάντα (πάντα *add.* Zw.) τόπον παροικίαις (ad Ponti ecclesias **Eus**^Ruf) τὰ κατ' αὐτὸν ἀ π ο σ η μ α ί ν ο υ σ α διὰ τούτων
Eus*; *cf.* 4,14,5 μαρτυροῦσι τούτοις αἱ κατὰ τὴν Ἀσίαν ἐκκλησίαι πᾶσαι   *in* **Eus*** *aliquid*
inter ταῖς *et* κατὰ πάντα *propter homoiotel. excidisse suspiceris veluti* <u>ταῖς</u> <ἐκκλησίαις ταῖς
κατὰ τὴν Ἀσίαν καὶ πάσαις <u>ταῖς</u>> κατὰ <πάντα> τόπον παροικίαις (καὶ πάσαις ... παροικίαις
om. **copt**)

	recensio α (*vel* β)	h.e. IV 15
inscr. a. Ἡ ἐκκλησία τοῦ θεοῦ, ἡ παροικοῦσα Σμύρναν, ταῖς ἐκκλησίαις ταῖς κατὰ τὴν Ἀσίαν καὶ πάσαις ταῖς κατὰ πάντα τόπον τῆς ἁγίας ἐκκλησίας παροικίαις· **b.** χάρις καὶ εἰρήνη καὶ ἀγάπη θεοῦ πατρὸς καὶ τοῦ κυρίου ἡμῶν Ἰησοῦ Χριστοῦ πληθυνθείη.	**a.** Ἡ ἐκκλησία τοῦ θεοῦ ἡ παροικοῦσα Σμύρναν τῇ ἐκκλησίᾳ τοῦ θεοῦ τῇ παροικούσῃ ἐν Φιλομηλίῳ καὶ πάσαις ταῖς κατὰ πάντα τόπον τῆς ἁγίας {καὶ καθολικῆς} ἐκκλησίας παροικίαις· **b.** ἔλεος καὶ εἰρήνη ... πληθυνθείη.	**3.** Ἡ ἐκκλησία τοῦ θεοῦ ἡ παροικοῦσα Σμύρναν τῇ ἐκκλησίᾳ τοῦ θεοῦ τῇ παροικούσῃ ἐν Φιλομηλίῳ καὶ πάσαις ταῖς κατὰ πάντα τόπον τῆς ἁγίας {καθολικῆς} ἐκκλησίας παροικίαις ἔλεος εἰρήνη καὶ ἀγάπη θεοῦ πατρὸς καὶ κυρίου ἡμῶν Ἰησοῦ Χριστοῦ πληθυνθείη.

1 1,1a. Ἐγράψαμεν ὑμῖν, ἀδελφοί, τὰ κατὰ τοὺς μαρτυρήσαντας καὶ τὸν μακάριον Πολύκαρπον, ὅστις ὥσπερ ἐπισφραγίσας διὰ τῆς μαρτυρίας αὐτοῦ κατέπαυσε τὸν διωγμόν.

	rec. β	h.e. IV 15
(*sequitur* **2,2a** τὸ γὰρ γενναῖον αὐτῶν)	{{**1,1b.** σχεδὸν γὰρ πάντα τὰ προάγοντα ἐγένετο, ἵνα ἡμῖν ὁ κύριος ἄνωθεν ἐπιδείξῃ τὸ κατὰ τὸ εὐαγγέλιον μαρτύριον. **1,2a.** περιέμενεν γὰρ ἵνα παραδοθῇ, ὡς καὶ ὁ κύριος, ἵνα μιμηταὶ καὶ ἡμεῖς αὐτοῦ γενώμεθα, μὴ μόνον σκοποῦντες τὸ καθ' ἑαυτούς, ἀλλὰ καὶ τὸ κατὰ τοὺς πέλας. **b.** ἀγάπης γὰρ ἀληθοῦς καὶ βεβαίας ἐστίν, μὴ μόνον ἑαυτὸν θέλειν σώζεσθαι ἀλλὰ καὶ πάντας τοὺς ἀδελφούς. **2,1a.** Μακάρια μὲν οὖν καὶ γενναῖα τὰ μαρτύρια πάντα τὰ κατὰ τὸ θέλημα τοῦ θεοῦ γεγονότα. **b.** δεῖ γὰρ εὐλαβεστέρους ἡμᾶς ὑπάρχοντας τῷ θεῷ τὴν κατὰ πάντων ἐξουσίαν ἀνατιθέναι.}}	(*sequitur* **4** τούτοις ἑξῆς)

---

inscr. **a.** ταῖς ἐκκλησίαις ταῖς κατὰ τὴν Ἀσίαν καί **Eus**[1]: τῇ ἐκκλησίᾳ τοῦ θεοῦ τῇ παροικούσῃ ἐν Φιλομηλίῳ (φιλαδελφία **Bslav**: -ίῳ **P**; *cf. 19,1a*) καί α   ἁγίας **Eus**[1]syr: ἁγίας καὶ καθολικῆς (καί *om.* **Eus*K**) α   **b.** χάρις καὶ εἰρήνη **Eus**[1]syr: ἔλεος εἰρήνη (καὶ εἰρ. **ML Eus**[Ruf]) α; *cf. Tit 1,4*   θεοῦ **Eus**[1/*] (**ML**): ἀπὸ θεοῦ β; *cf. Tit 1,4*   **1,1a** τὰ κατά] κατὰ πάντας (*vel* καθ᾽ ἕκαστον τῶν ...) **arm**[M]   διὰ τῆς μαρτυρίας **Eus**[1/*]δ: τῇ -ίᾳ β   **1,1b–2,1b** *non exhibent* **Eus**[1/*], *add.* β; *cf. Campenhausen 9sq.*   **1,2a** πέλας] παῖδας **CVH**: πλείονας **P**

2,2a. τὸ γὰρ γεν-
ναῖον αὐτῶν καὶ
ὑπομονητικὸν τίς
οὐκ ἂν θαυμάσει-
εν; b. οἳ μάστιξι
μὲν καταξανθέν-
τες, ὥστε μέχρι
τῶν ἔσω φλεβῶν
καὶ ἀρτηριῶν τὴν
τῆς σαρκὸς οἰκο-
νομίαν θεωρεῖσ-
θαι, ὑπέμειναν, ὡς
καὶ τοὺς περιεσ-
τῶτας καταπλῆ-
ξαι.

*(sequitur 2,4
ὁμοίως δέ)*

rec. α (~ β)

2,2a. τὸ γὰρ γεν-
ναῖον αὐτῶν καὶ
ὑπομονητικὸν
{{καὶ φιλοδέσπο-
τον}} τίς οὐκ ἂν
θαυμάσειεν; b. οἳ
μάστιξι ...

... ὡς καὶ τοὺς
περιεστῶτας ἐλε-
εῖν καὶ ὀδύρεσ-
θαι.

h.e. IV 15

4a. τούτοις ἐξῆς πρὸ τῆς ἀμφὶ
τοῦ Πολυκάρπου διηγήσεως τὰ
κατὰ τοὺς λοιποὺς ἀ ν ι σ τ ο-
ρ ο ῦ σ ι μάρτυρας, οἵας ἐνστά-
σεις πρὸς τὰς ἀλγηδόνας ἐνε-
δείξαντο, δ ι α γ ρ ά φ ο ν τ ε ς.
καταπλῆξαι γάρ φ α σ ι τοὺς ἐν
κύκλῳ περιεστῶτας, θεωμέ-
νους τοτὲ μὲν μάστιξι μέχρι καὶ
τῶν ἐνδοτάτω φλεβῶν καὶ ἀρτηριῶν καταξαινομένους, ὡς
ἤδη καὶ τὰ ἐν μυχοῖς ἀπόρρητα
τοῦ σώματος σπλάγχνα τε αὐτῶν καὶ μέλη κατοπτεύεσθαι,

rec. β

{{c. τοὺς δὲ καὶ εἰς τοσοῦτον γενναιότητος
ἐλθεῖν, ὥστε μήτε γρῦξαι μήτε στενάξαι τινὰ αὐτῶν, ἐπιδεικνυμένους ἅπασιν ἡμῖν,
ὅτι ἐκείνη τῇ ὥρᾳ βασανιζόμενοι τῆς σαρκὸς ἀπεδήμουν οἱ μάρτυρες τοῦ Χριστοῦ,
μᾶλλον δὲ ὅτι παρεστὼς ὁ κύριος ὡμίλει
αὐτοῖς.
2,3a. καὶ προσέχοντες τῇ τοῦ Χριστοῦ χάριτι τῶν κοσμικῶν κατεφρόνουν βασάνων,
διὰ μιᾶς ὥρας τὴν αἰώνιον κόλασιν ἐξαγο-
ραζόμενοι. καὶ τὸ πῦρ ἦν αὐτοῖς ψυχρὸν τὸ
τῶν ἀπηνῶν βασανιστῶν. b. πρὸ ὀφθαλμῶν
γὰρ εἶχον φυγεῖν τὸ αἰώνιον καὶ μηδέποτε
σβεννύμενον πῦρ καὶ τοῖς τῆς καρδίας ὀφ-
θαλμοῖς ἀνέβλεπον τὰ τηρούμενα τοῖς ὑπο-
μείνασιν ἀγαθά, ἃ οὔτε οὖς ἤκουσεν, οὔτε
ὀφθαλμὸς εἶδεν, οὔτε ἐπὶ καρδίαν ἀνθρώ-

h.e. IV 15

*(sequitur 4b
τ ο τ ὲ δ έ)*

2,2a τὸ γὰρ γενναῖον ... θαυμάσειεν] *narratione compendiosa reddunt* **Eus**[1/*]   τὸ γὰρ γενναῖον αὐτῶν καὶ ὑπομονητικόν] *post* ὑπομον. *add.* **β** {{καὶ φιλοδέσποτον}}, *cf.* οἵας ἐνστά-
σεις πρὸς τὰς ἀλγηδόνας **Eus**[1/*]   αὐτῶν] *om.* **CVH**: αὐτοῦ **P**   2,2b τῆς σαρκὸς οἰκονομίαν θεωρεῖσθαι] *cf. Max. Tyr. 9,4a* τὴν οἰκονομίαν τοῦ σώματος θέασαι   καταπλῆξαι
Eus[1/*]: ἐλεεῖν καὶ ὀδύρεσθαι **β**; *cf. Ps.-Clem. hom. 13,10,6* χαλεπὰ πάσχοντας ὀδύρονται καὶ
ἐλεῶσιν   2,2c–3b *non exhibent* **Eus**[1/*], *add.* **β**; *cf. Campenhausen 10sq.*   μήτε στενάξαι
om. **AKM** *(homoiotel.)*   3b ἀνέβλεπον] ἐνέβλ. **εA**   οὓς ἤκουσεν ... ὀφθαλμὸς εἶδεν
(ἴδεν)] ὀφθ. εἶδ. (ἴδ. **P**) ... οὓς ἤκ. **MP**; *cf. 1Kor 2,9*

που ἀνέβη, ἐκείνοις δὲ ὑπεδείκνυτο ὑπὸ
τοῦ κυρίου, οἵπερ μηκέτι ἄνθρωποι ἀλλ᾽
ἤδη ἄγγελοι ἦσαν.}}

	rec. α (~ β)	h.e. IV 15
2,4a. ὁμοίως δὲ καὶ οἱ εἰς τὰ θηρία κρι-θέντες ὑπέμειναν δεινὰς κολάσεις, κήρυκας μὲν ὑπο-στρωννύμενοι καὶ ἄλλαις ποικίλαις βασάνοις κολαφι-ζόμενοι.	**2,4a.** ὁμοίως δὲ καὶ οἱ εἰς τὰ θηρία κριθέντες ... ... ποικίλαις βασάνοις κολαφιζόμε-νοι {{**b.** ἵνα, εἰ δυνη-θείη ὁ τύραννος, διὰ τῆς ἐπιμόνου κολάσε-ως εἰς ἄρνησιν αὐτοὺς τρέψῃ.}} **3,1** {{**a.** Πολλὰ γὰρ ἐμηχανᾶτο κατ᾽ αὐτῶν ὁ διάβολος, ἀλλὰ χάρι-τι τοῦ θεοῦ κατὰ πάν-των γὰρ οὐκ ἴσχυ-σεν.}} **b.** ὁ γὰρ γενναι-ότατος Γερμανικὸς ἐπ-ερρώννυεν {{αὐτῶν}} τὴν δειλίαν {{διὰ τῆς ἐν αὐτῷ ὑπομονῆς}}, ὃς καὶ ἐπισήμως ἐθηρι-ομάχησεν.	**15,4b.** τοτὲ δὲ τοὺς ἀπὸ θαλάττης κήρυκας {καί τινας ὀξεῖς ὀβελίσκους} ὑποστρωννυμένους, καὶ διὰ παντὸς εἴδους κολά-σεων καὶ βασάνων προϊ-όντας καὶ τέλος θηρσὶν εἰς βορὰν παραδιδομέ-νους. **5.** μάλιστα δὲ ἱ σ τ ο-ρ ο ῦ σ ι ν διαπρέψαι τὸν γενναιότατον Γερ-μανικόν, ὑπορρωννύντα σὺν θείᾳ χάριτι τὴν ἔμ-φυτον περὶ τὸν θάνατον τοῦ σώματος δειλίαν.
2 3,1b. Πάντων δὲ θαυμασιώτερος ἦν ὁ γενναῖος Γερμα-νικός, ὃς καὶ ἐπί-σημον ἑαυτὸν ἐδεί-ξατο ἐν ἐκείνῳ τῷ ἀγῶνι.		

ἐκείνοις δὲ] ἐκ. δὲ καὶ **AHζ** οἵπερ] εἴπερ **AHPζ**: οἵτινες **M**   **2,4a** ὁμοίως δὲ ... κολάσεις
om. **Eus¹** (*narratione compendiosa*)   καὶ οἱ εἰς] οἱ *om.* **ABPζ**   κριθέντες γδ: κατακριθ- ε
(*Hippol. in Dan 3,29,4; Schw. 7; sed cf. Orig. hom. in Jer. 1,3* κριθέντες εἰς αἰχμαλωσίαν ἐγ-
καταλειφθῆναι)   κήρυκας μέν (μέν *om.* **AH**) **M) BK**: ξίφη (-ει **AH**) τε **AHPζ** (ξ. μέν **P**)   **h.e.**
4,15,4b *glossam* καί τινας ὀξεῖς ὀβελίσκους *non exhibent* **Eus¹syrβ**, *tradunt* **Eus*copt** (*om.*
τοὺς ἀπὸ θαλάττης κήρυκας **copt**)   ποικίλαις βασάνοις γζΚ: ποικίλων βασάνων ἰδέαις **M**
(*ex* **Eus*** *ut vid., ubi legitur* διὰ παντὸς εἴδους κολάσεων καὶ βασάνων)   κολαφιζόμενοι γζ:
κολαζόμενοι ε, *cf. 1Petr 2,20* (*ubi eadem varietas lectionum*)   **2,4b** ἵνα εἰ ... τρέψῃ *non*
exhibent **Eus¹/***, *add.* β   **3,1a** πολλὰ γὰρ ... ἴσχυσεν *non exhibent* **Eus¹/***, *add.* β   χάριτι
τοῦ θεοῦ *Zw.*: σὺν θείᾳ χάριτι **Eus***: χάρις τῷ θεῷ **β**   κατὰ πάντων ... οὐκ] *vide II p. 226*
γάρ² (**β**) *delend. put. Zw.* (μέν *coni.* **M**, *cf. Schw. 7*)   **1b** πάντων ... Γερμανικός **Eus¹**: (ἱστοροῦσιν) τὸν γενν. Γερμ. ὑπορρωννύντα σ. θ. χ. ... δειλίαν **Eus***: ὁ γὰρ γενν. Γερμ. ἐπερρών-
νυεν {{αὐτῶν}} τὴν δειλίαν {{διὰ ... ὑπομονῆς}} **β**   ὃς καὶ ἐπίσημον ἑαυτὸν ἐδείξατο ἐν

c. βουλομένου γὰρ
τοῦ ἀνθυπάτου πεί-
θειν αὐτὸν προβαλ-
λομένου τε τὴν
ἡλικίαν καὶ λέγον-
τος· Παῖς ὢν καὶ
κομιδῇ νέος φείδου
σεαυτοῦ, ἠμέλη-
σεν, προθύμως δ᾽
ἐπιχειρήσας ἐπε-
σπάσατο εἰς ἑαυ-
τὸν τὸ θηρίον, οὐ
μόνον παροξύνας
ἀλλὰ καὶ προσβια-
σάμενος, ὡς ἂν τά-
χιον τοῦ ἀδίκου
καὶ ἀνόμου βίου
αὐτῶν ἀπαλλαγείη.
3,2. τούτου δ᾽ ἐπὶ
τῷ διαπρεπεῖ θα-
νάτῳ πᾶν τὸ πλῆ-
θος ἐθαύμασεν τὴν
τοῦ θεοφιλοῦς
μάρτυρος ἀρετήν.

(sequitur 5,1 Ὁ δὲ θαυμα-
σιώτατος Πολύκαρπος)

c. βουλομένου ... πεί-
θειν αὐτὸν καὶ λέγον-
τος τὴν ἡλικίαν αὐτοῦ
κατοικτεῖραι, ἑαυτῷ
ἐπεσπάσατο τὸ θηρίον
προσβιασάμενος, τάχι-
ον ... βίου αὐτῶν ἀπ-
αλλαγῆναι βουλόμενος.

3,2. ἐκ τούτου οὖν πᾶν
τὸ πλῆθος, θαυμάσαν
τὴν γενναιότητα τοῦ
θεοφιλοῦς {{καὶ θεο-
σεβοῦς}} {γένους τῶν
Χριστιανῶν, ἐβόησεν·
Αἶρε τοὺς ἀθέους· ζη-
τείσθω Πολύκαρπος}.

βουλομένου γέ τοι τοῦ
ἀνθυπάτου πείθειν αὐ-
τὸν προβαλλομένου τε
τὴν ἡλικίαν καὶ ἀντιβο-
λοῦντος κομιδῇ νέον ὄν-
τα καὶ ἀκμαῖον οἶκτον
ἑαυτοῦ λαβεῖν, μὴ μελ-
λῆσαι, προθύμως δ᾽ ἐπι-
σπάσασθαι εἰς ἑαυτὸν
τὸ θηρίον, μόνον οὐχὶ
βιασάμενον καὶ παροξύ-
ναντα, ὡς ἂν τάχιον τοῦ
ἀδίκου καὶ ἀνόμου βίου
αὐτῶν ἀπαλλαγείη.

6. τούτου δ᾽ ἐπὶ τῷ δια-
πρεπεῖ θανάτῳ τὸ πᾶν
πλῆθος ἀποθαυμάσαν
τῆς ἀνδρείας τὸν θεοφι-
λῆ μάρτυρα {καὶ τὴν
καθόλου τοῦ γένους τῶν
Χριστιανῶν ἀρετήν, ἀθ-
ρόως ἐπιβοᾶν ἄρξασθαι·
αἶρε τοὺς ἀθέους· ζη-
τείσθω Πολύκαρπος.}

ἐκείνῳ τῷ ἀγῶνι **Eus**[1]: ὃς καὶ ἐπισήμως ἐθηριομάχησεν **β**: μάλιστα (ἱστοροῦσιν) διαπρέψαι
Eus*   **3,1c** προβαλλομένου ... φείδου σεαυτοῦ **Eus**[1]**syr**: προβαλλομένου ... καὶ ἀντιβο-
λοῦντος ... οἶκτον ἑαυτοῦ λαβεῖν **Eus***: καὶ λέγοντος ... κατοικτεῖραι **β**   ἠμέλησεν ... θηρίον **Eus**[1]: μὴ μελλῆσαι (μελῆ- **syr**) ... θηρίον **Eus***: ἑαυτῷ ἐπεσπάσατο τὸ θηρίον **β**   οὐ
μόνον ... προσβιασάμενος **Eus**[1]**syr**: μόνον οὐχὶ βιασ. καὶ παρ. **Eus***: προσβιασάμενος **β**
ὡς ἂν τάχιον ... ἀπαλλαγείη **Eus**[1/*]: τάχιον ... ἀπαλλαγῆναι βουλόμενος **β**   τοῦ ... βίου
αὐτῶν] τούτου τοῦ ... κόσμου **arm**[M]   **3,2** καὶ ... ἐθαύμασεν ... θεοφιλοῦς μάρτυρος **Eus**[1]:
τούτου ... ἀποθαυμάσαν ... θεοφιλῆ μάρτυρα {καὶ τὴν καθόλου ... ζητείσθω Πολύκαρπος
(add. **α**) **Eus***: ἐκ τούτου ... θαυμάσαν ... τοῦ θεοφιλοῦς {{καὶ θεοσεβοῦς}} {γένους ...
ζητείσθω Πολύκαρπος} **β** (**α** intercedente)

rec. α (~ β)	h.e. IV 15

4,1–3
non habet Eus[1]

{4,1a. Εἷς δέ τις ὀνόματι Κόϊντος, Φρὺξ τῷ γένει, προσφάτως ἐληλυθὼς ἀπὸ τῆς Φρυγίας, ἰδὼν τὰ θηρία ἐδειλίασεν. **b.** οὗτος δὲ ἦν ὁ παραβιασάμενος ἑαυτόν τε καί τινας ἄλλους προσελθεῖν ἑκόντας. **4,2.** τοῦτον ὁ ἀνθύπατος πολλὰ ἐκλιπαρήσας ἔπεισεν ὀμόσαι καὶ ἐπιθῦσαι. **4,3.** διὰ τοῦτο οὖν, ἀδελφοί, οὐκ ἐπαινοῦμεν τοὺς προσιόντας ἑαυτοῖς,} {{ἐπειδὴ οὐχ οὕτως διδάσκει τὸ εὐαγγέλιον.}}

{7. καὶ δὴ πλείστης ἐπὶ ταῖς βοαῖς γενομένης ταραχῆς, Φρύγα τινὰ τὸ γένος, Κόϊντον τοὔνομα, νεωστὶ ἐκ τῆς Φρυγίας ἐπιστάντα, ἰδόντα τοὺς θῆρας καὶ τὰς ἐπὶ τούτοις ἀπειλάς, καταπτῆξαι τὴν ψυχὴν μαλακισθέντα καὶ τέλος τῆς σωτηρίας ἐνδοῦναι. **8.** ἐδήλου δὲ τοῦτον ὁ τῆς προειρημένης γραφῆς λόγος προπετέστερον ἀλλ᾿ οὐ κατ᾿ εὐλάβειαν ἐπιπηδῆσαι τῷ δικαστηρίῳ σὺν ἑτέροις, ἁλόντα δ᾿ οὖν ὅμως καταφανὲς ὑπόδειγμα τοῖς πᾶσιν παρασχεῖν, ὅτι μὴ δέοι τοῖς τοιούτοις ῥιψοκινδύνως καὶ ἀνευλαβῶς ἐπιτολμᾶν. ἀλλὰ ταύτῃ μὲν εἶχεν πέρας τὰ κατὰ τούτους.}

3 5,1a. Ὁ δὲ θαυμασιώτατος Πολύκαρπος τὸ μὲν πρῶτον ἀκούσας ἀτάραχος ἔμεινεν εὐσταθὲς τὸ ἦθος καὶ ἀκίνητον φυλάξας·

5,1a. Ὁ δὲ θαυμασιώτατος Πολύκαρπος τὸ μὲν πρῶτον ἀκούσας οὐκ ἐταράχθη, {ἀλλ᾿ ἐβούλετο κατὰ πόλιν μένειν· **b.** οἱ δὲ πλείους ἔπει-

9. τόν γε μὴν θαυμασιώτατον Πολύκαρπον τὰ μὲν πρῶτα τούτων ἀκούσαντα ἀτάραχον μεῖναι, εὐσταθὲς τὸ ἦθος καὶ ἀκίνητον φυλάξαντα, {βούλεσθαί τε αὐτοῦ κατὰ πόλιν περιμένειν· πεισθέντα γε μὴν ἀντιβολοῦσι τοῖς ἀμφ᾿ αὐτὸν

4,1–3 Εἷς δὲ ὀνόματι … εὐαγγέλιον *non exhibet* Eus[1], *add.* α (*libere auxit* Eus*); *cf.* Campenhausen 18sqq. **1a** εἷς δέ τις **K**: τις *om. rell.* Φρὺξ τῷ γένει ζ: Φρύγα τινὰ τὸ γένος Eus* (natione Frygem Eus^Ruf): Φρύξ *rell.; cf.* Apg 18,2 **1b** τινας ἄλλους **Kζ**: σὺν ἑτέροις Eus*: τινας *rell.* (ipse namque se iudiciis ingesserat Eus^Ruf); *cf. schol. vet. Apoll. Rhod.* I 1299 μὴ συμπεπλευκέναι αὐτόν τε καί τινας ἄλλους *et Flav. Ios. vit. Ios.* 15 **3** προσιόντας] προδιδόντας (προ- *om.* **C**) **AHζ** ἑαυτοῖς] -ούς **AHM**; *cf. Schw.* 8sq. ἐπειδὴ … τὸ εὐαγγέλιον *add.* β **5,1a** Ὁ δὲ θαυμασιώτατος … φυλάξας Eus^(1/*)(*obliqua oratione* Eus*): Ὁ δὲ θαυμασιώτατος … οὐκ ἐταράχθη β *post* Πολύκαρπος *tale quid suspiceris excidisse per parenthesin positum* <(τὸ πρὶν τῆς πόλεως ἐξεληλυθώς)> *vel* <(τὸ πρὶν πεισθεὶς τοῖς ἀδελφοῖς τῆς πόλεως ἐξεληλυθώς)> (*cf. rec.* α 5,1a–c; *MPetr* 6,1.3 *et app. crit. ad MPol* 9,1c; 15,2b), *vide* II p. 153 **h.e. 4,15,9** τούτων ἀκούσαντα] ἀκούσαντα ὅτι ζητεῖται copt **1a–d** ἀλλ᾿ ἐβούλετο … σύνηθες αὐτῷ *non exhibet* Eus[1], *add.* α (*obliqua oratione* Eus*, v.

θον αὐτὸν ὑπεξελθεῖν. **c.** καὶ ὑπεξῆλθεν εἰς ἀγρίδιον οὐ μακρὰν ἀπέχον ἀπὸ τῆς πόλεως καὶ διέτριβεν μετ᾽ ὀλίγων, **d.** νύκτα καὶ ἡμέραν οὐδὲν ἕτερον ποιῶν ἢ προσευχόμενος περὶ πάντων καὶ τῶν κατὰ τὴν οἰκουμένην ἐκκλησιῶν, ὅπερ ἦν σύνηθες αὐτῷ.}

{**5,2a.** καὶ προσευχόμενος ἐν ὀπτασίᾳ γέγονεν πρὸ τριῶν ἡμερῶν τοῦ συλληφθῆναι αὐτὸν καὶ εἶδεν τὸ προσκεφάλαιον αὐτοῦ ὑπὸ πυρὸς κατακαιόμενον. **b.** καὶ στραφεὶς εἶπεν πρὸς τοὺς συνόντας αὐτῷ προφητικῶς· Δεῖ με ζῶντα καυθῆναι.}

sequitur **6,1** ἐπικειμένων δέ.
notandum enim initio narrationis Polycarpum non versari in urbe Smyrna, sed iam antea fratrum precibus evictum (cf. 6,1a) in agrum civitati propinquum concessisse ibique de martyrum Smyrnensium audivisse passionibus (sic **Eus**[1]*).*

5,2
non habet **Eus**[1]

καὶ ὡς ἂν ὑπεξέλθοι παρακαλοῦσι, προελθεῖν εἰς οὐ πόρρω διεστῶτα τῆς πόλεως ἀγρὸν διατρίβειν τε σὺν ὀλίγοις ἐνταῦθα, νύκτωρ καὶ μεθ᾽ ἡμέραν οὔτι ἕτερον πράττοντα ἢ ταῖς πρὸς τὸν κύριον διακαρτεροῦντα εὐχαῖς· δι᾽ ὧν δεῖσθαι καὶ ἱκετεύειν εἰρήνην ἐξαιτούμενον ταῖς ἀνὰ πᾶσαν τὴν οἰκουμένην ἐκκλησίαις, τοῦτο γὰρ καὶ εἶναι ἐκ τοῦ παντὸς αὐτῷ σύνηθες.}

{**10.** καὶ δὴ εὐχόμενον, ἐν ὀπτασίᾳ τριῶν πρότερον ἡμερῶν τῆς συλλήψεως νύκτωρ ἰδεῖν τὸ ὑπὸ κεφαλῆς αὐτῷ στρῶμα ἀθρόως οὕτως ὑπὸ πυρὸς φλεχθὲν δεδαπανῆσθαι, ἔξυπνον δ᾽ ἐπὶ τούτῳ γενόμενον, εὐθὺς ὑφερμηνεῦσαι τοῖς παροῦσι τὸ φανέν, μόνον οὐχὶ τὸ μέλλον προθεσπίσαντα σαφῶς τε ἀνειπόντα τοῖς ἀμφ᾽ αὐτὸν ὅτι δέοι αὐτὸν διὰ Χριστὸν πυρὶ τὴν ζωὴν μεταλλάξαι.}

supra); cap. 5 (et quidem **Eus*** *4,15,9–10 inde ab voce* πεισθέντα *usque ad* μεταλλάξαι) *non libri authentici fuisse sed succrevisse postea asseruit Müller 1908b, 40sqq., qui idem de cap. 12,3* (**Eus*** *4,15,28–29) probavit, ubi ad hanc (sc. capituli 5) visionem refertur* **1d** οὐδὲν] μηδέν εζ *ad dictionem* οὐδὲν ἕτερον ποιῶν ἢ (εἰ μή **K**) προσευχόμενος *cf. Apk 2,1; Athan. PG 27, 428 A (*παννύχιον ἐποίει προσευχόμενος) προσευχόμενος περὶ πάντων καὶ τῶν … ἐκκλησιῶν] εἰρήνην ἐξαιτούμενον ταῖς ἀνὰ πᾶσαν τὴν οἰκουμένην ἐκκλησίαις **Eus***; *an* προσευχόμενος περὶ <εἰρήνης> ἁπασῶν τῶν κατὰ τὴν οἰκουμένην ἐκκλησιῶν? *cf.* **Eus**^Ruf (*pro pace ecclesiarum quae ubique sunt supplicans deo*) *et 8,1a (*F); *vide II p. 132sq.* **5,2** καὶ προσευχόμενος … καυθῆναι *non exhibet* **Eus**[1], *add.* α (*libere auctum* **Eus***); *cf. 12,3b* **2a** τὸ προσκεφάλαιον αὐτοῦ] τὸ ἀμφίεσμα ᾧ ἦν ἠμφιεσμένος **copt**; *cf. 12,3b* **2b** α συνόντας *incipit* F τοὺς συνόντας αὐτῷ προφητικῶς … καυθῆναι γδ (*sim.* **Eus***): τ. σὺν αὐτῷ (*om.* προφητικῶς) … κᾶηναι ε

6,1a. ἐπικειμένων δὲ σὺν πάσῃ σπουδῇ τῶν ζητούντων αὐτόν, τὸ δεύτερον αὖθις ὑπὸ τῆς τῶν ἀδελφῶν στοργῆς ἐξεβιάσθη πάλιν μεταβῆναι ἐφ' ἕτερον ἀγρόν. **b.** καὶ μετ' οὐ πολὺ τὸ ἴχνος εὑρόντες ἐπέστησαν ἐκεῖ οἱ ζητοῦντες αὐτόν, **c.** συνελάβοντο δὲ αὐτόθι παιδάρια δύο, ὧν τοῦ ἑτέρου βασανιζομένου ἀγαγόντες αὐτοὺς ἔδειξαν τὴν τοῦ Πολυκάρπου καταγωγήν.

(*sequitur* 7,1b καὶ ὀψέ)

6,1a. καὶ ἐπιμενόντων τῶν ζητούντων αὐτὸν μετέβη εἰς ἕτερον ἀγρίδιον. **b.** καὶ εὐθέως ἐπέστησαν οἱ ζητοῦντες αὐτόν, **c.** καὶ {{μὴ εὑρόντες}} συνελάβοντο παιδάρια δύο, ὧν τὸ ἕτερον βασανιζόμενον ὡμολόγησεν.

rec. β

11. ἐπικειμένων δὴ οὖν σὺν πάσῃ σπουδῇ τῶν ἀναζητούντων αὐτόν, αὖθις ὑπὸ τῆς τῶν ἀδελφῶν {διαθέσεως καὶ} στοργῆς ἐκβεβιασμένον μεταβῆναί φασιν ἐφ' ἕτερον ἀγρόν· ἔνθα μετ' οὐ πλεῖστον τοὺς συνελαύνοντας ἐπελθεῖν, δύο δὲ τῶν αὐτόθι συλλαβεῖν παίδων· ὧν θάτερον αἰκισαμένους ἐπιστῆναι δι' αὐτοῦ τῇ τοῦ Πολυκάρπου καταγωγῇ.

(*sequitur* 12 ὀψὲ δέ)

6,2a–7,1a
non habet
Eus[1]

{{**6,2a.** ἦν γὰρ καὶ ἀδύνατον λαθεῖν αὐτόν, ἐπεὶ καὶ οἱ προδιδόντες αὐτὸν οἰκεῖοι ὑπῆρχον. **b.** καὶ ὁ εἰρήναρχος, ὁ κεκληρωμένος τὸ αὐτὸ ὄνομα, Ἡρώδης ἐπιλεγόμενος, ἔσπευδεν εἰς τὸ στάδιον αὐτὸν εἰσαγαγεῖν **c.** ἵνα ἐκεῖνος μὲν τὸν ἴδιον κλῆρον ἀπαρτίσῃ, Χριστοῦ κοινωνὸς γενόμενος, οἱ δὲ προδόντες αὐτὸν τὴν αὐτὴν τοῦ Ἰούδα ὑπόσχοιεν τιμωρίαν.

7,1a. Ἔχοντες οὖν τὸ παιδάριον τῇ παρασκευῇ δείπνου ὥρᾳ ἐξῆλθον διωγμῖται καὶ ἱππεῖς μετὰ τῶν συνήθων αὐτοῖς ὅπλων ὡς ἐπὶ λῃστὴν τρέχοντες.}}

6,1a ἐπικειμένων δέ (δὴ οὖν **Eus***) ... ἐφ' ἕτερον ἀγρόν **Eus**[1]* ({διαθέσεως καί} στοργῆς **Eus***): καὶ ἐπιμενόντων ... εἰς ἕτερον ἀγρίδιον **β**   **1b** καὶ μετ' οὐ πολὺ τὸ ἴχνος εὑρόντες (τὸ ἴ. εὑ. *Hutch*[Gr]) ἐπ. ἐκεῖ ... αὐτόν **Eus**[1]: καὶ εὐθέως ἐπ. οἱ ζητ. αὐτόν **β**: ἔνθα μετ' οὐ πλεῖστον ... ἐπελθεῖν **Eus***   **1c** συνελάβοντο δὲ ἐκεῖ ... δύο **Eus**[1]: δύο **Eus** ({{μὴ εὑρόντες}} συνελάβοντο ... δύο **β**: δύο δὲ ... συλλαβεῖν **Eus***   ὧν τοῦ ἑτέρου βασανιζομένου **Eus**[1]: ὧν τὸ ἕτερον -ζόμενον (ἃ καὶ -ζόμενα **δ** [*sim. et* copt]) **β**: ὧν θάτερον αἰκισαμένους **Eus*** ἀγαγόντες ... καταγωγήν **Eus**[1]: ἐπιστῆναι δι' αὐτοῦ ... καταγωγῇ **Eus***: ὡμολόγησεν (-σαν **δ**) **β**: (ἃ βασανιζόμενα) ἀγαγεῖν αὐτοὺς εἰς τὸν τόπον ὅπου ἦν ὁ Πολ. copt   **6,2a–7,1a** ἦν γὰρ καὶ ἀδύνατον ... τρέχοντες *non exhibent* **Eus**[1]*: *add.* **β** (*del. Hilgenfeld ZWTh 20, 1877, 143*); *cf. Müller 1908a, 7. 13 et 1910, 670; Campenhausen 12sq.*   **6,2b–c** καὶ ὁ εἰρήναρχος ... τιμωρίαν *non exhibet* **δ**   **2c** τὴν αὐτὴν *Jacobson*: τὴν αὐτοῦ **γ**: τῆς αὐτῆς **ε**   τοῦ Ἰούδα] τῷ Ἰούδα *Zahn*   ὑπόσχοιεν τιμωρίαν **γ**: τύχωσιν (ἔτυχον **K**) τιμωρίας **ε** (*cf. Schw. 10*)   **7,1a** τὸ παιδάριον] τὰ -δάρια **δ**   δείπνου ὥρᾳ] περὶ δ. ὥραν **ε**; *cf. Lk 14,17*

7,1b. Ὀψὲ δὲ τῆς ὥρας ἐπελθόντες, αὐτὸν μὲν εὗρον ἐν ὑπερῴῳ κατακείμενον. {c. κἀκεῖθεν δυνατὸν ὂν αὐτῷ ἐφ᾽ ἑτέραν μεταστῆναι οἰκίαν, οὐκ ἠβουλήθη εἰπών· Τὸ θέλημα τοῦ θεοῦ γενέσθω.} 7,2a. καὶ δὴ μαθὼν παρόντας καὶ καταλαβόντας, καταβὰς αὐτοῖς διελέξατο εὖ μάλα φαιδρῷ καὶ πραοτάτῳ προσώπῳ.

c. καὶ εὐθέως ἐκέλευσεν τράπεζαν αὐτοῖς παρατεθῆναι καὶ τροφὴν ἄφ-

rec. α (~ β)

7,1b. καὶ ὀψὲ τῆς ὥρας συνεπελθόντες ἐκεῖνον μὲν εὗρον ἔν τινι δωματίῳ κατακείμενον ἐν ὑπερῴῳ. {**c.** κἀκεῖθεν δὲ ἠδύνατο εἰς ἕτερον χωρίον ἀπελθεῖν, ἀλλ᾽ οὐκ ἠβουλήθη εἰπών· Τὸ θέλημα τοῦ θεοῦ γενέσθω.} **7,2a.** ἀκούσας οὖν αὐτοὺς παρόντας καὶ καταβὰς διελέχθη αὐτοῖς {**b.** θαυμαζόντων τῶν ὁρώντων τὴν ἡλικίαν αὐτοῦ καὶ τὸ εὐσταθές, καὶ εἰ τοσαύτη σπουδὴ ἦν τοῦ συλληφθῆναι τοιοῦτον πρεσβύτην ἄνδρα.}

c. εὐθέως οὖν αὐτοῖς ἐκέλευσεν παρατεθῆναι φαγεῖν καὶ πιεῖν {{ἐν ἐκείνῃ τῇ

12. ὀψὲ δὲ τῆς ὥρας ἐπελθόντας, αὐτὸν μὲν εὑρεῖν ἐν ὑπερῴῳ κατακείμενον {, ὅθεν δυνατὸν ὂν αὐτῷ ἐφ᾽ ἑτέραν μεταστῆναι οἰκίαν, μὴ βεβουλῆσθαι, εἰπόντα· τὸ θέλημα τοῦ θεοῦ γινέσθω}. **4**

13. καὶ δὴ μαθὼν παρόντας, ὡς ὁ λόγος φησί, καταβὰς αὐτοῖς διελέξατο εὖ μάλα φαιδρῷ καὶ πραοτάτῳ προσώπῳ, {ὡς καὶ θαῦμα δοκεῖν ὁρᾶν τοὺς πάλαι τοῦ ἀνδρὸς ἀγνῶτας, ἐναποβλέποντας τῷ τῆς ἡλικίας αὐτοῦ παλαιῷ καὶ τῷ σεμνῷ καὶ εὐσταθεῖ τοῦ τρόπου, καὶ εἰ τοσαύτη γένοιτο σπουδὴ ὑπὲρ τοῦ τοιοῦτον συλληφθῆναι πρεσβύτην.}

14. ὁ δ᾽ οὐ μελλήσας εὐθέως τράπεζαν αὐτοῖς παρατεθῆναι προστάττει, εἶτα τροφῆς ἀφθόνου μεταλα-

---

1b ἐπελθόντες αὐτὸν **Eus**[1/]*: ἀπελθ- ἐκεῖνον ε: συνεπελθόντες ἐκ. *Ussher*: συναπελθ- ἐκ. γδ ἐν ὑπερῴῳ κατακείμενον **Eus**[1/]*: ἔν τινι δωμ. κατακ. ἐν (ἐν *om.* **BP**ε**C**) ὑπερῴῳ **β**   **1c** κἀκεῖθεν ... γενέσθω *del. Zw.*: κἀκεῖθεν δὲ ἠδύνατο εἰς ἕτερον χωρίον ἀπελθεῖν, ἀλλ᾽ ... γεν. **β** (**α** *secutus*): καὶ δυνατὸν ὂν αὐτῷ ἐφ᾽ ἑτέραν μεταστῆναι οἰκίαν ... γεν. (*vel* γιν.) **arm**[M] (*ex* **Eus*** *intercedente* **syr**[1])   **7,2a** καὶ δὴ μαθὼν παρόντας καὶ καταλαβόντας (καὶ κατ. *om.* **Eus***), ὡς ὁ λόγος φησί, καταβὰς **Eus**[1/]*: ἀκούσας οὖν αὐτοὺς παρόντας καὶ καταβάς **β**   **2a–b** αὐτοῖς διελέξατο ... προσώπῳ **Eus**[1/]*: διελέχθη αὐτοῖς **β**   **2b** θαυμαζόντων ... πρεσβύτην ἄνδρα *non exhibet* **Eus**[1], *add.* **α**   ὁρώντων *Schw.* 10 (*coll.* **Eus***): παρόντων **β**   καὶ εἰ τοσαύτη ... πρεσβύτην ἄνδρα *non exhibet* **F** (*add.* **α**)   καὶ εἰ] εἰ (*vel* η) γζ: καὶ ὅτι ε   ἦν] εἴη *edd. quidam* (ἡ **B**: εἰ **M**)   **2c** καὶ εὐθέως *Zw.* (*cf.* 6,1b): καί **arm**[M]: εὐθέως οὖν **β**: ὁ δ᾽ οὐ μελλήσας εὐθέως **Eus***   ἐκέλευσεν ... εἰσενεχθῆναι (εἰσεν. *Hutch*[Gr]) **Eus**[1] (*sim.* **Eus***): ἐκέλευσεν παρατεθῆναι αὐτοῖς (*sic* δ**K**: ἐκ. αὐ. π. **M**: αὐ. ἐκ. π. γ) φαγεῖν καὶ πιεῖν {{ἐν ἐκείνῃ τῇ ὥρᾳ}} ὅσον ἂν βούλωνται (*om.* τράπεζαν) **β**

θονον αὐτοῖς εἰσε-
νεχθῆναι, ἐξητήσα-
το δὲ αὐτοὺς ἵνα
δῶσιν αὐτῷ ὥραν
πρὸς τὸ προσεύξασ-
θαι ἀδεῶς.
7,3a. τῶν δὲ ἐπιτρε-
ψάντων ἀναστὰς
προσηύξατο πλή-
ρης ὢν τῆς χάριτος
τοῦ κυρίου b. ὥστε
ἐκπλήττεσθαι τοὺς
παρόντας εὐχομέ-
νου αὐτοῦ ἀκροω-
μένους πολλούς τε
αὐτῶν μετανοεῖν
ἐπὶ τῷ τοιοῦτον ἀν-
αιρεῖσθαι μέλλειν
σεμνὸν καὶ θεοπρε-
πῆ πρεσβύτην.
5 **8,1a.** Ἐν τούτῳ δὲ
b. τῆς ὥρας ἐλθού-
σης τοῦ ἐξιέναι ὄνῳ
καθίσαντες αὐτὸν
ἤγαγον εἰς τὴν πό-
λιν [ὄντος σαββάτου
μεγάλου].

ὥρᾳ}} ὅσον ἂν βού-
λωνται, ἐξητήσατο δὲ
...

... προσεύξασ-
θαι ἀδεῶς.
7,3a. τῶν δὲ ἐπιτρε-
ψάντων σταθεὶς
{{πρὸς ἀνατολὴν}}
προσηύξατο πλήρης
ὢν τῆς χάριτος τοῦ θε-
οῦ οὕτως **b.** ὥστε
{{ἐπὶ δύο ὥρας μὴ δύ-
νασθαι σιωπῆσαι,
καὶ}} ἐκπλήττεσθαι
τοὺς ἀκούοντας πολ-
λούς τε μετανοεῖν ἐπὶ
τῷ ἐληλυθέναι ἐπὶ τοι-
οῦτον θεοπρεπῆ πρεσ-
βύτην.
8,1a. Ὡς δὲ {κατέπαυ-
σεν τὴν προσευχήν,
μνημονεύσας πάντων
τῶν καί ποτε συμβε-
βληκότων αὐτῷ μι-
κρῶν τε καὶ μεγάλων,
ἐνδόξων τε καὶ ἀδό-
ξων, καὶ (ἁ)πάσης τῆς

βεῖν ἀξιοῖ, μίαν τε ὥραν,
ὡς ἂν προσεύξοιτο ἀδε-
ῶς, παρ' αὐτῶν αἰτεῖται·
ἐπιτρεψάντων δὲ ἀνα-
στὰς ηὔχετο, ἔμπλεως
τῆς χάριτος ὢν τοῦ κυ-
ρίου, ὡς ἐκπλήττεσθαι
τοὺς παρόντας εὐχομέ-
νου αὐτοῦ ἀκροωμένους
πολλούς τε αὐτῶν μετα-
νοεῖν ἤδη ἐπὶ τῷ τοιοῦ-
τον ἀναιρεῖσθαι μέλλειν
σεμνὸν καὶ θεοπρεπῆ
πρεσβύτην.
15. ἐπὶ τούτοις ἡ π ε ρ ὶ
α ὐ τ ο ῦ γ ρ α φ ὴ κ α-
τ ὰ λ έ ξ ι ν ὧδέ πως τὰ
ἑξῆς τῆς ἱστορίας ἔχει·

(15.) ἐπεὶ δέ ποτε
{κατέπαυσε τὴν προσ-
ευχὴν μνημονεύσας
ἁπάντων καὶ τῶν πώπο-
τε συμβεβληκότων αὐ-
τῷ, μικρῶν τε καὶ μεγά-
λων, ἐνδόξων τε καὶ
ἀδόξων, καὶ πάσης τῆς

δῶσιν] δώσωσιν **δM**; cf. act. Thom. 58   **3a** ἀναστάς **Eus**[1/*]: σταθεὶς {{πρὸς ἀνατολήν (-λάς
M)}} β   πλήρης ὢν τῆς χάριτος] ἔμπλεως τῆς χάριτος ὤν **Eus***   τοῦ κυρίου **Eus***: τοῦ
κυρίου {ἡμῶν Ἰησοῦ Χριστοῦ} **arm**[M]: τοῦ θεοῦ β   ὥστε vel ὡς **Eus**[1]: ὡς **Eus***: οὕτως ὥστε
β   ἐκπλήττεσθαι **Eus**[1/*]: {{ἐπὶ δύο ὥρας μὴ δύνασθαι σιγῆσαι (σιγῆ- **δε**: σιωπῆ- **γ**) καὶ}}
ἐκπλήττεσθαι β   τοὺς παρόντας εὐχομένου αὐτοῦ ἀκροωμένους **Eus**[1/*]: τοὺς ἀκούοντας β
πολλούς τε αὐτῶν **Eus**[1/*]: πολλούς τε β   ἐπὶ τῷ τοιοῦτον ... σεμνὸν καὶ θεοπρεπῆ πρεσβύτην **Eus**[1/*]: ἐπὶ τῷ ἐληλυθέναι ἐπὶ τοιοῦτον θεοπρεπῆ πρεσβύτην β   **h.e. 4,15,15** (ἐπὶ τούτοις ... ἔχει) non exhibent **arm**[M]**copt**, habent **Eus*****syr**   **8,1a** ἐν τούτῳ δέ *Hutch*[Gr]: καὶ σὺν
τούτοις **arm**[M]*Kölligan* (coll. Lk 24,21): ὡς δέ **α**: ἐπεὶ δέ ποτε **Eus*****ε**   {κατέπαυσεν ... καθολικῆς ἐκκλησίας} non exhibet **Eus**[1], add. **α**   μνημ. ἀπάντων ... καὶ (ἁ)πάσης ... καθολικῆς (καθολ. om. **syr**) ἐκκλησίας **α**: μνημονεύσας ἁπασῶν τῶν κατὰ τὴν οἰκουμένην ἁγίων
ἐκκλησιῶν **F**; cf. 5,1d et Schw. 10; vide II p. 132sq.   μνημονεύσας πάντων τῶν καί ποτε **ε**:
μν. ἀπάντων· καὶ τῶν πώποτε (ποτέ **B**) **Eus*****γζ**   συμβεβληκότων **Eus**[ATEM]: συμβεβηκότων
Eus[RBD]β praeter **F** (vide supra), **K** (προλαβόντων) et **M** (συμβαλόντων)

κατὰ τὴν οἰκουμένην
καθολικῆς ἐκκλησί-
ας,} **8,1b.** τῆς ὥρας
ἐλθούσης τοῦ ἐξιέ-
ναι, ὄνῳ καθίσαντες
αὐτὸν ἤγαγον εἰς τὴν
πόλιν [ὄντος σαββά-
του μεγάλου.] **8,2a.**
8,2a. καὶ ὑπήντα αὐτῷ καὶ ὑπήντα ... ἐπὶ
ὁ εἰρήναρχος Ἡρώδης τὴν καροῦχαν ... λέ-
καὶ ὁ πατὴρ αὐτοῦ Νι- γοντες·
κήτης, οἳ καὶ μεταθέν-
τες αὐτὸν ἐπὶ τὴν καρ-
οῦχαν ἔπειθον παρα-
καθεζόμενοι καὶ λέ-
γοντες· b. Τί γὰρ κα- **b.** ... ἐπιθῦσαι καὶ
κόν ἐστιν εἰπεῖν· Κύρι- {{τὰ τούτοις ἀκόλου-
ος Καῖσαρ, καὶ ἐπιθῦ- θα καὶ}} διασώζεσ-
σαι καὶ διασώζεσθαι; θαι· **c.** ὁ δὲ τὰ μὲν
c. ὁ δὲ τὰ μὲν πρῶτα πρῶτα ...
οὐκ ἀπεκρίνατο αὐ-
τοῖς, ἐπιμενόντων δὲ
αὐτῶν ἔφη· Οὐ μέλλω
ποιεῖν ὃ συμβουλεύετέ ... συμβουλεύετέ
μοι. μοι.
8,3a. οἱ δὲ ἀποτυχόν- **8,3a.** οἱ δὲ ἀποτυχόν-
τες τοῦ πεῖσαι αὐτὸν τες ...
δεινὰ ῥήματα ἔλεγόν ... ἔλεγόν αὐτῷ καὶ
τε αὐτῷ καὶ ἅμα ἐπι- μετὰ σπουδῆς καθή-
λαβόμενοι καθῆρουν ρουν αὐτὸν ἀπὸ τοῦ
αὐτὸν ἀπὸ τῆς καρού- ὀχήματος ὡς καὶ κατ-
χας ὡς καὶ καταπεσόν- ιόντα ἀπὸ τῆς καρού-
τα ἀποσῦραι τὸ ἀντι- χας ἀποσῦραι τὸ ἀν-

κατὰ τὴν οἰκουμένην
καθολικῆς ἐκκλησί-
ας,} τῆς ὥρας ἐλθού-
σης τοῦ ἐξιέναι, ὄνῳ
καθίσαντες αὐτὸν ἤ-
γαγον εἰς τὴν πόλιν,
[ὄντος σαββάτου με-
γάλου]. καὶ ὑπήντα
αὐτῷ ὁ εἰρήναρχος
Ἡρώδης καὶ ὁ πατὴρ
αὐτοῦ Νικήτης· οἳ καὶ
μεταθέντες αὐτὸν εἰς
τὸ ὄχημα, ἔπειθον πα-
ρακαθεζόμενοι καὶ
λέγοντες· τί γὰρ κα-
κόν ἐστιν εἰπεῖν, κύρι-
ος Καῖσαρ, καὶ θῦσαι
καὶ διασώζεσθαι; ὃ δὲ
τὰ μὲν πρῶτα οὐκ ἀπ-
εκρίνατο, **16.** ἐπιμε-
νόντων δὲ αὐτῶν,
ἔφη· οὐ μέλλω πράτ-
τειν ὃ συμβουλεύετέ
μοι.
οἳ δὲ ἀποτυχόντες τοῦ
πεῖσαι αὐτόν, δεινὰ
ῥήματα ἔλεγον καὶ με-
τὰ σπουδῆς καθή-
ρουν, ὡς κατιόντα
ἀπὸ τοῦ ὀχήματος
ἀποσῦραι τὸ ἀν-
τικνήμιον· ἀλλὰ γὰρ

1b ὄνῳ καθίσαντες *del. Campenhausen 15sq., sed vide II p. 16sq.*   ἤγαγον **Eus**^ATERM ε:
ἦγον **Eus**^BDΛ γζ   ὄντος σαββάτου μεγάλου *del. Schürer (1870, 203sq.), cui Lipsius (1874,*
205) assentitus est (add. ω)   **2a** Νικήτης **Eus**^A Μγδ: Νικήτας **Eus**^TERBDM ΚΡ   Νικητ. {ἐπὶ
τὸ ὄχημα} γδ   ἐπὶ τὴν καροῦχαν] εἰς τὸ ὄχημα **Eus***   **2b** ἐπιθῦσαι καὶ διασώζεσθαι
Eus^II*: ε. καὶ {{τὰ τούτοις ἀκόλουθα καί}} διασώζεσθαι β   **8,3a** ἔλεγόν τε αὐτῷ καὶ ἅμα
ἐπιλαβόμενοι (ἐπιλ. *Hutch*^Gr) καθῆρουν αὐτόν **Eus**^I: ἔλεγόν αὐτῷ καὶ μετὰ σπουδῆς καθήρουν αὐτόν **α** (αὐτῷ *et* αὐτόν *om.* **Eus***, αὐτῷ *om.* ε)   ἀπὸ τῆς καρούχας ὡς καὶ καταπεσόντα (καταβληθέντα **Eus**^I; *praeceps actus* **Eus**^Ruf) ἀποσῦραι *Zw.:* ἀπὸ τοῦ ὀχήματος ὡς καὶ
κατιόντα ἀποσῦραι **F**: ἀπὸ τοῦ ὀχήματος ὡς καὶ κατιόντα ἀπὸ τῆς καρούχας ἀποσυρῆναι γζ:
ὡς κατιόντα ἀπὸ τοῦ ὀχήματος (ἀπὸ τῆς καρούχας ε) ἀποσῦραι **Eus***ε

κνήμιον. **b. καὶ μὴ ἐπι-στραφεὶς ὡς οὐδὲν πε-πονθὼς προθύμως μετὰ**
6 **σπουδῆς ἐπορεύετο. ἤ-γαγον αὐτὸν εἰς τὸ στά-διον ὅπου τὰ θηρία κα-τακέκλειστο. c. τοσοῦτο δὲ πλῆθος ἦν ἐν τῷ στα-δίῳ ὡς μηδὲ πολλοῖς αὐτῶν ὀφθῆναι ὅτι Πο-λύκαρπος εἰσελήλυθεν εἰς τὸ στάδιον. 9,1** {**a. εἰσιόντι δὲ ἐγένετο φωνὴ ἐξ οὐρανοῦ λέγουσα· Ἀνδρίζου, Πολύκαρπε. b. καὶ τὸν μὲν εἰπόντα οὐ-δεὶς εἶδεν, τὴν δὲ φωνὴν τῶν ἡμετέρων πολλοὶ ἤκουσαν.**} <**c. καὶ λοι-πὸν προσαχθέντος αὐ-τοῦ θόρυβος ἦν μέγας ἀκουσάντων ὅτι Πολύ-καρπος συνείληπται.**>

τικνήμιον. **b. καὶ μὴ** ...

... **προθύμως μετὰ σπουδῆς ἐπορεύετο ἀγόμενος εἰς τὸ στά-διον, c. θορύβου τη-λικούτου ὄντος ἐν τῷ σταδίῳ ὡς μηδὲ ἀκουσθῆναί τινα δύ-νασθαι. 9,1** {**a. τῷ δὲ Πολυκάρπῳ εἰσιόντι εἰς τὸ στάδιον φωνὴ ἐξ οὐρανοῦ ἐγένετο λέγουσα· Ἴσχυε, Πολύκαρπε, καὶ ἀν-δρίζου. b. καὶ** ...
... **τῶν ἡμετέρων οἱ παρόντες ἤκουσαν.**}
c. καὶ λοιπὸν προσ-αχθέντος αὐτοῦ θό-ρυβος ἦν μέγας ἀκουσάντων ὅτι Πο-λύκαρπος συνελήφ-

μὴ ἐπιστραφείς, οἷα μηδὲν πεπονθώς, προθύμως μετὰ σπουδῆς ἐπορεύετο, ἀγόμενος εἰς τὸ στά-διον.
17. θορύβου δὲ τηλι-κούτου ὄντος ἐν τῷ σταδίῳ, ὡς μηδὲ πολ-λοῖς ἀκουσθῆναι, {τῷ Πολυκάρπῳ εἰσιόντι εἰς τὸ στάδιον φωνὴ ἐξ οὐρανοῦ γέγονεν· ἴσχυε, Πολύκαρπε, καὶ ἀνδρίζου. καὶ τὸν μὲν εἰπόντα οὐδεὶς εἶδεν, τὴν δὲ φωνὴν τῶν ἡμετέρων πολλοὶ ἤκουσαν.}
18. προσαχθέντος οὖν αὐτοῦ, θόρυβος ἦν μέγας ἀκουσάν-των ὅτι Πολύκαρπος συνείληπται. {λοιπὸν

3b καὶ μὴ ἐπιστραφείς (**Eus¹**)γ**M**: οὗτινος ἕνεκεν μὴ ἐ. **F**: ἀλλὰ γὰρ μὴ ἐ. **Eus***: μηδὲ ἐ. ζ: καὶ ἀποστραφεὶς **K** (*coniecturā pessimā, nam sensus est: sed nihil curans, quod vidit Kölli-gan coll. LSJ s. v. ἐπιστρέφω II 3*)   προθύμως μετὰ σπουδῆς **Eus¹/***γ**K**: προθύμως ζ**M**: μετὰ σπουδῆς **F** (*del. Schw. 11*)   ἐπορεύετο. ἤγαγον ... κατακέκλειστο (*cf. 11,1; 12,2c*) **Eus¹**: ἐπορεύετο ἀγόμενος εἰς τὸ στάδιον **α**; *de interpunctione v. Schw. 11sq.*   **3c** τοσοῦτο δὲ πλῆθος ἦν **Eus¹**: θορύβου (θ. δέ **Eus***) τηλικούτου ὄντος **α** (καὶ ἦν θόρυβος μέγας **copt)** ὡς μηδὲ πολλοῖς αὐτῶν ὀφθῆναι *Zw.* ('*an αἰσθάνεσθαι?' Hutch.*): ὡς μ. π. αὐτῶν (αὐτῶν *om.* **Eus***) ἀκουσθῆναι **Eus¹/***: ὡς μηδὲ ἀκουσθῆναί τινα δύνασθαι **β**: ἐπεὶ τὸ πλῆθος εἶδεν αὐτόν **copt**; *cf. MPion 3,7* (σκοποῦντες) *et vide II p. 121*   ὅτι Πολύκαρπος εἰσελήλυθεν ... στάδι-ον **Eus¹**: *om.* **α**   **9,1a–b** εἰσιόντι δέ ... ἤκουσαν *del. Zw.; 9,1a–c* (*h.e. 4,15,17–18* εἰς τὸ στάδιον ... λοιπὸν οὖν προσελθόντα) *delend. put. Schw. 1903 p. 342, cf. Schw.* (*1905*) *11–13* (*de miraculi interpolatione*), *Müller 1908a, 13sq. et 1908b, 45sqq.; locus spur. ex **α** videtur in* arm^M *immissus* Eus* *et* syr¹ *intercedentibus; vide app. crit. ad 7,1c; 13,2a–b; 16,2b*   **9,1a** εἰσιόντι δέ **Eus¹**: τῷ δὲ (δέ *om.* **Eus***) Πολυκάρπῳ εἰσιόντι εἰς τὸ στάδιον **α**   ἐγένετο] γέγονεν **Eus***   λέγουσα **Eus¹**δ: *om.* **Eus***γε; *cf. Mt 3,17; Lk 9,35*   ἴσχυε καὶ ἀνδρίζου Πο-λύκαρπε γδ: ἴσχυε Πολ. κ. ἀ. **Eus***ε: ἀνδρίζου Πολύκαρπε **arm^M**   **1b** πολλοὶ **Eus¹/***: οἱ παρόντες **β**   **1c** καὶ (*om.* **M**) λοιπὸν προσαχθέντος ... συνείληπται (... συνελήφθη **ΑΗ**δ) **β**: προσαχθέντος οὖν ... συνείληπται **Eus***: *om.* arm^M (*sententiam excidisse coniicias, cum ad-ditamentum 9,1a–b in margine adpictum textui insereretur; vide ad 5,1a et 15,2b*) *cui sententiae continuatur* **9,3a** ἐγκειμένου δὲ τοῦ ἀνθυπάτου, *quod respicit et ad* προσαχθέντος αὐτοῦ (*i. e.* ἐπὶ τοῦ βήματος, *ut add.* ζ) *et ad* 8,3a ἀποτυχόντες τοῦ πεῖσαι.

9,3a. ἐγκειμένου δὲ τοῦ ἀνθυπάτου καὶ λέγοντος· Ὄμοσον, καὶ ἀπολύω σε, λοιδόρησον τὸν Χριστόν, **b.** ἔφη ὁ Πολύκαρπος· Ὀγδοήκοντα καὶ ἓξ

θη. {**9,2a.** λοιπὸν δὲ προσαχθέντος αὐτοῦ ἀνηρώτα ὁ ἀνθύπατος εἰ αὐτὸς εἴη Πολύκαρπος. **b.** τοῦ δὲ ὁμολογοῦντος ἔπειθεν ἀρνεῖσθαι λέγων· Αἰδέσθητί σου τὴν ἡλικίαν (καὶ ἕτερα τούτοις ἀκόλουθα, ὡς ἔθος αὐτοῖς λέγειν)· Ὄμοσον τὴν Καίσαρος τύχην, μετανόησον, εἶπον· Αἶρε τοὺς ἀθέους. **c.** ὁ δὲ Πολύκαρπος ἐμβριθεῖ τῷ προσώπῳ εἰς πάντα τὸν ὄχλον τὸν ἐν τῷ σταδίῳ {{ἀνόμων ἐθνῶν}} ἐμβλέψας καὶ ἐπισείσας αὐτοῖς τὴν χεῖρα, στενάξας τε καὶ ἀναβλέψας εἰς τὸν οὐρανὸν εἶπεν· Αἶρε τοὺς ἀθέους.}

9,3a. ἐγκειμένου δὲ τοῦ ἀνθυπάτου …

b. ἔφη ὁ Πολύκαρπος· …

οὖν προσελθόντα ἀνηρώτα ὁ ἀνθύπατος εἰ αὐτὸς εἴη Πολύκαρπος, καὶ ὁμολογήσαντος, ἔπειθεν ἀρνεῖσθαι, λέγων· αἰδέσθητί σου τὴν ἡλικίαν, καὶ ἕτερα τούτοις ἀκόλουθα, ἃ σύνηθες αὐτοῖς ἐστι λέγειν, ὄμοσον τὴν Καίσαρος τύχην, μετανόησον, εἶπον, αἶρε τοὺς ἀθέους.

19. ὁ δὲ Πολύκαρπος ἐμβριθεῖ τῷ προσώπῳ εἰς πάντα τὸν ὄχλον τὸν ἐν τῷ σταδίῳ ἐμβλέψας, ἐπισείσας αὐτοῖς τὴν χεῖρα στενάξας τε καὶ ἀναβλέψας εἰς τὸν οὐρανόν, εἶπεν· αἶρε τοὺς ἀθέους.}

20. ἐγκειμένου δὲ τοῦ ἡγουμένου καὶ λέγοντος· ὄμοσον, καὶ ἀπολύσω σε, λοιδόρησον τὸν Χριστόν, ἔφη ὁ Πολύκαρπος· ὀγδοήκοντα καὶ ἓξ

9,2a–c λοιπὸν δὲ προσαχθέντος … τοὺς ἀθέους *non exhibet* **Eus¹**: *add.* α   2a λοιπόν (λ. δέ F: λ. οὖν **Eus***) ABHKF **Eus***: *om.* MPζ   λοιπὸν δὲ προσαχθέντος αὐτοῦ F: τοῦ δὲ προσαχθέντος {ἐπὶ τοῦ βήματος} ζ: (λοιπὸν) προσαχθέντα (π. δέ P) *rell.*: λοιπὸν οὖν προσελθόντα **Eus***   ἀνηρώτα (ἠρ- P: ἀνηρ- αὐτόν ζ) ὁ ἀνθύπατος **Eus***Pζ: αὐτὸν ἀνηρ- ὁ ἀνθ. (αὐ. ὁ ἀνθ. ἀνηρ- A) *rell.*   2b ὁμολογοῦντος γδ: -γήσαντος **Eus***K   ὡς ἔθος αὐτοῖς] ὧν ἔ. ἦν αὐτ. (αὐτ. ἦν K) ε: ἃ σύνηθες αὐτοῖς ἐστι **Eus***   εἶπέ] εἶπον (-ων K) **Eus***ε   2c ἀνόμων ἐθνῶν *non exhibet* **Eus***: *add.* β   καὶ ἐπισείσας] καί *om.* **Eus***   9,3a ἀνθυπάτου β: ἡγουμένου **Eus***: δικαστοῦ (?) **arm^M**   καὶ ἀπο|(λύω) *deficit* F   3b ἔφη ὁ Πολύκαρπος] ὁ Πολ. ἔφη β

ἔτη ἔχω δουλεύων αὐτῷ καὶ οὐδέν με ἠδίκησεν. καὶ πῶς δύναμαι βλασφημῆσαι τὸν βασιλέα μου τὸν σώσαντά με;	... ἔχω δουλεύων αὐτῷ ...	ἔτη δουλεύω αὐτῷ, καὶ οὐδέν με ἠδίκησεν· καὶ πῶς δύναμαι βλασφημῆσαι τὸν βασιλέα μου, τὸν σώσαντά με;
	... τὸν σώσαντά με; {**10,1a.** Ἐπιμένοντος δὲ πάλιν αὐτοῦ καὶ λέγοντος· Ὅμοσον τὴν Καίσαρος τύχην, **b.** ἀπεκρίνατο· Εἰ κενοδοξεῖς ἵνα ὁμόσω τὴν Καίσαρος τύχην, ὡς σὺ λέγεις, προσποιεῖ δὲ ἀγνοεῖν με τίς εἰμι, μετὰ παρρησίας ἄκουε· Χριστιανός εἰμι. εἰ δὲ θέλεις τὸν τοῦ Χριστιανισμοῦ μαθεῖν λόγον, δὸς ἡμέραν καὶ ἄκουσον. **10,2a.** ἔφη ὁ ἀνθύπατος· Πεῖσον τὸν δῆμον. **b.** ὁ δὲ Πολύκαρπος εἶπεν· Σὲ μὲν κἂν λόγου ἠξίωκα· δεδιδάγμεθα γὰρ ἀρχαῖς καὶ ἐξουσίαις ὑπὸ τοῦ θεοῦ τεταγμέναις τιμὴν κατὰ τὸ προσῆκον τὴν μὴ βλάπτουσαν ἡμᾶς ἀπο-	{**21.** ἐπιμένοντος δὲ πάλιν αὐτοῦ καὶ λέγοντος· ὅμοσον τὴν Καίσαρος τύχην, ὁ Πολύκαρπος, εἰ κενοδοξεῖς, φησίν, ἵνα ὁμόσω τὴν Καίσαρος τύχην, ὡς λέγεις προσποιούμενος ἀγνοεῖν ὅστις εἰμί, μετὰ παρρησίας ἄκουε. Χριστιανός εἰμι. εἰ δὲ θέλεις τὸν τοῦ Χριστιανισμοῦ μαθεῖν λόγον, δὸς ἡμέραν καὶ ἄκουσον. **22.** ἔφη ὁ ἀνθύπατος· πεῖσον τὸν δῆμον. Πολύκαρπος ἔφη· σὲ μὲν καὶ λόγου ἠξίωκα, δεδιδάγμεθα γὰρ ἀρχαῖς καὶ ἐξουσίαις ὑπὸ θεοῦ τεταγμέναις τιμὴν κατὰ τὸ προσῆκον τὴν μὴ βλάπτουσαν ἡμᾶς ἀπονέμειν· ἐκείνους δὲ

(sequitur **11,1a** Ἔφη πρὸς αὐτόν)

ἔχω δουλεύων γζ: δουλεύω **Eus*ε**; *cf. [Chrys.] PG 59, 520 lin. 68* (τοσαῦτα ἔτη ἔχω δουλεύων σοι); *Chrys. PG 62, 328 lin. 44; TestJob 28,8; Joh 5,5*   αὐτῷ **Eus*β**: Χριστῷ **arm**[M] **10,1a–2b** Ἐπιμένοντος ... ἀπολογεῖσθαι αὐτοῖς *non exhibet* **Eus**[1]: *add.* **α**   **1a** πάλιν *del.* **M** **1b** ἀπεκρίνατο **β**: ὁ Πολύκαρπος ... φησίν **Eus***   ὡς σὺ λέγεις, προσποιεῖ δὲ ἀγνοεῖν με τίς εἰμι **β**: ὡς λέγεις προσποιούμενος ἀγνοεῖν ὅστις εἰμί **Eus***   θέλεις ... μαθεῖν] μαθεῖν ... θέλεις **β**   **2a** ἔφη ὁ ἀνθύπατος] ὁ ἀνθ. ἔφη **β**   **2b** ὁ δὲ Πολύκαρπος εἶπεν **β**: Πολύκαρπος ἔφη **Eus***   μὲν κἂν **HPεζ**: μὲν καὶ **Eus*AB**; *cf. Schw. 13, sed v. K.–G. I 244*[2]   ἠξίωκα **Eus*BDM**M] -σα **Eus*ATΕR**γζK   ὑπὸ τοῦ θεοῦ] τοῦ *om.* **Eus*M**

11,1a. Ἔφη πρὸς αὐτὸν ὁ ἀνθύπατος· Θηρία ἔχω ἀφιέναι· τούτοις σε παραβαλῶ ἐὰν μὴ μετανοήσῃς. b. ὁ δὲ εἶπεν· Κάλει, ἐλθέτω. ἀμετάθετος γὰρ ἡμῖν ἡ ἀπὸ τῶν κρειττόνων ἐπὶ τὰ χείρω μετάνοια.
11,2a. ὁ δὲ πάλιν πρὸς αὐτόν· Πυρί σε ποιήσω δαπανηθῆναι εἰ τῶν θηρίων καταφρονεῖς. b. ἔφη πρὸς αὐτὸν ὁ Πολύκαρπος· Πῦρ ἀπειλεῖς τὸ πρὸς ὥραν καιόμενον καὶ μετ' ὀλίγον σβεννύμενον. ἀγνοεῖς γὰρ τὸ τῆς μελλούσης κρίσεως καὶ αἰωνίου κολάσεως τοῖς ἀσεβέσι τηρούμενον πῦρ. ἀλλὰ μὴ βραδύνῃς· φέρε ὃ βούλει.

νέμειν. ἐκείνους δὲ οὐχ ἡγοῦμαι ἀξίους τοῦ ἀπολογεῖσθαι αὐτοῖς.}
11,1a. Ὁ δὲ ἀνθύπατος εἶπεν· Θηρία ἔχω· τούτοις ...

... μετανοήσῃς. b. ὁ δὲ εἶπεν· Κάλει. ἀμετάθετος ...
... μετάνοια{, καλὸν δὲ μετατίθεσθαι ἀπὸ τῶν χαλεπῶν ἐπὶ τὰ δίκαια}.
11,2a. ὁ δὲ πάλιν ... εἰ ... καταφρονεῖς{, ἐὰν μὴ μετανοήσῃς}. b. ὁ δὲ Πολύκαρπος εἶπεν· Πῦρ ἀπειλεῖς ...

... φέρε ὃ βούλει.

οὐκ ἀξίους ἡγοῦμαι τοῦ ἀπολογεῖσθαι αὐτοῖς.}
23. ὁ δ' ἀνθύπατος εἶπεν· θηρία ἔχω· τούτοις σε παραβαλῶ, ἐὰν μὴ μετανοήσῃς. ὃ δὲ εἶπεν· κάλει. ἀμετάθετος γὰρ ἡμῖν ἡ ἀπὸ τῶν κρειττόνων ἐπὶ τὰ χείρω μετάνοια{, καλὸν δὲ μετατίθεσθαι ἀπὸ τῶν χαλεπῶν ἐπὶ τὰ δίκαια}.
24. ὃ δὲ πάλιν πρὸς αὐτόν· πυρί σε ποιήσω δαμασθῆναι, ἐὰν τῶν θηρίων καταφρονῇς{, ἐὰν μὴ μετανοήσῃς}. Πολύκαρπος εἶπεν· πῦρ ἀπειλεῖς πρὸς ὥραν καιόμενον καὶ μετ' ὀλίγον σβεννύμενον· ἀγνοεῖς γὰρ τὸ τῆς μελλούσης κρίσεως καὶ αἰωνίου κολάσεως τοῖς ἀσεβέσι τηρούμενον πῦρ. ἀλλὰ τί βραδύνεις; φέρε ὃ βούλει.

7

οὐχ ἡγοῦμαι ἀξίους β: οὐκ ἀξ. ἡγ. Eus*   11,1a Ἔφη (Eus^ATER) πρὸς αὐτὸν ὁ ἀνθύπατος Eus¹ζ: ὁ δ' ἀν. π. αὐ. εἶπεν γ: ὁ δ' ἀν. εἶπεν π. αὐ. Κ: ὁ δ' ἀν. εἶπεν Eus^BDMM ἔχω ἀφιέναι Eus¹: ἔχω rell. (habeo paratas, sc. bestias Eus^Ruf); cf. 12,2c (ἐπαφῇ)   1b Κάλει ἐλθέτω (ἐλθ. Hutch^Gr) arm^M: Κάλει rell.   μετάνοια Eus¹: μετάνοια {καλὸν δὲ ... τὰ δίκαια} α   2a ποιήσω Eus^{1/}*M: ποιῶ rell. (Eus^TE) δαπανηθῆναι] δαμασθῆναι Eus*, sed (faciam) consumi Eus^Ruf   εἰ ... καταφρονεῖς] ἐὰν ... καταφρονῇς Eus* ἐὰν μὴ μετανοήσῃς non exhibent Eus¹copt: add. α   2b ἔφη πρὸς αὐτὸν ὁ Πολύκαρπος Eus¹: ὁ δὲ (om. Eus*) Πολύκαρπος εἶπεν α τὸ πρός] πρὸς Eus* τοῖς ἀσεβέσι α: {τῷ Σατανᾷ καὶ} (τοῖς) ἀσ. arm^M μὴ βραδύνῃς Eus¹ζ: βραδύνῃς Η: τί βραδύνεις rell.

12,1a. {Ταῦτα δὲ καὶ ἄλλα πλείονα λέγων θάρσους καὶ χαρᾶς ἐνεπίμπλατο, καὶ τὸ πρόσωπον αὐτοῦ χάριτος ἐπληροῦτο ὥστε οὐ μόνον μὴ συμπεσεῖν ταραχθέντα ὑπὸ τῶν λεγομένων πρὸς αὐτὸν} **b.** ἀλλὰ τοὐναντίον τὸν ἀνθύπατον ἐκστῆναι, πέμψαι τε {τὸν {{ἑαυτοῦ}} κήρυκα} ἐν μέσῳ τοῦ σταδίου κηρῦξαι τρίς· Πολύκαρπος ... Χριστιανὸν εἶναι. **12,2a.** τούτου ... ἅπαν τὸ πλῆθος [ἐθνῶν τε καὶ Ἰουδαίων τῶν τὴν Σμύρναν κατοικούντων] ἀκατασχέτῳ θυμῷ ... ἐπεβόα· **b.** Οὗτός ἐστιν ὁ τῆς ἀσεβείας διδάσκαλος, ...

... θεῶν καθαιρέτης, ὁ πολλοὺς διδάσ-

8 12,1b. Ὁ δὲ ἀνθύπατος ἐκπλαγεὶς ἔπεμψεν ἐν μέσῳ τοῦ σταδίου κηρῦξαι· Τρὶς Πολύκαρπος ὡμολόγησεν ἑαυτὸν Χριστιανὸν εἶναι. **12,2a.** τούτου λεχθέντος ὑπὸ τοῦ κήρυκος, ἅπαν τὸ πλῆθος [Ἰουδαίων τε καὶ ἐθνῶν τῶν τὴν Σμύρναν κατοικούντων] ἀκατασχέτῳ θυμῷ καὶ μεγάλῃ φωνῇ ἐπεβόα· **b.** Οὗτός ἐστιν ὁ τῆς ἀσεβείας διδάσκαλος, ὁ πατὴρ τῶν Χριστιανῶν, ὁ τῶν ἡμετέρων θεῶν καθαιρέτης· καὶ γὰρ διδάσ-

25. {ταῦτα δὲ καὶ ἕτερα πλείονα λέγων, θάρσους καὶ χαρᾶς ἐνεπίμπλατο καὶ τὸ πρόσωπον αὐτοῦ χάριτος ἐπληροῦτο, ὥστε μὴ μόνον μὴ συμπεσεῖν ταραχθέντα ὑπὸ τῶν λεγομένων πρὸς αὐτόν,} ἀλλὰ τοὐναντίον τὸν ἀνθύπατον ἐκστῆναι πέμψαι τε {τὸν κήρυκα καὶ} ἐν μέσῳ τῷ σταδίῳ κηρῦξαι· τρὶς Πολύκαρπος ὡμολόγησεν ἑαυτὸν Χριστιανὸν εἶναι. **26.** τούτου λεχθέντος ὑπὸ τοῦ κήρυκος, πᾶν τὸ πλῆθος [ἐθνῶν τε καὶ Ἰουδαίων τῶν τὴν Σμύρναν κατοικούντων] ἀκατασχέτῳ θυμῷ καὶ μεγάλῃ φωνῇ ἐβόα· οὗτός ἐστιν ὁ τῆς Ἀσίας διδάσκαλος, ὁ πατὴρ τῶν Χριστιανῶν, ὁ τῶν ἡμετέρων θεῶν καθαιρέτης, ὁ πολλοὺς διδάσκων

12,1a Ταῦτα δὲ καὶ ἕτερα ... λεγομένων πρὸς αὐτόν *non exhibet* **Eus**[1]: *add.* **α** ἄλλα πλείονα] ἕτερα πλείονα (πλ. *om.* **M**) **Eus*M** οὐ μόνον μή **β**: μὴ μ. μή **Eus*** ταραχθέντα] -τος **AHPζ** 1b Ὁ δὲ ἀνθ. ἐκπλ. ἔπεμψεν **Eus**[1]: ἀλλὰ τοὐναντίον ... πέμψαι τε {τὸν {{ἑαυτοῦ}} κήρυκα (*sic* **β**: τὸν κήρ. καί **Eus***)} **α** ἐν μέσῳ τοῦ σταδίου **arm**[M]**β**: ἐν μ. τῷ σταδίῳ **Eus*** κηρῦξαι· τρὶς Πολ.] κηρῦξαι τρίς· Πολ. ({καὶ} κηρῦξαι **HPζ**: κηρῦξαι τρίτον **β**) *codd. fere omnes* (*etiam* **copt syr**); *sed recte* **Eus**[Ruf] *voce maxima protestari Polycarpum* t e r t i o c o n f e s s u m *Christianum se esse; de interpunct. vid. Schw. 1903 et Boeft-Bremmer (1985) 111–113* 2a ἅπαν **β**: πᾶν **Eus*** Ἰουδαίων ... κατοικούντων *del.* Zw. Ἰουδαίων τε καὶ ἐθνῶν **arm**[M]: ἐθνῶν (Ἑλλήνων **copt**) τε καὶ Ἰουδαίων **α**; *cf. 9,2c; MPion 2,6 et MPetr 7,4* (²*Zw. 412,1*) ἐπεβόα **γζM**: ἐβόα **Eus*K** 2b ἀσεβείας **γζ**: Ἀσίας **Eus*εarm**[M] (**syr**[1] *intercedente*) καὶ γὰρ διδάσκει ... προσκυνεῖν αὐτοῖς **Eus**[1]: ὁ πολλοὺς διδάσκων μὴ θύειν μηδὲ προσκυνεῖν τοῖς θεοῖς (τ. θεοῖς *om.* **Eus*ε**, *sed* adorent deos **Eus**[Ruf]) **α**

κει τοὺς ἀνθρώπους μὴ προσκυνεῖν αὐτοῖς. **c.** ταῦτα λέγοντες ἠρώτων τὸν Ἀσιάρχην ἵνα ἐπαφῇ τῷ Πολυκάρπῳ λέοντα. ὁ δὲ ἔφη μὴ εἶναι ἐξὸν αὐτῷ ἐπειδὴ πεπληρώκει τὰ κυνηγέσια. **12,3a.** τότε ἔδοξεν αὐτοῖς ὁμοθυμαδὸν ἐπιβοῶσιν ὥστε τὸν Πολύκαρπον ζῶντα κατακαῦσαι.

(*sequitur* **13,2** ὅτε δὲ ἡ πυρά)

κων μὴ θύειν μηδὲ προσκυνεῖν τοῖς θεοῖς. **c.** ταῦτα λέγοντες {ἐπεβόων καὶ} ἠρώτων τὸν Ἀσιάρχην {Φίλιππον} ἵνα ἐπαφῇ …

… τὰ κυνηγέσια. **12,3a.** τότε ἔδοξεν … ἐπιβοῆσαι … ζῶντα κατακαυθῆναι. {**b.** ἔδει γὰρ τὸ τῆς φανερωθείσης ἐπὶ τοῦ προσκεφαλαίου ὀπτασίας πληρωθῆναι, ὅτε ἰδὼν αὐτὸ καιόμενον προσευχόμενος εἶπεν ἐπιστραφεὶς τοῖς σὺν αὐτῷ πιστοῖς προφητικῶς· Δεῖ με ζῶντα καῆναι.

13,1. ταῦτα οὖν μετὰ τοσούτου τάχους ἐγένετο θᾶττον τοῦ λεχθῆναι, τῶν ὄχλων παραχρῆμα συναγόντων ἔκ τε τῶν ἐργαστηρίων καὶ βαλανείων ξύλα καὶ φρύγανα, μάλιστα Ἰουδαίων προ

μὴ θύειν μηδὲ προσκυνεῖν. **27.** ταῦτα λέγοντες, {ἐπεβόων καὶ} ἠρώτων τὸν ἀσιάρχην {Φίλιππον} ἵνα ἐπαφῇ τῷ Πολυκάρπῳ λέοντα· ὁ δὲ ἔφη μὴ εἶναι ἐξὸν αὐτῷ, ἐπειδὴ πεπληρώκει τὰ κυνηγέσια. τότε ἔδοξεν αὐτοῖς ὁμοθυμαδὸν ἐπιβοῆσαι ὥστε ζῶντα τὸν Πολύκαρπον κατακαῦσαι. {**28. a.** ἔδει γὰρ τὸ τῆς φανερωθείσης αὐτῷ ἐπὶ τοῦ προσκεφαλαίου ὀπτασίας πληρωθῆναι· **b.** ὅτε ἰδὼν αὐτὸ καιόμενον προσευχόμενος, εἶπεν ἐπιστραφεὶς τοῖς μετ' αὐτοῦ πιστοῖς προφητικῶς· δεῖ με ζῶντα καῆναι.

29. ταῦτα οὖν μετὰ τοσούτου τάχους ἐγένετο θᾶττον ἢ ἐλέγετο, τῶν ὄχλων παραχρῆμα συναγόντων ἐκ τῶν ἐργαστηρίων καὶ ἐκ τῶν βαλανείων ξύλα καὶ φρύγανα, μάλιστα Ἰουδαίων

2c λέγοντες ἠρώτων τὸν Ἀσιάρχην ἵνα **Eus**[1]: λέγοντες {ἐπεβόων καὶ} ἠρώτων τὸν Ἀσιάρχην {Φίλιππον} ἵνα **α** κυνηγέσια] *vide* **8,3b** **3a** ὁμοθυμαδόν *om.* **arm**[M] ἐπιβοῶσιν *Schw.* *13sq.*: ἐπιβοῆσαι *codd.* τὸν Πολύκαρπον ζῶντα] ζῶντα τὸν Πολ. **Eus*** κατακαῦσαι **Eus***: κατακαυθῆναι β **12,3b–13,1a** ἔδει γὰρ … ὑπουργούντων *non exhibet* **Eus**[1]: *add.* **α**; *cf. Müller 1908b, 51sqq.* (*qui vera in* **arm**[M] *tradita esse vidit*) *et supra ad 5,1a–d; 12,3b* (ὅτε ἰδὼν … κατακαυθῆναι/καῆναι) = *h.e.* **4,28b** (*non exhibet* **Eus**[Ruf]) **12,3b** φανερωθείσης αὐτῷ **Eus*M**] αὐτῷ *om. rell.* προσκεφαλαίου] ἀμφιέσματος **copt**; *cf. 5,2a* τοῖς σὺν αὐτῷ β: τοῖς μετ' αὐτοῦ **Eus*** καῆναι **Eus***: κατακαυθῆναι β; *cf. 5,2b* **13,1a** τοῦ λεχθῆναι γζ: ἢ ἐλέγετο **Eus*ε** συναγόντων **Eus**[ATERM]εζ: συναγαγ- **Eus**[BD(ras)]γ ἔκ τε τῶν ἐργ. καὶ βαλ. β: ἐκ τῶν ἐργ. καὶ ἐκ τῶν βαλ. **Eus***

9 **13,2a. Ὅτε δὲ ἡ πυρὰ ἡτοιμάσθη, ἀπέθετο ἑαυτῷ πάντα τὰ ἱμάτια,** {ἔλυσεν καὶ τὴν ζώνην· ἐπειρῶντο καὶ τὰ ὑποδήματα λύειν, ὡς καὶ πρότερον ἐποίησεν διὰ τὸ ἀεὶ ἕκαστον τῶν πιστῶν σπουδάζειν, ὅστις τάχιον τῶν ἱματίων αὐτοῦ ἐγγίσῃ. **b.** ἐκ πρώτης γὰρ ἡλικίας ἀγαθῇ πολιτείᾳ ἐκεκόσμητο}. **13,3a. εὐθέως οὖν αὐτῷ περιετίθετο τὰ πρὸς τὴν πυρὰν ἡρμοσμένα ὄργανα. μελλόντων δὲ αὐτὸν καὶ προσηλοῦν, εἶπεν· b. Ἀφετέ με οὕτως.** ὁ γὰρ δοὺς ὑπομεῖναι

θύμως, ὡς ἔθος αὐτοῖς, εἰς ταῦτα ὑπουργούντων.}
13,2a. ὅτε δὲ ἡ πυρκαϊὰ ἡτοιμάσθη, ἀποθέμενος ἑαυτῷ πάντα τὰ ἱμάτια {καὶ λύσας τὴν ζώνην, ἐπειρᾶτο καὶ ὑπολύειν ἑαυτόν, μὴ πρότερον τοῦτο ποιῶν διὰ … ὅστις τάχιον τοῦ χρωτὸς αὐτοῦ ἅψηται. **b.** ἐν παντὶ γὰρ ἀγαθῆς ἕνεκεν πολιτείας καὶ πρὸ τῆς μαρτυρίας ἐκεκόσμητο.}
13,3a. εὐθέως οὖν …

… μελλόντων δὲ αὐτῶν …

… εἶπεν· **b.**
Ἀφετέ με οὕτως …
… δώσει καὶ χωρὶς

προθύμως, ὡς ἔθος αὐτοῖς, εἰς ταῦτα ὑπουργούντων.}
30. ἀλλ' ὅτε ἡ πυρὰ ἡτοιμάσθη, ἀποθέμενος ἑαυτῷ πάντα τὰ ἱμάτια {καὶ λύσας τὴν ζώνην, ἐπειρᾶτο καὶ ὑπολύειν ἑαυτόν, μὴ πρότερον τοῦτο ποιῶν διὰ τὸ ἀεὶ ἕκαστον τῶν πιστῶν σπουδάζειν ὅστις τάχιον τοῦ χρωτὸς αὐτοῦ ἐφάψηται· ἐν παντὶ γὰρ ἀγαθῆς ἕνεκεν πολιτείας καὶ πρὸ τῆς πολιᾶς ἐκεκόσμητο.}
31. εὐθέως οὖν αὐτῷ περιετίθετο τὰ πρὸς τὴν πυρὰν ἡρμοσμένα ὄργανα· μελλόντων δὲ αὐτῶν καὶ προσηλοῦν αὐτόν, εἶπεν· ἄφετέ με οὕτως· ὁ γὰρ διδοὺς ὑπομεῖναι τὸ πῦρ δώσει καὶ

13,2a–b καὶ λύσας … ἐκεκόσμητο del. Zw.; cf. MPion 21,1 (MPol 13,3a ἀπέθετο ἑαυτῷ πάντα τὰ ἱμάτια excipitur ab εὐθέως οὖν αὐτῷ περιετίθετο τὰ … ὄργανα); etiam hunc locum adulterinum ex α fluxisse suspicor et **Eus*** ac **syr¹** intercedentibus immutatum insinuasse se versioni arm^M; vide app. crit. ad 9,1a–b et II p. 242sqq.   ἀλλ' ὅτε ἡ πυρά **Eus^{I/*}**: ὅτε δὲ ἡ πυρκαϊὰ **β**   ἀπέθετο Zw.: ἀποθέμενος codd.   ἔλυσεν καὶ **arm^M**: καὶ λύσας **α**   ζώνην] ζών. ἑαυτοῦ **AHP**: ζών. αὐτοῦ ζ   ἐπειρᾶτο καὶ ὑπολύειν ἑαυτόν **α**: ἐπειρῶντο καὶ τὰ ὑποδήματα λύειν **arm^M**   μὴ πρότερον τοῦτο ποιῶν **α**: ὡς καὶ πρότερον ἐποίησεν **arm^M**   ὅστις] τίς **Αεζ**   τοῦ χρωτὸς αὐτοῦ ἅψηται **α** (ἐφάψ- **Eus***): τῶν ἱματίων αὐτοῦ ἐγγίσῃ **arm^M syr**: τῶν ἱματίων αὐτοῦ ἢ τοῦ χρωτὸς ἅψηται **copt**   **2b** ἐκ πρώτης γὰρ ἡλικίας ἀγαθῇ πολιτ. ἐκ. **arm^M**: ἐν παντὶ γὰρ ἀγαθῇ πολιτείᾳ … ἐκεκόσμητο **syr** (add. καλῷ **Β**) ἀγαθῆς ἕνεκεν πολιτείας … ἐκεκόσμητο **Eus*AB**: πάσης γὰρ ἀγαθῆς ἕνεκα πολιτείας ἐκεκόσμητο **M**: πράξεις γὰρ καλὰς ἀγαθῆς ἕνεκεν πολιτείας … ἐκεκόσμητο **ζΗ**: πράξεις γὰρ καλὰς καὶ ἀγαθὰς καὶ θεομίμητον πολιτείαν … ἐκέκτητο **P**: πᾶσιν γὰρ τοῖς καλοῖς ἀγαθῆς ἕνεκα πολ. … ἐκ. **Κ**: ἀγαθῇ πολιτείᾳ ἐκεκόσμητο **arm^M**: ἐν παντὶ <χαρίσματι ("sive tale quid")> γάρ … ἐκ. Schw. 14   ἀγ. ἕν. πολιτ. καὶ πρὸ τῆς πολιᾶς ἐκεκόσμητο **Eus***: ἀγ. (ἔν.) πολιτ. καὶ πρὸ τῆς μαρτυρίας ἐκ. **γζΚ** (καὶ … πολιᾶς/μαρτυρίας om. propter homoiot. **M**; καί om. **P**)   **3a** τὴν πυράν] τὸ πῦρ **arm^M**   αὐτὸν προσηλοῦν **Eus¹M**: αὐτῶν καὶ προσηλοῦν (πρ. αὐτόν **Eus***) **α**   **3b** δούς **β**: διδούς **Eus***

τὸ πῦρ δώσει καὶ μὴ προσηλούμενον ἀσάλευτον ἐπιμεῖναι τῇ πυρᾷ.

14,1a. Οἱ δὲ εἴασαν αὐτὸν οὕτω καὶ οὐ καθήλωσαν μέν, ἔδησαν δὲ αὐτὸν δεσμοῖς. **b.** αὐτὸς δὲ ὀπίσω τὰς χεῖρας ποιήσας καὶ προσδεθεὶς ὥσπερ κριὸς ἐπίσημος ἀναφερόμενος ἐκ μεγάλου ποιμνίου ὁλοκαύτωμα δεκτὸν θεῷ παντοκράτορι, **c.** προσευχόμενος εἶπεν· **d.** Ὁ τοῦ κυρίου ἡμῶν Ἰησοῦ Χριστοῦ, τοῦ εὐλογητοῦ παιδός σου, πατήρ, δι᾽ οὗ τὴν ἐπίγνωσιν τῆς σῆς ἀληθείας εἰλήφαμεν, ὁ θεὸς ἀγγέλων καὶ δυνάμεων παντός τε τοῦ γένους τῶν δικαίων, οἳ ζῶσιν ἐνώπιόν σου, **14,2a.** εὐλογῶ σε ὅτι ἠξίωσάς με τῆς ἡμέ-

τῆς ὑμετέρας ἐκ τῶν ἥλων ἀσφαλείας ἄσκυλτον ἐπιμεῖναι τῇ πυρᾷ.

14,1a. Οἱ δὲ οὐ καθήλωσαν μέν, ἔδησαν δὲ αὐτόν. **b.** ὁ δὲ ὀπίσω ...

... κριὸς ἐπίσημος ἐκ μεγάλου ποιμνίου εἰς προσφοράν, ὁλοκαύτωμα δεκτὸν τῷ θεῷ {{ἡτοιμασμένον, **c.** ἀναβλέψας εἰς τὸν οὐρανὸν}} εἶπεν· **d.** Κύριε ὁ θεὸς ὁ παντοκράτωρ, ὁ τοῦ {ἀγαπητοῦ καὶ} εὐλογητοῦ παιδός σου Ἰησοῦ Χριστοῦ πατήρ, δι᾽ οὗ τὴν περὶ σοῦ ἐπίγνωσιν εἰλήφαμεν, ὁ θεὸς ἀγγέλων καὶ δυνάμεων {καὶ πάσης τῆς κτίσεως} παντός τε ... σου **14,2a.** εὐλογῶ σε ὅτι ἠξίωσάς

χωρὶς τῆς ὑμετέρας ἐκ τῶν ἥλων ἀσφαλείας ἀσκύλτως ἐπιμεῖναι τῇ πυρᾷ.

οἱ δὲ οὐ καθήλωσαν, προσέδησαν δὲ αὐτόν. **10**

32. ὃ δ᾽ ὀπίσω τὰς χεῖρας ποιήσας καὶ προσδεθεὶς ὥσπερ κριὸς ἐπίσημος, ἀναφερόμενος ἐκ μεγάλου ποιμνίου ὁλοκαύτωμα δεκτὸν θεῷ παντοκράτορι, εἶπεν·

33. ὁ τοῦ {ἀγαπητοῦ καὶ} εὐλογητοῦ παιδός σου Ἰησοῦ Χριστοῦ πατήρ, δι᾽ οὗ τὴν περὶ σὲ ἐπίγνωσιν εἰλήφαμεν, ὁ θεὸς ἀγγέλων καὶ δυνάμεων {καὶ πάσης κτίσεως} παντός τε τοῦ γένους τῶν δικαίων οἳ ζῶσιν ἐνώπιόν σου, εὐλογῶ σε ὅτι ἠξίωσάς με τῆς

μὴ προσηλούμενον **Eus**[1]: χωρὶς τῆς ὑμετέρας ἐκ τῶν ἥλων ἀσφαλείας **α** ἀσάλευτον **γζ**: ἀσκύλτως **Eus***: ἄσκυλτον **ε** **14,1a** οἱ δὲ εἴασαν αὐτὸν οὕτω καὶ οὐ **Eus**[1]: οἱ δὲ οὐ **α** καθήλ. μέν ... δεσμοῖς (**Eus**[1])] δεσμοῖς *om.* **β**: μέν *et* δεσμ. *om.* **Eus*** ἔδησαν] προσέδ- **Eus*ε** αὐτὸς δὲ ὀπίσω **Eus**[1]**copt**: ὁ δὲ ὀπίσω **α** **1b** ἀναφερόμενος ἐκ μεγ. π. **Eus**[1/*]: ἐκ μεγ. π. εἰς προσφοράν **β** εἰς προσφοράν **β** πατνοκράτορι **Eus**[1/*]: τῷ θεῷ {{ἡτοιμασμένον}} **β** **1c** προσευχόμενος εἶπεν **Eus**[1]: εἶπεν **Eus***: {ἀνοίξας τὸ στόμα αὐτοῦ} εἶπεν **copt**: {{ἀναβλέψας εἰς τὸν οὐρανὸν}} εἶπεν **β** **1d** ὁ τοῦ κυρίου ἡμῶν Ἰ. Χρ. ... πατήρ **Eus**[1]: ὁ τοῦ ... Ἰ. Χρ. (Ἰ. Χρ. τοῦ κυρίου ἡμῶν **copt**) πατήρ **Eus*copt**: Κύριε ὁ θεὸς ὁ παντοκράτωρ, ὁ τοῦ ... Ἰ. Χρ. πατήρ **β** εὐλογητοῦ **Eus**[1]: {ἀγαπητοῦ καὶ} εὐλογητοῦ **α** τὴν ἐπίγνωσιν τῆς σῆς ἀληθείας **Eus**[1]: τὴν περὶ σοῦ (σὲ **Eus***) ἐπίγνωσιν **α**; *cf. 1Tim 2,4; Epiphan. liturg. praes. 3, lin. 22 Moraites (Thessalonicae 1955)* εἰς ἐπίγνωσιν τῆς σῆς ἀληθείας καὶ πάσης (τῆς) κτίσεως *non exhibet* **Eus**[1]: *add.* **α** (τῆς *om.* **Eus***εζ**) παντός τε] καὶ παντός **γζ** **2a** εὐλογῶ **α**: εὐλογοῦμεν **arm**[M] ἠξίωσάς με **Eus**[AB**γδK**]: κατηξί- **Eus**[TERDM]**M** τῆς ἡμέρας καὶ ὥρας ταύτης] τῇ ἡμέρᾳ καὶ ὥρᾳ ταύτῃ **arm**[M] (*ut vid.*)

ρας καὶ ὥρας ταύ-
της, τοῦ λαβεῖν μέ-
ρος ἐν ἀριθμῷ τῶν
μαρτύρων σου, {ἐν
τῷ ποτηρίῳ τοῦ Χρι-
στοῦ σου εἰς ἀνάστα-
σιν ζωῆς αἰωνίου ψυ-
χῆς, σώματός τε καὶ
πνεύματος ἄνευ φθο-
ρᾶς,} **b. ἐν τούτοις
γὰρ ἐγγιῶ ἐνώπιόν
σου σήμερον ἐν θυ-
σίᾳ προσδεκτῇ.**

(*sequitur* **15,1a** πληρώσαντος δέ)

με τῆς ἡμέρας καὶ ὥ-
ρας ταύτης, τοῦ λαβεῖν
μέρος ἐν ἀριθμῷ τῶν
μαρτύρων σου, {ἐν τῷ
ποτηρίῳ τοῦ Χριστοῦ
σου εἰς ἀνάστασιν ζω-
ῆς αἰωνίου ψυχῆς τε
καὶ σώματος ἐν ἀφθαρ-
σίᾳ πνεύματος ἁγίου},
b. ἐν οἷς προσδεχθείην
ἐνώπιόν σου σήμερον
ἐν θυσίᾳ {πίονι καὶ}
προσδεκτῇ {καθὼς
προητοίμασας καὶ προ-
εφανέρωσας καὶ ἐπλή-
ρωσας ὁ ἀψευδὴς καὶ
ἀληθινὸς θεός. **3.** διὰ
τοῦτο καὶ περὶ πάντων
αἰνῶ σε, εὐλογῶ σε,
δοξάζω σε σὺν τῷ αἰω-
νίῳ {{καὶ ἐπουρανίῳ}}
ἀρχιερεῖ Ἰησοῦ Χριστῷ
<τῷ> ἀγαπητῷ σου
παιδί, μεθ' οὗ σοὶ καὶ
πνεύματι ἁγίῳ δόξα καὶ
νῦν καὶ ἀεὶ καὶ εἰς τοὺς
μέλλοντας   αἰῶνας.
ἀμήν}.

ἡμέρας καὶ ὥρας ταύ-
της, τοῦ λαβεῖν μέρος
ἐν ἀριθμῷ τῶν μαρτύ-
ρων {ἐν τῷ ποτηρίῳ
τοῦ Χριστοῦ σου εἰς
ἀνάστασιν ζωῆς αἰωνί-
ου ψυχῆς τε καὶ σώμα-
τος ἐν ἀφθαρσίᾳ πνεύ-
ματος ἁγίου},
34. ἐν οἷς προσδεχθείην ἐνώπιόν σου σήμε-
ρον ἐν θυσίᾳ {πίονι
καὶ} προσδεκτῇ {καθ-
ὼς προητοίμασας, προ-
φανερώσας καὶ πλη-
ρώσας ὁ ἀψευδὴς καὶ
ἀληθινὸς θεός.
35. διὰ τοῦτο καὶ περὶ
πάντων σὲ αἰνῶ, σὲ εὐ-
λογῶ, σὲ δοξάζω διὰ
τοῦ αἰωνίου ἀρχιερέως
Ἰησοῦ Χριστοῦ τοῦ
ἀγαπητοῦ σου παιδός,
δι' οὗ σοι {σὺν αὐτῷ}
ἐν πνεύματι ἁγίῳ δόξα
καὶ νῦν καὶ εἰς τοὺς
μέλλοντας   αἰῶνας,
ἀμήν}.

μαρτύρων σου] σου *om.* **Eus*M**   ἐν τῷ ποτηρίῳ … πνεύματος ἁγίου] *textum spurium non
exhibet* **copt**, *qui editionis* **Eus¹** *lectionem servare videtur, cum* **arm^M** *intercedente* **syr¹**
praebeat quod **Eus*** *hausit ex* α, *vide app. crit. ad* **13,2a–b**; *postea* **Eus^Ruf** *hiantem construc-
tionem* λαβεῖν μέρος ἐν ἀριθμῷ τῶν μαρτύρων ἐν τῷ ποτηρίῳ τοῦ Χριστοῦ σου
emendare conatus, ut particeps existerem martyrum et calicis *Christi tui scripsit*   ἐν
ἀφθαρσίᾳ πνεύματος ἁγίου α: καὶ πνεύματος ἄνευ φθορᾶς **arm^M**   **2b** ἐν τούτοις γὰρ ἐγγιῶ
Eus¹: ἐν οἷς προσδεχθείην (-θείημεν γζ) α   προσδεκτῇ **Eus¹**: {πίονι καὶ} προσδεκτῇ α
2b–3 καθὼς προητοίμασας … ἀμήν *non exhibet* **Eus¹**: *add.* α   **2b** προητοίμασας …
ἐπλήρωσας β: προητ. προφανερώσας καὶ πληρώσας **Eus***   **3** αἰνῶ σε, εὐλογῶ σε, δοξάζω
σε γζ: σὲ αἰνῶ, σὲ εὐλογῶ, σὲ δοξάζω **Eus*ε**   σὺν τῷ αἰωνίῳ {{καὶ ἐπουρανίῳ}} ἀρχιερεῖ
Ἰησοῦ Χριστῷ <τῷ> ἀγαπητῷ σου παιδί γζ: διὰ τοῦ αἰωνίου … παιδός **Eus*ε**   μεθ' οὗ σοὶ
καὶ πνεύματι **coptγζ**: δι' οὗ σοι σὺν αὐτῷ ἐν πνεύματι **Eus*ε**   (πνεύματι) | ἁγίῳ *redit testis*
F   δόξα **Eus*C**: δόξα κράτος **M**: ἡ δόξα *rell.*   καὶ νῦν καὶ ἀεὶ καὶ εἰς **coptM**] καὶ ἀεί *om.*
rell. (*homoiarch.*): νῦν καὶ εἰς **δ**

15,1a. Πληρώσαντος δὲ αὐτοῦ τὴν εὐχὴν καὶ ἀναπέμψαντος τὸ ἀμήν, οἱ τοῦ πυρὸς ἐργάται ἐξῆψαν τὸ πῦρ. b. μεγάλως δὲ ἐκλαμψάσης φλογός θαυμάσιόν τι θέαμα αὐτοῖς ἐφάνη·
15,2a. τὸ γὰρ πῦρ καμάρας εἶδος ποιῆσαν ὥσπερ ὀθόνη πλοίου ὑπὸ πνεύματος πληρουμένη, κύκλῳ περιετείχισεν τὸ σῶμα τοῦ μάρτυρος. b. καὶ ἦν μέσον <οὐχ ὡς σὰρξ καιομένη ἀλλ'> ὡς χρυσὸς καὶ ἄργυρος ἐν καμίνῳ πυρούμενος. c. καὶ γὰρ εὐωδίας ἡδείας ἀντελαβόμεθα ὡς λιβανωτοῦ πνέοντος.
16,1a. Πέρας γοῦν ἰδόντες οἱ ἄνομοι μὴ δυνάμενον αὐ-

15,1a. ἀναπέμψαντος δὲ αὐτοῦ τὸ ἀμὴν καὶ πληρώσαντος τὴν εὐχήν, οἱ τοῦ πυρὸς ἄνθρωποι ἐξῆψαν τὸ πῦρ. b. μεγάλης ... φλογός, θαῦμα μέγα εἴδομεν {οἷς ἰδεῖν ἐδόθη· οἳ καὶ ἐτηρήθημεν εἰς τὸ ἀναγγεῖλαι τοῖς λοιποῖς τὰ γενόμενα.}
15,2a. τὸ γὰρ πῦρ καμάρας εἶδος ...

... τοῦ μάρτυρος. b. καὶ ἦν μέσον οὐχ ὡς σὰρξ καιομένη ἀλλ' {{ὡς ἄρτος ὀπτώμενος ἢ}} ὡς χρυσὸς ... πυρούμενος. c. καὶ γὰρ εὐωδίας τοσαύτης ἀντελαβόμεθα ὡς λιβανωτοῦ πνέοντος {ἢ ἄλλου τινὸς τῶν τιμίων ἀρωμάτων}.
16,1a. Πέρας γοῦν ...

36. ἀναπέμψαντος δὲ αὐτοῦ τὸ ἀμὴν καὶ πληρώσαντος τὴν προσευχήν, οἱ τοῦ πυρὸς ἄνθρωποι ἐξῆψαν τὸ πῦρ, μεγάλης δὲ ἐκλαμψάσης φλογὸς θαῦμα εἴδομεν {οἷς ἰδεῖν ἐδόθη, οἳ καὶ ἐτηρήθησαν εἰς τὸ ἀναγγεῖλαι τοῖς λοιποῖς τὰ γενόμενα}.
37. τὸ γὰρ πῦρ καμάρας εἶδος ποιῆσαν ὥσπερ ὀθόνης πλοίου ὑπὸ πνεύματος πληρουμένης, κύκλῳ περιετείχισε τὸ σῶμα τοῦ μάρτυρος, καὶ ἦν μέσον οὐχ ὡς σὰρξ καιομένη, ἀλλ᾽ ὡς χρυσὸς καὶ ἄργυρος ἐν καμίνῳ πυρούμενος· καὶ γὰρ εὐωδίας τοσαύτης ἀντελαβόμεθα ὡς λιβανωτοῦ πνέοντος {ἢ ἄλλου τινὸς τῶν τιμίων ἀρωμάτων}.

38. πέρας γοῦν ἰδόντες οἱ ἄνομοι μὴ δυνάμενον τὸ σῶμα ὑπὸ τοῦ

11

12

15,1a πληρώσαντος δὲ αὐτοῦ τὴν εὐχὴν καὶ ἀναπέμψαντος τὸ ἀμήν **Eus¹syr**: ἀναπέμψαντος δὲ αὐτοῦ τὸ ἀμὴν καὶ πληρ. τὴν εὐχήν (προσευχ. **Eus*K**) **Eus*γε**: καὶ πληρ. αὐτοῦ τὴν εὐχήν δ (ἀναπ. ... ἀμήν *om.* **δH** *propter homoiotel.*)   οἱ τοῦ πυρὸς ἐργάται **Eus¹**(*ut vid.*)**F**: οἱ τοῦ π. ἐργάται καὶ ἄνθρωποι (ἄν. *om.* **V**) ζ: οἱ τοῦ π. ἄνθρωποι **Eus*γK**: οἱ τοῦ π. υἱοὶ **syr**: οἱ τοῦ π. ὑπουργοί **M**: οἱ ἐπὶ τοῦ πυρός *Hutch.*   **15,1b** μεγάλως **Eus¹**: -λης α   θαυμάσιόν τι θέαμα αὐτοῖς ἐφάνη **Eus¹**: θαῦμα μέγα (μέγα *om.* **Eus*ε**) εἴδομεν {οἷς ἰδεῖν ... ἐτηρήθημεν (-θησαν **Eus***) ... τὰ γενόμενα} α   **15,2a** πληρουμένη] -ης **Eus***   **2b** οὐχ ὡς σὰρξ καιομένη ἀλλ' *om.* **arm**ᴹ (*vide ad 9,1c*)   ὡς χρυσός α: {{ὡς ἄρτος ὀπτώμενος ἢ}} ὡς χρυσός β (ἢ χρυσὸς ... πυρούμενος *om.* **M** *propter homoiot.*); *cf. Müller 1908b, 55sqq.; 58*   **2c** ἡδείας **Eus¹**: τοσαύτης α   λιβανωτοῦ πνέοντος **Eus¹**: λιβ. πν. {ἢ ἄλλου (ἄλ. *om.* ε) τινὸς τῶν τιμίων ἀρωμάτων} α   **16,1a** γοῦν] οὖν γ**F**: δ᾽ οὖν **M**   μή] οὐ **BHPδ**   αὐτοῦ τὸ σῶμα] τὸ σῶμα **Eus***

τοῦ τὸ σῶμα ὑπὸ τοῦ πυρὸς δαπανηθῆναι, ἐκέλευσαν προσελθόντα αὐτῷ κομφέκτορα παραβῦσαι ξίφος. b. καὶ τοῦτο ποιήσαντος, ἐξῆλθεν πλῆθος αἵματος ὥστε κατασβέσαι τὸ πῦρ καὶ θαυμάσαι πάντα τὸν ὄχλον, εἰ τοσαύτη τις ἐκλογὴ μεταξὺ τῶν τε ἀπίστων καὶ τῶν τῷ θεῷ πιστευόντων.

{16,2b. πᾶν δὲ ῥῆμα ὃ ἀφῆκεν ἐκ τοῦ στόματος αὐτοῦ καὶ ἐτελειώθη καὶ τελειωθήσεται}

(ex Eus* intercedente syr¹ interpolatum)

... παραβῦσαι ξιφίδιον. b. καὶ τοῦτο ποιήσαντος, ἐξῆλθεν {{περιστερὰ καὶ}} πλῆθος αἵματος ... εἰ τοσαύτη τις διαφορὰ μεταξὺ ... καὶ τῶν ἐκλεκτῶν· 16,2a. {ὧν εἷς καὶ οὗτος γεγόνει ὁ θαυμασιώτατος {{Πολύκαρπος}} ἐν τοῖς καθ' ἡμᾶς χρόνοις διδάσκαλος ἀποστολικὸς καὶ προφητικὸς γενόμενος ἐπίσκοπός τε τῆς ἐν Σμύρνῃ καθολικῆς ἐκκλησίας. b. πᾶν γὰρ ῥῆμα ὃ ἀφῆκεν ἐκ τοῦ στόματος αὐτοῦ καὶ ἐτελειώθη καὶ τελειωθήσεται.}

πυρὸς δαπανηθῆναι, ἐκέλευσαν προσελθόντα αὐτῷ κομφέκτορα παραβῦσαι ξίφος, 39. καὶ τοῦτο ποιήσαντος, ἐξῆλθεν πλῆθος αἵματος, ὥστε κατασβέσαι τὸ πῦρ καὶ θαυμάσαι πάντα τὸν ὄχλον εἰ τοσαύτη τις διαφορὰ μεταξὺ τῶν τε ἀπίστων καὶ τῶν ἐκλεκτῶν· {ὧν εἷς καὶ οὗτος γέγονεν ὁ θαυμασιώτατος ἐν τοῖς καθ' ἡμᾶς χρόνοις διδάσκαλος ἀποστολικὸς καὶ προφητικὸς γενόμενος ἐπίσκοπος τῆς ἐν Σμύρνῃ καθολικῆς ἐκκλησίας· πᾶν γὰρ ῥῆμα ὃ ἀφῆκεν ἐκ τοῦ στόματος αὐτοῦ, καὶ ἐτελειώθη καὶ τελειωθήσεται.}

ξίφος **Eus**¹ᐟ*: ξιφίδιον **β**   1b ἐξῆλθεν] ἐξῆλθεν ἐξ αὐτοῦ **arm**ᴹ   πλῆθος αἵματος **Eus***: αἷμα πολύ **arm**ᴹ: {{περιστερὰ καὶ}} πλῆθος αἵματος **β**; *cf. Schw. 15sq., qui elumbem illam et insulsam de columbae miraculo narrationem iure cavillatus est*   εἰ ... ἐκλογή **Eus**¹: εἰ ... διαφορά **α** (τῆς τ. διαφορὰς **δ**)   μεταξὺ τῶν τε ἀπίστων καὶ τῶν τῷ θεῷ πιστευόντων **Eus**¹: μεταξὺ ... τῶν ἐκλεκτῶν **Eus***εγ: τῶν τε πίστων κ. τ. ἀπίστων **δ**   16,2a ὧν εἷς ... ἐκκλησίας *non exhibet* **Eus**¹ (*deleverat Schürer 1870, 203sq.; cf. Reuning 21sq.*): *tradunt* **Eus***εγ: καὶ οὕτως ἐτελειώθη ὁ ἅγιος (ἅγ. {ἱεράρχης} ζ) καὶ ἔνδοξος (ἔνδ. {μάρτυς τοῦ Χριστοῦ} ζ) Πολύκαρπος τῇ εἰκάδι τρίτῃ τοῦ φεβρουαρίου μηνός **δ**: ὧν εἷς ... ἐκκλησίας καὶ οὕτως ἐτελειώθη ὁ ἅγιος {ἐπίσκοπος ἱεράρχης} Πολύκαρπος {ἐν εἰρήνῃ τοῦ θεοῦ} τῇ εἰκάδι ... μηνός **copt**   γέγονεν **Eus***H: γεγόνει **AB**: ἐγέγόνει **P**: *om.* **ε**   ὁ θαυμασιώτατος **Eus***: ὁ θαυμασιώτατος {Πολύκαρπος} **K**: ὁ {μακάριος καὶ} θαυμασιώτατος {Πολύκαρπος} **M**: ὁ θαυμασιώτατος (-άσιος **HP**) {μάρτυς Πολύκαρπος} **γ**   ἐπίσκοπος (τε) τῆς ἐν Σμύρνῃ καθολικῆς ἐκκλησίας] Smyrnaeorum ecclesiae sacerdos (*i. e.* πρεσβύτερος) **Eus**ᴿᵘᶠ   τε τῆς **β**: τῆς **Eus***: πάσης τῆς **copt**   καθολικῆς] ἁγίας **M(L)**: *om.* **Eus**ᴸ   2b πᾶν γὰρ ῥῆμα ... τελειωθήσεται *non exhibet* **δ**: *tradunt rell.* (καὶ πᾶν ... ἐτελειώθη **copt**: πᾶν δέ ... ἐτελ. **arm**ᴹ): *ut pannum ex* **α** *intercedentibus* _Eus*syr¹_ *excerptum et in* **arm**ᴹ *immissum del. Zw.*

(sequitur
18,1 Ἰδὼν οὖν ὁ
ἑκατοντάρχης)

17,1–3 non
habet Eus¹

{**17,1a.** Ὁ δὲ ἀντίζηλος καὶ βάσκανος καὶ πονηρός, ὁ ἀντικείμενος τῷ γένει τῶν δικαίων, ἰδὼν τό τε μέγεθος αὐτοῦ τῆς μαρτυρίας καὶ τὴν ἀπ' ἀρχῆς ἀνεπίληπτον πολιτείαν, ἐστεφανωμένον τε τὸν τῆς ἀφθαρσίας στέφανον καὶ βραβεῖον ἀναντίρρητον ἀπενηνεγμένον, **b.** ἐπετήδευσεν ὡς μηδὲ τὸ λείψανον αὐτοῦ ὑφ' ἡμῶν ληφθῆναι, καίπερ πολλῶν ἐπιθυμούντων τοῦτο ποιῆσαι καὶ κοινωνῆσαι τῷ ἁγίῳ αὐτοῦ σαρκίῳ. **17,2a.** ὑπέβαλεν γοῦν Νικήτην, τὸν τοῦ Ἡρώδου πατέρα, ἀδελφὸν δὲ Ἄλκης ἐντυχεῖν τῷ ἄρχοντι ὥστε μὴ δοῦναι αὐτοῦ τὸ σῶμα· μή ποτε, φησίν, ἀφέντες τὸν ἐσταυρωμένον τοῦτον ἄρξωνται σέβεσθαι. **b.** καὶ ταῦτα ὑποβαλλόντων καὶ ἐνισχυόντων τῶν Ἰουδαίων, οἳ καὶ ἐτήρουν μελλόντων

{**40.** ὁ δὲ ἀντίζηλος καὶ βάσκανος πονηρός, ὁ ἀντικείμενος τῷ γένει τῶν δικαίων, ἰδὼν τὸ μέγεθος αὐτοῦ τῆς μαρτυρίας καὶ τὴν ἀπ' ἀρχῆς ἀνεπίληπτον πολιτείαν ἐστεφανωμένον τε τὸν τῆς ἀφθαρσίας στέφανον καὶ βραβεῖον ἀναντίρρητον ἀπενηνεγμένον, ἐπετήδευσεν ὡς μηδὲ τὸ σωμάτιον αὐτοῦ ὑφ' ἡμῶν ληφθείη, καίπερ πολλῶν ἐπιθυμούντων τοῦτο ποιῆσαι καὶ κοινωνῆσαι τῷ ἁγίῳ αὐτοῦ σαρκίῳ. **41.** ὑπέβαλον γοῦν τινες Νικήτην, τὸν τοῦ Ἡρώδου πατέρα, ἀδελφὸν [δὲ] δ' Ἄλκης ἐντυχεῖν τῷ ἡγεμόνι ὥστε μὴ δοῦναι αὐτοῦ τὸ σῶμα, μή, φησίν, ἀφέντες τὸν ἐσταυρωμένον, τοῦτον ἄρξωνται σέβειν. καὶ ταῦτα εἶπον ὑποβαλόντων καὶ ἐνισχυσάντων τῶν Ἰουδαίων· οἳ καὶ ἐτήρησαν μελλόντων

17,1a–3 ὁ δὲ ἀντίζηλος ... συμμαθητὰς γενέσθαι *non exhibet* **Eus¹**: *add.* α; **17,1b–3** (καίπερ πολλῶν ... γενέσθαι) *habuit pro spurio additamento Campenhausen 23sqq.* (*exceptis fortasse verbis* Ἰουδαίων ... λαμβάνειν); *cf. Müller 1908b, 7 et 1910, 670; Conzelmann 57* **17,1a** καὶ πονηρός β: πονηρός **Eus*** τό τε μέγεθος β: τό μέγ. **Eus*** ἀπ' ἀρχῆς *om.* F ἐστεφανωμένον τε τὸν ... στέφανον] ἐ. τε τῷ ... στεφάνῳ **FP** **1b** ὡς] ὥστε ε**C** λείψανον] σωμάτιον **Eus*ε**, *sed reliquias eius* **Eus**ᴿᵘᶠ ληφθῆναι β: ληφθείη **Eus*** τοῦτο ποιῆσαι καί *om.* **copt** **2a** ὑπέβαλεν γοῦν (*add.* ὁ πονηρός **AF**: ὡς π. **H** slav: ὡς δεινὸς καὶ μισάγιος ὁ πονηρός ζ) β: -λον γοῦν τινες **Eus*** τὸν τοῦ] τοῦ *om.* ε ἀδελφὸν δὲ Ἄλκης (*frater autem Dalcae, i. e.* ἀδελφ. Δ´Ἄλκης **Eus**ᴿᵘᶠ) *om.* **copt** ἄρχοντι γδ: ἡγεμόνι **Eus*K**: ἀνθυπάτῳ **M** (iudicem **Eus**ᴿᵘᶠ) μή ποτε, φησίν (*sc.* Νικήτης) δ: „ne forte" inquit **Eus**ᴿᵘᶠ: μή, φησίν *rell.* σέβεσθαι β: σέβειν **Eus*** **2b** καὶ ταῦτα] ταῦτα ε: καὶ τ. εἶπεν **AFcopt**: κ. τ. εἰπὼν **BHPζ**: κ. τ. εἶπον **Eus*** ὑποβαλόντων καὶ ἐνισχυόντων β: ὑπ. κ. ἐνισχυσάντων **Eus*** ἐτήρουν δ: ἐτήρησαν *rell.* μελλόντων ἡμῶν λαμβάνειν (*cf. 17,1b* ὑφ' ἡμῶν ληφθῆναι) F: μ. ἡ. τοῦτον (-το V) λαμβ. ζ: μ. ἡ. {ἐκ τοῦ πυρὸς} αὐτὸν (αὐτ. *om.* **B**: αὐτό **M**) λαμβ. **Eus*coptεABH**: ἐκ τοῦ πυρὸς αὐτὸν μ. ἡ. λαμβ. **P**; *colon* ἐκ τοῦ πυρός (αὐτόν) *ut glossa praecox et perversa supra linea posita habenda est*

ἡμῶν λαμβάνειν, c. ἀγ-
νοοῦντες ὅτι οὔτε τὸν
Χριστόν ποτε καταλι-
πεῖν δυνησόμεθα τὸν
ὑπὲρ τῆς τοῦ παντὸς
κόσμου σωτηρίας πα-
θόντα {{ἄμωμον ὑπὲρ
ἁμαρτωλῶν}} οὔτε ἕτε-
ρόν τινα σέβεσθαι. 3.
τοῦτον μὲν γὰρ υἱὸν ὄν-
τα τοῦ θεοῦ προσκυνοῦ-
μεν, τοὺς δὲ μάρτυρας
ὡς μαθητὰς καὶ μιμητὰς
τοῦ κυρίου ἀγαπῶμεν
ἀξίως ἕνεκεν εὐνοίας
ἀνυπερβλήτου τῆς εἰς
τὸν ἴδιον βασιλέα καὶ
διδάσκαλον, ὧν γένοιτο
καὶ ἡμᾶς συγκοινωνούς
τε καὶ συμμαθητὰς γε-
νέσθαι.}

13 18,1. Ἰδὼν οὖν ὁ
ἑκατοντάρχης τὸ
γενόμενον, θεὶς τὸ
σῶμα ἐν μέσῳ, ὡς
ἔθος αὐτοῖς κατέ-
καυσεν. 18,2. οὕ-
τως τε ἡμεῖς ὕστε-

18,1. Ἰδὼν οὖν ὁ κεντυ-
ρίων τὴν τῶν Ἰουδαίων
(γενομένην) φιλον(ε)ι-
κίαν, θεὶς αὐτὸν ἐν μέ-
σῳ, ὡς ἔθος αὐτοῖς
ἔκαυσεν. 18,2. οὕτως τε
ἡμεῖς ὕστερον ἀνελόμε-

ἡμῶν {ἐκ τοῦ πυρὸς}
αὐτὸν λαμβάνειν, ἀγνο-
οῦντες ὅτι οὔτε τὸν Χρι-
στόν ποτε καταλιπεῖν
δυνησόμεθα, τὸν ὑπὲρ
τῆς τοῦ παντὸς κόσμου
{τῶν σῳζομένων} σω-
τηρίας παθόντα, οὔτε
ἕτερόν τινα σέβειν.
42. τοῦτον μὲν γὰρ υἱὸν
ὄντα τοῦ θεοῦ προσκυ-
νοῦμεν, τοὺς δὲ μάρτυ-
ρας ὡς μαθητὰς καὶ μι-
μητὰς τοῦ κυρίου ἀγα-
πῶμεν ἀξίως ἕνεκα εὐ-
νοίας ἀνυπερβλήτου τῆς
εἰς τὸν ἴδιον βασιλέα
καὶ διδάσκαλον· ὧν γέ-
νοιτο καὶ ἡμᾶς συγκοι-
νωνούς τε καὶ συμμαθη-
τὰς γενέσθαι.}

43. ἰδὼν οὖν ὁ ἑκατοντ-
άρχης τὴν τῶν Ἰουδαίων
γενομένην φιλον(ε)ικί-
αν, θεὶς αὐτὸν ἐν μέσῳ,
ὡς ἔθος αὐτοῖς ἔκαυσεν,
οὕτως τε ἡμεῖς ὕστερον
ἀνελόμενοι τὰ τιμιώτε-

17,2c–17,3 ἀγνοοῦντες ὅτι … συμμαθητὰς γενέσθαι *non exhibent* Eus[1]F: *tradunt* Eus*copt
εγ: *libere mutatum post* 19,2 *exhibet* ζ   2c ὑπὲρ τῆς τοῦ κόσμου σωτηρίας coptM: ὑ. τ. τ.
παντὸς κόσμου {τῶν σῳζομένων} σωτηρίας *rell.*   παθόντα] ἀποθανόντα M   ἄμωμον
ὑπὲρ ἁμαρτωλῶν (τῶν ἁμ. K) *non exhibent* Eus[1/]*: *add.* β   τινα σέβεσθαι β: τινα σέβειν
Eus*   17,3 θεοῦ] θεοῦ ζῶντος copt; *cf. Mt 16,16; 26,63; Röm 9,26*   ἕνεκεν M: -κα *rell.*
ὧν] ᾧ M   συγκοινωνούς Eus*P (*et post* 19,2 ζ): κοινωνούς γ (*praeter* P)ε   18,1 ἑκατοντάρχης Eus[1/]*: κεντυρίων coptδε: ἑκατόνταρχος κεντ(ο)υρίων γ; *cf. Lk 23,47*   τὸ γενόμενον
Zw. (*coll. Lk 23,47; Apg 23,12; actPhil 18*): τὴν τῶν Ἰουδαίων φιλον(ε)ικίαν arm[M] (*ex* α *intercedentibus* Eus*syr[1]*): τὴν τῶν Ἰουδαίων (*add.* ὡς ἔθος αὐτοῖς copt) γενομένην φιλ. Eus*
coptγ (tam obstinatam Iudaeorum contentionem Eus[Ruf]): τὴν τῶν λεγομένων Ἰουδαίων
(Ἰουδ. *om.* δ) φιλ. δε   τὸ σῶμα F: τὸ σῶμα {τοῦ ἁγίου μάρτυρος} ζ: αὐτόν *rell.; cf. 16,1a*
ὡς ἔθος αὐτοῖς Eus[1/]*ε: τοῦ πυρὸς β   κατέκαυσεν (κ. αὐτό ζ) δ: ἔκαυσεν *rell.* (*om.* copt);
cf. Eus PG 20, 1520 A ὃ (*sc.* τὸ τίμιον αὐτοῦ λείψανον) καὶ π ά λ ι ν παρὰ τῶν ἀπίστων
ἐκαύθη   *capitula* 18,2–19,2b (οὕτως τε ἡμεῖς … καθολικῆς ἐκκλησίας) *delenda duxit*
Schürer (*1870, 203sq.*)

ρον ἀνελόμενοι τὰ τιμιώ-
τερα λίθων πολυτελῶν καὶ
δοκιμώτερα ὑπὲρ χρυσίον
πυρούμενον τῶν ὀστῶν
αὐτοῦ λείψανα ἀπεθέμεθα
ὅπου καὶ ἀκόλουθον ἦν.

Epistula Smyrnensium
de Polycarpi martyrio
explicit

νοι τὰ τιμιώτερα λί-
θων πολυτελῶν καὶ
δοκιμώτερα ὑπὲρ
χρυσίον ὀστᾶ αὐτοῦ
ἀπεθέμεθα ὅπου καὶ
ἀκόλουθον ἦν.

rec. α (γεζEus*
[*18,3 non exhibet* F])
{**18,3.** ἔνθα ὡς δυ-
νατὸν ἡμῖν συναγο-
μένοις ἐν ἀγαλλιά-
σει καὶ χαρᾷ παρ-
έξει ὁ κύριος ἐπιτε-
λεῖν τὴν τοῦ μάρτυ-
ρος αὐτοῦ ἡμέραν
γενέθλιον εἴς τε τὴν
τῶν προηθληκότων
μνήμην καὶ τῶν
μελλόντων ἄσκησίν
τε καὶ ἑτοιμασίαν.}

rec. α (γεζEus*; *de*
F *vide app. crit.*)
{**19,1a.** τοιαῦτα τὰ
κατὰ τὸν μακάριον

ρα λίθων πολυτε-
λῶν καὶ δοκιμώτερα
ὑπὲρ χρυσίον ὀστᾶ
αὐτοῦ ἀπεθέμεθα
ὅπου καὶ ἀκόλου-
θον ἦν.

{**44.** ἔνθα, ὡς δυνα-
τόν, ἡμῖν συναγομέ-
νοις ἐν ἀγαλλιάσει
καὶ χαρᾷ παρέξει ὁ
κύριος ἐπιτελεῖν τὴν
τοῦ μαρτυρίου αὐ-
τοῦ ἡμέραν γενέθλι-
ον εἴς τε τὴν τῶν
προηθληκότων μνή-
μην καὶ τῶν μελ-
λόντων ἄσκησίν τε
καὶ ἑτοιμασίαν.}

{**45.** τοιαῦτα τὰ κα-
τὰ τὸν μακάριον

---

2 τιμιώτερα λίθων πολυτελῶν καὶ δοκιμώτερα ὑπὲρ χρυσίον πυρούμενον *Zw. duce* **syr*** (*cf.
15,2*): pretiosissimis gemmis cariora et omni auro probabiliora per ignem facta **Eus**^Ruf: τ. λ.
π. καὶ χρυσίου δοκίμου **arm**^M: τ. λ. π. καὶ δοκιμώτερα ὑπὲρ χρυσίον **Eus*β** (πολυτελῶν ...
χρυσίον *om.* F)   (τῶν) ὀστῶν αὐτοῦ λείψανα **arm**^M: ὀστᾶ *rell.; cf. Ps.-Chrys. PG 64, 15*
[*lin. 69*] τῶν ὀστῶν αὐτοῦ τὰ λείψανα (*sim. 64, 457* [*lin. 16*])   ὅπου καὶ ἀκόλουθον ἦν
Eus*γ: ὅπου καὶ (καί *om.* K) ἀκόλούθως ε: ὅπου καὶ ἀκόλουθον ἦν εἰς ὃν εὐδόκησεν ὁ θεὸς
τόπον ζ: εἰς τόπον ὅπου καὶ ἀκόλουθον ἦν, ὃν ὁ κύριος ἔδειξεν ἡμῖν **arm**^M: εἰς ὃν ηὐδόκη-
σεν ὁ θεὸς τόπον ἀκολούθως F; *cf. actJust 6,2* (*exitum posterioris recensionis* [B], *qui deest
in priore atque breviore* [A]): αὐτῶν τὰ σώματα λαβόντες κατέθεντο ἐν τόπῳ ἐπιτηδείῳ
18,3 ἔνθα ὡς δυνατὸν ... ἑτοιμασίαν *non exhibent* **Eus**^1F: *tradunt* **Eus*β** (*praeter* F); *cf.
Keim 1878, 111; Campenhausen 29sq.*   μάρτυρος **M**: μαρτυρίου *rell., sed cf. Ps.-Clem.
epit. 184* ἵνα δείξῃ ἡμῖν ὁ κύριος τοῦ μάρτυρος αὐτοῦ τὸ λείψανον (*v. etiam Isaeum or. Phi-
loct. 46*)   **19,1a** τοιαῦτα ... λαλεῖσθαι *non exhibet* **Eus**^1: *add.* α, *sed desinunt* **FL**^ch**Eus**^Ruf *in
clausula* ταῦτα ἐπράχθη τὰ κατὰ τὸν μακάριον ... ἐν Σμύρνῃ ἐ μ α ρ τ ύ ρ η σ ε ν (talia ... acta sunt ... martyrium in Smyrna videtur implesse **L**^ch: hactenus de beato Polycarpo, cum quo
etiam alii duodecim ex Filadelfia venientes apud Smyrnam martyrio consummati sunt
Eus^Ruf); *add. doxologiam* χάριτι τοῦ κυρίου ἡμῶν Ἰησοῦ Χριστοῦ ᾧ ἡ δόξα καὶ τὸ κράτος
εἰς τοὺς αἰῶνας τῶν αἰώνων ἀμήν F

Πολύκαρπον, ὃς σὺν τοῖς ἀπὸ Φιλαδελφίας δωδέκατος ἐν Σμύρνῃ μαρτυρήσας, μόνος ὑπὸ πάντων μνημονεύεται, ὥστε καὶ ὑπὸ τῶν ἐθνῶν ἐν παντὶ τόπῳ λαλεῖσθαι,}

rec. β (*praeter* **F**)
{{**19,1b.** οὐ μόνον διδάσκαλος γενόμενος ἐπίσημος ἀλλὰ καὶ μάρτυς ἔξοχος, οὗ τὸ μαρτύριον πάντες ἐπιθυμοῦσιν μιμεῖσθαι κατὰ τὸ εὐαγγέλιον Χριστοῦ γενόμενον. **19,2a.** διὰ τῆς ὑπομονῆς καταγωνισάμενος τὸν ἄδικον ἄρχοντα καὶ οὕτως τὸν τῆς ἀφθαρσίας στέφανον ἀπολαβών, **b.** σὺν τοῖς ἀποστόλοις καὶ πᾶσιν δικαίοις ἀγαλλιώμενος δοξάζει τὸν θεὸν καὶ πατέρα παντοκράτορα καὶ εὐλογεῖ τὸν κύριον Ἰησοῦν Χριστόν, τὸν σωτῆρα τῶν ψυχῶν καὶ κυβερνήτην τῶν σωμάτων ἡμῶν καὶ ποιμένα τῆς κατὰ τὴν οἰκουμένην καθολικῆς ἐκκλησίας.}}

arm^M (= **Eus**[1]) *desinit in hanc clausulam, qua excerptum ex prima historiae ecclesiasticae editione Eusebii absolvitur* (**h.e.** 4,15,46):

ἐν τῇ αὐτῇ δὲ γραφῇ μετὰ τῆς τοῦ Πολυκάρπου μαρτυρίας καὶ περὶ ἄλλων ἔγραψαν μαρτύρων, οἳ κατ᾽ ἐκεῖνο καιροῦ ἐν τῇ Σμύρνῃ ἐμαρτύρησαν, μετὰ δὲ τούτων τοὺς πολλῆς μνήμης ἀξίους καταλέγουσιν.

Πολύκαρπον· σὺν τοῖς ἀπὸ Φιλαδελφείας δωδεκάτου ἐν Σμύρνῃ μαρτυρήσαντος, [ὃς] μόνος ὑπὸ πάντων μᾶλλον μνημονεύεται, ὡς καὶ ὑπὸ τῶν ἐθνῶν ἐν παντὶ τόπῳ λαλεῖσθαι}.

46. a. τὰ μὲν δὴ κατὰ τὸν θαυμάσιον καὶ ἀποστολικὸν Πολύκαρπον τοιούτου κατηξίωτο τέλους, τῶν κατὰ τὴν Σμυρναίων ἐκκλησίαν ἀδελφῶν τὴν ἱστορίαν ἐν ᾗ δεδηλώκαμεν αὐτῶν ἐπιστολῇ κατατεθειμένων· **46. b.** ἐν τῇ αὐτῇ δὲ περὶ αὐτοῦ γραφῇ καὶ ἄλλα μαρτύρια συνῆπτο κατὰ τὴν αὐτὴν Σμύρναν πεπραγμένα ὑπὸ τὴν αὐτὴν περίοδον τοῦ χρόνου τῆς τοῦ Πολυκάρπου μαρτυρίας, μεθ᾽ ὧν καὶ **Μητρόδωρος** τῆς κατὰ Μαρκίωνα πλάνης πρεσβύτερος δὴ εἶναι δοκῶν πυρὶ παραδοθεὶς ἀνήρηται. **47.** τῶν γε μὴν τότε περιβόητος μάρτυς εἷς τις ἐγνωρίζετο **Πιόνιος**· etc.

ὃς σὺν] σύν **Eus*K**   ὃς σὺν τοῖς … δωδέκατος … μαρτυρήσας μόνος **β** (*praeter* **F**): σὺν τοῖς … δωδεκάτου … μαρτυρήσαντος ὃς μόνος (ὅς *del. Schw.*) **Eus***: ὃς μόνος (*om.* σὺν τοῖς … μαρτυρήσαντος) **copt**   μᾶλλον μνημονεύεται ὡς **Eus***: μνημ. ὥστε **coptβ**   **19,1b–2b** οὐ μόνον … καθολικῆς ἐκκλησίας *non exhibent* **Eus**^(1/*): *add.* **β**; *cf.* Campenhausen 13sq.
1b ἔξοχος] ἐξοχώτατος **ΑΗ**: τίμιος καὶ ἐξοχώτατος **ζ**   **2b** τὸν θεὸν καί] θεόν **ε**   πατέρα παντοκράτορα **ε**: πατέρα *rell.* (*homoiot.*)   κύριον **ε**: κ. ἡμῶν *rell.*   ψυχῶν **Μ**: ψ. ἡμῶν *rell.*
καθολικῆς] ἁγίας **Μ**

Continuantur haec itidem adulterina
verba partim (quod linea signavi) a
spurio loco 17,3 in finem exemplaris
transposito mutuata ζ:

(καθολικῆς ἐκκλησίας) {καὶ τὸ πανάγιον
καὶ ζωοποιὸν πνεῦμα, ὅθεν καὶ ἡμεῖς ἅπαν-
τες <u>τὸν</u> μὲν <u>Χριστὸν προσκυνοῦμεν</u> ὡς <u>υἱ-</u>
<u>ὸν</u> ἀληθινὸν <u>ὄντα τοῦ θεοῦ, τοὺς δὲ μάρτυ-</u>
<u>ρας ὡς μιμητὰς καὶ μαθητὰς τοῦ κυρίου</u>
<u>ἀγαπῶμεν ἀξίως, ὧν</u> γένοιτο καὶ <u>ἡμᾶς</u> πάν-
τας <u>συγκοινωνοὺς</u> αὐτῶν <u>γενέσθαι</u> καὶ ἐπι-
τυχεῖν τῆς <u>βασιλείας</u> τῶν οὐρανῶν σὺν
Χριστῷ Ἰησοῦ τῷ κυρίῳ ἡμῶν ᾧ ἡ δόξα
καὶ τὸ κράτος εἰς τοὺς αἰῶνας τῶν αἰώνων.
ἀμήν.}

Hic desinunt **CV** (= ζ)

Corollarium Pseudo-Pionii de fictis libelli fatis

20,1a. Ὑμεῖς μὲν οὖν ἠξιώσατε διὰ πλειόνων δηλωθῆναι ὑμῖν τὰ γενόμενα, ἡμεῖς δὲ κατὰ τὸ παρὸν ἐπὶ κεφαλαίῳ μεμηνύκαμεν διὰ τοῦ ἀδελ-
φοῦ ἡμῶν Μαρκίωνος. **b.** μαθόντες οὖν ταῦτα καὶ τοῖς ἐπέκεινα ἀδελφοῖς τὴν ἐπιστολὴν διαπέμψασθε ἵνα καὶ ἐκεῖνοι δοξάσωσιν τὸν κύριον
τὸν ἐκλογὰς ποιοῦντα ἀπὸ τῶν ἰδίων δούλων. **20,2a.** Τῷ δὲ δυναμένῳ
πάντας ἡμᾶς εἰσαγαγεῖν τῇ αὐτοῦ χάριτι καὶ δωρεᾷ εἰς τὴν αἰώνιον αὐτοῦ βασιλείαν, διὰ τοῦ παιδὸς αὐτοῦ τοῦ μονογενοῦς Ἰησοῦ Χριστοῦ,
δόξα, τιμή, κράτος, μεγαλωσύνη εἰς τοὺς αἰῶνας. **b.** προσαγορεύετε
πάντας τοὺς ἁγίους· καὶ γὰρ ὑμᾶς οἱ σὺν ἡμῖν πάντες προσαγορεύουσιν
καὶ αὐτὸς Εὐάρεστος ὁ γράψας πανοικεί.
21a. Ἐμαρτύρησεν δὲ ὁ μακάριος Πολύκαρπος κατὰ μὲν Ἀσιανοὺς μηνὸς Ξανθικοῦ δευτέρᾳ ἱσταμένου, κατὰ δὲ Ῥωμαίους πρὸ ἑπτὰ καλαν-

---

capitula 20–22 non exhibet **δ** (*de* **FL**ᶜʰ *vide ad 19,1a*): *tradunt* εγ; *cap.* 21–22 *primus delene-*
rat Steitz (*1861, 126–133*); *cf. Campenhausen 31sq. et v. infra ad 22* **20,1a** ἐπί] ὡς ἐν ε
Μαρκίωνος ε: Μάρκου γ: Marcianum **L** (*unde* Μαρκιανοῦ *Lightf.*) **1b** δοξάσωσιν] -ζωσιν
A; *cf. Mt 5,16; 1Petr 2,12* ποιοῦντα ἀπό] ποιούμενον ε **20,2a** τῷ δὲ (δέ *om.* **BP**) δυνα-
μένῳ ε**BP**: τὸν δὲ (τ. καί **H**) δυνάμενον **AH**; *cf. Röm 16,25; Eph 3,20* ἐν ε: ἐν τῇ γ, *cf.*
MSab 8,4 αὐτοῦ γ**M**: ἑαυτοῦ **K** αἰώνιον] ἐπουράνιον **M** *post* βασιλείαν *interpunxit*
Zahn δόξα ε: ᾧ ἡ δόξα γ εἰς τοὺς ε**A**: εἰς *rell.* αἰῶνας **M**: αἰῶνας ({τῶν αἰώνων} **K**)
ἀμήν *rell.* **2b** καὶ γὰρ (γάρ *om.* **K**) ὑμᾶς ε: ὑμᾶς γ πάντες **K**: ἀδελφοί **M**: *om.* γ αὐτὸς
M: *om. rell.* ὁ γράψας πανοικεί γ**K**: πανοικεὶ ὁ γράψας τὴν ἐπιστολήν **M**; *cf. Röm 16,22*
21a ἐμαρτύρησε (σε *supra* -ρη **K**) ε: μαρτυρεῖ γ κατὰ μὲν Ἀσιανούς **M**: *om.* γ**K** ἱστα-
μένου] *om.* **M** κατὰ δὲ Ῥωμαίους **M**: *om.* γ**K**

δῶν Μαρτίων σαββάτῳ μεγάλῳ ὥρᾳ ὀγδόῃ. **b.** συνελήφθη δὲ ὑπὸ Ἡρώδου ἐπὶ ἀρχιερέως Φιλίππου Τραλλιανοῦ, ἀνθυπατεύοντος Στατίου Κοδράτου, **c.** βασιλεύοντος δὲ εἰς τοὺς αἰῶνας τοῦ κυρίου ἡμῶν Ἰησοῦ Χριστοῦ.

22,1. Ἐρρῶσθαι ὑμᾶς εὐχόμεθα, ἀδελφοί, στοιχοῦντας τῷ κατὰ τὸ εὐαγγέλιον λόγῳ Ἰησοῦ Χριστοῦ, μεθ᾿ οὗ πᾶσα δόξα τῷ θεῷ {καὶ πατρὶ καὶ ἁγίῳ πνεύματι} ἐπὶ σωτηρίᾳ τῇ τῶν ἁγίων ἐκλεκτῶν, καθὼς ἐμαρτύρησεν ὁ μακάριος Πολύκαρπος, οὗ γένοιτο ἐν τῇ βασιλείᾳ Ἰησοῦ Χριστοῦ πρὸς τὰ ἴχνη εὑρεθῆναι ἡμᾶς.

22,2a. Ταῦτα μετεγράψατο μὲν Γάϊος ἐκ τῶν Εἰρηναίου, μαθητοῦ τοῦ ἁγίου Πολυκάρπου, συγγραμμάτων, ὃς καὶ συνεπολιτεύσατο τῷ Εἰρηναίῳ. **b.** ἐγὼ δὲ Ἰσοκράτης ἐν Κορίνθῳ ἐκ τῶν Γαΐου ἀντιγράφων ἔγραψα. ἡ χάρις μετὰ πάντων.

22,3. Ἐγὼ δὲ πάλιν Πιόνιος ἐκ <τῶν> τοῦ π ρ ο ε ι ρ η μ έ ν ο υ <ἀντιγράφων> ἔγραψα, ἀναζητήσας αὐτὰ κατὰ ἀποκάλυψιν φανερώσαντός μοι τοῦ μακαρίου Πολυκάρπου, καθὼς δηλώσω ἐν τῷ καθεξῆς, συναγαγὼν αὐτὰ ἤδη σχεδὸν ἐκ τοῦ χρόνου κεκμηκότα, ἵνα κἀμὲ συνεισαγάγῃ ὁ

Μαρτίων] -τίου **K**: μαΐων **ABPL**: μαΐου **H**   ὀγδόῃ γ**K**: ἐνάτῃ **M**; *cf. Mt 27,46; Mk 15,34*
21b συνελήφθη δέ γ**K**: η (ἧ ?) καὶ συνελ. **M**   ἐπὶ ἀρχιερέως γ**K**: ἀρχιεραρχοῦντος μέν **M**
Φιλίππου {τοῦ ἀσεβοῦς} **M**   Τραλλιανοῦ] στραλιανοῦ **H**: τραϊανοῦ ε   ἀνθυπατεύοντος
M: ἀνθυπάτου ὄντος **K**   Στατίου] στρατίου **BH**: τατίου **K**: *om.* **MP**   Κοδράτου **M**: δοκράτου **K**: κοράτου γ   **21c** *colon* τοῦ κυρίου ἡμῶν *habet ante* Ἰησοῦ Χριστοῦ **M**, *postposuit* **K**; *om.* γ   Ἰησοῦ Χριστοῦ] *hanc, quae sequitur, doxologian* ᾧ ἡ δόξα, τιμή, μεγαλωσύνη, θρόνος αἰώνιος ἀπὸ γενεᾶς (-εῶν **K**) εἰς γενεάν (-εάς **K**) ἀμήν (*ex 1Clem 65,2 et Ps 76,9 sive 84,6 conglutinatam) non exhibent* **MP**, *add.* **ABHK(L)**   *cap.* **22** *primus Hefele (1839, p. LXXIII) ducibus viris Tillemont et Fabricius doctis in dubium videtur vocavisse et auctori vitae Polycarpi attribuisse; ad* **22,1** *v. Lightf. II 3, 401 et Campenhausen 14*   **22,1** (ἐρρῶσθαι … εὑρεθῆναι ἡμᾶς) *om.* **ML**, *habet* **K**; *respicit ad 20,1b–2b*   ἀδελφοί] ἀγαπητοὶ ἀδ. **K**   πᾶσα δόξα τῷ θεῷ **P**: δόξα τ. θεῷ {καὶ πατρὶ καὶ ἁγίῳ (σὺν ἁγ. **K**) πνεύματι} **ABHK**; *vide II p. 272*   τῇ τῶν] πάντων **K**   μακάριος … οὗ] ἅγιος … ὅν **HP**, *sed Pseudo-Pionius mutuatus est IgnEph 12,2* (Παύλου συμμύσται, τοῦ … ἀξιομακαρίστου, οὗ γένοιτό μοι ὑπὸ τὰ ἴχνη εὑρεθῆναι, ὅταν θεοῦ ἐπιτύχω)   βασιλείᾳ Ἰησοῦ Χριστοῦ] Ἰησοῦ *om.* **K**   **22,2a** ἐκ τῶν Εἰρηναίου, μαθ. (τοῦ μαθ. **K**) … Πολυκάρπου, ὃς … Εἰρηναίῳ (*voce* συγγραμμάτων *post parenthesin perdita*) γ**K**: ἐκ τῶν Εἰρηναίου σ υ γ γ ρ α μ μ ά τ ω ν, ὃς … Εἰρηναίῳ, μαθητῇ γεγονότι τοῦ ἁγίου Πολυκάρπου (*appositione* μαθ. … Πολ. *perperam post τῷ* Εἰρηναίῳ *transposita*) **M**; *cf. app.* **K** (*II p. 128*) ἐντυχὼν … Εἰρηναίου τοῦ μαθητοῦ Πολυκάρπου συγγραμμάτων   **2b** Ἰσοκράτης ε: Σωκράτης γ: Κόδρατος *Grégoire 6, fort. recte*   μετὰ πάντων (μ. π. ἡμῶν **P**) γ: μ. π. ἀμήν **K**; *cf. Eph 6,24; Tit 3,15; Hebr 13,25; Apk 22,21; 1Clem 65,2*   **22,3** ἐκ τῶν τοῦ π ρ ο ε ι ρ η μ έ ν ο υ ἀντιγράφων ἔγραψα *Zw.*: ἐκ τῶν Ἰσοκράτους ἀντιγράφων ἔγραψα **M**: ἐκ τοῦ προγεγραμμένου ἀντιγράφου (ἀντιγρ. *om.* γ) ἔγραψα γ**K**; *cf.* **L** (*memorata exemplaria) et 22,2b* (ὡς προλέλεκται); *Eus h.e. 4,15,8* (*v. supra:* ὁ τῆς π ρ ο ε ι ρ η μ έ ν η ς γραφῆς λόγος)   ἀναζητήσας αὐτὰ κ. ἀπ. φανερώσαντός μοι τοῦ μακ. Πολ. γ**K**: κ. ἀπ. τοῦ ἁγίου Πολ. ζητήσας αὐτὰ (φανερώσαντός μοι *om.*) **M**   καθὼς δηλώσω ἐν τῷ καθεξῆς γ**K**: *om.* **M** (*corpore quod dicitur Polycarpianum dissoluto*)   ἵνα κἀμὲ συνεισαγάγῃ] ἵνα κἀμὲ συναγάγη γ**M**: ἵνα με συνεισαγάγη **K**; *cf. 20,2a* (ἡμᾶς εἰσαγαγεῖν) *et app. 9*

κύριος Ἰησοῦς Χριστὸς μετὰ τῶν ἐκλεκτῶν αὐτοῦ εἰς τὴν ἐπουράνιον βασιλείαν αὐτοῦ, ᾧ ἡ δόξα σὺν τῷ πατρὶ καὶ ἁγίῳ πνεύματι εἰς τοὺς αἰῶνας τῶν αἰώνων. ἀμήν.

Excursus de Irenaeo a redactore ε interpositus (22,2 excurs. 1–4)

Inter **22,2a** *et* **22,2b** *redactor* **ε** (*quem secutus est* **M**) *de Irenaeo inseruit excursum cum ex Eusebio tum e Pseudo-Pionii vita Polycarpi conflatum, tamen ut verbis* ἐκ τούτων οὖν ὡς προλέλεκται ... συγγραμμάτων *ad propositum capituli* **22,2** *reverteret. hoc exemplum imitatus redactor* **K** *capitulis* **22,1–3** *appendicem* περὶ τῶν φιλομαρτύρων Ἄλκης, Εἰρηναίου καὶ Ἰσοκράτους *adiunxit, cuius priorem et ultimam partem hic transscripsi (cf. II p. 127sq.).*

rec. ε	appendix redactoris K
	1. Τὸ Πολυκάρπου μαρτύριον **Πιόνιος** ἐγρ<αψ>άμην **τῇ ἐμαυτοῦ χειρί.** ἐπεὶ δὲ καὶ τῶν φιλομαρτύρων δεῖ μνημονεύειν (*cf. MPion 1,1*), ἐμνημόνευται δὲ τινὰ ὀνόματα οἷον ἡ Ἄλκη καὶ ὁ Εἰρηναῖος καὶ Ἰσοκράτης, ὅσα καὶ περὶ τούτων ἠκούσαμεν καὶ ἐγγράφως εὗρον διηγήσομαι.
	2. τῆς μὲν Ἄλκης μέμνηται Ἰγνάτιος ὁ μάρτυς ἐν τῇ πρὸς Σμυρναίους ἐπιστολῇ οὕτως· Ἀσπάζομαι Ἄλκην, τὸ ἐπιπόθητόν μοι ὄνομα.
22,2a. excurs. 1 οὗτος γὰρ ὁ Εἰρηναῖος κατὰ τὸν καιρὸν τοῦ μαρτυρίου τοῦ ἐπισκόπου Πολυκάρπου γενόμενος ἐν Ῥώμῃ πολλοὺς ἐδίδαξεν· καὶ πολλὰ αὐτοῦ συγγράμματα κάλλιστα καὶ ὀρθότατα φέρεται, ἐν οἷς μέμνηται Πολυ-	**app. 3** (= **excurs. 1**) ὁ δὲ Εἰρηναῖος, ὅς ἐστιν μαθητὴς Πολυκάρπου, ὁ κατὰ τὸ μαρτύριον αὐτοῦ φερόμενος, ἐν Ῥώμῃ οὕτω πολλούς τε ἐδίδαξεν, καὶ πολλὰ αὐτοῦ συγγράμματα κάλ-

---

ἐπουράνιον (οὐρ. γ) βασιλείαν αὐτοῦ **γK**: ἐπουρ. αὐτοῦ βασ. **M**; *cf. 20,2a; 2Tim 4,18*   σὺν τῷ **γM**: τῷ *om.* **K**   καὶ ἁγίῳ πνεύματι **γK**: καὶ {τῷ υἱῷ καὶ τῷ} ἁγίῳ πνεύματι **M**
22,2 excurs. 1 (app. 3) φερόμενος **K**] *debuit* γενόμενος   καὶ πολλὰ αὐτοῦ **K**: οὗ καὶ πολλὰ αὐτοῦ **M**   πολλούς **M**: οὕτω πολλούς τε **K**

κάρπου ὅτι παρ᾽ αὐτοῦ ἔμαθεν. ἱκα-
νῶς τε πᾶσαν αἵρεσιν ἤλεγξεν τόν τε
ἐκκλησιαστικὸν κανόνα καὶ καθολικὸν ὡς παρέλαβεν παρέδωκεν.
excurs. 2 λέγει δὲ καὶ ἐπισυναντήσαντος αὐτῷ Μαρκίωνος, ἀφ᾽ οὗ οἱ λεγό-
μενοι Μαρκιωνισταί, καὶ εἰπόντος·
Ἐπιγίνωσκε ἡμᾶς, Πολύκαρπε, εἰπεῖν
αὐτόν τῷ Μαρκίωνι· Ἐπιγινώσκω τὸν
πρωτότοκον τοῦ σατανᾶ.
excurs. 3 λέγεται δὲ ᾗ ἡμέρᾳ καὶ ὥρᾳ
ἐν Σμύρνῃ ἐμαρτύρησεν ὁ Πολύκαρπος, ὡς ἤκουσεν φωνὴν ἐν τῇ Ῥώμῃ
ὢν ὁ Εἰρηναῖος ὡς σάλπιγγος λεγού-
σης· Πολύκαρπος ἐμαρτύρησεν.
22,2b. Ἐκ τούτων οὖν, ὡς π ρ ο λ έ-
λ ε κ τ α ι, τῶν τοῦ Εἰρηναίου συγγραμμάτων Γάϊος μετεγράψατο, ἐκ δὲ τῶν
Γαΐου ἀντιγράφων Ἰ σ ο κ ρ ά τ η ς ἐν
Κ ο ρ ί ν θ ῳ.
22,3. ἐγὼ δὲ πάλιν Πιόνιος ἐκ τῶν
Ἰσοκράτους ἀντιγράφων ἔγραψα, συναγαγὼν αὐτά etc.

λιστα καὶ ὀρθότατα φέρεται …
τόν τε ἐκκλησιαστικὸν κανόνα
καὶ καθολικὸν ὡς παρέλαβεν
παρέδωκεν.
app. 4 (= **excurs. 2**) λέγει δὲ καὶ
(*Eus. h.e. 4,14,7*) ἐπισυναντήσαντος … τοῦ σατανᾶ.
app. 5 (*sequitur narratio de Ce-
rintho ex Eus. h.e. 4,14,6 sump-
ta*)
app. 6 (= **excurs. 3**) λέγεται δὲ
{ἐν} ᾗ ἡμέρᾳ … ἐμαρτύρει …
Πολύκαρπος ἐμαρτύρησεν.
app. 7 *narratione περὶ τῆς πολιτείας Πολυκάρπου τε καὶ τοῦ
Ἰωάννου in posterius dilata sequitur* (**app. 8**) *expositio περὶ τοῦ
Ἰσοκράτους satis longa, quae
denique ad propositum capituli
22,3 reducitur his fere verbis*:
app. 9 (~ **22,3**) <Ἐκ> τούτων
οὖν τῶν τοῦ Ἰσοκράτους ἀντιγράφων ἐγὼ Πιόνιος ἔγραψα,
συναγαγὼν αὐτὰ ἤδη λοιπὸν ἐκ
τοῦ χρόνου κεκμηκότα, ἵνα κἀμὲ
συνεισαγάγῃ ὁ κύριος Ἰησοῦς
Χριστὸς μετὰ τῶν ἐκλεκτῶν αὐτοῦ εἰς τὴν ἐπουράνιον βασιλείαν, ᾧ ἡ δόξα εἰς αἰῶνας τῶν αἰώνων. ἀμήν.

ἤλεγξεν τόν τε **K**: ἤλ. καὶ τόν **M**   παρέλαβεν **K**: παρέλαβεν {παρὰ τοῦ ἁγίου καί} **M**
excurs. 2 λέγει δὲ καί … εἰπεῖν αὐτόν **K**: λέγει δὲ καὶ τοῦτο· ὅτι … εἰπεῖν (*pro* εἶπεν *ut vid.*)
αὐτός **M**   ἐπισυναντήσαντος αὐτῷ **K**: συναντήσαντός ποτε τῷ ἁγίῳ Πολυκάρπῳ **M**
Μαρκίωνος **K**: Μαρκίων **M**   ἐπιγινώσκω **K**: ἐπιγίνωσκω ἐπιγίνωσκω **M**   **excurs. 3** λέγεται δέ … ὡς ἤκουσε(ν) **K**: καὶ τοῦτο δὲ φέρεται ἐν τοῖς τοῦ Εἰρηναίου συγγράμμασιν, ὅτι …
ἤκουσεν **M**   ἐμαρτύρησεν **M**: ἐμαρτύρει **K**   ἐν τῇ Ῥώμῃ ὢν **K**: ἐν τῇ Ῥωμαίων πόλει ὑπ-
άρχων **M**   **app. 9** (~ **22,3**) <Ἐκ> τούτων οὖν] *an* ἐκ τούτου οὖν (*sc.* τοῦ Ἰσοκράτους ἀντιγράφων)?   ἤδη σχεδόν] ἤδη λοιπόν **K**   κἀμὲ συνεισαγάγῃ **K**: κἀμὲ συναγάγῃ γ**M**   βασιλείαν αὐτοῦ] αὐτοῦ *om.* **K**

III. Der altarmenische Text
mit deutscher Übersetzung von D. Kölligan

Das Martyrium des Polykarp (= Eus. h.e. IV 14,1–10 und 15,1–46 in der Fassung von **arm**^{M})

h.e. 4,14,1ff.

1 Բայց յաւուրս Անիկտոսի, այն որ ասացաք մեք զնմանէ թէ էր նա եպիսկոպոս եկեղեցւոյն Հռովմայ, պատմէ Երենիոս եթէ Պօլիկարպոս կենդանի էր յաշխարհի, և եկն նա ի Հռովմ քաղաք, զի ունէր նա բանս քննութեան ընդ Անիկտոսի վասն աւուրցն Զատկաց:

2 Եւ այլ ևս պատմութիւն ետ մեզ վասն Պօլիկարպոսի, զոր և մեզ արժան է յիշել ընդ այնոսիկ որ ասին զնմանէ. բայց դրոշմեալ է յերրորդ խօսան զոր եդ Երենիոս ընդդէմ Հերձուածողաց այսպէս.

3 Պօլիկարպոս, ասէ, ոչ միայն աշակերտելով աշակերտեցաւ ընդ բազումս որ տեսին զՏէր մեր, այլ և ի նոցունց իսկ յառաքեցողս անտի եղև եպիսկոպոս ի կողմանս Ասիացւոց, յեկեղեցւոջ անտի Զմիւռնացւոց, որ և մեք իսկ տեսաք զնա ի մանկութեան մերում:

4 Յոյժ իսկ յերկարեցաւ նա յաշխարհի և ծերացաւ շատ, և սքանչելապէս և յայտնապէս իսկ վկայեցաւ, և այնպէս էլ նա յաշխարհէ աստի:

5 Վասն որոյ ասացաք մեք զնմանէ, եթէ զայս ճշմարտութիւն ընկալաւ նա յառաքելոց անտի,

---

Bayc' yawowrs Aniktosi, ayn or asac'ak' mek' znmanê t'ê êr na episkopos ekełec'woyn Hŕovmay, patmê Erenios et'ê Pôlikarpos kendani êr yašxarhi, 5 ew ekn na i Hŕovm k'ałak', zi ownêr na bans k'nnowt'ean ənd Aniktosi vasn awowrc'n Zatkac':

Ew ayl ews patmowt'iwn et 10 mez vasn Pôlikarposi, zor ew mez aržan ê yišel ənd aynosik or asin znmanê. bayc' drošmeal ê yerrord xôssn zor ed Erenios ənddêm Herjowacołac' ayspês. 15

Pôlikarpos, asê, oč' miayn ašakertelov ašakertec'aw ənd bazowms or tesin zTêr mer, ayl ew i noc'ownc' isk yaŕak'eloc' anti ełew episkopos i kołmans 20 Asiac'woc', yekełec'woǰ anti Zmiwŕnac'woc', or ew mek' isk tesak' zna i mankowt'ean merowm:

Yoyž isk yerkarec'aw na yaš- 25 xarhi ew cerac'aw šat, ew sk'anč'elapês ew yaytnapês isk vkayec'aw, ew aynpês el na yašxarhê asti:

Vasn oroy asac'ak' mek' znma- 30 nê, et'ê zays čšmartowt'iwn ənkalaw na yaŕak'eloc' anti, zays

Aber in den Tagen des Aniktos – desjenigen, von dem wir sagten, daß er der Bischof der Kirche von Rom war –, berichtet Erenios, daß Pôlikarpos noch am
5 Leben war in der Welt und in die Stadt Rom kam, weil er eine Unterredung[i] bezüglich der Ostertage mit Aniktos hatte.
Und noch einen weiteren Bericht gab er uns bezüglich Pôlikarpos, den auch wir
10 zusammen mit den (anderen) Dingen, die von ihm erzählt werden, erwähnen sollten. Er ist aber im dritten Buch[ii], das Erenios gegen die Häretiker geschrieben hat, folgendermaßen festgehalten[iii]:
15 „Pôlikarpos – sagt er – wurde nicht nur durch Unterricht zusammen mit vielen, die unseren Herrn gesehen hatten, ausgebildet, sondern auch von den Aposteln selbst in der Kirche von Smyrna zum Bi-
20 schof der Provinz Asien gemacht, und wir selbst haben ihn in unserer Kindheit (dort) gesehen.
Er lebte sehr lange in der Welt und wurde sehr alt, und auf wunderbare und für
25 alle sichtbare Weise erlitt er das Martyrium und ging so aus dieser Welt.
Deshalb sagten wir von ihm, daß er diese Wahrheit von den Aposteln empfing,

Ἐπὶ δὲ τῶν δηλουμένων, Ἀνικήτου **1** τῆς Ῥωμαίων ἐκκλησίας ἡγουμένου, Πολύκαρπον ἔτι περιόντα τῷ βίῳ γενέσθαι τε ἐπὶ Ῥώμης καὶ εἰς ὁμιλίαν τῷ Ἀνικήτῳ ἐλθεῖν διά τι ζήτημα περὶ τῆς κατὰ τὸ πάσχα ἡμέρας Εἰρηναῖος ἱστορεῖ[7].

καὶ ἄλλην δὲ ὁ αὐτὸς περὶ τοῦ Πο- **2** λυκάρπου παραδίδωσιν διήγησιν, ἣν ἀναγκαῖον τοῖς περὶ αὐτοῦ δηλουμένοις ἐπισυνάψαι[8], οὕτως ἔχουσαν·

Καὶ Πολύκαρπος δὲ οὐ μόνον ὑπὸ **3** ἀποστόλων μαθητευθεὶς καὶ συναναστραφεὶς πολλοῖς τοῖς τὸν κύριον ἑωρακόσιν[9], ἀλλὰ καὶ ὑπὸ ἀποστόλων[10] κατασταθεὶς εἰς τὴν Ἀσίαν ἐν τῇ ἐν Σμύρνῃ ἐκκλησίᾳ ἐπίσκοπος, ὃν καὶ ἡμεῖς ἑωράκαμεν ἐν τῇ πρώτῃ[11] ἡμῶν ἡλικίᾳ.
ἐπὶ πολὺ γὰρ παρέμεινεν καὶ πάνυ **4** γηραλέος ἐνδόξως καὶ ἐπιφανέστατα μαρτυρήσας, <οὕτως>[12] ἐξῆλθεν τοῦ βίου.
(… μίαν καὶ μόνην) ταύτην ἀλή- **5** θειαν κηρύξας ὑπὸ τῶν ἀποστόλων

---

i 'Worte der Untersuchung'.
ii 'Rede' (*xôs*).
iii 'gesiegelt' (*drošmeal ê*).

7　Für den hier wiedergegebenen Griechischtext Eus. h.e. 4,14,1–10 (SCHWARTZ) und die zugehörigen Anmerkungen zeichnet O. Zwierlein verantwortlich. Der Griechischtext des *Polykarpmartyriums* im engeren Sinne (**Eus*** 4,15,1–46) wird fortlaufend in der rechten Spalte der Editio critica abgedruckt.
8　Vor οὕτως ἔχουσαν fehlt in **Eus***: „im dritten Buch … geschrieben hat"; **arm**[M] (= **Eus**[1] ?) wird bestätigt durch **Eus**[Ruf]: „*tertio igitur libro adversum haereses haec de eo memorat Irenaeus*."
9　Anders als **Eus*** weicht **arm**[M] (oder seine griechische bzw. syrische Vorlage) hier von Iren. 3,3,4 ab (vielleicht durch das doppelte ὑπὸ ἀποστόλων irritiert) und beginnt den Satz wie folgt: Καὶ Πολύκαρπος δέ, ἔφη, οὐ μόνον ὑπὸ πολλῶν τῶν τὸν κύριον ἑωρακότων μαθητευθείς. **Eus**[Ruf] stimmt hier und im folgenden mit **Eus*** überein.
10　ὑπὸ τῶν ἀποστόλων αὐτῶν **arm**[M].
11　πρώτῃ fehlt in **arm**[M].
12　add. KÖLLIGAN, cf. MPion 21,9 οὕτως διέβη.

<table>
<tr><td>

զայս զոր եկեղեցի ստացեալ ու-
նի այսօր:

6 Եւ են ոմանք որ լուան ի նմանէ
զի ասեր, եթէ՝ Աշակերտն Տեառն
մերոյ Յովհաննէս երթեալ յԵփե-
սոս լուանալ, եւ եւ եւ ետես ի ներքս
զԿերինթոս, վազեաց եւ ել ի բա-
ղանեացն, եւ ոչ լուացաւ, այլ ասէ.
Փախիցուք ասթի, զի մի՛ բաղա-
նիքս փլանիցին ի վերայ մեր. զի
ի սմա է Կերինթոս թշնամին
ճշմարտութեան:

7 Նա եւ ինքն իսկ Մարկիոն երբեմն
եկն աղաչել զՊողիկարպոս եւ
ասէ ցնա. Եղիցիս ճանաչել
զմեզ: Եւ նա ասէ. Ճանաչեմ
զքեզ՝ զի անդրանիկ ես դու սա-
տանայի: Եւ իբրեւ զայս զգուշու-
թիւն ունէին առաքեալքն եւ աշա-
կերտքն իւրեանց, որպէս զի եւ ոչ
բանիւ անգամ հաղորդին ընդ
ումեք յայնցանէ որ փոփոխէին
զճշմարտութիւնն. զոր եւ Պողոս
ասաց, եթէ՝ Յառնէ հերետիկոսէ

</td><td>

zor ekełec‘i stac‘eal owni ay-
sôr:

Ew en omank‘ or lowan i nma-
nê zi asêr, et‘ê՝ Ašakertn Têaṙn
meroy Yovhannês ert‘eal   5
yEp‘esos lowanal, ew etes i
nerk‘s zKerint‘os, vazeac‘ ew
el i bałaneac‘n, ew oč‘ lowa-
c‘aw, ayl asê. P‘axic‘owk‘ asti,
zi mi՛ bałanik‘s p‘lanic‘in i ve-   10
ray mer. zi i sma ê Kerint‘os
t‘šnamin čšmartowt‘ean:

Na ew ink‘n isk Markion
erbemn ekn ałač‘el zPôłikarpos
ew asê c‘na. Ełic‘is čanač‘el   15
zmez: Ew na asê. Čanač‘em
zk‘ez՝ zi andranik es dow sa-
tanayi: Ew ibrew zays zgow-
šowt‘iwn ownêin aṙak‘ealk‘n
ew ašakertk‘n iwreanc‘, orpês   20
zi ew oč‘ baniw angam hałor-
dêin ənd owmek‘ yaync‘anê or
p‘op‘oxêin zčšmartowt‘iwnn.
zor ew Pôłos asac‘, et‘ê՝ Yaṙnê

</td></tr>
</table>

jene (Wahrheit), welche die Kirche (bis) heute als Besitz festhält.

Und es gibt einige, die von ihm hörten, daß er sagte, daß Johannes, der Jünger unseres Herrn, nach Ephesos ging, um sich zu waschen, und darin[i] Kerinthos sah, weglief und das Badehaus verließ und sich nicht wusch, sondern sagte: „Fliehen wir von hier, nicht daß dieses Bad über uns einstürze, denn Kerinthos ist in ihm, der Feind der Wahrheit."

Auch Markion selbst kam einmal, den Pôlikarpos zu bitten, und sagte zu ihm: „Wirst du uns anerkennen?" Und er sagte: „Ich kenne dich, denn du bist Satans Erstgeborener."[ii]

Und wie dieser nahmen sich die Apostel und ihre Schüler in Acht[iii], daß sie kein einziges Wort mit einem von denen wechselten, welche die Wahrheit vertauschten, worüber auch Pôłos sagte:

παρειληφέναι τὴν ὑπὸ τῆς ἐκκλησίας παραδεδομένην[13].

καὶ εἰσὶν οἱ ἀκηκοότες αὐτοῦ ὅτι **6** Ἰωάννης ὁ τοῦ κυρίου μαθητὴς ἐν τῇ Ἐφέσῳ πορευθεὶς λούσασθαι καὶ ἰδὼν ἔσω Κήρινθον ἐξήλατο τοῦ βαλανείου μὴ λουσάμενος, ἀλλ' ἐπειπών· φύγωμεν, μὴ καὶ τὸ βαλανεῖον συμπέσῃ, ἔνδον ὄντος Κηρίνθου τοῦ τῆς ἀληθείας ἐχθροῦ.

καὶ αὐτὸς δὲ ὁ Πολύκαρπος Μαρ- **7** κίωνί ποτε εἰς ὄψιν αὐτῷ ἐλθόντι καὶ φήσαντι· ἐπιγίνωσκε ἡμᾶς[14], ἀπεκρίθη· ἐπιγινώσκω ἐπιγινώσκω[15] τὸν πρωτότοκον τοῦ σατανᾶ.

τοσαύτην οἱ ἀπόστολοι καὶ οἱ μαθηταὶ αὐτῶν ἔσχον εὐλάβειαν πρὸς τὸ μηδὲ μέχρι λόγου κοινωνεῖν τινι τῶν παραχαρασσόντων τὴν ἀλήθειαν, ὡς καὶ Παῦλος ἔφησεν·

---

i   *sc.* im Bade.

ii   oder „Ich erkenne an, daß du der Erstgeborene des Satans bist."

iii oder „Und da sich die Apostel und ihre Schüler so in Acht nahmen."

---

13   Im Anschluß an ἐξῆλθεν τοῦ βίου ist der Rest von § 4 und ein Großteil von § 5 in **arm**[M] ausgefallen, vermutlich infolge eines Augensprungs in der griechischen Vorlage, siehe den Text (h.e. 4,15,4f.): [<u>ταῦτα</u> <u>διδάξας</u> ἀεὶ ἃ καὶ παρὰ τῶν ἀποστόλων ἔμαθεν, ἃ καὶ ἡ ἐκκλησία παραδίδωσιν, ἃ καὶ μόνα ἐστὶν ἀληθῆ. 5. μαρτυροῦσι τούτοις αἱ κατὰ τὴν Ἀσίαν ἐκκλησίαι πᾶσαι καὶ οἱ μέχρι νῦν διαδεδεγμένοι τὸν Πολύκαρπον, πολλῷ ἀξιοπιστότερον καὶ βεβαιότερον ἀληθείας μάρτυρα ὄντα Οὐαλεντίνου καὶ Μαρκίωνος καὶ τῶν λοιπῶν κακογνωμόνων· ὃς καὶ ἐπὶ Ἀνικήτου ἐπιδημήσας τῇ Ῥώμῃ, πολλοὺς ἀπὸ τῶν προειρημένων αἱρετικῶν ἐπέστρεψεν εἰς τὴν ἐκκλησίαν τοῦ θεοῦ, μίαν καὶ μόνην] <u>ταύτην</u> ἀλήθειαν <u>κηρύξας</u> (…). In der syrischen Übersetzung syr* fehlt – ebenfalls wegen Augensprungs – der Großteil des Schlußsatzes von § 4: ταῦτα διδάξας ἀεὶ [<u>ἃ καὶ</u> παρὰ τῶν ἀποστόλων ἔμαθεν, <u>ἃ καὶ</u> ἡ ἐκκλησία (τῇ ἐκκλησίᾳ **Λ Iren**[lat]) παραδίδωσιν,] <u>ἃ καὶ</u> μόνα ἐστὶν ἀληθῆ. Am Ende von § 5 bietet **arm**[M] (= **Eus**[1]?) eine abweichende Lesart, die im Griechischen etwa wie folgt gelautet haben könnte: τὴν (sc. ἀλήθειαν) ὑπὸ τῆς ἐκκλησίας μέχρι νῦν ὡς παρακαταθήκην διατηρουμένην. In **Λ Iren**[lat] ist wieder – in Entsprechung zu § 4 – τῇ ἐκκλησίᾳ παραδεδομένην überliefert – zu Unrecht, wie Rousseau–Doutreleau in der kommentierten Ausgabe von Iren. haer. III gezeigt haben, s. SC 210 (1974), 238f.

14   ἐπιγίνωσκε ἡμᾶς] ἐπιγινώσκεις ἡμᾶς **ATER Iren**: ἐπιγνώσῃ ἡμᾶς; **arm**[M] (die Frage verdient wohl den Vorzug, vielleicht in der präsentischen Form Ἐπιγινώσκεις ἡμᾶς; Darauf folgt dann passend die Antwort: <u>ἐπιγινώσκω</u> σε (so **Iren**[lat]**Eus**[syr]**arm**[M] **Chron pasch** 480,4) τὸν πρωτότοκον τοῦ σατανᾶ (einfaches ἐπιγινώσκω auch **AT**[1]**Hieron**).

15   Vorzuziehen ist einfaches ἐπιγινώσκω, s. die vorausgehende Anm.

յետ միանգամ և երկիցս խրատէ լոյ՛ հրաժարեա, զի զիտես եթէ այնպիսին թիւրեալ է և մեղանչէ, անձամբ զանձն դատապարտէ այ է նորա:	heretikosê yet miangam ew er-kic's xrateloy՛ hražarea, zi gites et'ê aynpisin t'iwreal ê ew me-łanč'ê, anjamb zanjn dataparte-al ê nora: 5
8 Բայց զոյ և այլ միւս ես թուղթ Պողիկարպոսի զոր գրեաց առ Փիլիպպեցիս. զի զօրինակ հաւատոց նորա և զճշմարտութիւն քա րոզութեան նորա՛ ի նմանէ կա րեն ուսանել, որք միանգամ կա մին և փոյթ է նոցա վասն կենաց իւրեանց:	**Bayc'** goy ew ayl miws ews t'owłt' Pôlikarposi՛ zor greac' ař P'ilippec'is. zi zôrinak hawa-toc' nora ew zčšmartowt'iwn k'arozowt'ean nora՛ i nmanê 10 karen owsanel, ork' miangam kamin ew p'oyt' ê noc'a vasn kenac' iwreanc':
10 Իսկ Անտոնինոս որ կոչեցաւն Եւ սեբէոս, իբրն յաջորդեաց զթագաւ լորութիւն զքսան և զերկու ամս, Մարկոս Վալերիոս Վերոս Ան տոնինոս որդի նորա հանդերձ Ղուկիոսիւ եղբարբ իւրով կալաւ զհետ նորա:	**Isk** Antoninos or koč'ec'awn Ewsebêos, ibrew yaǰordeac' 15 zt'agaworowt'iwn zk'san ew zerkow ams, Markos Vałerios Veros Antoninos ordi nora han-derj Łowkiosiw ełbarb iwrov kalaw zhet nora: 20

h.e. 4,15,1–46[16]

1 Յայնմ ժամանակի խռովութիւն բազում եղև ի կողմանս Ասիաց լոց և հալածումն եկեղեցլոյ, և կատարեցաւ վկայութեամբ Պողի կարպոս: Բայց արժան է զգիր վկայութեան նորա որ պահեալ է մինչև ցայսօր ժամանակի, դնել զնա ի մէջ յիշատակի այսր պատմութեան.	**Yaynm** žamanaki xřovowt'iwn bazowm ełew i kołmans Asi-ac'woc' ew halacowmn eke-łec'woy, ew katarec'aw vka-yowt'eamb Pôlikarpos: Bayc' 25 aržan ê zgir vkayowt'ean nora or paheal ê minč'ew c'aysôr ža-manaki, dnel zna i mêǰ yišataki aysr patmowt'ean.
2 զի գրեալ են գիրքս այս իբրն ի դիմաց եկեղեցլոյն այնորիկ որում առաջնորդէր նա:	zi greal en girk's ays ibrew i 30 dimac' ekełec'woyn aynorik orowm ařaǰnordêr na:
2/3 Առ եկեղեցիս որ ի կողմանս Ասի ացւոց, ցուցանէ այսու բանիւք, և առ ամենայն ժողովուրդս որ են ի	**Ař** ekełec'is or i kołmans Asi-ac'woc', c'owc'anê aysow ba-niwk', ew ař amenayn žołov- 35

---

16 Der griechische Text von Eus* 4,15,1–46 ist fortlaufend in der rechten Spalte der Editio critica abgedruckt.

„Meide einen Häretiker, wenn du ihn einmal und zweimal ermahnt hast, denn du
weißt, daß ein solcher irregeleitet ist und
sündigt, durch sich selbst hat er sich (be-
5 reits) verdammt."
Aber es gibt auch noch einen anderen[17]
Brief des Pôłikarpos, den er an die Philipper geschrieben hat, [in dem er sagt,]
daß alle das Beispiel seines Glaubens und
10 die Wahrheit seiner Verkündigung von
ihm lernen können, die dazu bereit sind
und die sich um ihr Leben bemühen.
Aber nachdem Antoninos, der Ewsebêos
genannt wurde, die Herrschaft 22 Jahre
15 lang als Nachfolger innegehabt hatte,
übernahm sie nach ihm Markos Vałerios
Veros Antoninos, sein Sohn, gemeinsam
mit Łowkios, seinem Bruder.

αἱρετικὸν ἄνθρωπον μετὰ μίαν καὶ
δευτέραν νουθεσίαν παραιτοῦ, εἰ-
δὼς ὅτι ἐξέστραπται ὁ τοιοῦτος
καὶ ἁμαρτάνει ὢν αὐτοκατάκριτος
(Tit 3,10sq.).
ἔστιν δὲ καὶ ἐπιστολὴ Πολυκάρ-   **8**
που πρὸς Φιλιππησίους γεγραμμέ-
νη ἱκανωτάτη, ἐξ ἧς καὶ τὸν χα-
ρακτῆρα τῆς πίστεως αὐτοῦ καὶ τὸ
κήρυγμα τῆς ἀληθείας οἱ βουλό-
μενοι καὶ φροντίζοντες τῆς ἑαυτῶν σωτηρίας δύνανται μαθεῖν[18].
Ἀντωνῖνον μὲν δὴ τὸν Εὐσεβῆ   **10**
κληθέντα, εἰκοστὸν καὶ δεύτερον
ἔτος τῆς ἀρχῆς διανύσαντα, Μάρ-
κος Αὐρήλιος Οὐῆρος, ὁ καὶ Ἀν-
τωνῖνος, υἱὸς αὐτοῦ, σὺν καὶ Λου-
κίῳ ἀδελφῷ διαδέχεται.

In jener Zeit gab es viel Aufruhr in der   **1**
20 Provinz Asien und eine Verfolgung der
Kirche, und Pôłikarpos starb als Märtyrer[i]. Es ist aber angebracht, den Bericht
über sein Martyrium, der bis in die heuti-
ge Zeit erhalten geblieben ist, in diesem
25 Geschichtswerk[ii] niederzulegen,
denn diese Schrift wurde im Namen der   **2**
Kirche, deren Leiter er war, geschrieben.
„An die Kirchen in der Provinz Asien" –   **2/3**
sie unterweist (sie) mit diesen Worten –
„und an alle Gemeinden, die in dieser
30 heiligen Kirche sind[iii], an allen Orten: die

---

i   „wurde durch (sein) Zeugnis vollendet."
ii   „in der Erinnerung dieser Geschichte."
iii   oder „in den heiligen Kirchen."

---

17 In **Eus*** ist kein ἄλλη belegt; umgekehrt fehlt in **arm^M** eine Entsprechung zu ἱκανωτά-
    τη.
18 h.e. 4,14,9 (eine im Zusammenhang belanglose Bemerkung über die Verwertung von
    1Petr in PolPhil) fehlt in **arm^M** (= **Eus^1**?).

սուրբ եկեղեցիս՝ ընդ ամենայն
տեղիս, շնորհք և խաղաղութիւն
և սէր Աստուծոյ և Հօր Տեառն մեՀ
բոյ Յիսուսի Քրիստոսի բազ
մասցի:

3 Գրեցաք առ ձեզ, եղբարք, վասն
ամենայնի որ վկայեցին և վասն
Պողիկարպոսի երանելոյ, որ
կնքեաց ի ձեռն վկայութեան իւ
րոյ, և դադարեցին հալածանքն:

4 Եւ յետ այսորիկ և յառաջ քան
զպատմութիւն Պողիկարպոսի
վասն այլոց վկայիցն պատմեն և
որոշեցին գրով, թէ որպիսի՝ համ
բերութիւն ցուցին նոքա ի ցաւս
անդ իւրեանց, այնպէս զի զար
մացուցին որ միանգամ շուրջ կա
յին և հայէին ընդ նոսա: Չի էր
ժամանակ, զի տանջանօք մինչ
ի չիլս ներքինս այրեալ խորովէ
ին, որպէս զի ադիք որովայնից
նոցա երեւէին: Բայց էր ժամա
նակ զի և գաղտակտուր որ լինի
ի ծովու՝ արկանէին ի ներքոյ նո
ցա:

5 Բայց զարմանալի էր քան զամե
նեսեան Գերմանիկոս քաջ, որ
առաքինացաւ յայնմ պատերազ
մին. զի իբրև անթիւպատոսն կա
մէր հրապուրել զնա, և դներ
առաջի նորա զհասակ մանկու՝
թեան նորա, և ասեր ցնա, թէ՝
Տղայ ես և մանուկ, խնայեա
յանձն քո. իսկ նմա ոչինչ եղև
փոյթ. այլ խնդութեամբ բուռն
հարկանէր զգազանէն՝ և աձեր
առ ինքն, ոչ միայն գրգռելով այլ
և բռնի. որպէս զի վաղվաղակի
լուծցի նա յանօրինէն և յամ
պարիշտ աշխարհէս յայսմանէ.

6 և սքանչելի մահուամբ իւրով
ամենայն ժողովուրդն զարմա

owrds or en i sowrb ekełec'is'
ənd amenayn tełis, šnorhk' ew
xałałowt'iwn ew sêr Astowcoy
ew Hôr Têaṙn meroy Yisowsi
K'ristosi bazmasc'i: 5

Grec'ak' aṙ jez, ełbark', vasn
amenayni or vkayec'in ew vasn
Pôłikarposi eranelwoy, or kn-
k'eac' i jeṙn vkayowt'ean iwroy, ew dadarec'in halacank'n: 10

Ew yet aysorik ew yaṙaj k'an
zpatmowt'iwn Pôłikarposi vasn
ayloc' vkayic'n patmen ew oro-
šec'in grov, t'ê orpisi' hambe-
rowt'iwn c'owc'in nok'a i   15
c'aws and iwreanc', aynpês zi
zarmac'owc'in or miangam
šowrj kayin ew hayêin ənd nosa: Zi êr žamanak, zi tanjanôk'
minč'ew i jils nerk'ins ayreal   20
xorovêin, orpês zi ałik' oro-
vaynic' noc'a erewêin: Bayc' êr
žamanak zi ew gałtaktowr or
lini i covow' arkanêin i nerk'oy
noc'a: 25

Bayc' zarmanali êr k'an zamenesean Germanikos k'aj, or
aṙak'inac'aw yaynm pateraz-
min. zi ibrew ant'iwpatosn ka-
mêr hrapowrel zna, ew dnêr   30
aṙaji nora zhasak mankowt'ean
nora, ew asêr c'na, t'ê' Tłay es
ew manowk, xnayea yanjn k'o.
isk nma oč'inč' ełew p'oyt'. ayl
xndowt'eamb bowṙn harkanêr   35
zgazanên' ew acêr aṙ ink'n, oč'
miayn grgṙelov ayl ew bṙni.
orpês zi vałvałaki lowcc'i na
yanôrinên ew yamparišt ašxar-
hês yaysmanê. ew sk'anč'eli   40
mahowamb iwrov amenayn žo-
łovowrdn zarmanayr ənd zô-

Gnade und der Friede und die Liebe Gottes und des Vaters unseres Herrn Jesus
Christus mögen zunehmen."

Wir schreiben Euch[i], Brüder, über jeden,   **3**
5 der Zeugnis abgelegt hat, und über den
seligen Pôlikarpos, der [es/dies] durch
sein Zeugnis besiegelt hat, und die Verfolgungen haben aufgehört.

Und hiernach und vor der Geschichte des   **4**
10 Pôlikarpos erzählt man[ii] von anderen
Märtyrern und unterscheidet sie im Bericht[iii] dadurch, welche Geduld sie in ihren Qualen zeigten, so daß sie alle, die
um sie herum standen und auf sie schau-
15 ten, in Erstaunen versetzten. Denn es gab
eine Zeit, da sie bei der Folter bis in die
inneren Sehnen gebrannt und geröstet
wurden, so daß das Innere ihrer Mägen
sichtbar wurde. Es gab aber auch eine
20 Zeit, da man sogar die Muscheln, die es
im Meer gibt, unter sie legte.

Aber bewundernswerter als alle (ande-   **5**
ren) war der tapfere Germanikos, der in
jenem Kampf[iv] seine Tugend unter Be-
25 weis stellte. Denn als der Prokonsul ihn
überreden wollte und ihm sein jugendli-
ches Alter[v] vorhielt und zu ihm sagte:
„Du bist (noch) ein Knabe und Kind, ver-
schone dich", da kümmerte er sich nicht
30 darum, sondern griff mit Freude das wilde Tier an und zog es zu sich, nicht nur
indem er es reizte, sondern auch mit Gewalt, damit er sogleich von dieser gesetzlosen und gottlosen Welt erlöst werde.

35 Und das ganze Volk wunderte sich ange-   **6**
sichts seines wunderbaren Todes über die

---

i   epistolarer Aorist nach dem gr. Text („wir haben euch geschrieben").
ii   der Bericht, das Geschichtswerk.
iii „durch die Schrift."
iv   für gr. ἀγών 'Kampf; Prozess; Krieg'.
v   „das Alter seiner Kindheit".

նայր ընդ զօրութիւն այսր վկայի
սիրելոյ Աստուծոյ:

9 Իսկ Պողիկարպոս սքանչելի
իբրև լուաւ, զառաջինն եկաց
մնաց առանց խռովութեան, և
պահեաց զմիտս իւր հաստատ

11 տուն և ոչ շարժուն. իսկ իբրև
ստիպէին մեծաւ պնդութեամբ
որ խնդրէին զնա, դարձեալ միւս
անգամ վասն սիրոյ եղբարցն
բռնադատեցաւ փոխել յայլ միւս
ևս յագարակ: Եւ յետ սակաւ միոյ
հասին ժամանեցին նմա անդէն
որ զհետ մտեալ էին նորա. բայց
կալան անդի երկուս պատանե
ակս: Իբրև տանջեցին զմի ի նդ
ցանէ, տարան ցուցին զվանսն
Պողիկարպոսի:

12 Բայց յորժամ հասին առ նա՛ ժամ
էր երեկոյի, գտին զնա զի բազմե
ալ էր ի վերնատան միոջ. իբրև
կարէր նա փախչել ի միւս տուն՝
ոչ կամեցաւ, այլ ասէ, եթէ՛ Կամք
Աստուծոյ լիցին:

13 Եւ իբրև գիտաց եթէ եկին հասին,
որպէս և բանն ասէ, էջ առ նոսա,
և խօսեցաւ ընդ նոսա զուարթ

14 երեսօք և քաղցրութեամբ. և հրա
մայեաց դնել առաջի նոցա սե
դան, և խորտիկս ազնիւս կազմե
աց նոցա. բայց խնդրեաց ի նդ
ցանէ ժամ մի յաղօթս կալ ցացու
թեամբ. և համարձակեցուցին
նմա: Եւ յարեաւ կայր յաղօթս

rowt'iwn aysr vkayi sirelwoy
Astowcoy:
Isk Pôłikarpos sk'anč'eli ibrew
lowaw, zaṙajinn ekac' mnac'
aṙanc' xṙovowt'ean, ew paheac' 5
zmits iwr hastatown ew oč'
šaržown. isk ibrew stipêin
mecaw pndowt'eamb or
xndrêin zna, darjeal miwsangam vasn siroy ełbarc'n 10
bṙnadatec'aw p'oxel yayl miws
ews yagarak: Ew yet sakaw
mioy hasin žamanec'in nma andên or zhet mteal êin nora.
bayc' kalan anti erkows patane- 15
aks: Ibrew tanǰec'in zmi i
noc'anê, taran c'owc'in zvansn
Pôłikarposi:
Bayc' yoržam hasin aṙ na՛ žam
êr erekoyi, gtin zna zi bazmeal 20
êr i vernatan mioǰ. ibrew karêr
na p'axč'el i miws town՛ oč'
kamec'aw, ayl asê, et'ê՛ Kamk'
Astowcoy lic'in:
Ew ibrew gitac' et'ê ekin hasin, 25
orpês ew bann asê, êǰ aṙ nosa,
ew xôsec'aw ǝnd nosa zowart'
eresôk' ew k'ałc'rowt'eamb.
ew hramayeac' dnel aṙaji noc'a
sełan, ew xortiks azniws kaz- 30
meac' noc'a. bayc' xndreac' i
noc'anê žam mi yałôt's kal
c'acowt'eamb. ew hamarjake-
c'owc'in nma: Ew yareaw

Kraft dieses von Gott geliebten Märtyrers[19].

Als aber der wunderbare Pôlikarpos dies   **9**
hörte, blieb er zunächst unaufgeregt und
5 bewahrte seinen Sinn fest und unerschüt-
tert. Als ihn aber diejenigen, die ihm auf   **11**
der Spur waren, mit großem Eifer be-
drängten, war er aus Liebe zu seinen Brüdern erneut gezwungen, auf ein anderes
10 Landgut zu wechseln. Und nach kurzer
Zeit erreichten[i] ihn dort jene, die ihn verfolgt hatten, sie ergriffen dort aber zwei
Sklaven[ii]. Als sie einen von ihnen folter-
ten, nahmen die Sklaven sie mit und
15 zeigten ihnen Pôlikarps Aufenthaltsort.
Als sie aber zu ihm kamen, war es (be-   **12**
reits) Abend[iii], und sie fanden ihn, als er
sich in einer Oberstube hingelegt hatte.
Obwohl er in ein anderes Haus fliehen
20 konnte, wollte er es nicht, sondern sagte:
„Gottes Wille geschehe."
Und als er erfuhr, daß sie gekommen   **13**
waren[iv], wie auch die Schrift sagt, kam er
zu ihnen hinunter und sprach mit ihnen
25 mit heiterem Gesicht und mit Freundlich-
keit und befahl, einen Tisch vor ihnen   **14**
hinzustellen, und er ließ ihnen edle Spei-
sen bringen. Er erbat sich aber von ihnen,
eine Stunde in Demut beten zu dürfen,
30 und sie gewährten es ihm. Und er stand
auf und betete[v] mit der Gnade unseres

---

i   'kamen an, erreichten' - Doppelverb im Armenischen.
ii   *pataneak* 'Jüngling, Junge' für gr. παιδίον 'Junge; Sklave'.
iii „die Stunde des Abends".
iv   'gekommen waren, erreicht hatten'. Doppelverb im Arm.
v   *yalôt's kam/em* ist der übliche Ausdruck im arm. NT für itr. 'beten', wörtl. 'im Gebet
     sein/stehen' (vgl. Mittelpersisch *stā pad afriwan* 'im Gebet/Segnen stehen', Syrisch
     qām bᵃ-ṣlūtʰā, s. KÖLLIGAN 2008).

---

19   Die zweite Hälfte von h.e. 4,15,6 und die Paragraphen 7–8 sind α-Zusätze, die erst in
     die zweite Auflage der *Kirchengeschichte* Eusebs aufgenommen wurden. Die armeni-
     sche Fassung hat die kürzere Version von **Eus**[1] bewahrt. Somit springt die Zählung von
     6 zu **9** (und dann gleich zu **11**, etc.). Dies wird im folgenden nicht mehr eigens erläutert.

շնորhոք Տեառն մերոյ Յիսուսի
Քրիստոսի, որպէս զի զարմա
նային որք միանգամ եկինն և
լսէին մինչդեռ յաղօթսն էր. զի
բազումք ի նոցանէ զղջանային
յանձինս իւրեանց, եթէ որպիսի՛
այր հանդերձեալ է մեռանել,
ծեր, ցածուն և արժանի Աստու
ծոյ:

15 Եւ հանդերձ այսոքիմբք իբրև
եհաս ժամ գնալոյ անտի, նստու
ցին զնա ի վերայ գրաստու և
ածին ի քաղաքն. և էր շաբաթն
մեծ, և պատահեաց անդ Հերով
դէս իրենարքայ, և հայր նորա
Ենեկտա: Նոքա իսկ նստուցին
զնա ի կառս ընդ իրեանս. և
հրապուրէին զնա մինչդեռ նստէ
ին ընդ կառն և ասէին զնա,
եթէ՛ Զի՞նչ, ասեն, չար է յայսմիկ,
ասել եթէ Տէր իմ կայսր, և զոhել
և կեալ: Եւ նա զառաջինն ոչ ետ
նոցա պատասխանի:

16 Իսկ իբրև ստիպէին զնա, ասէ
ցնոսա. Ոչ գործեմ զայդ ինչ զոր
դուք ինձ խրատ տայք: Իսկ նո
քա իբրն տեսին եթէ ոչ առնու
յանձն, բանս չարաչարս տային
նմա: Եւ նոյնժամայն առին ընկէ
ցին զնա ի կառաց անտի. և իբրն
ընկեցին զնա՛ ջաղջախեցան
խռնջանունք նորա, բայց նա ոչ
դարձաւ. այլ իբրն թէ նմա ոչինչ

kayr yałôtʻs šnorhôkʻ Teaṙn
meroy Yisowsi Kʻristosi, orpês
zi zarmanayin orkʻ miangam
ekinn ew lsêin minčʻdeṙ yałôtʻsn
êr. zi bazowmkʻ i nocʻanê   5
złǰanayin yanǰins iwreancʻ, etʻê
orpisi´ ayr handerǰeal ê meṙanel,
cer,   cʻacown   ew   aržani
Astowcoy:

Ew handerǰ aysokʻimbk ibrew   10
ehas žam gnaloy anti, nstowcʻin
zna i veray grastow ew acin i
kʻałakʻn. ew êr šabatʻn mec, ew
pataheacʻ and Herovdês ire-
narkʻay, ew hayr nora Enek-   15
ta: Nokʻa isk nstowcʻin zna i
kaṙs ənd iwreans. ew hra-
powrêin zna minčʻdeṙ nstêin ənd
kaṙn ew asêin cʻna, etʻê´ Zínčʻ,
asen, čʻar ê yaysmik, asel etʻê   20
Têr im kaysr, ew zohel ew keal:
Ew na zaṙaǰinn očʻ et nocʻa
patasxani:
Isk ibrew stipêin zna, asê cʻno-
sa. Očʻ gorcem zayd inčʻ zor   25
dowkʻ inǰ xrat taykʻ: Isk nokʻa
ibrew tesin etʻê očʻ aṙnow
yanǰn, bans čʻaračʻars tayin
nma: Ew noynžamayn aṙin
ənkecʻin zna i kaṙacʻ anti. ew   30
ibrew ənkecʻin zna´ ǰaľǰaxecʻan
xṙnǰanownkʻ nora, baycʻ na očʻ
darǰaw. ayl ibrew tʻê nma

Herrn Jesus Christus, so daß sich alle[i]
wunderten, die gekommen waren und zu-
hörten, während er betete. Denn viele
von ihnen reute es[ii]: „Was für ein Mensch
5 wird sterben[iii], ein Greis, demütig und
Gottes würdig."
Und damit[iv], als die Stunde gekommen
war, von dort fortzugehen, setzten sie ihn
auf ein Lasttier und führten ihn in die
10 Stadt. Und es war der große Samstag[v],
und der Polizeichef Herodes[vi] und sein
Vater Enekta kamen ihm dort entgegen.
Sie aber setzten ihn zu sich auf den Wagen und versuchten ihn zu überreden,
15 während sie auf dem Wagen saßen, und
sagten zu ihm: „Was ist" – sagten sie –
„schlimm daran, 'Mein Herr (ist der)
Kaiser' zu sagen und zu opfern und am
Leben zu bleiben?" Und er antwortete[vii]
20 ihnen zunächst nicht.
Als sie ihn aber (weiter) bedrängten, sagte er zu ihnen: „Ich tue das nicht, wozu
ihr mir ratet."[viii] Als sie aber sahen, daß er
es nicht auf sich nahm, beschimpften sie
25 ihn mit den übelsten Worten[ix]. Und
gleichzeitig packten und warfen sie ihn
vom Wagen. Und als sie ihn hinunterge-
worfen hatten, schürfte er sich die
Schienbeine auf[x], aber er scherte sich
30 nicht darum, sondern, als wäre ihm nichts

15

16

---

i   npp մխանզաս *ork' miangam* übersetzt in der Regel gr. ὅσοι 'alle, die'.
ii   „reute es in ihnen selbst"
iii   *handerjeal ê meřanel*: *handerjeal* (+ Kopula) übersetzt meist gr. μέλλω, also μέλλει
      ἀποθνῄσκειν o.ä., vgl. Mt. 12.32 *mi₁ yaysm₂ ašxarhi₃ ew₁ mi₁ i₄ handerjelowmn₅* οὔτε₁
      ἐν τούτῳ₂ τῷ αἰῶνι₃ οὔτε₁ ἐν₄ τῷ μέλλοντι₅
iv   հասնելն աjսորհիրր *handerj aysok'imbk'* 'mit diesen' (Instr. Pl.), die üblichere Form
      ist *aysok'iwk'*.
v   d. h. des Pessachfests.
vi   Gr. εἰρήναρχος im Arm. als Fremdwort übernommen und an *ark'ay* 'König' angepasst.
vii   *tal patasxani* 'eine Antwort geben', übliche Periphrase für 'antworten'.
viii   *xrat tal* 'einen Rat geben' = 'raten'.
ix   „gaben sie ihm übelste Worte".
x   Die Form *xřnjanownk'* ist im Venediger Wörterbuch nicht verzeichnet. Es liest statt
      dessen *xřč'akownk'* „ἀντικνήμιον, tibia" (h.e. 4,15,16): *ənkec'in zna i kařac' anti ew
      ibrew ankaw jaxec'an xřč'akownk' iwr* „sie warfen ihn aus dem Wagen, und als er fiel,
      schürfte er sich die Schienbeine auf." *jaxjaxem* in *NBHL*: „συντρίβω, θλάω, συνθλάω,
      ἐκκλάω, *contero, contundo, confringo, defringo, quatio*."

եղն՝ ուրախութեամբ և պնդութէ
ամբ երթայր: Ածին զնա յասպա
րէզն ուր զզազանան արգելեալ
էին.

17 և եղն ամբոխ մեծ յասպարիզին.
զի բազմաց ի նոցանէ չէր լուեալ
եթէ եմուտ Պօղիկարպոս յաս
պարէզ անդր: Եւ մինչ մտանէր՝
ձայն եղն յերկնից և ասէ. Քաջա
լերեաց, Պօղիկարպէ: Բայց զայն
որ ասացն ոչ ոք էսետս, բայց
զձայնն բազումք ի մերոց անտի
լուան:

20 Իսկ իբրև ստիպեաց զնա դատա
լորն և ասէ ցնա. Երդուիր և ար
ձակեմ զքեզ, հայհոյեա զՔրի
ստոս: Ասէ ցնա Պօղիկարպոս.
Ութսուն և վեց ամ է զի ծառայեմ
Քրիստոսի, և մեղ ինչ ոչ արար
ինձ, զիարդ կարեմ հայհոյել
զթագաւորն իմ զայն՝ որ նա
փրկեացն զիս:

23 Ասէ ցնա անթիւպատոսն. Գա
զանս ունիմ արձակել, և նոցա
արկանեմ զքեզ, եթէ ոչ զղջա
ցեալ ապաշխարեսցես: Իսկ նա
ասէ ցնա. Կոչեա զնոսա զի եկեսց
ցեն. զի չիք մեր փոփոխումն ի
բարեացն ի չար:

24 Դարձեալ միւսանգամ ասէ ցնա.
Հրով մաշեցից զքեզ եթէ զզազա
նոքդ արհամարհես: Ասէ ցնա
Պօղիկարպոս. Հրով սպառնաս
դու, որ տոչորի առ ժամանակ
մի, և յետ սակաւ միոյ անցանի.
զի ոչ զիտես դու զհուրն դատա
ստանաց որ լինելոցն է, և զտան
ջանսն յաւիտենից որ պատրա

oč'inč' ełew owraxowt'eamb
ew pndowt'eamb ert'ayr: Acin
zna yasparêzn owr zgazansn ar-
geleal êin.

ew ełew ambox mec yasparizin. 5
zi bazmac' i noc'anê č'êr loweal
et'ê emowt Pôłikarpos yasparêz
andr: Ew minč' mtanêr՝ jayn
ełew yerknic' ew asê. K'aǰa-
lereac', Pôłikarpê: Bayc' zayn 10
or asac'n oč' ok' etes, bayc'
zjaynn bazowmk' i meroc' anti
lowan:

Isk ibrew stipeac' zna dataworn
ew asê c'na. Erdowir ew ar- 15
jakem zk'ez, hayhoyea zK'ri-
stos: Asê c'na Pôłikarpos.
Owt'sown ew vec' am ê zi caṙa-
yem K'ristosi, ew meł inč' oč'
arar inj, ziard karem hayhoyel 20
zt'agaworn im zayn՝ or na
p'rkeac'n zis:

Asê c'na ant'iwpatosn. Gazans
ownim arjakel, ew noc'a arka-
nem zk'ez, et'ê oč' złǰac'eal 25
apašxaresc'es: Isk na asê c'na.
Koč'ea znosa zi ekesc'en. zi
č'ik' mer p'op'oxowmn i bare-
ac'n i č'ar:

Darjeal miwsangam asê c'na. 30
Hrov mašec'ic' zk'ez et'ê
zgazanôk'd arhamarhes: Asê
c'na Pôłikarpos. Hrov sparnas
dow, or toč'ori aṙ žamanak mi,
ew yet sakaw mioy anc'ani. zi 35
oč' gites dow zhowrn data-
stanac' or lineloc'n ê, ew
ztanǰansn yawitenic' or patra-

geschehen, ging er weiter mit Freude und
Beharrlichkeit. Sie führten ihn in die
Arena, wo die wilden Tiere eingesperrt
waren.

5　Und es war eine große Menge in der Arena, so daß viele von ihnen (gar) nicht gehört hatten, daß Pôlikarpos die Arena betreten hatte. Und als er eintrat, erklang[i]
eine Stimme vom Himmel und sagte:
10　„Sei tapfer, Pôlikarp!" Aber den, der das
sagte, sah niemand, aber die Stimme hörten viele von uns[ii].
Als aber der Richter ihn bedrängte und
zu ihm sagte: „Schwöre, und ich lasse
15　dich frei, verhöhne Christus", sagte Pôlikarpos zu ihm: „Es sind nun 86 Jahre,
daß ich Christus diene, und er hat mir
keinerlei Unrecht angetan. Wie könnte
ich meinen König verhöhnen, ihn, der
20　mich errettet hat?"
Der Prokonsul sagte zu ihm: „Ich habe
wilde Tiere, die ich loslassen kann[iii], und
ich werfe dich ihnen vor, wenn du nicht
bereust und umkehrst." Er aber sagte zu
25　ihm: „Rufe sie, daß sie kommen; denn
für uns gibt es keinen Wechsel vom Guten zum Bösen."
Und wiederum sagte er zu ihm: „Ich werde dich vom Feuer verzehren lassen[iv],
30　wenn du die wilden Tiere verachtest."[v]
Pôlikarpos sagte zu ihm: „Du drohst mit
einem Feuer, das nur eine Zeit lang
brennt und nach kurzer Weile erlischt.
Denn du kennst das Feuer des Gerichts
35　nicht, das stattfinden wird, und die ewi-

17

20

23

24

---

i　　wörtl. „geschah" (= ἐγένετο vel. sim.).
ii　　*anti* steht oft in Postposition zusammen mit einer Präposition beim Genitiv oder Lokativ
　　　ohne seine sonstige lokale Bedeutung (bei Substantiven oft als Ersatz für den definiten
　　　Artikel), s. KÜNZLE (1984: II.55 s. v. *anti*).
iii　„zum Loslassen".
iv　　*mašem* BEDROSSIAN s. v.: „to consume, to corrode, destroy, make thin or lean, extenu-
　　　ate, afflict, mortify", *NBHL*: „ἀναλίσκω, ἐξαναλίσκω *consumo* δαπανάω, καταδαπανάω
　　　impendo, insumo τήκω, ἐντήκω *liquefacio* βρώσκω *edo* φθίνω *tabesco, deficio.*"
v　　*arhamarhem* steht hier mit Präpositionalobjekt im Instrumental, vgl. *NBHL et'ê zeke-*
　　　*lec'eawn*INSTR *AY arhamarhic'ēk'* „wenn ihr die Kirche Gottes verachtet".

ստեալն է սատանայի և ամ
պարշտաց. այլ մի՛ յամեր, բեր
զոր ինչ կամիս:

25 Այլ անթիւպատոսն զարմացեալ
էր, և յղեաց քարոզել ի մէջ աս
պարիզին երիցս անգամ. Պողի
կարպոս քարոզեաց վասն ան
ձին իւրոյ՝ եթէ քրիստոնեայ է:

26 Իբրև ասացաւ այս ի քարոզէ
անտի, ամենայն ժողովուրդքն
Հրէից և հեթանոսաց որ բնա
կեալ էին ի Զմիւռնիա քաղաքի,
մեծաւ բարկութեամբ և սրտ
մտութեամբ ի ձայն բարձր ալա
ղակէին և ասէին. Դա է վար
դապետ և ուսուցիչ Ասիացւոց,
հայր քրիստոնէից և լուծիչ դից
մերոց. զի ուսուցանէ զմարդիկ
մի՛ երկիր պագանել նոցա:

27 Եւ իբրև ասացին զայս, աղաչէին
զիշխանն Ասիացւոց, զի արձա
կեսցէ առիւծ մի ի վերայ Պողի
կարպոսի: Իսկ նա ասէ ընոսա.
Չունիմ ես իշխանութիւն, զի
կատարեցան աւուրք խաղու:
Ապա հաճոյ թուեցաւ նոցա ադա
դակել զի կենդանուոյն այրեսցեն
զՊողիկարպոս:

30 Իսկ իբրև հուրն պատրաստէ
ցաւ, ի բաց արար յիւրմէ զհան
դերձս ամենայն. եւ լոյծ և զգօտին,
կամեցան և զհողաթափսն լուծա
նել. իբրև յառաջագոյն նա զայն
արարեալ էր. վասն զի փոյ
թային հաւատացեալքն, թէ ով ի
նոցանէ յառաջից մատիցէ ի
հանդերձս նորա, զի ամենայն
բարի վարուք զարդարեալ էր ի
մանկութենէ:

31 Եւ այնուհետև եդան գործիքն որ
պատրաստեալ էին ի նիւթ
հրոյն: Եւ իբրև պատրաստեցան

stealn ê satanayi ew amparštac‘.
ayl mi´ yamer, ber zor inč‘
kamis:

Ayl ant‘iwpatosn zarmac‘eal êr,
ew yłeac‘ k‘arozel i mêĵ aspari-
zin eric‘s angam. Pôlikarpos
k‘arozeac‘ vasn anjin iwroy՝
et‘ê k‘ristoneay ê:

Ibrew asac‘aw ays i k‘arozê
anti, amenayn žołovowrdk‘n
Hrêic‘ ew het‘anosac‘՝ or bna-
keal êin i Zmiwṙnia k‘ałak‘i,
mecaw barkowt‘eamb ew srt-
mtowt‘eamb i jayn barjr ałała-
kêin ew asêin. Da ê vardapet ew
owsowc‘ič‘ Asiac‘woc‘, hayr
k‘ristonêic‘ ew lowcič‘ dic‘ meroc‘. zi owsowc‘anê zmardik
mi´ erkir paganel noc‘a:

Ew ibrew asac‘in zays, ałač‘êin
zišxann Asiac‘woc‘, zi arja-
kesc‘ê aṙiwc mi i veray Pôlikarposi: Isk na asê c‘nosa.
Č‘ownim es išxanowt‘iwn, zi
katarec‘an awowrk‘ xałows:
Apa hačoy t‘owec‘aw noc‘a ała-
łakel zi kendanwoyn ayresc‘en
zPôlikarpos:

Isk ibrew howrn patrastec‘aw, i
bac‘ arar yiwrmê zhanderjs
amenayn. eloyc ew zgôtin,
kamec‘an ew zhołat‘ap‘sn
lowcanel. ibrew yaṙajagoyn na
zayn arareal êr. vasn zi
p‘owt‘ayin hawatac‘ealk‘n, t‘ê
ov i noc‘anê yaṙajic‘ê matic‘ê i
handerjs nora, zi amenayn bari
varowk‘ zardareal êr i mankowt‘enê:

Ew aynowhetew edan gorcik‘n
or patrasteal êin i niwt‘ hroyn:
Ew ibrew patrastec‘an beweṙel

gen Qualen, die für Satan und die Gottlosen bereitet sind. Aber zögere nicht, brin-
ge, was du willst!"

Der Prokonsul aber war verwundert und **25**
5 schickte (einen Herold), dreimal in der
Mitte der Arena zu verkünden: „Pôlikarpos hat von sich selbst verkündet, daß er
ein Christ sei."

Als dies vom Herold verkündet wurde, **26**
10 riefen alle Gruppen der Juden und Heiden, die in der Stadt Smyrna lebten, mit
großem Zorn und Unmut mit lauter Stimme und sagten: „Das ist ein Meister und
Lehrer der Einwohner der Provinz Asien,
15 der Vater der Christen und Vernichter[i]
unserer Götter. Denn er lehrt die Menschen, sie nicht zu verehren."

Und als sie das gesagt hatten, baten sie **27**
den Asiarch[ii], daß er einen Löwen auf
20 Pôlikarpos loslasse. Aber er sagte zu ihnen: „Ich habe keine Befugnis dazu, denn
die Tage der Zirkusspiele[iii] sind vor-
über."[iv] Daraufhin beschlossen sie[v] zu rufen, daß man den Pôlikarpos lebendig
25 verbrenne.

Und als das Feuer vorbereitet war, legte **30**
er alle Kleider von sich ab, löste auch
den Gürtel, und sie wollten auch seine
Sandalen lösen, wie er es früher getan
30 hatte. Denn die Gläubigen wetteiferten
darum, wer von ihnen zuerst seinen Ge-
wändern nahen könnte, denn von Kindheit an war er mit allen guten Sitten geschmückt.

35 Und daraufhin legte man die Werkzeuge **31**
hin, die als Brennstoff[vi] für das Feuer[vii]
vorbereitet waren. Und als sie sich an-

---

i   *lowcič‘* 'Auflöser'.
ii   „den Fürsten der Einwohner der Provinz Asien".
iii „Tage des Spiels".
iv   „vollendet".
v   *NBHL* s. v. *hačoy*: „*hačoy ê kam t‘owi* ἀρέσκω *placeo, placet* δοκέω *censeo, videor, vi-
     sum est*", also Übersetzung für gr. ἔδοξεν.
vi   *niwt‘* für gr. ὕλη.
vii offenbar Verwechslung von πῦρ und πυρά (τὰ πρὸς τὴν πυρὰν ἡρμοσμένα ὄργανα).

բներել զնա բներոք, նա ասէ ցնոսա. Թոյլ տուք ինձ, զի այն որ
տայ ինձ զօրութիւն համբերել ի
հուրն, այն տայ ինձ յերկարել ի
նմին առանց աշխատութեան և
առանց բներելոյ: Իսկ նոքա թոյլ
ետուն, և ոչ բներեցին զնա, այլ
կապեցին կապանոք.

32 ինքն իսկ ետ զձեռս յետս, և կա-
պեցաւ իբրև զգառն երևելի որ
ելանէ ի մեծ հօտէ պատարագ
ընդունելի Աստուծոյ ամենակա-
լի: Եկաց յաղօթս և ասէ.

33 Հայր Տեառն մերոյ Յիսուսի Քրի-
ստոսի՝ որդւոյ քո օրհնելոյ, այն
որ ի ձեռն նորա ընկալաք մեք
զգիտութիւն ճշմարտութեան քո.
Աստուած հրեշտակաց և զօրու-
թեանց, և ամենայն տոհմին ար-
դարոց որ կենդանի են առ քեզ.
օրհնեմք զքեզ որ արժանի արա-
րեր զիս աւուրս այսմ և ժամու,
առնուլ մասն ի թիւ վկայիցն ի
ձեռն բաժակի Քրիստոսին քո, ի
յարութիւն կենացն յաւիտենից,
շնչով, մարմնով և հոգւով,

34 առանց ապականութեան, զի սո-
քօք մատեայց առաջի երեսաց
քոց այսօր պատարագ ընդու-
նելի:

36 Եւ իբրև կատարեաց զաղօթսն և
ասաց զամէնն, սպասաւորքն
վառեցին զհուրն: Իսկ իբրև
հուրն տոչորէր յոյժ, սքանչելի
իմն տեսիլ երևեցաւ նոցա.

37 զի հուրն ձևացաւ ի նմանութիւն
խորանի, իբրև զկտաւ առագա-
ստի նաւի՝ յորժամ լնուգու օդով,
և պատեալ էր շուրջ զմարմնով
վկային. և էր նա ի մէջ նորա
իբրև զոսկի զարծաթ որ քննի

zna beweřôk', na asê c'nosa.
T'oyl towk' inj, zi ayn or tay inj
zôrowt'iwn hamberel i howrn,
ayn tay inj yerkarel i nmin
aṙanc' ašxatowt'ean ew aṙanc' 5
beweřeloy: Isk nok'a t'oyl
etown, ew oč' beweřec'in zna,
ayl kapec'in kapanôk'.

ink'n isk et zjeřs yets, ew kapec'aw ibrew zgaṙn ereweli or 10
elanê i mec hôtê patarag ənd-
owneli Astowcoy amenakali:
Ekac' yałôt's ew asê.

Hayr Teaṙn meroy Yisowsi
K'ristosi˙ ordwoy k'o ôrhneloy, 15
ayn or i jeṙn nora ənkalak' mek'
zgitowt'iwn čšmartowt'ean k'o.
Astowac hreštakac' ew
zôrowt'eanc', ew amenayn toh-
min ardaroc'˙ or kendani en aṙ 20
k'ez. ôrhnemk' zk'ez or aržani
ararer zis awowrs aysm ew
žamow, aṙnowl masn i t'iw
vkayic'n i jeṙn bažaki K'ristosin
k'o, i yarowt'iwn kenac'n 25
yawitenic', šnč'ov, marmnov ew
hogwov, aṙanc' apakanowt'ean,
zi sok'ôk' mateayc' aṙaji ere-
sac' k'oc' aysôr patarag əndow-
neli: 30

Ew ibrew katareac' załôt'sn ew
asac' zamênn, spasawork'n va-
ṙec'in zhowrn: Isk ibrew howrn
toč'orêr yoyž, sk'anč'eli imn
tesil erewec'aw noc'a. 35

zi howrn jewac'aw i nma-
nowt'iwn xorani, ibrew zktaw
aṙagasti nawi˙ yoržam lnowc'ow
ôdov, ew pateal êr šowrǰ
zmarmnov vkayin. ew êr na i 40
mêǰ nora ibrew zoski zarcat' or

schickten, ihn mit Nägeln festzunageln,
sagte er zu ihnen: „Lasst mich, denn der,
welcher mir die Kraft gibt, im Feuer
auszuharren, der gibt es mir auch, in
5 demselben ohne Mühe zu verweilen und
ohne festgenagelt zu werden." Und sie
ließen ihn und nagelten ihn nicht fest,
sondern banden ihn mit Fesseln.
Er selbst aber legte seine Hände hinter   **32**
10 sich und wurde gebunden wie das ruhm-
reiche Lamm, das aus der großen Herde
als annehmbares Opfer für den allmächtigen Gott hervortritt. Er betete und sagte:
„Vater unseres Herrn Jesus Christus,   **33**
15 deines gesegneten Sohnes, durch den wir
die Erkenntnis deiner Wahrheit erlangt
haben, Gott der Engel und Gewalten und
des ganzen Geschlechts der Gerechten[i],
die bei dir lebendig sind, wir preisen
20 dich, der du mich dieses Tages und dieser
Stunde würdig gemacht hast, Anteil zu
erlangen an der Zahl der Märtyrer durch
den Kelch deines Christus, an der Auferstehung des ewigen Lebens, mit Atem,
25 Leib und Seele, ohne Verderben, denn   **34**
mit diesen werde ich heute vor dein Ant-
litz treten als annehmbares Opfer."
Und als er das Gebet vollendet und das   **36**
'Amen' gesagt hatte, entzündeten die
30 Diener das Feuer. Als das Feuer aber
stark brannte, zeigte sich ihnen ein wun-
dersamer Anblick:
Das Feuer nahm die Form eines Zelts an[ii]   **37**
wie das Tuch eines Schiffssegels, wenn
35 es sich mit Luft füllt, und es umgab rings
den Leib des Märtyrers, und er war darin
wie Gold (und) Silber, das im Ofen ge-

---

i   oder „der Gerechten jedes Geschlechts".
ii   „das Feuer formte sich nach der Ähnlichkeit eines Zelts".

ի բովս. և հոտ անոյշ զայր
իբրև խնկոց:

38 Բայց յետոյ իբրն տեսին անօ
րէնքն եթէ ոչ կարէ այրել հուրն
զմարմին նորա, հրամայեցին
դահճի միոյ մատչել և սրով
խոցել զկողս նորա:

39 Եւ իբրն արար զայս՝ ել ի նմանէ
արիւն յոյժ, և շիջոյց զհուրն. և
զարմացան ամենայն ժողո
վուրդն, եթէ այսպիսի ընտրու
թիւն է ի մէջ անհաւատից և
հաւատացելոց Աստուծոյ: Բայց
ամենայն բան որ ել ի բերանոյ
նորա, կատարեցաւ և կատարի:

43 Իսկ հարիւրապետն իբրև ետես
զմարտ Հրէիցն, եդ զնա ի միջի,
որպէս սովոր էին նոքա, և այրեաց
զնա. և ապա մեք ժողովեցաք
զնշխարս ոսկերաց նորա, որ
առաւել է մեզ քան զականս պատ
տուականս և քան զոսկի ընտիր.
և եդաք ի տեղւոջ ուր արժանա
լոր էր, զոր Տէր եցոյց մեզ:

46b Բայց ի սոյն յայս զիրս և վասն
այլոց վկայից որ անդէն ի
Զմիւռնիա յայնմ ժամանակի
գրեցին ընդ վկայութեան Պողի
կարպոսի, և ընդ նոսին ընդ
այնոսիկ պատմեն որ արժանի
են մեծի յիշատակի:

k'nni i bovs. ew hot anoyš gayr
mez ibrew xnkoc':

Bayc' yetoy ibrew tesin anô-
rênk'n et'ê oč' karê ayrel howrn   5
zmarmin nora, hramayec'in
dahči mioy matč'el ew srov
xoc'el zkołs nora:

Ew ibrew arar zays᾽ el i nmanê
ariwn yoyž, ew šiǰoyc' zhowrn.
ew zarmac'an amenayn žoło-   10
vowrdn, et'ê ayspisi ǝntrow-
t'iwn ê i mêǰ anhawatic' ew
hawatac'eloc' Astowcoy: Bayc'
amenayn ban or el i beranoy
nora, katarec'aw ew katari: 15

Isk hariwrapetn ibrew etes zmart
Hrêic'n, ed zna i miǰi, orpês
sovor êin nok'a, ew ayreac' zna.
ew apa mek' žołovec'ak'
znšxars oskerac' nora, or ařawel   20
ê mez k'an zakans patowakans
ew k'an zoski ǝntir. ew edak' i
tełwoǰ owr aržanawor êr, zor
Têr ec'oyc' mez:

Bayc' i soyn yays girs ew vasn   25
ayloc' vkayic' or andên i
Zmiwřnia yaynm žamanaki
grec'in ǝnd vkayowt'ean Pôłikarposi, ew ǝnd nosin ǝnd aynosik patmen or aržani en meci   30
yišataki:

prüft wird. Und ein süßer Duft kam uns
entgegen wie von Weihrauch.

Nachher aber, als die Gesetzlosen sahen, **38**
daß das Feuer seinen Leib nicht verbren-
5 nen konnte, befahlen sie einem Henker,
an ihn heranzutreten und ein Schwert[i] in
seine Seite zu stoßen.

Und als er das getan hatte, trat viel Blut **39**
aus Pôlykarp aus und löschte das Feuer,
10 und die ganze Versammlung wunderte
sich, daß ein solcher Unterschied[ii] zwischen den Ungläubigen und denen, die an
Gott glauben, bestehe. Aber jedes Wort,
das aus seinem Mund hervorkam, erfüllte
15 sich und erfüllt sich.

Und als der Centurio die Streitsucht[iii] der **43**
Juden sah, legte er ihn in die Mitte, wie
es bei ihnen üblich war, und verbrannte
ihn. Und dann sammelten wir die Überre-
20 ste seiner Knochen, die für uns wertvol-
ler sind als kostbare Edelsteine und als
erlesenes Gold. Und wir legten ihn an einen Ort, wo es würdig war (ihn zu bestat-
ten), den der Herr uns zeigte.“

25 Aber in derselben Schrift schrieb man **46b**
auch über andere Märtyrer, die dort in
Smyrna zu jener Zeit (waren), zusammen
mit dem Martyrium des Pôlikarpos, und
zusammen mit diesen erzählt man von
30 denen, die großer Erinnerung wert sind.

---

i   arm. Konstruktion: „mit einem Schwert (in) seine Seite zu stoßen“.

ii   ընտրութիւն *əntrowtʿiwn* ‘Auswahl, Auslese’ (ἐκλογή) und ‘Unterscheidung, Unter-
       schied’, vgl. bei Philon von Alexandria *əntrem* ‘αἱρῶ, ἐπικρίνω, ἐκλέγω’, *əntrowtʿiwn*:
       ἐκλογή (s. MARCUS 1933: s. v.).

iii   arm. *mart* eigtl. ‘Kampf’, vgl. *NBHL*: „μάχη … pugna, bellum, certamen եւ praelium
       παράταξις acies, mars (martis)“, hier wohl für gr. φιλονικία ‘Streitsucht’.

Literatur

Bedrossian, M.: New dictionary: Armenian-English, Beirut 1985 (repr.)

Kölligan, D.: On Iranian calques in Armenian, in: Casaretto, Antje – Kutscher, Silvia (Hrsgg.): Sprachkontakt synchron und diachron. Ergebnisse des 2. LinK-Workshops am Zentrum Sprachenvielfalt und Mehrsprachigkeit, 23.–24.06.2006, Köln–Aachen 2008, 57–68

Künzle, B.: Das altarmenische Evangelium, 2 Bde., Frankfurt 1984

Marcus, R.: An Armenian-Greek Index to Philo's *Quaestiones* and *De Vita Contemplativa*, Journal of the American Oriental Society 53 (3), 1933, 251–282

NBHL = Awetik'ean, G. / Siwrmêlean, X. / Awgerean, M. 1836–37. *Nor baṙgirkʿ haykazean lezowi*. Venedig. Nachdr. Erewan 1979

B. Das Martyrium Pionii

I. Die Urfassung
(mit englischer Übersetzung von D. Kölligan)

Μαρτύριον τοῦ Ἁγίου Πιονίου τοῦ Πρεσβυτέρου

1 (2,1) Ἐπὶ Δεκίου τοῦ δυσσεβοῦς βασιλέως γενομένου διωγμοῦ κατὰ τῶν Χριστιανῶν συνελήφθησαν Πιόνιος πρεσβύτερος καὶ Σαβῖνα ὁμολογήτρια καὶ Ἀσκληπιάδης καὶ Μακεδονία καὶ Λίμνος πρεσβύτερος τῆς ἐν Σμύρνῃ ἐκκλησίας. (2,2) ὁ οὖν Πιόνιος πρὸ μιᾶς ἡμέρας τῶν Πο- 5
λυκάρπου γενεθλίων (2,3) ὢν μετὰ τῆς Σαβίνης καὶ τοῦ Ἀσκληπιάδου ἐν νηστείᾳ, ὡς εἶδεν ὅτι αὔριον δεῖ αὐτοὺς συλληφθῆναι, λαβὼν κλωστὰς ἁλύσεις τρεῖς περιέθηκε περὶ τὸν τράχηλον ἑαυτοῦ τε καὶ Σαβίνης καὶ Ἀσκληπιάδου, καὶ ἐξεδέχοντο ἐν τῷ οἴκῳ. (2,4) τοῦτο δὲ ἐποίησεν ὑπὲρ τοῦ ἀπαγομένων αὐτῶν μηδὲ ὑπονοῆσαί τινας ὅτι ὡς οἱ λοιποὶ ὑπ- 10
άγουσι μιαροφαγῆσαι, ἀλλ᾽ ἵνα εἰδῶσι πάντες ὅτι κεκρίκασιν εἰς φυλακὴν εὐθέως ἀπαχθῆναι καὶ εἰς βάσανον ὑπὲρ τοῦ Χριστοῦ.

2 (3,1) Ἐπέστη δ᾽ αὐτοῖς Πολέμων ὁ νεωκόρος καὶ οἱ σὺν αὐτῷ τεταγμένοι ἀναζητεῖν καὶ ἕλκειν τοὺς Χριστιανοὺς ἐπιθύειν καὶ μιαροφαγεῖν. (3,2) καί φησιν ὁ νεωκόρος· Οἴδατε πάντως τὸ διάταγμα τοῦ αὐτο- 15
κράτορος, ὃ κελεύει ὑμᾶς ἐπιθύειν τοῖς θεοῖς. (3,3) καὶ ὁ Πιόνιος ἔφη· Οἴδαμεν τὸ πρόσταγμα τοῦ θεοῦ, ὃ κελεύει ἡμᾶς αὐτῷ μόνῳ τῷ παντοκράτορι προσκυνεῖν. (3,4) Πολέμων εἶπεν· Ἔλθετε οὖν εἰς τὴν ἀγορὰν κἀκεῖ πεισθήσεσθε. (3,5) λαβὼν οὖν αὐτοὺς ἦγεν οὐ μετὰ βίας, καὶ προελθόντων αὐτῶν εἶδον πάντες ὅτι δεσμὰ ἐφόρουν, καὶ ὡς ἐπὶ πα- 20
ραδόξῳ ἦλθον ἡδόμενοι καὶ εὐθέως συνήχθη ὄχλος πολὺς ἐν τῇ ἀγορᾷ, ὥστε ὠθεῖν ἀλλήλους, (3,6) καὶ ἐγεμίσθη πᾶσα ἡ ἀγορά. (3,7) ἀνῄεσαν δὲ καὶ ἐπὶ τὰ βάθρα καὶ ἐπὶ τὰ κιβώτια σκοποῦντες.

3 (4,1) Ἔστησαν οὖν αὐτοὺς ἐν μέσῳ καὶ ὁ Πολέμων εἶπεν· Καλὸν ὑμᾶς ἐστιν, ὦ Πιόνιε, πειθαρχῆσαι καθὰ καὶ πάντες καὶ ἐπιθῦσαι ἵνα μὴ 25
κολασθῆτε. (4,2) ἐκτείνας οὖν τὴν χεῖρα ὁ Πιόνιος ἐπὶ τὸν ὄχλον εἶπεν· Ἀκούσατέ μου ὀλίγα προσδιαλεγομένου ὑμῖν. (4,3) ἀκούω γὰρ ὅτι τοὺς αὐτομολοῦντας καταπατεῖτε καὶ ὡς ἐπιγελῶντες καὶ ἐπιχαίροντες παίγνιον ἡγεῖσθε τὸ ἐκείνων ἀστόχημα ὅτι ἑκόντες ἐπιθύουσιν. (4,4) ἔδει δὲ ὑμᾶς μέν, ὦ ἄνδρες Ἕλληνες, πείθεσθαι τῷ διδασκάλῳ ὑμῶν Ὁμήρῳ, 30
ὃς συμβουλεύει μὴ ὅσιον εἶναι ἐπὶ τοῖς ἀποθνήσκουσι καυχᾶσθαι. (4,5) ὑμῖν δέ, ὦ Ἰουδαῖοι, Μωϋσῆς κελεύει· Ἐὰν ἴδῃς τὸ ὑποζύγιον τοῦ ἐχθροῦ σου πεπτωκὸς ὑπὸ τὸν γόμον, οὐ παρελεύσῃ ἀλλὰ ἀνιστῶν ἀναστήσεις αὐτό. (4,6) ὁμοίως καὶ Σολομῶντι ἔδει ὑμᾶς πείθεσθαι· Ἐὰν πέσῃ ὁ ἐχθρός σου, φησί, μὴ ἐπιχαρῇς, ἐν δὲ τῷ ὑποσκελίσματι αὐτοῦ 35
μὴ ἐπαίρου. (4,7) ἐγὼ γὰρ τῷ ἐμῷ διδασκάλῳ πειθόμενος ἀποθνήσκειν αἱροῦμαι μᾶλλον ἢ παραβαίνειν τοὺς λόγους αὐτοῦ, καὶ ἀγωνίζομαι μὴ ἀλλάξαι ἃ πρῶτον ἔμαθον, ἔπειτα καὶ ἐδίδαξα.

The Martyrdom of Pionius the Presbyter

(2,1) In the times of Decius, the impious emperor, when the Christians were **1**
persecuted, the presbyter Pionius, Sabina – a confessor –, Asclêpiadês, Macedonia, and Limnus, a presbyter of the church in Smyrna, were arrested. (2,2)
5 But one day before the anniversary of Polycarp (2,3) while fasting together
with Sabina and Asclêpiadês, Pionius saw that they were destined to be arrested the next day, and so he took three interlaced chains and put them around his
and Sabina's and Asclêpiadês' necks, and (thus) they waited in the house. (2,4)
He did this lest, when they were led away, somebody might suspect that like
10 the other people they were going to eat forbidden food, but did this rather that
all should know that they were determined to be led off to prison and to torture
for the sake of Christ immediately.

(3,1) Then the temple sacristan Polemon and the people who together with **2**
him were ordered to seek out and drag off the Christians to offer sacrifice and
15 eat from the impure food approached them. (3,2) And the sacristan said: "Sure-
ly you know the commandment of the emperor, who orders you to offer sacrifice to the gods." (3,3) And Pionius said: "We know the commandment of God
ordering us to worship only almighty God." (3,4) Polemon said: "Come now to
the market-place, and there you will obey." (3,5) And he took them and led
20 them off without force. And while they were walking along, everbody saw that
they were wearing chains, and they came with joy as if for a strange sight and
immediately a large crowd assembled on the market-place, so large that they
jostled one another, (3,6) and the whole place was teeming with people. (3,7)
They even went up on to the tribunal steps and the voting urns in watching
25 them.

(4,1) Then they placed them in the middle (of the market-place) and Pole- **3**
mon said: "It would be better for you, Pionius, if you obeyed and offered sacrifices like everybody else to avoid being tortured." (4,2) Then Pionius stretched
out his hand towards the crowd and said: "Listen to the few words I am going
30 to say to you. (4,3) For I hear that you trample under foot and laugh at those
who have deserted and rejoicing take as a joke the error of those who voluntarily offered sacrifice. (4,4) O men of Greece, you had better give heed to your
teacher Homer, who counsels that it is not pious to gloat over those who are
about to die. (4,5) And as for you, o Jews, Moses commands you as follows:
35 'If you see your enemy's beast of burden fallen down under its load, you shall
not pass by, but [raising it up] you shall raise it up.' (4,6) In like manner you
should listen to Solomon who says: 'If your enemy falls – he says – do not
rejoice, and when he stumbles do not be elated.' (4,7) For I, in obedience to
my master, prefer to die, rather than to disobey his words. And I strive not to
40 change from what I have learnt at first and what I myself have later taught.

4   (4,8) Τίνων οὖν καταγελῶσιν οἱ Ἰουδαῖοι ὑπερηφάνως; εἰ γὰρ καὶ
ἐχθροὶ αὐτῶν ἐσμεν, ὥς φασιν, ἀλλὰ ἄνθρωποι. ἢ τί ἠδικήθησαν ὑφ᾿
ἡμῶν, ὃ κατηγοροῦσιν ἡμῶν; (4,9) λέγουσιν ὅτι καιροὺς παρρησίας
ἔχομεν. εἶτα, τίνας ἠδικήσαμεν; τίνας ἐφονεύσαμεν; τίνας εἰδωλολατρεῖν ἠναγκάσαμεν; (4,10) ἢ οἴονται ὅμοια εἶναι τὰ ἑαυτῶν ἁμαρτήμα-   5
τα τοῖς νῦν ὑπό τινων διὰ φόβον ἀνθρώπινον πρασσομένοις; ἀλλὰ τοσούτῳ διαφέρει ὅσῳ τὰ ἑκούσια ἁμαρτήματα τῶν ἀκουσίων. (4,11) τίς
γὰρ ἠνάγκασεν Ἰουδαίους τελεσθῆναι τῷ Βεελφεγώρ; ἢ φαγεῖν θυσίας
νεκρῶν; ἢ πορνεῦσαι εἰς τὰς θυγατέρας τῶν ἀλλοφύλων; ἢ κατακαίειν
τοῖς εἰδώλοις τοὺς υἱοὺς καὶ τὰς θυγατέρας; ἢ γογγύζειν κατὰ τοῦ θεοῦ;   10
ἢ καταλαλεῖν Μωϋσέως καὶ στρέφεσθαι τῇ καρδίᾳ εἰς Αἴγυπτον; ἢ εἰπεῖν τῷ Ἀαρών· Ποίησον ἡμῖν θεούς, καὶ τῷ μόσχῳ προσκυνῆσαι, καὶ
τὰ λοιπὰ πάντα ὅσα ἐποίησαν; (4,12) ἐπεὶ ἀναγινωσκέτωσαν τὰς βίβλους ἑαυτῶν καὶ συνιέτωσαν.

5   (4,13) Ἀλλὰ ζητεῖτε διὰ τί τινες μηδὲ βιασθέντες ἑαυτοῖς ἦλθον; καὶ   15
δι᾿ ἐκείνους τῶν ἁπάντων καταγινώσκετε; (4,14) νομίσατε τὰ παρόντα
ἄλωνι ὅμοια εἶναι· ποῖος σωρὸς μείζων, ἀχύρου ἢ τοῦ σίτου; ὅταν γὰρ
ὁ γεωργὸς ἐν τῷ πτύῳ διακαθήρῃ τὴν ἅλωνα, τὸ ἄχυρον κοῦφον ὂν
εὐκόλως ὑπὸ τοῦ ἀερίου πνεύματος μεταφέρεται, ὁ δὲ σῖτος ἐν ταὐτῷ
μένει. (4,15) ἴδετε πάλιν τὴν εἰς θάλασσαν βαλλομένην σαγήνην· μὴ   20
πάντα ἃ συνάγει εὔχρηστά ἐστιν; οὕτω καὶ τὰ παρόντα. (4,16) πῶς οὖν
θέλετε ταῦτα πάσχειν ἡμᾶς, ὡς δικαίους ἢ ὡς ἀδίκους; εἰ μὲν ὡς ἀδίκους, πῶς οὐχὶ καὶ ὑμεῖς αὐτοῖς τοῖς ἔργοις ἄδικοι ἐλεγχόμενοι τὰ αὐτὰ
πείσεσθε; εἰ δὲ ὡς δικαίους, τῶν δικαίων πασχόντων ποίαν ὑμεῖς ἐλπίδα
ἔχετε; εἰ γὰρ ὁ δίκαιος μόλις σῴζεται, ὁ ἀσεβὴς καὶ ἁμαρτωλὸς ποῦ φα-   25
νεῖται; (4,17) κρίσις γὰρ τῷ κόσμῳ ἐπίκειται, περὶ ἧς πεπληροφορήμεθα διὰ πολλῶν.

6   (4,18) Ἐγὼ μὲν εἰς τὴν Παλαιστίνην ἐλθὼν ἐθεασάμην ἐκεῖ γῆν
μαρτυροῦσαν τὴν ἐκ τοῦ θεοῦ γενομένην αὐτοῖς ὀργήν, δι᾿ ἃς ἐποίουν
οἱ κατοικοῦντες αὐτὴν ἁμαρτίας, ξενοκτονοῦντες καὶ ἀνδροβατοῦντες.   30
(4,19) εἶδον γῆν πυρὶ τετεφρωμένην, ἄμοιρον παντὸς καρποῦ καὶ πάσης
ὑγρᾶς οὐσίας. (4,20) εἶδον καὶ θάλασσαν νεκράν, ὕδωρ ὑπηλλαγμένον
καὶ ἔξω τοῦ κατὰ φύσιν μεταβεβλημένον, θεσμῷ θείῳ ἀτονῆσαν καὶ
τρέφειν ζῷον μὴ δυνάμενον μήτ᾿ αἴρειν ναῦν εἰς ἄνω μήτε κατέχειν ἀνθρώπου σῶμα. ὑποδέξασθαι γὰρ ἄνθρωπον οὐ θέλει, ἵνα μὴ δι᾿ ἄνθρω-   35
πον πάλιν ἐπιτιμηθῇ.

7   (4,21) Καὶ τί ταῦτα μακρὰν ὑμῶν ὄντα λέγω; ὑμεῖς διηγεῖσθε ἐν Σικελίᾳ καὶ Λυκίᾳ καὶ ἄλλαις νήσοις ἐκ γῆς ῥοιβδούμενον πῦρ. (4,22) εἰ
δὲ καὶ ταῦτα πόρρω ἀπέχει ἀφ᾿ ὑμῶν, κατανοήσατε τοῦ θερμοῦ ὕδατος
τὴν χρῆσιν, καὶ νοήσατε πόθεν ἀνάπτεται ἢ πόθεν πυροῦται, μὴ ὅμοιον   40
ὂν ἐπιγείῳ πυρί. (4,23) λέγετε δὲ καὶ ἐκπυρώσεις μερικὰς καὶ ἐξυδατώσεις, ὡς ὑμεῖς ἐπὶ Δευκαλίωνος ἢ ὡς ἡμεῖς ἐπὶ Νῶε. μερικὰ γὰρ γίνεται,

(4,8) But whom do the Jews actually laugh at in their arrogance? For even **4**
if we are their enemies, as they say, we are human beings, or in which way
have they been wronged by us of which they accuse us? (4,9) They say that we
are given time to speak out. Very well then: whom have we offended? Whom
5   have we killed? Whom have we forced to worship idols? (4,10) Or do they
think that their sins are similar to those which are now committed out of fear of
men? But their sins are as different as are sins committed voluntarily in com-
parison to involuntary ones. (4,11) For who forced the Jews to sacrifice to Beelphegor? Or to eat the sacrifices offered to the dead? Or to fornicate with the
10 daughters of foreigners? Or to sacrifice their sons and daughters to the idols?
Or to murmur against God? Or to slander Moses and to return to Egypt in their
hearts? Or to say to Aaron: 'Make gods for us' and to worship the calf? And
all the other things they did? (4,12) Let them read their writings and under-
stand.
15   (4,13) But you ask why some came (to sacrifice) without any pressure, of **5**
their own accord? And because of these do you condemn all Christians? (4,14)
Consider the present life to be similar to a threshing-floor. Which pile is larger,
the one of chaff or the one of wheat? For when the farmer clears the threshing-
floor with his winnowing-fan, the chaff, being light, is easily carried away by
20 the wind [of the air], but the wheat remains in its place. (4,15) And again, consider the net that is cast into the sea. Is everything that it gathers useful? It is
the same with the present life. (4,16) Now in what way do you want us to suffer this – as men who are innocent or guilty? If guilty, then how will you – being proven guilty by the same deeds – not suffer the same punishment? And if
25 we are to suffer as innocent men – what hope do you have, when even the innocent (have to) suffer? For if the innocent man is saved only with difficulty,
what place will there be for the sinner and the impious man? (4,17) For judgement on the world is imminent – and we are convinced of this for many rea-
sons.
30   (4,18) I went to Palestine and saw the land there testify to the wrath of **6**
God which has afflicted them because of the sins that its inhabitants committed, killing foreigners and practicing sodomy. (4,19) I saw the soil turned to
ashes by fire, deprived of all produce and of all humid essence. (4,20) I also
saw the Dead Sea, water transformed and changed from its natural state, weak-
35 ened by divine commandment and unable to nurture any living thing nor able
to lift up a ship nor to withhold in itself a man's body. It refuses to accept man
lest it be punished again because of man.
        (4,21) But why do I speak of these things that are far away from you? You **7**
yourselves talk about the fire that is spouted forth from the earth in Sicily and
40 Lycia and on other islands. (4,22) But if that, too, is too far away for you, look
at the use of thermal water and consider from where it is made warm or
whence it is heated and the fact that it is not to be compared with terrestrial
fire. (4,23) You also mention partial conflagrations and floods, such as you tell

ἵνα ἐκ τῶν ἐπὶ μέρους τὰ καθόλου γνωσθῇ. (4,24) διὸ δὴ μαρτυρόμεθα
ὑμῖν περὶ τῆς μελλούσης διὰ πυρὸς γίνεσθαι κρίσεως ὑπὸ θεοῦ διὰ τοῦ
Λόγου αὐτοῦ· καὶ διὰ τοῦτο τοὺς λεγομένους θεοὺς ὑμῶν οὐ σέβομεν
καὶ τοῖς εἰδώλοις οὐ προσκυνοῦμεν.

8   (5,1) Ταῦτα δὲ πάντα καὶ τούτων ἔτι πλείονα λέγοντι τῷ Πιονίῳ πᾶς   5
ὁ ὄχλος ἐπέστησε τὰς ἀκοάς, καὶ ἐγένετο τοσαύτη ἡσυχία ὡς μηδὲ γρῦξαί τινα. (5,2) εἶτα ὁ Πολέμων εἶπεν· Πᾶς ὁ ὄχλος οὗτος αἰτεῖ σε· (5,3)
Πείσθητι ἡμῖν, Πιόνιε, καλόν ἐστι τὸ ζῆν καὶ τὸ φῶς τοῦτο βλέπειν, ὧν
οὐ βουλόμεθά σε ἀποστερῆσαι τῶν τε ἠθῶν ἕνεκα καὶ τῆς ἐπιεικείας.
(5,4) ὁ δὲ Πιόνιος εἶπεν· Κἀγὼ λέγω ὅτι καλόν ἐστι τὸ ζῆν, ἀλλ’ ἐκεῖνο   10
ὃ ἡμεῖς ἐπιποθοῦμεν· καὶ καλὸν τὸ φῶς, ἀλλ’ ἐκεῖνο ὃ ἡμεῖς βλέψομεν.
(5,5) καὶ ταῦτα μὲν οὖν ἅπαντα καλά· καὶ οὐκ ἐπιποθοῦμεν τὸν θάνατον. (7,3) Πολέμων εἶπεν· Δεῖ με πεῖσαί σε, Πιόνιε. Πιόνιος εἶπεν· Εἴθε
ἠδυνάμην ἐγὼ σὲ πεῖσαι Χριστιανὸν γενέσθαι. (7,4) Πολέμων δὲ εἶπεν·
Οὐδὲν ἔχεις τοιοῦτο ποιῆσαι, ἀλλὰ ζῶντά σε καύσομεν. Πιόνιος εἶπεν·   15
Χεῖρόν ἐστι πολὺ ἀποθανόντας καυθῆναι. καὶ Πολέμων ἐκέλευσεν ἀπαγαγεῖν αὐτοὺς εἰς τὴν φυλακήν.

9   (11,3) Εἰσελθόντων δὲ αὐτῶν εἰς τὴν φυλακὴν πολλοὶ τῶν πιστῶν
ἦλθον πρὸς αὐτοὺς τὰ δέοντα φέροντες. ὁ δὲ Πιόνιος οὐκ εἴασεν οὐδὲν
λαβεῖν, ἔλεγε γάρ· Ὅτε πλειόνων τῶν ἔξω χρεία ἦν, οὐδένα ἐβαρήσα-   20
μεν. καὶ νῦν πῶς ληψόμεθα ὀλίγων δεόμενοι; (11,4) ὠργίσθησαν οὖν οἱ
δεσμοφύλακες ἐπιφιλανθρωπευόμενοι ἐκ τῶν ἐρχομένων αὐτοῖς, καὶ
ὀργισθέντες ἔβαλον αὐτοὺς εἰς τὸ ἐσώτερον ὑγρὸν ὂν καὶ σκοτεινόν.
(11,5) οἱ δὲ οὐκ ἐπαύοντο εὐχόμενοι καὶ δοξάζοντες τὸν θεὸν νηστεύοντες ἡμέρας καὶ νυκτός, ὡς μεταγνῶναι τὸν ἐπάνω τῆς φυλακῆς καὶ   25
πάλιν μεταγαγεῖν αὐτοὺς ἐκ τῆς (ἐσωτέρας) φυλακῆς. (11,6) καὶ τοῦτο
συνέβη αὐτοῖς εἰς ἀγαθόν. (11,7) ἄδειαν γὰρ ἔσχον τοῦ φιλολογεῖν καὶ
προσεύχεσθαι.

10   (12,2) Ἦλθον δὲ πρὸς αὐτοὺς ὅσοι κατὰ ἀνάγκην ἀπέστησαν πολὺν
κλαυθμὸν ποιοῦντες, ὡς καὶ κλαίοντα τὸν Πιόνιον λέγειν· (12,3) Καινῇ   30
κολάσει κολάζομαι, κατὰ μέλος τέμνομαι ὁρῶν τοὺς μαργαρίτας τῆς
ἐκκλησίας ὑπὸ τῶν χοίρων καταπατουμένους καὶ τοὺς ἀστέρας τοῦ
οὐρανοῦ ὑπὸ τῆς οὐρᾶς τοῦ δράκοντος εἰς τὴν γῆν συρομένους, τὴν ἄμπελον ἣν ἐφύτευσεν ἡ δεξιὰ τοῦ θεοῦ ὑπὸ τοῦ ὑὸς τοῦ μονιοῦ λυμαινομένην. (12,4) τεκνία μου οὓς πάλιν ὠδίνω ἕως οὗ ἴδω μορφωθέντα Χρι-   35
στὸν ἐν ὑμῖν, οἱ τρυφεροί μου ἐπορεύθησαν ὁδοὺς τραχείας. (12,11)
ἄρα ἐξῃτήσατο ὁ σατανᾶς ἡμᾶς τοῦ σινιάσαι ὡς τὸν σῖτον· πύρινον δὲ
τὸ πτύον ἐν τῇ χειρὶ τοῦ θεοῦ Λόγου τοῦ διακαθᾶραι τὴν ἅλωνα.
(12,12) τάχα ἐμωράνθη τὸ ἅλας καὶ ἐβλήθη ἔξω καὶ καταπατεῖται.

11   (12,13) Ἀλλὰ μή τις ὑπολάβῃ, τεκνία, ὅτι ἠδυνάτησεν ὁ κύριος   40
ἀλλ’ ἡμεῖς. (12,14) Μὴ ἀδυνατεῖ γάρ, φησίν, ἡ χείρ μου τοῦ ἐξελέσθαι;
ἢ ἐβάρυνε τὸ οὖς μου <τοῦ> μὴ εἰσακοῦσαι; ἀλλὰ τὰ ἁμαρτήματα

about Deucalion or as we do about Noah. They happen partially so that the
nature of the whole may be understood from the part. (4,24) Hence we bear
witness to you about the imminent judgement that is to come through fire from
God through his Word. Therefore we do not worship your so-called gods and
5　do not prostrate ourselves before idols."

　　(5,1) While the blessed Pionius said all this and more, the whole crowd **8**
was listening attentively, and the silence was so complete that no one uttered a
sound. (5,2) Then Polemon said: "The whole crowd beseeches you. (5,3) Obey
us, Pionius, it is good to live and to see this light, and because of your kindness
10　and beneficence we do not want to deprive you of these things." (5,4) But Pionius said: "I, too, say that life is a good thing, but the life that we long for. And
light is beautiful, but the light that we are to see. (5,5) All these things are good
indeed, and we do not long for death." (7,3) Polemon said: "I have to persuade
you by all means, Pionius." Pionius said: "If only I could persuade you to be-
15　come a Christian." (7,4) Polemon said: "You will not succeed in this, but we
shall burn you alive." Pionius said: "It is far worse to burn after death." And
Polemon had them led into prison.

　　(11,3) When they had gone into prison, many of the faithful came to them **9**
bringing them what they needed. But Pionius would not have them take any-
20　thing from it, for he said: "When there was much need of outward things, we
were a burden to no one – and now how could we accept these things, when
there is need of so little?" (11,4) The gaolers became angry about this, since
they benefited from whatever came to the prisoners. And in their anger they
cast them into the inner part of the prison, which was damp and dark. (11,5)
25　But they did not stop praying and praising God, fasting day and night, until the
prison warden felt remorse and had them brought back from the (inner) prison.
(11,6) And this was good for them, (11,7) since they could now study the
scriptures[i] and pray without fear.

　　(12,2) And people who had renounced under pressure came to them, **10**
30　weeping so bitterly that Pionius, too, cried and said: (12,3) "I am tormented
anew, I am cut up limb by limb, when I see the pearls of the church trampled
by pigs, and the stars of heaven being swept down to earth by the tail of the
dragon, the vine that the right hand of God has planted ravaged by the solitary
boar. (12,4) My children, whom once again I bear in travail until I see Christ
35　take shape within you, my tender children who have travelled the rough roads.
(12,11) Indeed, Satan has demanded to have us that he might sift us like wheat,
and the fiery winnowing-fan is in the hand of the Word of God, to clear the
threshing-floor. (12,12) Maybe the salt has lost its savour and has been thrown
outside and is trampled underfoot.

40　　(12,13) But let no one suppose, my little children, that the Lord has failed, **11**
but rather we ourselves. (12,14) 'Can my hand', he says, 'not save? Or has my
ear become so dull that it cannot hear?' But it is our sins that stand between us

---

i　　or 'converse'.

ἡμῶν διϊστῶσιν ἀνὰ μέσον ἡμῶν καὶ τοῦ θεοῦ. (12,15) ἠμελήσαμεν γὰρ
καὶ κατεφρονήσαμεν. (12,16) ἔδει δὲ ἡμῶν τὴν δικαιοσύνην περισσεύειν πλέον τῶν γραμματέων καὶ Φαρισαίων.

12   (15,1) Ταῦτα δὲ πάντα καὶ τούτων πλείονα αὐτοῦ λαλήσαντος καὶ
ἐπισπουδάσαντος αὐτοὺς ἐξελθεῖν ἐκ τῆς φυλακῆς ἐπέστησαν αὐτοῖς ὁ   5
νεωκόρος Πολέμων καὶ ὁ ἵππαρχος Θεόφιλος μετὰ ὄχλου πολλοῦ λέ-
γοντες· (15,2) Ἴδε Εὐκτήμων ὁ προεστὼς ὑμῶν ἐπέθυσεν, πείσθητε καὶ
ὑμεῖς· (15,3) Πιόνιος εἶπεν· Τοὺς βληθέντας εἰς τὴν φυλακὴν ἀκόλου-
θόν ἐστι περιμένειν τὸν ἀνθύπατον· τί ἑαυτοῖς τὰ ἐκείνου μέρη ἐπιτρέπετε; (15,6) καὶ Πολέμων ὀργισθεὶς ἐπιλαβόμενος τοῦ τραχήλου ἔπνι-   10
ξεν αὐτόν. καὶ ἐκέλευσεν τοὺς διωγμίτας δῆσαι αὐτοὺς καὶ ἀγαγεῖν εἰς
τὴν ἀγοράν.

13   (19,1) Καὶ προσαχθέντας τῷ ἀνθυπάτῳ κατήπειγον ἐπιθύειν τῷ μεγάλῳ Διί, ὃν βασιλέα πάντων τῶν θεῶν ἐκάλουν. (19,2) ὁ δὲ Πιόνιος
μεγάλῃ τῇ φωνῇ βοήσας εἶπεν· Τὴν πίστιν ἐκδεξάμενοι πιστεύομεν εἰς   15
τὸν Χριστόν. (19,3) τὸν θεὸν πατέρα σέβομεν θύοντες, τὸν ποιήσαντα
τὰ πάντα ἐκ τοῦ μηδενός.

14   (20,1) Ὁ δὲ ἀνθύπατος ἐκέλευσεν δῆσαι τὸν Πιόνιον καὶ βασανίζειν
ὄνυξιν σιδηροῖς. καὶ κρεμασθεὶς ἐκ σκόλοπος ηὔξατο καὶ τὸν θεὸν ἐδόξασεν. (20,2) ὁ ἀνθύπατος εἶπεν· Μετανόησον καὶ θῦσον· τί ὑπερηφα-   20
νεῖς; Πιόνιος εἶπεν· Οὐχ ὑπερηφανῶ, ἀλλὰ πιστεύω εἰς τὸν θεὸν τὸν
ζῶντα· τούτῳ θύω, καὶ οὐ τοῖς ψευδέσι θεοῖς οὐδὲ τοῖς πεποικιλμένοις
καὶ βδελυκτοῖς εἰδώλοις. (20,3) ὁ ἀνθύπατος· Ἄλλοι πολλοὶ ἔθυσαν καὶ
ἀποτρέψαντες τοὺς βασάνους ζῶσι καὶ τοῦ φωτὸς ἀπολαύουσιν· θῦσον.
ἀπεκρίνατο· Οὐ θύω. (20,4) ὁ ἀνθύπατος εἶπεν· Ἐπερωτηθεὶς λόγισαί τι   25
παρὰ σεαυτῷ καὶ μετανόησον. ἀπεκρίνατο· Οὔ. (20,5) ὁ ἀνθύπατος·
Σπεύδεις ἐπὶ θάνατον; Πιόνιος· Σπεύδω. ὁ ἀνθύπατος· Διὰ τί; Πιόνιος·
Τῷ παροδικῷ θανάτῳ τούτῳ ἀπὸ τοῦ αἰωνίου σώζομαι. (20,6) ὁ ἀνθύπατος εἶπεν· Ἐπεὶ οὖν σπεύδεις ἐπὶ θάνατον, ζῶν καήσῃ.

15   (21,1) Εὐθὺς δὲ ἀπελθὼν μάλα ἡδέως εἰς τὸ στάδιον παρέδωκεν   30
ἑαυτὸν τῷ δημοσίῳ καθηλωθῆναι. (21,3) καὶ ὁ πολὺς ὄχλος ἀναβοήσας
εἶπεν· Μετανόησον, Πιόνιε, καὶ ἀρθήσονταί σου οἱ ἧλοι. (21,4) Πιόνιος
εἶπεν· Οὐδ' αἰσθάνομαι ὅτι ἧλοι ἔνεισι. (21,6) ἔτυχεν δὲ τὸν μὲν Πιόνιον ἐν τῷ μέσῳ καθηλωθῆναι ἐπὶ ξύλου, τὸν δὲ Λίμνον πρεσβύτερον ἐκ
δεξιῶν, τὸν δὲ Ἀσκληπιάδην ἐξ ἀριστερῶν. (21,7) προσενεγκάντων δὲ   35
αὐτῶν τὴν ὕλην καὶ τὰ ξύλα κύκλῳ περισωρευσάντων τε καὶ ἀναψάντων ὁ μὲν Πιόνιος συνέκλεισε τοὺς ὀφθαλμοὺς ὥστε τὸν ὄχλον ὑπολαβεῖν ὅτι ἀπέπνευσεν. (21,8) ὁ δὲ κατὰ τὸ ἀπόρρητον εὐχόμενος ἐλθὼν
ἐπὶ τὸ τέλος τῆς εὐχῆς ἀνέβλεψεν (21,9) γεγηθότι προσώπῳ ἐν μέσῳ
τοῦ πυρὸς καὶ εἶπε τὸ ἀμήν. γλυκεῖαν δὲ ὀσμὴν ἐκπνεύσας ὡς σιτίου   40
γλυκέος οὕτως διέβη καὶ ἀπέπνευσε λέξας· Κύριε Ἰησοῦ, δέξαι μου τὴν
ψυχήν.

and God. (12,15) For we have been neglectful and contemptuous. (12,16) But our justice should exceed that of the scribes and the Pharisees."

(15,1) After he had said all this and more than that and urged them to leave **12** the prison, the temple sacristan Polemon and the general of the cavalry Theo-
5 philus came upon them with a huge crowd and said: (15,2) "Look, Euctêmon, your leader, has offered sacrifice, now you should obey, too." (15,3) Pionius said: "It is proper that those who have been cast into prison should await the proconsul. Why do you take his task on yourselves?" (15,6) And Polemon be- came angry and took Pionius by his neck and nearly strangled him. And he or-
10 dered his soldiers to bind them and lead them to the market-place.

(19,1) And they brought them in front of the proconsul and urged them to **13** offer a sacrifice to the great Zeus whom they called the king of all the gods. (19,2) But Pionius cried out in a loud voice and said: "We have received the faith and believe in Christ. (19,3) Sacrificing we worship God the father who
15 has created everything out of nothing."

(20,1) And the proconsul had Pionius bound and tortured with iron hooks. **14** And he, hanging from the stake, prayed and glorified God. (20,2) The procon- sul said: "Repent and sacrifice! Why are you so arrogant?" Pionius said: "I am not arrogant, but I believe in the living God; to him I offer sacrifice, not to the
20 false gods nor to abominable, neatly embellished images." (20,3) The procon- sul said: "Many others have sacrificed and avoided the tortures; they are alive and enjoy the light. Make a sacrifice!" He answered: "I won't." (20,4) The proconsul said: "After the questioning, reflect a while within yourself and change your mind." He answered: "No." (20,5) The proconsul said: "Do you
25 hasten towards death?" Pionius: "I do." The proconsul: "Why?" Pionius: "Be- cause by this transitory death I am saved from the eternal one." (20,6) The pro- consul said: "Now, since you are eager for death, you shall be burnt alive."

(21,1) And immediately he went to the stadium with great willingness and **15** gave himself to be nailed down. (21,3) And the large crowd shouted and said:
30 "Repent, Pionius, and the nails will be taken out of you." (21,4) Pionius said: "I do not even feel that there are nails in me." (21,6) And it came to pass that Pionius was nailed down in the middle of the gibbet and Limnus the presbyter to his right and Asclêpiadês to his left. (21,7) And they brought firewood and heaped it up in a circle around them and set it on fire. Pionius closed his eyes
35 and the crowd thought that he had expired, (21,8) but in fact he was praying secretly, and when he had reached the end of his prayer, he opened his eyes (21,9) with a joyful countenance in the middle of the fire and said his "Amen". And he exuded a sweet odour as if from sweet food, and so he passed away and expired, saying: "Lord Jesus, receive my soul."

16   (22,2) Μετὰ δὲ τὸ κατασβεσθῆναι τὸ πῦρ εἶδον ὅτι οὐδὲ θρὶξ τῶν ἁγίων ἐκέκαυτο. (22,4) ἀστραπὴ δὲ οὐρανόθεν τὰ σώματα τῶν ἁγίων περιέλαμψεν, ᾗ μᾶλλον ἐστηρίχθησαν τῇ πίστει οἱ Χριστιανοί, οἱ δὲ ἄπιστοι ἐπτοήθησαν ὥστε πεφοβημένοι ἐκ τοῦ τόπου κατελθεῖν.

(22,2) And after the fire had burnt out, they saw that not one hair of the **16** holy (confessors) had been burnt. (22,4) And a lightning from the sky flashed around their bodies, by which the Christians were even more confirmed in their faith, whereas the infidels were seized with terror and fled from the place
5 in panic.

II. Editio critica

Sigla

MPion *Martyrium Pionii* post a. 250 conscriptum

ω archetypus (ca. 260–280) = acta martyrum in Asia post Decium composita imperatorem, vide ad MPol p. 12

α fons codicum **arm^{V}arm^W** (et **men**)
  arm^V cod. Ven. apud Catergian (a librario Thaddaeo scriptus a. 1224), cf. Srapian 376 et supra p. 3^6
  arm^W cod. Vind. mech. 224, scr. a. 1428, fol. 206r–209v[20]
  men Menologium Byzantinum codicis Mosquensis bibl. synod. 183/184 (376 Vlad.), olim monasterii Constamoneti in monte Atho, saec. XI (sic), narrationem martyrii s. Pionii valde abbreviatam exhibens, quae textus testari formam videtur ex **α** et **γ** conflatam[21]

β *Martyrium Pionii* a Pseudo-Pionio ca. a. 400 p. Chr. n. redactum et ultimo collectionis suae loco, quae *Corpus Polycarpianum* dicitur, positum, fons omnium codicum praeter quos sub **α** nominavi

γ fons codicis **arm^P** (de **men** vide supra)
  arm^P cod. Parisinus arm. 178 (?), transscr. a P. J. Catergian († 1882), vide Srapian (supra) 376sq.

δ fons codicum εζ
ε versio Latina auctore anonymo saec. V, fons codicum **μν**
  μ fons codicum **Fξ**
    F Folium Remense (bibl. municip.) 1424, saec. VII^{in}; cf. Lowe VI, 825[22]
    ξ fons codicum **CP**
      C cod. Parisinus Lat. 5304 (olim Colbertinus 184), fol. 28^v–30^v, saec. XI/XII, mutilus
      P cod. Parisinus Lat. 5306 (olim Colbertinus 775), fol. 18^v–21^r, saec. XIV
  ν fons codicum **πρ**
    π fons codicum mutilorum **AET (VD)**
      A cod. Augiensis perg. 32 (bibl. Carolihesych. [BLB]), fol. 113v–115r, saec. IX^{in}
      E cod. Einsidlensis (bibl. princip. mon.) 247(379), p. 134–147, saec. XII^{med}
      T cod. Treverensis (bibl. urb.) 1152/776 (ms. Mattheis.), fol. 302–304^v, saec. XII

---

20 M. Srapian, Das Martyrium des hl. Pionius. Aus dem Altarmenischen übersetzt, Wiener Zeitschrift für die Kunde des Morgenlandes 28, 1914, 376–405.
21 V. V. Latyšev, Menologii anonymi Byzantini saeculi X quae supersunt. Fasc. prior, Feb. et Mar. menses continens, Petriburgae 1911 (= Subsidia Byzantina XII, Lucis ope iterata, Lipsiae 1970), 236–240.
22 **F^r** incipit ab MPion 6,1 ... *il]le respondit: Te magis*, **F^v** desinit in *ut essit pertinax altercatio religionis documentum fidei* (11,7).

V cod. Treverensis (bibl. urb.) 1151/453 (qui dicitur *Passionale Maximinum I*), fol. 83–85, saec. XIII^{in} (*Pass. Pion.* e cod. T videtur esse descripta)[23]

D cod. Magdeburgensis 26 („Legendarium Magdeburgense", nunc Berolini situm), fol. 251r–252r, scriptus a. 1459, nullius pretii

ρ fons codicum mutilorum **σN**

   σ fons codicum **HB**

      H cod. Londinensis Harl. 2800 (olim *Passionale* monasterii Arnsteinensis ad Lahn fluvium)[24], vol. I, fol. 246^v–248^r, saec. XIII^{in}

      B cod. Bruxellensis 207–8, fol. 145^r–146^v, saec. XIV

   N cod. Parisinus Lat. 5289 (olim DD. de Noailles), fol. 39^v–42^r, saec.XIV

ζ fons codicum **slav η**

slav cod. Suprasliensis, s. X/XI, p. 124–142 (Martyrii s. Pionii versio slavica vet.)[25]

   η Menologium Simeonis Metaphrastis, s. X, fons codicum **ML^S**

      M cod. Ven. Marc. graec. 359, fol. 25v-34, s. XII[26]

      L^S Acta s. Pionii presbyteri et sociorum, ex Simeone Metaphraste; Latine a Francisco Zino Veronensi reddita vulgavit Aloysius Lipomanus tom. 7 *Vitarum Sanctorum Priscorum Patrum* (Romae 1558) atque ex eo L. Surius, *De probatis Sanctorum vitis.* Februarius, Coloniae Agrippinae 1618, 4–8[27] (quem librum adhibui)

His insuper compendiis usus sum

A^{ac}	lectio codicis **A** *ante correctionem*
A^{pc}	lectio codicis **A** *post correctionem*
(lectio)^{mg}	(lectio) *in margine scripta*
(lectio)^{sl}	(lectio) *supra lineam scripta*
[…]	ex archetypo delendum
{{…}}	addidit Ps.-Pionius (= **β**) ca. 400
{…}	addidit redactor (**δ, ε, ζ**) vel quivis librarius recentior
<…>	lacunam supplevit n. n.
Hutch.	G. O. Hutchinson (*per litteras*)
Hutch^{Gr}	G. O. Hutchinson *Graece vertit*

---

23 Vide infra p. 175f. et Acta Pionii e Ms. monasterii S. Maximini, in: Acta Sanctorum, edd. Ioannes Bollandus et Godefridus Henschenius, editio novissima curante Ioanne Carnandet, Parisiis 1873, 37–42.

24 Vide Levison, MGH Script. Rer. Merov. VII (1920) 603 et 536–537.

25 Vide I. Zaimov – M. Capaldo, Supras'lski ili Retkov Sbornik, I–II, Sofiae 1982; usus sum translatione franco-gallica, quam A. Vaillant contulit ad Robert (1994), p. 123–136.

26 Vide Oscar von Gebhardt, Das Martyium des heil. Pionius aus dem Cod. Ven. Marc. CCCLIX zum ersten Male herausgegeben, Archiv für slavische Philologie 18 (1896) 156–71.

27 Vide Bollandus–Henschenius–Carnandet 38 E 8; Bowersock–Jones in Robert 11.

1(*vel* 2 *vel* 3 *etc.*)**a/b/c/d**   capituli 1(*vel* 2 *vel* 3 *etc.*) pars prima/secunda/tertia/quarta
1(*vel* 2 *vel* 3 *etc.*)**ᵇ**   textus cap. 1(*vel* 2 *vel* 3 *etc.*) forma in altera recensione
                                         mutata

Bast.   A. A. R. BASTIAENSEN, Atti e Passioni dei Martiri, ²Mediolani 1990
                (¹1987)
Franchi   P. FRANCHI DE' CAVALIERI, Note agiografiche (Studi e testi. VIII), Romae
                1902
Gebh.   O. VON GEBHARDT, Das Martyrium des heiligen Pionius, aus dem Cod.
                Ven. Marc. CCCLIX zum ersten Mal herausgegeben, Archiv für slavi-
                sche Philologie 18, 1896, 156–171
Gebh²   O. VON GEBHARDT, Acta martyrum selecta. Ausgewählte Märtyrerakten
                und andere Urkunden aus der Verfolgungszeit der christlichen Kirche,
                Berolini 1902, 96–114
Gebh³   O. VON GEBHARDT, Wissenschaftlicher Nachlaß in der Berliner Staatsbib-
                liothek (cf. E. JACOBS, Der wissenschaftliche Nachlaß Oskar von Geb-
                hardts, Zentralblatt für Bibliothekswesen 24, 1907, 23); vide supra p. VI
                (de collationibus, quas R. Jakobi amice mecum communicavit)
Heikel   I. A. HEIKEL, Quaestiones criticae de nonnullis scriptorum Graecorum lo-
                cis, Helsingforsae 1926, 11–13
Hilh.   Martyrium Pionii, Testo critico e Commento a cura di A. HILHORST (Tra-
                duzione di SILVIA RONCHEY), in: BASTIAENSEN 149–191; 453–477
Kn.(-Kr.)   R. KNOPF – G. KRÜGER – G. RUHBACH, Ausgewählte Märtyrerakten, ⁴Tu-
                bingae 1965, 45–57. 140
Lightf.   LIGHTFOOT II 1 (²1889) 715–722
Mus.   H. MUSURILLO, The Acts of the Christian Martyrs, Oxonii 1972 (136–
                167)
Robert   Le Martyre de Pionios Prêtre de Smyrne, édité, traduit et commenté par
                L. ROBERT, mis au point et complété par G. W. BOWERSOCK et C. P.
                JONES, Washington 1994
Schw.   E. SCHWARTZ, De Pionio et Polycarpo, Gottingae 1905

Codicum stemma

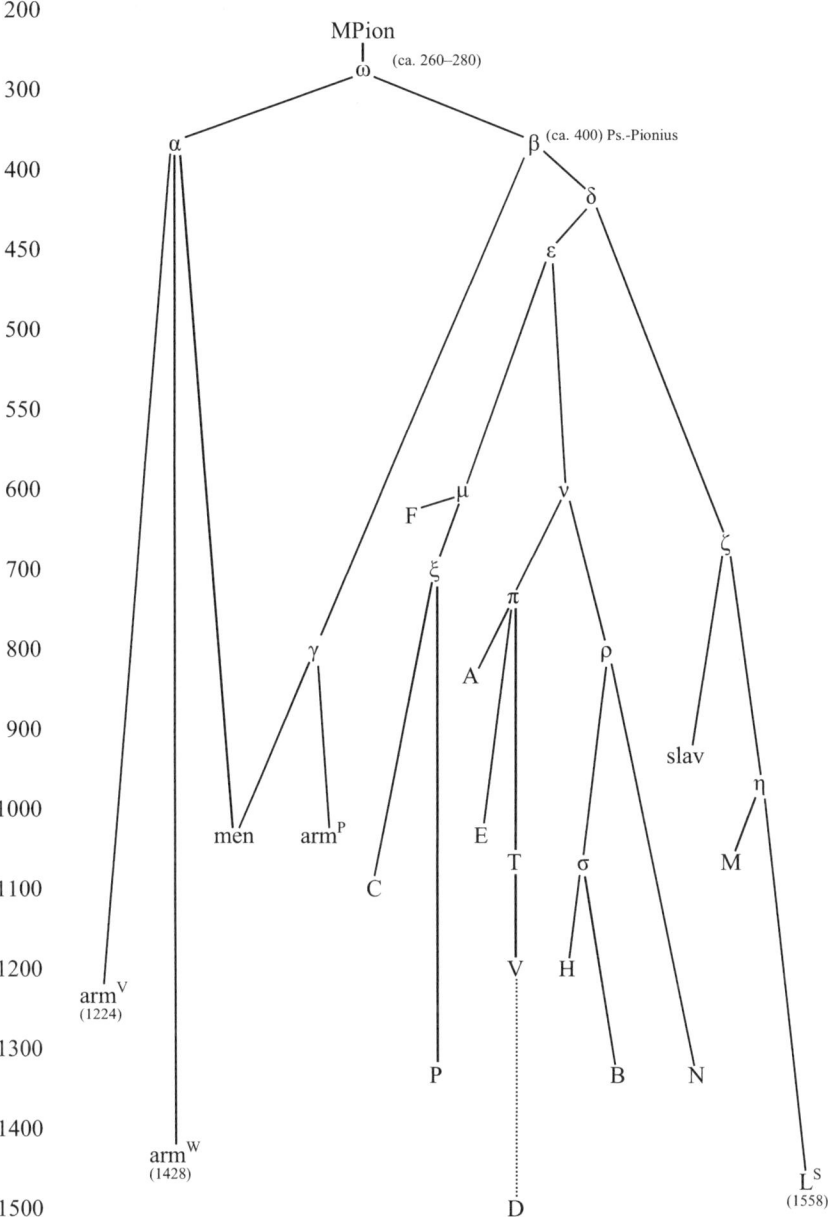

Μαρτύριον τοῦ Ἁγίου Πιονίου τοῦ Πρεσβυτέρου

MPion (*vel* ω *ex* α *et* β *restitut.*)　　　　　　　β (arm^P)

{{**1,1.** Ταῖς μνείαις τῶν ἁγίων κοινωνεῖν ὁ ἀπόστολος παραινεῖ, γιγνώσκων ὅτι τὸ μνήμην ποιεῖσθαι τῶν ὑγιῶς μετὰ καρδίας ἁπάσης ἐν πίστει διαγενομένων ἐπιστηρίζει τοὺς μιμεῖσθαι τὰ κρείττω θέλοντας· **1,2.** Πιονίου δὲ τοῦ μάρτυρος καὶ μᾶλλον μεμνῆσθαι προσήκει, διότι καὶ ὅτε ἐπεδήμει τῷ κόσμῳ πολλοὺς ἀπὸ τῆς πλάνης ἐπέστρεψεν, ἀποστολικὸς ἀνὴρ τῶν καθ' ἡμᾶς γενόμενος, καὶ τέλος ὅτε ἐκλήθη πρὸς κύριον καὶ ἐμαρτύρησε, τὸ σύγγραμμα τοῦτο κατέλιπεν εἰς νουθεσίαν ἡμετέραν ἐπὶ τὸ καὶ νῦν ἔχειν ἡμᾶς μνημόσυνα τῆς διδασκαλίας αὐτοῦ.

1 **2,1.** Ἐπὶ Δεκίου τοῦ δυσσεβοῦς βασιλέως γενομένου διωγμοῦ κατὰ τῶν Χριστιανῶν <u>συνελήφθησαν</u> Πιόνιος πρεσβύτερος καὶ Σαβῖνα ὁμολογήτρια καὶ Ἀσκληπιάδης καὶ Μακεδονία καὶ Λίμνος **πρεσβύτερος τῆς ἐν Σμύρνῃ ἐκκλησίας.**

2,1. Μηνὸς ἕκτου δευτέρᾳ ἐνισταμένου σαββάτου μεγάλου, ἐν τῇ γενεθλίῳ ἡμέρᾳ τοῦ μακαρίου μάρτυρος Πολυκάρπου,}} ὄντος τοῦ διωγμοῦ τοῦ κατὰ Δέκιον <u>συνελήφθησαν</u> …

… πρεσβύτερος τῆς καθολικῆς ἐκκλησίας.

2,2. ὁ οὖν Πιόνιος πρὸ μιᾶς ἡμέρας τῶν Πολυκάρπου γενεθλίων
[εἶδεν ἐν ὀπτασίᾳ ὅτι δεῖ ταύτῃ τῇ ἡμέρᾳ αὐτοὺς συλληφθῆναι.]

---

titulus: Μαρτύριον … Πρεσβυτέρου **arm**^WP: Μαρτύριον … Πρεσβυτέρου {καὶ τῶν σὺν αὐτῷ} δ　　**1,1–2,1** ἐπὶ Δεκίου … συνελήφθη **arm**^W: ταῖς μνείαις … κατὰ Δέκιον συνελήφθησαν β (μεμνῆσθαι … λυσιτελὲς καὶ ὠφέλιμον …· … τούτων … εἷς ἐστι … Πιόνιος ὁ σοφός· … Δεκίου γὰρ τοῦ δυσσεβοῦς διωγμὸν κατὰ Χριστιανῶν κινήσαντος χαλεπόν … πάντες συνελαμβάνοντο **men**)　　**1,2** ἀνὴρ <καίπερ εἷς> *Schw. 23*　　ἐπὶ τό] ἐπὶ τῷ *Schw. 23*　　**2,1** σαββάτου μεγάλου (cum sabbatum magnum instaret **L**^S)] -τω -λω (die sabbati maiore ε) *Lightfoot II 1, 719*　　Πιόνιος {κληθεὶς} πρεσβύτερος **arm**^W　　Λίμνος] Ζεμινος **arm**^W (*vide ad 21,6*)　　τῆς ἐν Σμύρνῃ ἐκκλησίας **arm**^VW: τῆς καθολικῆς ἐκκλησίας β (τῆς κατὰ Σμύρναν ἁγίας τοῦ θεοῦ ἐκκλησίας [*sc.* ἱερεὺς Πιόνιος] **men**)　　**2,2** εἶδεν … συλληφθῆναι *del. Schw. 18*　　εἶδεν {ἐν ὀπτασίᾳ} (*vel* {ἐν ὕπνῳ}) **arm**^WPε (2,3): γνοὺς τῷ πνεύματι **men**: εἶδεν ζ

2,3. ὢν [οὖν] μετὰ τῆς Σαβίνης καὶ τοῦ Ἀσκληπιάδου ἐν νηστείᾳ, ὡς εἶδεν ὅτι αὔριον δεῖ αὐτοὺς συλληφθῆναι, λαβὼν κλωστὰς ἁλύσεις τρεῖς περιέθηκε περὶ τὸν τράχηλον ἑαυτοῦ τε καὶ Σαβίνης καὶ Ἀσκληπιάδου, καὶ ἐξεδέχοντο ἐν τῷ οἴκῳ. 2,4. τοῦτο δὲ ἐποίησεν ὑπὲρ τοῦ ἀπαγομένων αὐτῶν μηδὲ ὑπονοῆσαί τινας ὅτι ὡς οἱ λοιποὶ ὑπάγουσι μιαροφαγῆσαι, ἀλλ' ἵνα εἰδῶσι πάντες ὅτι κεκρίκασιν εἰς φυλακὴν εὐθέως ἀπαχθῆναι καὶ εἰς βάσανον ὑπὲρ τοῦ Χριστοῦ.

3,1. Ἐπέστη δ' αὐτοῖς Πολέμων ὁ νεωκόρος καὶ οἱ σὺν αὐτῷ τεταγμένοι ἀναζητεῖν καὶ ἕλκειν τοὺς Χριστιανοὺς ἐπιθύειν καὶ μιαροφαγεῖν.	3,1. {{προσευξαμένων δὲ αὐτῶν καὶ λαβόντων ἄρτον ἅγιον καὶ ὕδωρ τῷ σαββάτῳ}} ἐπέστη αὐτοῖς Πολέμων ...

2

3,2. καί φησιν ὁ νεωκόρος· Οἴδατε πάντως τὸ διάταγμα τοῦ αὐτοκράτορος, ὃ κελεύει ὑμᾶς ἐπιθύειν τοῖς θεοῖς. 3,3. καὶ ὁ Πιόνιος ἔφη· Οἴδαμεν τὸ πρόσταγμα τοῦ θεοῦ, ὃ κελεύει ἡμᾶς αὐτῷ μόνῳ τῷ παντοκράτορι προσκυνεῖν. 3,4. Πολέμων εἶπεν· Ἔλθετε οὖν εἰς τὴν ἀγορὰν κἀκεῖ πεισθήσεσθε.

	β (arm^P)	δ
		{καὶ ἡ Σαβῖνα καὶ ὁ Ἀσκληπιάδης ἔφησαν· Ἡμεῖς θεῷ ζῶντι πειθόμεθα.} 3,5. ἦγεν οὖν αὐτούς ...
3,5. λαβὼν οὖν αὐτοὺς ἦγεν οὐ μετὰ βίας, καὶ προελθόντων αὐτῶν εἶδον πάντες ὅτι δεσμὰ ἐφόρουν, καὶ ὡς ἐπὶ παραδόξῳ ἦλθον ἡδόμενοι καὶ εὐθέως συνήχθη ὄχλος πολὺς ἐν τῇ ἀγορᾷ,	3,5. ἦγεν οὖν αὐτούς οὐ μετὰ βίας. καὶ ... ... καὶ ὡς ἐπὶ παραδόξῳ συνέδραμεν ἐν τάχει ὄχλος	

2,3 οὖν del. Schw. 18   2,4 ἐποίησεν] ἐποίησεν {ὁ ἅγιος} arm^WP   ὑπὲρ τοῦ ... αὐτῶν Schw. 18: ὑπὲρ τῶν ... αὐτόν M   κεκρίκασιν ... ἀπαχθῆναι β: ἔρχονται arm^W   καὶ εἰς βάσανον ὑπὲρ τοῦ Χριστοῦ arm^VW: om. β   3,1 ἐπέστη <δ'> (add. Hutch. ex β) αὐτοῖς arm^W: προσευξαμένων δὲ ... τῷ σαββάτῳ (τῷ σαββ. om. slav) ἐπέστη αὐτοῖς β ({τοῦ οὖν μεγάλου σαββάτου τῆς πρὸ τῆς τοῦ Χριστοῦ καὶ Θεοῦ ἡμῶν ἀναστάσεως καταλαβόντος} ... ἐπιστάς men)   3,2 ὃ κελ. Hutch. (cf. praeceptum quod ... iubeat ε; Hdt. 3,31): ὃ/ὃς (indiff.) ἐκέλευσεν arm^WP: ὡς κελ. ζ   3,3 τὸ πρόσταγμα ... ὅ arm^W: τὰ προστάγματα ... ἐν οἷς β   πρόστ. τοῦ θεοῦ ... αὐτῷ μόνῳ τῷ παντοκράτορι β: πρόστ. ... μόνῳ τῷ παντοκράτορι θεῷ arm^W τῷ παντοκράτορι arm^VW: om. β   3,4 καὶ ἡ Σαβῖνα ... πειθόμεθα non exhibent arm^WP: add. δ (cf. redactoris δ de Sabina et Asclepiade additamenta 7,5–6; 9,3–9; {15,7}; 18,7–9)   3,5 λαβὼν ... ἦγεν arm^W: ἦγεν οὖν αὐτούς β   προελθόντων arm^WP (ut vid.): προσ- slavM (cum autem ire pergerent L^S); cf. 6,3; 10,4   ἦλθον ἡδόμενοι καί arm^VW: om. β   εὐθέως ... ἐν τῇ ἀγορᾷ arm^VW: συνέδραμεν ... ὄχλος (om. πολύς) β ὥστε ὠθεῖν ἀλλήλους, 3,6. καὶ ἐγεμίσθη πᾶσα ἡ ἀγορά. [Ἰουδαίων τε καὶ Ἑλλήνων γυναικῶν τε καὶ παίδων· ἐσχόλαζον γὰρ διὰ τὸ εἶναι μέγα σάββατον]. 3,7. ἀνήεσαν δὲ καὶ ἐπὶ τὰ βάθρα καὶ ἐπὶ τὰ κιβώτια σκοποῦντες.

ὥστε ὠθεῖν ἀλλήλους, 3,6. καὶ {{ἐλθόντων εἰς τὴν ἀγορὰν ἐν τῇ στοᾷ τῇ ἀνατολικῇ, ἐν τῇ διπύλιδι}} ἐγεμίσθη πᾶσα ἡ ἀγορὰ {{καὶ αἱ ὑπερῷαι στοαί}} [Ἑλλήνων τε καὶ Ἰουδαίων γυναικῶν τε καὶ παίδων· ἐσχόλαζον γὰρ διὰ τὸ εἶναι μέγα σάββατον.] 3,7. ἀνήεσαν ... σκοποῦντες.

3 4,1 Ἔστησαν οὖν αὐτοὺς ἐν μέσῳ καὶ ὁ Πολέμων εἶπεν· Καλὸν ὑμᾶς ἐστιν, ὦ Πιόνιε, πειθαρχῆσαι καθὰ καὶ πάντες καὶ ἐπιθῦσαι ἵνα μὴ κολασθῆτε.

β (arm^P)

4,2. ἐκτείνας οὖν τὴν χεῖρα ὁ Πιόνιος ἐπὶ τὸν ὄχλον εἶπεν· Ἀκούσατέ μου ὀλίγα προσδιαλεγομένου ὑμῖν.

4,2. ἐκτείνας οὖν τ. χ. ὁ Πιόνιος ἐπὶ τὸν ὄχλον {{ἐμβριθεῖ τῷ προσώπῳ}} ἀπεκρίνατο· {{Ἄνδρες οἱ ἐπὶ τῷ κάλλει Σμύρνης καυχώμενοι, οἱ ἐπὶ τοῦ Μέλητος, ὥς φατε, Ὁμήρῳ σεμνυνόμενοι, καὶ οἵτινες ἐν ὑμῖν Ἰουδαίων συμπάρεισιν,}} ἀκούσατέ μου ὀλίγα προσδιαλεγομένου ὑμῖν.

4,3. ἀκούω γὰρ ὅτι τοὺς αὐτομολοῦντας καταπατεῖτε καὶ ὡς ἐπιγελῶντες καὶ ἐπιχαίροντες παίγνιον ἡγεῖσθε τὸ ἐκείνων ἀστόχημα ὅτι ἑκόντες ἐπιθύουσιν. 4,4. ἔδει δὲ ὑμᾶς μέν, ὦ ἄνδρες Ἕλληνες, πείθεσθαι τῷ διδασκάλῳ ὑμῶν Ὁμήρῳ, ὃς συμβουλεύει μὴ ὅσιον εἶναι ἐπὶ τοῖς ἀποθνήσκουσι καυχᾶσθαι. 4,5. ὑμῖν δέ, ὦ Ἰουδαῖοι, Μωϋσῆς κελεύει· Ἐὰν ἴδῃς τὸ ὑποζύγιον τοῦ ἐχθροῦ σου πεπτωκὸς ὑπὸ τὸν γόμον, οὐ παρελεύσῃ ἀλλὰ ἀνιστῶν ἀναστήσεις αὐτό. 4,6. ὁμοίως καὶ Σολομῶντι ἔδει ὑμᾶς πείθεσθαι· Ἐὰν πέσῃ ὁ ἐχθρός σου, φησί, μὴ ἐπιχαρῇς, ἐν δὲ τῷ ὑποσκελίσματι αὐτοῦ μὴ ἐπαίρου.

3,6 καὶ ἐγεμίσθη ... ἀγορὰ **arm^W**: καὶ {{ἐλθόντων ... διπύλιδι (ἐν τῇ στοᾷ ... διπύλιδι *om.* **eslav**)}} ἐγεμίσθη ... ἀγορὰ {{καὶ αἱ ὑπερῷαι στοαί}} **β**; *vide II p. 81^142*   Ἰουδαίων τε ... μέγα σάββατον *del. Zw.*   Ἰουδαίων τε καὶ Ἑλλήνων **arm^VW**: Ἑλλήνων τε καὶ Ἰουδαίων **β**; *vide ad MPol 12,2a*   γυναικῶν τε καὶ παίδων **arm^VWP**: καὶ γυναικῶν **δ** (tum viris Graecis atque Iudaeis, tum etiam mulieribus **L^S**, *ex quibus* <ἀνδρῶν τε> καὶ γυναικῶν *elicias caveto*) μέγα σάββατον] dies sabbati ε (*de men* v. *ad 3,1*)   **3,7** ἀνήεσαν (-ίε- **M**) ... σκοποῦντες *om.* **slav**   {τοὺς μακαρίους} σκοποῦντες **arm^WP**   **4,1** καθὰ καὶ πάντες *post* ἐπιθῦσαι **arm^W**   **4,2** ἐπὶ τὸν ὄχλον **arm^WP**: *om.* **δ**; *cf. Mt 12,49*   {{ἐμβριθεῖ τῷ προσώπῳ}} **arm^P**: φαιδρῷ τ. πρ. **δ**   εἶπεν **arm^W**: ἀπεκρίνατο **β**: ἀπελογήσατο **η** (*cf. Apg 26,1*)   {{ἄνδρες ... συμπάρεισιν}} ἀκούσατε **β** (οἱ ἐπὶ τοῦ Μέλ. ... σεμνυνόμενοι *om.* **slav** *propter homoiotel.*; Ἄνδρες Ἰουδαῖοι καὶ Ἕλληνες *orditur* **men**)   ἐπὶ τοῦ] ἐπὶ τῷ *Kn.*   Μέλητος] μέλι- **M**   **4,3** καταπατεῖτε **arm^W**: *om.* **β**   **4,4** ἄνδρες Ἕλληνες **arm^W**: Ἕλληνες **β**

4,7. ἐγὼ γὰρ τῷ ἐμῷ διδασκάλῳ πειθόμενος αἱροῦμαι μᾶλλον ἢ παραβαίνειν τοὺς λόγους αὐτοῦ, καὶ ἀγωνίζομαι μὴ ἀλλάξαι ἃ πρῶτον ἔμαθον, ἔπειτα καὶ ἐδίδαξα. **4,8.** τίνων οὖν καταγελῶσιν οἱ Ἰουδαῖοι ὑπερηφάνως; εἰ γὰρ καὶ ἐχθροὶ αὐτῶν ἐσμεν, ὥς φασιν, ἀλλὰ ἄνθρωποι. ἢ τί ἠδικήθησαν ὑφ' ἡμῶν, ὃ κατηγοροῦσιν ἡμῶν; **4,9.** λέγουσιν ὅτι καιροὺς παρρησίας ἔχομεν. εἶτα, τίνας ἠδικήσαμεν; τίνας ἐφονεύσαμεν; τίνας εἰδωλολατρεῖν ἠναγκάσαμεν; **4,10.** ἢ οἴονται ὅμοια εἶναι τὰ ἑαυτῶν ἁμαρτήματα τοῖς νῦν ὑπό τινων διὰ φόβον ἀνθρώπινον πρασσομένοις; ἀλλὰ τοσούτῳ διαφέρει ὅσῳ τὰ ἑκούσια ἁμαρτήματα τῶν ἀκουσίων. **4,11.** τίς γὰρ ἠνάγκασεν Ἰουδαίους τελεσθῆναι τῷ Βεελφεγώρ; ἢ φαγεῖν θυσίας νεκρῶν; ἢ πορνεῦσαι εἰς τὰς θυγατέρας τῶν ἀλλοφύλων; ἢ κατακαίειν τοῖς εἰδώλοις τοὺς υἱοὺς καὶ τὰς θυγατέρας; ἢ γογγύζειν κατὰ τοῦ θεοῦ;

4 (marginal)

	β (armᴾ)	δ
ἢ καταλαλεῖν Μωϋσέως καὶ στρέφεσθαι τῇ καρδίᾳ εἰς Αἴγυπτον; ἢ **εἰπεῖν τῷ Ἀαρών· Ποίησον ἡμῖν θεούς, καὶ τῷ μόσχῳ προσκυνῆσαι, καὶ τὰ λοιπὰ πάντα ὅσα ἐποίησαν;**	ἢ καταλαλεῖν Μωϋσέως {{ἢ ἀχαριστεῖν εὐεργετουμένους}} καὶ στρέφεσθαι ... ἢ {{ἀναβάντος Μωϋσέως}} εἰπεῖν τῷ Ἀαρών ... θεούς, καὶ μοσχοποιῆσαι, καὶ τὰ λοιπὰ πάντα ὅσα ἐποίησαν;	ἢ καταλαλεῖν ... {{...}} ἢ στρέφεσθαι ... ἢ {{ἀναβάντος Μωϋσέως}} {λαβεῖν τὸν νόμον} εἰπεῖν ... καὶ τὰ λοιπὰ ὅσα ἐποίησαν;

β (armᴾ)

4,12. <u>ἐπεὶ ἀναγινωσκέτωσαν</u> τὰς βίβλους ἑαυτῶν καὶ συνιέτωσαν.

4,12. ὑμᾶς γὰρ δύνανται πλανᾶν ψευδέσι λόγοις. <u>ἐπεὶ ἀναγινωσκέτωσαν</u> ὑμῖν τὴν βίβλον τῶν Κριτῶν, τὰς Βασιλείας, τὴν Ἔξοδον, καὶ πάντα ἐν οἷς ἐλέγχονται.

4,8 ὑπερηφάνως **arm**ᵂ: ὑπὲρ ἁμαρτήματος (*vel sim.*) **arm**ᴾ, *ut vid.*: ἀσυμπαθῶς **M**: crudeliter **L**ˢ: *om.* ε (*totum locum liberrime vertens*) **slav**   ἢ ... κατηγοροῦσιν ἡμῶν **arm**ᵂ: ἤ (τι) ἠδικήσαμεν αὐτοὺς ὥστε νῦν λοιδοροῦσιν ἡμᾶς **arm**ᴾ: quid enim a nobis pertulere iacturae ε: ἔτι ἀδικηθέντες ζ   **4,9** λέγουσιν ... ἔχομεν] *om.* **slav**, *ante* εἰ γὰρ καὶ ἐχθροί *praebet* ε (*totum locum licentissime vertens*)   ἔχομεν] ἔσχομεν *Heikel*   ἐφονεύσαμεν {τίνας ἐδιώξαμεν} δ   **4,10** ὑπό τινων] ὑπὸ τόν **M**   **4,11** ἢ καταλαλεῖν Μωϋσέως {{ἢ ἀχαριστεῖν εὐεργετουμένους}} β; *vide Schw.* 19 *et Ex* 16,2–3; 17   καὶ στρέφεσθαι **arm**ᵂᴾ: ἢ στρ. δ   ἢ εἰπεῖν] ἢ {{ἀναβάντος Μωϋσέως}} εἰπεῖν β: ἢ {{ἀναβάντος Μωϋσέως}}{λαβεῖν τὸν νόμον} εἰπεῖν δ   τῷ μόσχῳ προσκυνῆσαι **arm**ᵛᵂ: μοσχοποιῆσαι β; *cf. Ex* 32,1sqq., 8; *Ps* 105,19sq.; *Apg* 7,39sq.   τὰ λοιπὰ πάντα **arm**ᵂᴾ: τὰ λοιπά δ   **4,12** ἐπεὶ ... συνιέτωσαν (συνιέτ. *Hutch*ᴳʳ) **arm**ᵂ: ὑμᾶς γὰρ ... ἐλέγχονται β (ψευδέσι λόγοις *om.* ζ); *de construct.* (ἐπεί *cum imperat.*) *vide K.–G.* I 239 *n.* 2 *et* II 462 *n.* 3   *post* ἐπεί *lacunam indicavit Schw.* 19

	β (arm^P)	δ
5 **4,13.** Ἀλλὰ ζητεῖτε διὰ τί τινες μηδὲ βιασθέντες ἑαυτοῖς ἦλθον; καὶ δι' ἐκείνους τῶν ἁπάντων καταγινώσκετε;	**4,13.** ἀλλὰ ζητοῦσι ... ἑαυτοῖς ἦλθον; ... τῶν πάντων καταγινώσκετε;	ἀλλὰ ζητοῦσι ... ἑαυτοῖς ἦλθον {ἐπὶ τὸ θῦσαι}; ... πάντων καταγινώσκετε;

4,14. νομίσατε τὰ παρόντα ἅλωνι ὅμοια εἶναι· ποῖος σωρὸς μείζων, ἀχύρου ἢ τοῦ σίτου; ὅταν γὰρ ὁ γεωργὸς ἐν τῷ πτύῳ διακαθήρῃ τὴν ἅλωνα, τὸ ἄχυρον κοῦφον ὂν εὐκόλως ὑπὸ τοῦ ἀερίου πνεύματος μεταφέρεται, ὁ δὲ σῖτος ἐν ταὐτῷ μένει. **4,15.** ἴδετε πάλιν τὴν εἰς θάλασσαν βαλλομένην σαγήνην· μὴ πάντα ἃ συνάγει εὔχρηστά ἐστιν; οὕτω καὶ τὰ παρόντα. **4,16.** πῶς οὖν θέλετε ταῦτα πάσχειν ἡμᾶς, ὡς δικαίους ἢ ὡς ἀδίκους; εἰ μὲν ὡς ἀδίκους, πῶς οὐχὶ καὶ ὑμεῖς αὐτοῖς τοῖς ἔργοις ἄδικοι ἐλεγχόμενοι τὰ αὐτὰ πείσεσθε; εἰ δὲ ὡς δικαίους, τῶν δικαίων πασχόντων ποίαν ὑμεῖς ἐλπίδα ἔχετε; εἰ γὰρ ὁ δίκαιος μόλις σώζεται, ὁ ἀσεβὴς καὶ ἁμαρτωλὸς ποῦ φανεῖται; **4,17.** κρίσις γὰρ τῷ κόσμῳ ἐπίκειται, περὶ ἧς πεπληροφορήμεθα διὰ πολλῶν.

	β (arm^P)
6 **4,18.** Ἐγὼ μὲν εἰς τὴν Παλαιστίνην ἐλθὼν ἐθεασάμην ἐκεῖ γῆν μαρτυροῦσαν τὴν ἐκ τοῦ θεοῦ γενομένην αὐτοῖς ὀργήν, δι' ἃς ἐποίουν οἱ κατοικοῦντες αὐτὴν ἁμαρτίας, ξενοκτονοῦντες καὶ ἀνδροβατοῦντες. **4,19.** εἶδον γῆν πυρὶ τετεφρωμένην, ἄμοιρον παντὸς καρποῦ καὶ πάσης ὑγρᾶς οὐσίας. **4,20.** εἶδον καὶ θάλασσαν νεκράν, ὕδωρ ὑπηλλαγμένον καὶ ἔξω τοῦ κατὰ φύσιν	**4,18.** ἐγὼ μὲν καὶ ἅπασαν τὴν Ἰουδαίαν περιελθὼν {{γῆν περάσας τε τὸν Ἰορδάνην}} ἐθεασάμην ἐκεῖ γῆν {{ἕως τοῦ νῦν}} μαρτυροῦσαν ... αὐτῇ ὀργήν, ... ξενοκτονοῦντες, ξενηλατοῦντες βιαζόμενοι. **4,19.** εἶδον {{καπνὸν ἐξ αὐτῆς ἕως τοῦ νῦν ἀναβαίνοντα καί}} γῆν πυρὶ τετεφρωμένην, ... **4,20.** εἶδον ... κατὰ φύσιν θεσμῷ θείῳ ἀτονῆσαν ... μὴ δυνάμενον καὶ τὸ ἐμβαλλόμενον εἰς αὐτὴν

4,13 ζητεῖτε arm^W ε: ζητοῦσι β   μηδέ *Schw. 19:* μητέ **M**   ἑαυτοῖς ἦλθον (*cf. 4,3* αὐτομολοῦντας)] ἐπὶ τὸ θῦσαι *add.* δ; *vide Schw. 8sq.* (ἑαυτοῖς = *sua sponte*); *cf. MPol 4,3; MPion 18,2   inter* ἦλθον *et* ἐπὶ τὸ θῦσαι *repet.* ἀλλὰ ζητοῦσι **M**   τῶν (ἁ)πάντων arm^Wβ: πάντων Χριστιανῶν ζ   **4,14** ὁ γεωργὸς ... διακαθήρῃ] ἔλθῃ ὁ γεωργὸς ... διακαθᾶραι ζ   **4,16** εἰ μὲν ὡς ἀδίκους ζ: *propter homoiotel. om. rell.*   **4,17** περὶ ... πολλῶν om. **arm**^W   **4,18** ἐγὼ μὲν ... Παλαιστίνην ... ἐλθὼν ἐθεασάμην **arm**^vW: ἐγὼ μὲν ... Ἰουδαίαν περιελθὼν {{... Ἰορδάνην}} ἐθεασάμην β ({{καὶ ἀποδημήσας} *post* ἐγὼ μέν *immis.* ζ)   ἐκεῖ *om.* δ   {{ἕως τοῦ νῦν}} μαρτ. β   αὐτοῖς **arm**^W: αὐτῇ β   ἀνδροβατοῦντες **arm**^W: ξενηλατοῦντες βιαζόμενοι β   **4,19** ἰδοῦ γῆν **arm**^W: εἶδον {{καπνὸν ... ἀναβαίνοντα καί}} γῆν β   ὑγρᾶς οὐσίας] '*cf. Philo opif. XLV (132)*' *Kölligan*

μεταβεβλημένον, θεσμῷ θείῳ
ἀτονῆσαν καὶ τρέφειν ζῷον μὴ
δυνάμενον μήτ᾽ αἴρειν ναῦν εἰς
ἄνω μήτε κατέχειν ἀνθρώπου
σῶμα. ὑποδέξασθαι γὰρ ἄνθρωπον οὐ θέλει, ἵνα μὴ δι᾽ ἄνθρωπον πάλιν ἐπιτιμηθῇ.

ὑπὸ τοῦ ὕδατος ἐκβαλλόμενον εἰς
ἄνω, καὶ κατέχειν ἀνθρώπου σῶμα παρ᾽ ἑαυτῇ μὴ δυναμένην.
ὑποδέξασθαι ... ἐπιτιμηθῇ.

4,21. Καὶ τί ταῦτα μακρὰν ὑμῶν ὄντα λέγω; ὑμεῖς διηγεῖσθε ἐν Σι- 7
κελίᾳ καὶ Λυκίᾳ καὶ ἄλλαις νήσοις ἐκ γῆς ῥοιβδούμενον πῦρ. **4,22.**
εἰ δὲ καὶ ταῦτα πόρρω ἀπέχει ἀφ᾽ ὑμῶν, κατανοήσατε τοῦ θερμοῦ
ὕδατος τὴν χρῆσιν, καὶ νοήσατε πόθεν ἀνάπτεται ἢ πόθεν πυροῦται,
μὴ ὅμοιον ὂν ἐπιγείῳ πυρί. **4,23.** λέγετε δὲ καὶ ἐκπυρώσεις μερικὰς
καὶ ἐξυδατώσεις, ὡς ὑμεῖς ἐπὶ Δευκαλίωνος ἢ ὡς ἡμεῖς ἐπὶ Νῶε. μερικὰ γὰρ γίνεται, ἵνα ἐκ τῶν ἐπὶ μέρους τὰ καθόλου γνωσθῇ. **4,24.**
διὸ δὴ μαρτυρόμεθα ὑμῖν περὶ τῆς μελλούσης διὰ πυρὸς γίνεσθαι
κρίσεως ὑπὸ θεοῦ διὰ τοῦ Λόγου αὐτοῦ· καὶ διὰ τοῦτο τοὺς λεγομένους θεοὺς ὑμῶν οὐ σέβομεν καὶ τοῖς εἰδώλοις οὐ προσκυνοῦμεν.

4,20 μεταβεβλημένον **arm**^W: *om.* β   θεσμῷ θείῳ **arm**^WP: φόβῳ θ. δ; *cf. Plot. Enn. 4,8,5*
(θεσμῷ θείῳ); *Epiph. haer. GCS 37 p. 428, 10; Porphyr. c. Christ. frg. 89,5 (ed. Harnack*
1916)   ἀτονῆσαν] -ήσασαν **M**   δυνάμενον **M**: δυναμένην *Schw. 19*   μήτ᾽ αἴρειν ναῦν
εἰς ἄνω **arm**^W: καὶ τὸ ἐμβαλλόμενον (*ex* τὸν ἐναλλόμενον *corr. Zw.*) ... ἐκβαλλόμενον εἰς
ἄνω β   μήτε κατέχειν ἄνθρωον **arm**^W (*ut vid.; ἀνθρώπου σῶμα Zw. ex* β): καὶ κατέχειν
ἀνθρώπου σῶμα παρ᾽ ἑαυτῇ μὴ δυναμένην β   ὑποδέξασθαι ... οὐ θέλει *om.* **arm**^W; *vide II*
p. 97sqq.   **4,21** καὶ τί **arm**^WP: sed quid ε: καί (*om.* τί) ζ   ὑμεῖς δὲ διηγεῖσθε **arm**^W: αὐτοὶ
διηγ. **arm**^P: ὑμεῖς {ὁρᾶτε καὶ} διηγεῖσθε δ   ἐν Σικελίᾳ καὶ Λυκίᾳ ('*exspectes e. g.* Λήμνῳ'
Hutch.) καὶ ... ἐκ γῆς ῥοιβδ. πῦρ *Zw.*: ἐν Σικελίᾳ καὶ Σελευκείᾳ καὶ ... ἐκ γῆς (erkir *pro* erkin [*i. q.* οὐρανόθεν] *restit. Kölligan, v. ad 22*) ῥοιβδ. πῦρ ζ (*cf. 2Petr 2,6*); *vide Plin. nat. 2,235–238, ad* ἄλλαις
cf. K.–G. I 275¹   ῥοιβδ. πῦρ **arm**^W: {{ἐξ Αἴτνης καὶ}} ἐν Σικε-
λίᾳ καὶ Λυκίᾳ καὶ ἄλλαις νήσοις ῥοιβδ. πῦρ **arm**^P: vos, gentes, <Aetnae> videtis et enarratis
incendium, illam aestuantem rupibus flammam. conferte quoque Lyciae et diversarum insularum ignem ex infimis terrae visceribus effluentem ε: {Λυδίας γῆν Δεκαπόλεως κεκαυμέ-
νην πυρὶ καὶ προκειμένην εἰς δεῦρο ὑπόδειγμα ἀσεβῶν,} {{Αἴτνης καὶ}} Σικελίας καὶ προσ-
έτι Λυκίας καὶ τῶν νήσων ῥοιβδ. πῦρ ζ (*cf. 2Petr 2,6*); *vide Plin. nat. 2,235–238, ad* ἄλλαις
cf. K.–G. I 275¹   ῥοιβδούμενον *Gebh*² *in app. crit.* (~ **arm**^WP**slav**; *cf. Robert 60*): ῥοιγδού-
μενον **M** (*om.* **L**^S): ῥοιζ- *Kurtz 1923, Heikel 1926*   **4,22** τοῦ θερμοῦ ὕδατος τὴν χρῆσιν] τοῦ
... τὴν φύσιν *Heikel* (τῶν θερμῶν ὑδάτων ἡ φύσις **men**)   χρῆσιν {{λέγω δὴ τοῦ ἀναβλύ-
ζοντος ἐκ γῆς}} β   ἀνάπτεται ἢ πόθεν *om.* **arm**^W (*homoiotel.*)   μὴ ὅμοιον ὂν οὐρανίῳ
(ἐπιγείῳ *Zw.*, *cf. Kölligan ad 21*) πυρί **arm**^W: εἰ μὴ ὅμοιον ἐπιγείῳ πυρί **arm**^P: nisi quia cum
inferni igne sociatur ε: nisi exstet ignis subterraneus **slav**: εἰ μὴ ἐκβαῖνον εἰ (sic) ὑπογαίων
πυρί (ἐν ὑπογαίῳ π. *edd.*) **M**: nisi ex igne in intimis terrae partibus sito (contrahit calidita-
tem) **L**^S   **4,23** λέγετε ... γνωσθῇ *om.* **slav**   λέγετε *edd.*: -ται **M**   ἐκπυρώσεις *edd.*: ἐκ πυρὸς εἰς **M**   μερικὰ γὰρ γίνεται] γάρ *om.* **M**   **4,24** μαρτυρόμεθα *om.* **arm**^W   λόγου αὐτοῦ
arm^WP: λ. αὐ. {τοῦ Χριστοῦ} **M**: λ. αὐ. {Ἰησοῦ Χριστοῦ} **eslav** (*vide MPion 8,3; 9,6*); *cf.
Orig. c. Cels. 6,71 (lin. 21); 8,6 (lin. 3: διὰ τοῦ λόγου αὐτοῦ)*   τοὺς λεγομένους ... οὐ σέβομεν **arm**^W: τοῖς λεγομένοις ... οὐ λατρεύομεν **slavM** (adoramus ε/adorare **L**^S); *cf. MApoll.
13 (σέβειν καὶ προσκυνεῖν τοὺς θεούς)*   τοῖς εἰδώλοις (τῶν εἰδώλων) **arm**^W: τῇ εἰκόνι τῇ
χρυσῇ β; *cf. Dan 3,18*

	β (arm^P)	**δ**
8 5,1. Ταῦτα δὲ πάντα καὶ τούτων ἔτι πλείονα λέγοντι τῷ Πιονίῳ πᾶς ὁ ὄχλος ἐπέστησε τὰς ἀκοάς, καὶ ἐγένετο τοσαύτη ἡσυχία ὡς μηδὲ γρῦξαί τινα.	**5,1.** Ταῦτα ... λέγοντι τῷ Πιονίῳ {{ὅ τε νεωκόρος καὶ οἱ σὺν αὐτῷ καί}} πᾶς ὁ ὄχλος ... ἀκοάς ὥστε τοσαύτην ἡσυχίαν γενέσθαι ὡς μηδὲ γρῦξαί τινα.	**5,1.** τούτων δὲ καὶ ἄλλων πολλῶν λεχθέντων ὡς ἐπὶ πολὺ μὴ σιωπῆσαι τὸν Πιόνιον {{ὅ τε ... καί}} πᾶς ὁ ὄχλος ... ὥστε ... ὡς μηδὲ γρῦξαί τινα.
5,2. εἶτα ὁ Πολέμων εἶπεν· Πᾶς ὁ ὄχλος οὗτος αἰτεῖ σε· (*sequitur* 5,3 Πείσθητι)	**5,2.** εἰπόντος δὲ πάλιν τοῦ Πιονίου ὅτι· Τοῖς θεοῖς ὑμῶν οὐ λατρεύομεν καὶ τῇ εἰκόνι τῇ χρυσῇ οὐ προσκυνοῦμεν, ἤγαγον αὐτοὺς εἰς τὸ ὕπαιθρον εἰς τὸ μέσον καὶ περιέστησαν αὐτοῖς τινες τῶν ἀγοραίων ἅμα τῷ Πολέμωνι ἐκλιπαροῦντες καὶ λέγοντες·	**5,2.** εἰπόντος δὲ πάλιν ... ... καὶ λέγοντες·
5,3. Πείσθητι ἡμῖν, Πιόνιε, καλόν ἐστι τὸ ζῆν καὶ τὸ φῶς τοῦτο βλέπειν, ὧν οὐ βουλόμεθά σε ἀποστερῆσαι τῶν τε ἠθῶν ἕνεκα καὶ τῆς ἐπιεικείας.	**5,3.** Πείσθητι ἡμῖν, Πιόνιε, {{ὅτι σε φιλοῦμεν καὶ διὰ πολλὰ ἄξιος εἶ ζῆν}} ἤθους τε ἕνεκα καὶ ἐπιεικείας· καλόν ἐστι τὸ ζῆν καὶ τὸ φῶς τοῦτο βλέπειν, ὧν σε ἀποστερῆσαι οὐ θέμις. καὶ ἄλλα τινὰ πλείονα ἔλεγον.	**5,3.** Πείσθητι ἡμῖν, Πιόνιε, {{...}} ... ... καλόν ἐστι ... ... βλέπειν, καὶ ἄλλα τινὰ πλείονα ἔλεγον.

5,1 ταῦτα ... λέγοντι **arm^VWP**: τούτων δὲ καὶ ἄλλων πολλῶν λεχθέντων **δ** τῷ {ἁγίῳ} Πιονίῳ **arm^W**: *om.* **arm^P**: ὡς ἐπὶ πολὺ μὴ σιωπῆσαι τὸν Πιόνιον **δ** (ὑπὸ τοῦ Πιονίου **slav**) {{ὅ τε ... καὶ ... καί}} πᾶς ὁ ὄχλος **β** καὶ ἐγένετο τοσαύτη ἡσυχία **arm^W**: ὥστε ... γενέσθαι **β** 5,2 εἶτα ὁ Πολέμων ... αἰτεῖ σε **arm^W**: εἰπόντος δὲ πάλιν ... λέγοντες **β** 5,3 Πιόνιε **arm^W**: Πιόνιε {{ὅτι ... ζῆν}} (*colon* ἤθους τε ἕνεκα καὶ ἐπιεικείας *transpos.*) **β** τῶν τε ἠθῶν ... ἐπιεικείας *Hutch^Gr; cf.* **β** ὧν οὐ βουλόμεθα ... ἐπιεικείας **arm^VW**: ὧν σε ἀποστερῆσαι ... ἔλεγον **arm^P**: καὶ ἄλλα τινὰ πλείονα ἔλεγον (ἔλεγον *om.* **slavM**) **eslavM**: *om.* **L^S**

5,4. ὁ δὲ Πιόνιος εἶπεν· Κἀγὼ λέγω ὅτι καλόν ἐστι τὸ ζῆν, ἀλλ᾽ ἐκεῖνο ὃ ἡμεῖς ἐπιποθοῦμεν· καὶ καλὸν τὸ φῶς, ἀλλ᾽ ἐκεῖνο ὃ ἡμεῖς βλέψομεν. **5,5.** καὶ ταῦτα μὲν οὖν ἅπαντα καλά· καὶ οὐκ ἐπιποθοῦμεν τὸν θάνατον.

(*sequitur* 7,3 Πολέμων εἶπεν, *v. infra*)

5,4. ὁ δὲ Πιόνιος εἶπεν …

… καὶ καλὸν τὸ φῶς, ἀλλ᾽ ἐκεῖνο ὃ ἡμεῖς βλέπειν ἐπιποθοῦμεν. **5,5.** καὶ ταῦτα … καλά· καὶ οὐχ ὡς θανατιῶντες καὶ φεύγοντες τὰ ἔργα τοῦ θεοῦ, ἀλλ᾽ ἑτέρων μεγάλων ὑπερβολῇ τούτων καταφρονοῦμεν καὶ ἐντίμως ἔχοντας ὑμᾶς ἐπαινοῦμεν, ἀλλὰ φοβούμεθα ἐνεδρεύοντας ἡμᾶς.

{{**6,1.** Ἀλέξανδρος δέ τις ἀγόραιος πονηρὸς ἀνὴρ εἶπεν· Ἄκουσον ἡμῶν, Πιόνιε. Πιόνιος εἶπεν· Ἐπιλαβοῦ σὺ παρ᾽ ἐμοῦ ἀκούειν. ἃ γὰρ σὺ οἶδας οἶδα, ἃ δὲ ἐγὼ ἐπίσταμαι σὺ ἀγνοεῖς. **6,2.** ὁ δὲ Ἀλέξανδρος ἠθέλησεν τῶν ἀλύσεων αὐτοῦ καταγελᾶν, ἐπεὶ καί φησιν εἰρωνείᾳ· Ταῦτα δὲ διὰ τί; **6,3.** Πιόνιος εἶπεν· Ταῦτα ἵνα μὴ διερχόμενοι τὴν πόλιν ὑμῶν ὑπονοηθῶμεν ὡς μιαροφαγήσοντες προεληλύθαμεν, καὶ ἵνα μάθητε

5,4. ὁ δὲ Πιόνιος εἶπεν …

… καὶ τὸ φῶς ἀλλ᾽ ἐκεῖνο …

… **5,5.** καὶ ταῦτα …

(*vide app. crit.*)

6,1. Ἀλέξανδρος δέ τις …

5,4 ὁ δὲ Πιόνιος εἶπεν **arm**^{WP} ε**L**^{S}: ὁ δὲ πρὸς αὐτούς **slavM**   τὸ ζῆν ἀλλ᾽ ἐκεῖνο] τὸ ζῆν ἀλλ᾽ ἐκεῖνο {κρεῖσσον} ζ   καὶ καλὸν τὸ φῶς ἀλλ᾽ ἐκεῖνο **arm**^{WP}: καλόν *om.* δ (aliud est lumen illud ε)   ὃ ἡμεῖς βλέψομεν **arm**^{W}: ὃ ἡμεῖς βλέπειν ἐπιποθοῦμεν **arm**^{P}: quod nos cupimus ε: τὸ ἀληθινόν **slavM**: quae vera est lux, quam nos cupimus contemplari **L**^{S} **5,5** καὶ οὐκ ἐπιποθοῦμεν τὸν θάνατον **arm**^{W}: καὶ οὐχ ὡς θανατιῶντες … ἐνεδρεύοντας ἡμᾶς **arm**^{P} (*sim.* ε *praeter initium*): καὶ οὐχ ὡς θανατιῶντες {ἢ μισοῦντες} τὰ ἔργα τοῦ θεοῦ φεύγομεν ἀλλ᾽ ἑ. μ. ὑ. τ. καταφρονοῦμεν ἐνεδρευόντων ἡμᾶς **M**: καὶ οὐκ ὡς μισοῦντες τὰ ἔργα … καταφρονοῦμεν **slav**: neque nos damnamus odiove prosequimur opera Dei. sed alia sunt longe pulchriora ac praestantiora, quae his anteponimus **L**^{S}; *vide II p. 43 post* **5,5** (ἐνεδρεύοντας ἡμᾶς) *addiderunt capitula spuria* **6,1–4** (Ἀλέξανδρος δέ τις … ἄλλο δ᾽ οὐδέν) β *et* **6,4**^{b}**–5**; **7,1–2** (καὶ πολλὰ ἐλέγχοντος … ἐκεῖ ἔλθωμεν) δ: *non leguntur* **arm**^{W} **6,1–4** Ἀλέξανδρος δέ τις … ἄλλο δ᾽ οὐδέν *non exhibet* **arm**^{W}, *add.* β   **6,2** τῶν ἀλύσεων αὐτοῦ **arm**^{P}ε: αὐτοῦ **slavη**   ταῦτα **arm**^{P}**M**: αὗται αἱ ἀλύσεις ε**slav**: *om.* **L**^{S} **6,3** προεληλύθαμεν Schw. 20sq. (**arm**^{P}ε**L**^{S}): προσ- **slavM**

ὅτι οὐδὲ ὑμᾶς ἐπερωτᾶν ἀξιοῦμεν, ἀλλὰ κρίναντες ἑαυτοῖς οὐκ εἰς τὸ Νεμεσεῖον
ἀλλ᾽ εἰς τὴν φυλακὴν εὐθέως
ἀπερχόμεθα, καὶ ἵνα μὴ ὡς
τοὺς λοιποὺς βίᾳ ἡμᾶς συν-
αρπάσαντες ἀπαγάγητε, ἀλλὰ
διὰ τὸ φορεῖν δεσμὰ ἐάσητε·
τάχα γὰρ <ἂν> μετὰ δεσμῶν
οὐκ εἰσαγάγοιτε ἡμᾶς εἰς τὰ
εἰδωλεῖα ὑμῶν. **6,4.** καὶ οὕτως ὁ Ἀλέξανδρος ἐφιμώθη.
καὶ πάλιν ἐκείνων παρακα-
λούντων αὐτὸν πεισθῆναι
ἔλεγεν· Οὕτω κεκρίκαμεν,
ἄλλο δ᾽ οὐδέν.}}

(*sequitur* 7,3 Πολέμων εἶπεν)

6,4. καὶ οὕ-
τως ... καὶ πάλιν ἐκείνων
πολλὰ   παρακαλούντων
αὐτὸν κἀκείνου λέγοντος
Οὕτω κεκρίκαμεν. {**6,4ᵇ**.
καὶ πολλὰ ἐλέγχοντος
αὐτοὺς καὶ περὶ τῶν μελ-
λόντων   ἀπαγγέλλοντος
αὐτοῖς ὁ Ἀλέξανδρος εἶ-
πεν· **6,5.** Τίς γὰρ χρεία
ἐστί, φησίν, τῶν λόγων
ὑμῶν τούτων ὁπότε οὐκ
ἔξεστιν ὑμᾶς ζῆν;}
{**7,1.** Τοῦ δὲ δήμου βουλομένου ἐκκλησίαν ἐν τῷ
θεάτρῳ ποιεῖν ἵνα ἐκεῖ
ἀκούσωσι πλείονα, κηδό-
μενοί τινες τοῦ στρατη-
γοῦ προσελθόντες τῷ νε-
ωκόρῳ Πολέμωνι εἶπον·
Μὴ συγχώρει λαλεῖν αὐ-
τῷ ἵνα μὴ ἐν τῷ θεάτρῳ
εἰσέλθωσι καὶ θόρυβος
καὶ ἐπιζήτησις περὶ τοῦ

οὐδὲ ὑμᾶς ἐπερωτᾶν ἀξιοῦμεν **armᴾ** (*cf. MPol 10,2*): οὐδὲ ἐπερωτᾶσθαι ἀξ. δ   κρίναντες
ἑαυτοῖς (*i. e.* ipsi(s) *vel* sponte) **armᴾ**: ἑαυτοῖς *om.* δ   εὐθέως (recta; *cf. 2,4*) ἀπερχόμεθα
Lˢ: sponte (= ἑαυτοῖς) properemus **εslav**: ἀπερχόμεθα **armᴾM**; *vide II p. 47sqq.*   γὰρ <ἂν>
... εἰσαγάγοιτε *Schw. 20*: γὰρ ... εἰσαγάγετε M   εἰδωλεῖα] εἴδωλα M   6,4 ἐφιμώθη] *cf.*
Mt 22,12   παρακαλούντων β: {πολλὰ} παρακαλούντων δ   πεισθῆναι ἔλεγεν β: κἀκείνου
λέγοντος δ   ἄλλο δ᾽ οὐδέν **armᴾ**: *om.* δ   6,4ᵇ–7,2 *et* 7,5–6 *non exhibet* β: *add.* δ   7,1 περὶ τοῦ ἄρτου η (*cf. 10,7–8* δ): ο nem᾽ **slav**: π. τ. ἀνθρώπου *Gebh.*: *om.* ε; *vide II p. 295sq. et*
Robert 67

ἄρτου γένηται. **7,2.**
ταῦτα ἀκούσας ὁ
Πολέμων λέγει· Πιό-
νιε, εἰ μὴ θέλεις θῦ-
σαι, κἂν ἐλθὲ εἰς τὸ
Νεμεσεῖον. ὁ δὲ ἔφη·
Ἀλλ᾿ οὐ συμφέρει
σου τοῖς εἰδώλοις
ἵνα ἐκεῖ ἔλθωμεν.}

7,3. Πολέμων εἶπεν·
Δεῖ με πεῖσαί σε, Πιό-
νιε. Πιόνιος εἶπεν· Εἴ-
θε ἠδυνάμην ἐγὼ σὲ
πεῖσαι Χριστιανὸν γε-
νέσθαι. 7,4. Πολέμων
δὲ εἶπεν· Οὐδὲν ἔχεις
τοιοῦτο ποιῆσαι, ἀλ-
λὰ ζῶντά σε καύσο-
μεν. Πιόνιος εἶπεν·
Χεῖρόν ἐστι πολὺ
ἀποθανόντας καυθῆ-
ναι. καὶ Πολέμων
ἐκέλευσεν ἀπαγαγεῖν
αὐτοὺς εἰς τὴν φυλα-
κήν.

(*sequitur* **11,3** Εἰσελθόντων
δὲ αὐτῶν εἰς τὴν φυλακὴν,
v. infra)

7,3. Πολέμων εἶπεν·
δεῖ με …

… Εἴ-
θε ἠδυνάμην ἐγώ σε
πεῖσαι Χριστιανὸν γε-
νέσθαι. **7,4.** οἱ δὲ μέγα
ἀναγελάσαντες εἶπον·
Οὐδὲν ἔχεις τοιοῦτο
ποιῆσαι, ἵνα ζῶντες
καῶμεν. Πιόνιος εἶ-
πεν· Χεῖρόν ἐστι πολὺ
ἀποθανόντας καυθῆ-
ναι.

(*sequitur* **8,1**)

7,3. Πολέμων εἶπεν·
…

… Εἴθε
ἠδυνάμην ἐγὼ ὑμᾶς
πεῖσαι Χριστιανοὺς
γενέσθαι. **7,4.** οἱ δὲ
μέγα ἀναγελάσαντες
εἶπον· …

… ἀποθανόν-
τας καυθῆναι.
{**7,5.** μειδιώσης δὲ
τῆς Σαβίνης ὁ νεω-
κόρος καὶ οἱ μετ᾿
αὐτοῦ εἶπον· Γελᾷς;
ἡ δὲ εἶπεν· Ἐὰν ὁ θε-
ὸς θέλῃ, ναί. Χριστι-
ανοὶ γάρ ἐσμεν· ὅσοι
γὰρ εἰς Χριστὸν πισ-
τεύουσιν ἀδιστάκ-
τως γελάσουσιν ἐν
χαρᾷ ἀϊδίῳ.

7,3 δεῖ με πεῖσαί σε **arm**^WP: *ergo ita obfirmasti animum, ut tibi persuaderi non possit?* ε:
πείσθητι ἡμῖν ζ   ἐγώ σε … Χριστιανόν **arm**^WP: ἐγὼ ὑμᾶς … Χριστιανούς δ   **7,4** Πολέμων εἶπεν **arm**^W: οἱ δὲ μέγα ἀναγελάσαντες εἶπον β   ἀλλὰ ζῶντά σε καύσομεν **arm**^W: ἵνα
(ὥστε [?] **arm**^P) ζῶντες καῶμεν **arm**^PslavM: *nec si vivi ardeamus* ε: *ne vivi comburamur* **L**^S
καὶ Πολέμων … φυλακήν **arm**^W: *om. hoc loco rell., reservant ad* 9,1 β, *ad* 10,1 *et* 11,1 δ
(*vide infra*)   *post* **7,4** (καυθῆναι) *addiderunt capitula spuria* **7,5–6** (μειδιώσης … περὶ
τούτου) δ, **8,1–9,1** (Πολέμων εἶπεν· Πείσθητι … ἀπαγαγεῖν αὐτοὺς εἰς τὴν φυλακήν) β, **9,1–**
10,1 (εἶτα ἐπηρώτησεν ἐγγράφως … ἀπήγαγον αὐτοὺς εἰς τὴν φυλακήν) δ, **10,1**^b**–3** (ὁ δὲ
ὄχλος [ἐπηκολούθει δὲ ὄχλος δ] … χωρίσθη ἀπ᾿ αὐτοῦ [ἀποτίτθιος γένηται δ]) β, **10,4–11,2**
(εἷς δέ τις ἐξεβόησεν … ὀνόματι Εὐτυχιανόν) δ   **7,5** ὅσοι … χαρᾷ ἀϊδίῳ *om.* ε

{{**8,1.** Πολέμων εἶπεν· Πεί- σθητι ἡμῖν, Πιόνιε. Πιόνιος εἶπεν· Κεκέλευσαι ἢ πείθειν ἢ κολάζειν. οὐ πείθεις· κό- λαζε. **8,2.** πάλιν δὲ εἶπεν Πολέμων· Ἐπίθυσον, Πιό- νιε. Πιόνιος εἶπεν· Οὐ θύω. Πολέμων εἶπεν· Διὰ τί οὔ; Πιόνιος εἶπεν· ὅτι Χριστια- νός εἰμι. **8,3.** Πολέμων εἶ- πεν· Ποῖον θεὸν σέβῃ; Πιό- νιος εἶπεν· Τὸν θεὸν τὸν παντοκράτορα τὸν ποιήσαν- τα τὸν οὐρανὸν καὶ τὴν γῆν καὶ πάντα τὰ ἐν αὐτοῖς καὶ πάντας ἡμᾶς, ὃς παρέχει ἡμῖν πάντα πλουσίως, ὃν ἐγνώκαμεν διὰ τοῦ Λόγου αὐτοῦ Χριστοῦ. **8,4.** Πολέ- μων εἶπεν· Ἐπίθυσον οὖν κἂν τῷ αὐτοκράτορι. Πιόνι- ος εἶπεν· Ἐγὼ ἀνθρώπῳ οὐκ ἐπιθύω.

9,1. Εἶτα ἐπηρώτησεν ἕκα- στον αὐτῶν τί τὸ ὄνομα καὶ περὶ τί ἀσχολεῖται καὶ ποῖον

7,6. λέγουσιν αὐτῇ· Σὺ μὲν ὃ οὐ θέλεις μέλλεις πάσ- χειν· αἱ γὰρ μὴ ἐπιθύουσαι εἰς πορνεῖον ἵστανται. ἡ δὲ εἶπεν· Τῷ ἁγίῳ θεῷ μελή- σει περὶ τούτου.}

8,1. Πάλιν δὲ Πιονίῳ εἶπεν Πολέμων· Πείσθητι ἡμῖν, ...

... οὐκ ἐπιθύω.

δ/ζ

9,1b. Εἶτα ἐπηρώτησεν ἐγ- γράφως λέγων αὐτῷ· Τίς λέγῃ; ἀπεκρίθη· Πιόνιος.

8,1–4 *non exhibet* **arm**[W], *add.* β **8,1** Πολέμων εἶπεν **arm**[P]: πάλιν δὲ Πιονίῳ εἶπεν Πολέ- μων δ **8,2** πάλιν δὲ εἶπεν Πολέμων **arm**[P]: τότε ἐπερωτᾷ ὁ νεωκόρος Πολέμων λέγων **slavM**: tunc aedituus Polemo **L**[S] (tum Polemo ... permotus ε) Οὐ θύω. Πολέμων ... Πιό- νιος εἶπεν **arm**[P]: Non faciam, ille respondit. Rursus ille: Cur non? Ille iterum ε: *om.* ζ **8,3** τὸν παντοκράτορα *om.* **arm**[P] (*homoiarch., sed cf. 3,3; 9,6*) πλουσίως *om.* **arm**[P]*, sed cf. 1Tim 6,17* **8,4** ἐπιθύω {Χριστιανὸς γάρ εἰμι} ζ **9,1** εἶτα ἐπηρώτησεν ... αὐτοὺς εἰς τὴν φυλακήν **arm**[P]: **9,1–10,1** εἶτα ἐπηρώτησεν ἐγγράφως ... αὐτοὺς εἰς τ. φυλ. δ περὶ τί ἀσχο- λεῖται *Hutch*[Gr] **9,1** (δ) εἶτα ἐπηρώτησεν ἐγγράφως ... Πιόνιος *om.* **slav** *post* Τίς (τί **M**) λέγῃ; *colon γράφοντος τοῦ νοταρίου πάντα male locatum inser.* **M**: *ut glossam* (*sc. ad* ἐγ- γράφως) *del.* Franchi: *solam glossam reddunt* ε**L**[S], *vide II p. 46*[23]

τὸ ἐπιτήδευμα <u>καὶ</u>
<u>ἐκέλευσεν ἀπαγα-</u>
<u>γεῖν αὐτοὺς εἰς τὴν</u>
<u>φυλακήν.</u>}}

(*sequitur* **10,1b** ὁ
δὲ ὄχλος)

{**9,2.** Πολέμων εἶπεν· Χριστιανὸς
εἶ; Πιόνιος εἶπεν· Ναί. Πολέμων ὁ
νεωκόρος εἶπεν· Ποίας ἐκκλησίας;
ἀπεκρίνατο· Τῆς καθολικῆς, οὔτε
γάρ ἐστιν ἄλλη παρὰ τῷ Χριστῷ.
9,3. εἶτα ἦλθεν ἐπὶ τὴν Σαβῖναν.
προειρήκει δὲ αὐτῇ ὁ Πιόνιος ὅτι
Εἰπὸν σεαυτὴν Θεοδότην, πρὸς τὸ
μὴ ἐμπεσεῖν αὐτὴν ἐκ τοῦ ὀνόματος πάλιν εἰς τὰς χεῖρας τῆς ἀνόμου Πολίττης τῆς γενομένης αὐτῆς δεσποίνης. **9,4.** αὕτη γὰρ ἐπὶ
καιρῶν Γορδιανοῦ βουλομένη
μεταγαγεῖν τῆς πίστεως τὴν Σαβῖναν πεδήσασα ἐξώρισεν αὐτὴν ἐν
ὄρεσιν, ὅπου εἶχε τὰ ἐπιτήδεια λά-
θρα παρὰ τῶν ἀδελφῶν. μετὰ δὲ
ταῦτα σπουδὴ ἐγένετο ὥστε αὐτὴν
ἐλευθερωθῆναι καὶ Πολίττης καὶ
τῶν δεσμῶν, καὶ ἦν τὰ πλεῖστα δι-
ατρίβουσα μετὰ τοῦ Πιονίου καὶ
συνελήφθη ἐν τῷ διωγμῷ τούτῳ.
9,5. εἶπεν οὖν καὶ ταύτη ὁ Πολέ-
μων· Τίς λέγη; ἡ δὲ εἶπεν· Θεοδότη. ὁ δὲ ἔφη· Χριστιανὴ εἶ; ἡ δὲ
λέγει· Ναί, Χριστιανή εἰμι. **9,6.**
Πολέμων εἶπεν· Ποίας ἐκκλησίας;
Σαβῖνα εἶπεν· Τῆς καθολικῆς. Πολέμων εἶπεν· Τίνα σέβη θεόν; Σαβῖνα εἶπεν· Τὸν θεὸν τὸν παντοκράτορα ὃς ἐποίησε τὸν οὐρανὸν
καὶ τὴν γῆν καὶ πάντα τὰ ἐν αὐτοῖς καὶ πάντας ἡμᾶς, ὃν ἐγνώκαμεν διὰ τοῦ Λόγου αὐτοῦ Ἰησοῦ
Χριστοῦ. **9,7.** μετὰ δὲ ταῦτα ὁ Ἀσκληπιάδης οὐ πόρρω ἀφεστὼς ἐπερωτηθεὶς τίς προσαγορεύεται εἶ-

---

9,2 οὔτε γάρ … Χριστῷ] *om.* ε   **9,4** αὕτη … τούτῳ *om.* ε   αὐτὴν ἐν ὄρεσιν … τῶν
δεσμῶν *et* τὰ πλεῖστα *om.* **slav**   **9,5–6** Θεοδότη … ποίας ἐκκλησίας] Theodota et
Christiana. Polemon: Si Christiana es, cuius ecclesiae? ε   **9,6** τίνα σέβη θεόν] quem colis
Deum **εslav**: θεόν *om.* η   καὶ πάντα τὰ ἐν αὐτοῖς καὶ πάντας ἡμᾶς (*cf. 8,3*)] mare et omnia
quae in eis sunt ε: καὶ πάντας ἡμᾶς ζ (*homoiarch.*); *vide II p.* 296[102]   **9,7** μετὰ δὲ ταῦτα …

πεν· Χριστιανός. **9,8.** Πολέμων εἶπεν· Ποίας ἐκκλησίας; Ἀσκληπιάδης εἶπεν· Τῆς καθολικῆς. Πολέμων εἶπεν· Τίνα θεὸν σέβῃ; Ἀσκληπιάδης εἶπεν· Τὸν Χριστόν. **9,9.** Πολέμων εἶπεν· Οὗτος οὖν ἄλλος ἐστίν; Ἀσκληπιάδης εἶπεν· Οὐχί, ἀλλ' ὁ αὐτὸς ὃν καὶ οὗτοι εἰρήκασι.}

δ

10,1a. Τούτων δὲ λεχθέντων <u>ἀπήγαγον αὐτοὺς εἰς τὴν φυλακήν</u>.

{{**10,1b.** ὁ δὲ ὄχλος μάλα ἐπληθύνθη ὥστε γέμειν τὴν ἀγοράν. **10,2.** καὶ ἔλεγόν τινες περὶ Πιονίου· Πῶς ἀεὶ χλωρὸς ὢν νῦν πυρρὸν ἔχει τὸ πρόσωπον; **10,3.** κρατούσης δὲ αὐτὸν τῆς Σαβίνης ἀπὸ τῶν ἱματίων διὰ τὸ ὦσμα τοῦ πολλοῦ πλήθους ἔλεγόν τινες· Φοβεῖται μὴ χωρίσθη ἀπ' αὐτοῦ.}}

(*sequitur* 11,3 Εἰσελθόντων)

10,1b. ἐπηκολούθει δὲ ὄχλος πολὺς ὥστε γέμειν τὴν ἀγοράν. **10,2.** καὶ …

10,3. …

… διὰ τὸ ὦσμα τοῦ πλήθους ἔλεγόν τινες χλευάζοντες· Εἶτα ὡς φοβουμένη μὴ ἀποτίτθιος γένηται. {**10,4.** εἷς δέ τις ἐξεβόησεν· Εἰ μὴ ἐπιθύουσι κολασθήτωσαν. ὁ Πολέμων ἔφη· Ἀλλ' αἱ ῥάβδοι ἡμᾶς οὐ προάγουσιν ἵνα ἐξουσίαν ἔχωμεν. **10,5.** ἄλλος δέ τις ἔλεγεν· Ἴδε τὸ ἀνθρωπάριον ὑπάγει ἐπιθῦσαι. ἔλεγε δὲ τὸν

τίς προσαγορεύεται (τίς πρ. *Hutch*[Gr]) εἶπεν ε: εἶτα ἐπηρώτησε τὸν Ἀσκλ.· Καὶ σὺ Χριστιανὸς εἶ; Ἀσκληπιάδης εἶπεν· Ναί **slav**: εἶτα ἐπ. τὸν Ἀσκλ.· Τίς λέγῃ; ὁ δὲ εἶπεν· Ἀσκληπιάδης. Πολέμων εἶπεν· Χριστιανὸς εἶ; Ἀσκληπιάδης εἶπεν· Ναί **ML**[S]   **9,8** Πολέμων εἶπεν· Ποίας … καθολικῆς **eslav**: *om.* η (*homoiarch.*)   τίνα θεόν **eslav**: θεόν *om.* η   Χριστὸν {Ἰησοῦν} ζ   **10,1**[b] ὁ δὲ ὄχλος μάλα ἐπληθύνθη **arm**[P]: ἐπηκολούθει δὲ ὄχλος πολύς δ   **10,3** πολλοῦ πλήθους **arm**[P]: πλήθους δ   ἔλεγόν τινες· … ἀπ' αὐτοῦ **arm**[P]: ἔλεγόν τινες χλευάζοντες· … γένηται δ   **10,4–11,2** εἷς δέ τις … Εὐτυχιανόν *non exhibet* **arm**[P]: *totum loc. hab.* δ (*sed 10,4* ὁ Πολέμων ἔφη … ἔχωμεν *om.* **slav**)   **10,5** ἴδε τό *Radermacher apud Kn.–Kr.* (**slav**): ἴδετε **M** (ecce **L**)

σὺν ἡμῖν Ἀσκληπιάδην.
10,6. Πιόνιος εἶπεν· Σὺ
ψεύδη· οὐ γὰρ ποιεῖ αὐτό.
ἄλλοι δὲ ἔλεγον· Ὃς δὲ καὶ
ὃς δὲ ἐπέθυσαν. Πιόνιος εἶ-
πεν· Ἕκαστος ἰδίαν ἔχει
προαίρεσιν. τί οὖν πρὸς
ἐμέ; ἐγὼ Πιόνιος λέγομαι.
10,7. ἄλλοι δὲ ἔλεγον, Ὦ
τοσαύτη παιδεία, καὶ οὕτως
<...> ἐστιν. Πιόνιος εἶπεν·
Ταύτην μᾶλλον οἴδατε δι'
ἣν ἐπειράθητε λιμῶν καὶ
θανάτων καὶ τῶν ἄλλων
πληγῶν. **10,8.** εἶπεν δέ τις
αὐτῷ· Καὶ σὺ σὺν ἡμῖν
ἐπείνασας. Πιόνιος εἶπεν·
Ἐγὼ μετὰ ἐλπίδος τῆς εἰς
τὸν θεόν.
11,1. Ταῦτα εἰπόντος αὐτοῦ
μόλις ἐκ τοῦ ὄχλου ἐσφιγ-
μένους ὥστε συμπνίγεσθαι
ἐνέβαλον αὐτοὺς εἰς τὴν
φυλακὴν παραδόντες τοῖς
δεσμοφύλαξιν. **11,2.** εἰσελθόντες δὲ εὗρον κατακε-
κλεισμένον πρεσβύτερον
τῆς καθολικῆς ἐκκλησίας
ὀνόματι Λίμνον καὶ γυναῖ-
κα Μακεδονίαν ἀπὸ κώμης
Καρίνης καὶ ἕνα ἐκ τῆς αἱρέσεως τῶν Φρυγῶν ὀνόμα-
τι Εὐτυχιανόν.}

11,3. Εἰσελθόντων δὲ αὐτῶν εἰς τὴν	**11,3.** Εἰσελθόντων δὲ αὐτῶν εἰς τὴν	**11,3.** ὄντων οὖν αὐτῶν κατὰ τὸ αὐτὸ καὶ θεοῦ δούλων

9

10,6 ὃς δὲ καὶ ὃς δέ *Gebh.*: ὅσδε καὶ ὅσδε **M**: hic et ille **L**ˢ: ille et ille ε   **10,7** <ἀνόητός>
ἐστιν *Schw. 20; an* <ἀπειθής>? (*cf.* obstinata ... mente ε); *vide II p. 296*   ταύτην (*sc.* παι-
δείαν) ... δι' ἥν *Schw. 20*: hanc ... doctrinam ..., per quam **L**ˢ: ταύτην ... δι' ὧν **M**   **11,1**
ἐκ τοῦ ὄχλου] *add.* ἐξαγαγόντες οὕτως *'sive tale quid' Schm. 20*   **11,3** εἰσελθόντων δὲ αὐτῶν εἰς τὴν φυλακήν **arm**ᵖ: *om.* **arm**ʷ (*homoiotel.*): ὄντων οὖν αὐτῶν κατὰ τὸ αὐτὸ **δ**

φυλακὴν πολλοὶ τῶν πιστῶν ἦλθον πρὸς αὐτοὺς τὰ δέοντα φέροντες. ὁ δὲ Πιόνιος οὐκ εἴασεν οὐδὲν λαβεῖν, ἔλεγε γάρ· Ὅτε πλειόνων τῶν ἔξω χρεία ἦν, οὐδένα ἐβαρήσαμεν. καὶ νῦν πῶς ληψόμεθα ὀλίγων δεόμενοι; 11,4. ὠργίσθησαν οὖν οἱ δεσμοφύλακες <ἐπιφιλανθρωπευόμενοι ἐκ τῶν ἐρχομένων αὐτοῖς, καὶ ὀργισθέντες> ἔβαλον αὐτοὺς εἰς τὸ ἐσώτερον ὑγρὸν ὂν καὶ σκοτεινόν. 11,5. οἱ δὲ οὐκ ἐπαύοντο εὐχόμενοι καὶ δοξάζοντες τὸν θεὸν νηστεύοντες ἡμέρας καὶ νυκτός, ὡς μεταγνῶναι τὸν ἐπάνω τῆς

φυλακὴν πολλοὶ ...

... Πιόνιος ἐκέλευσεν μηδὲν λαβεῖν, ἔλεγε γὰρ ὅτι· Ὅτε πλειόνων τῶν ἔξω ἔχρῃζον ... ἐβάρησα ...
... λήψομαι ὀλίγων δεόμενος; 11,4. ὠργίσθησαν οὖν οἱ δεσμοφύλακες καὶ οὐκέτι ἐφιλανθρώπουν ὡς τὸ πρὶν ἐποίουν, ἀλλ' ἔβαλον αὐτοὺς εἰς τὸ ἐσώτερον {{πρὸς τὸ μὴ ἔχειν αὐτοὺς τὴν σύμπασαν φιλανθρωπίαν}}. 11,5. οἱ δὲ δοξάσαντες τὸν θεὸν ἡσύχασαν παρέχοντες αὐτοῖς τὰ συνήθη, ὡς μεταγνῶναι ...

ὅτι τὰ φερόμενα ὑπὸ τῶν πιστῶν οὐ εἰσιόντων πρὸς αὐτοὺς ἔγνωσαν οἱ ἐπὶ τῆς φυλακῆς λαμβάνουσιν οἱ περὶ τὸν Πιόνιον. ἔλεγε γὰρ ὁ Πιόνιος ὅτι· Ὅτε πλειόνων ἔχρῃζον ... ἐβάρησα ... λήψομαι; 11,4. ὠργίσθησαν οὖν οἱ δεσμοφύλακες ἐπιφιλανθρωπευόμενοι ἐκ τῶν ἐρχομένων αὐτοῖς, καὶ ὀργισθέντες ἔβαλον αὐτοὺς ... {{πρὸς ... φιλανθρωπίαν}}.

πολλοὶ τῶν πιστῶν ἦλθον πρὸς αὐτοὺς **arm**[WP]: καὶ θεοῦ δούλων εἰσιόντων πρὸς αὐτοὺς ε (et devoti Deo famuli convenirent): *om.* ζ   τὰ δέοντα φέροντες. ὁ δὲ ἅγιος (ἅγ. *del. Zw.*) Πιόνιος οὐκ ἔασεν λαβεῖν τι **arm**[W]: τὰ δέοντα ... ἅγιος (ἅγ. *del. Zw.*) Π. ἐκέλευσεν μηδὲν λαβεῖν **arm**[P]: ἔγνωσαν οἱ ἐπὶ τῆς φυλακῆς ὅτι τὰ φερόμενα ὑπὸ τῶν πιστῶν οὐ λαμβάνουσιν οἱ περὶ τὸν Πιόνιον δ   τῶν ἔξω **arm**[WP]: *om.* δ   χρεία ἦν ... ἐβαρήσαμεν ... ληψόμεθα **arm**[W]: ἔχρῃζον ... ἐβάρησα ... λήψομαι **arm**[P]: ἐχρῄζομεν ... ἐβαρήσαμεν ... ληψόμεθα δ   ὀλίγων δεόμενοι **arm**[W]: ὀ. -ος **arm** [P]: *om.* δ   **11,4** δεσμοφύλακες ἐπιφιλανθρωπευόμενοι ἐκ τῶν ἐρχομένων αὐτοῖς, καὶ ὀργισθέντες **M**: custodes igitur, qui ab invisentibus munera solebant accipere **L**[S]: δεσμοφύλακες καὶ ὀργισθέντες **slav**: δεσμοφύλακες καί **arm**[W]: δεσμ. καὶ οὐκέτι ἐφιλανθρώπουν ὡς τὸ πρὶν ἐποίουν ἀλλὰ **arm**[P]: (quibus carceris custodia videbatur imposita), qui eos larga prius etiam de suo humanitate susceperant ε; *vide Robert 76 et II 50*[36]   εἰς τὸ ἐσώτερον ὑγρὸν ὂν καὶ σκοτεινόν **arm**[W]: εἰς τὸ ἐσώτερον {{πρὸς τὸ μὴ ἔχειν αὐτοὺς τὴν σύμπασαν φιλανθρωπίαν}} **arm**[P]**slavM**: in interiorem carceris partem ne possent ullum solatium aut consolationem accipere **L**[S] (*de ε vide infra*)   μὴ ... τὴν σύμπασαν] μὴ ... τὴν σὺν πᾶσιν *Schw. 21, sed cf. MPol 3,1* (*vide II 226*)   **11,5** οἱ δὲ οὐκ ἐπαύοντο ... καὶ νυκτός **arm**[W]: οἱ δὲ δοξάσαντες (δοξ. οὖν **M**) ... συνήθη β (et quae dari solita erant ipsis praebuerunt **L**[S]: solita sibimet et consueta praestantes ε)

φυλακῆς καὶ πάλιν μεταγαγεῖν αὐτοὺς ἐκ τῆς (ἐσωτέρας) φυλακῆς. **11,6.** καὶ τοῦτο συνέβη αὐτοῖς εἰς ἀγαθόν. **11,7.** ἄδειαν γὰρ ἔσχον τοῦ φιλολογεῖν καὶ προσεύχεσθαι.

12,2. Ἦλθον δὲ πρὸς αὐτοὺς ὅσοι κατὰ ἀνάγκην ἀπέστησαν πολὺν κλαυθμὸν ποιοῦντες, ὡς καὶ κλαίοντα τὸν Πιόνιον λέγειν·

... καὶ πάλιν <θέλειν> μεταγαγεῖν αὐτοὺς εἰς τὰ ἔμπροσθεν. **11,6.** {{οἱ δὲ ἔμειναν εἰπόντες· Δόξα τῷ κυρίῳ,}} συνέβη γὰρ αὐτοῖς τοῦτο εἰς ἀγαθόν. **11,7.** ἄδειαν ... προσεύχεσθαι {{ἡμέρας καὶ νυκτός}}.

12,1. {{Ὅμως δ' οὖν καὶ ἐν τῇ φυλακῇ πολλοὶ ἤρχοντο πείθειν θέλοντες, καὶ ἀκούοντες αὐτῶν τὰς ἀποκρίσεις ἐθαύμαζον.}} **12,2.** εἰσήεσαν δὲ καὶ ὅσοι κατὰ ἀνάγκην ἦσαν σεσυρμένοι πολὺν κλαυθμὸν ποιοῦντες, {{ὡς μέγα πένθος κατὰ πᾶσαν ἡμέραν ἔχειν αὐτούς, μάλιστα ἐπὶ τοῖς εὐλαβέσι καὶ ἐν καλῇ πολιτείᾳ γενομένοις}} ὡς καὶ κλαίοντα τὸν Πιόνιον λέγειν·

12,1. {{Ὅμως δ' οὖν καὶ ἐν τῇ φυλακῇ πολλοὶ {τῶν ἐθνῶν} ἤρχοντο ... ἐθαύμαζον.}} **12,2.** εἰσήεσαν δὲ καὶ ὅσοι ... σεσυρμένοι {τῶν Χριστιανῶν ἀδελφῶν} πολὺν κλαυθμὸν ποιοῦντες, {{ὡς μέγα πένθος καθ' ἑκάστην ὥραν ἔχειν ... γενομένοις}} ὡς καὶ κλαίοντα τὸν Πιόνιον λέγειν· **10**

12,3. Καινῇ κολάσει κολάζομαι, κατὰ μέλος τέμνομαι ὁρῶν τοὺς μαργαρίτας τῆς ἐκκλησίας ὑπὸ τῶν χοίρων καταπατουμένους καὶ τοὺς ἀστέρας τοῦ οὐρανοῦ ὑπὸ τῆς οὐρᾶς τοῦ δράκοντος εἰς τὴν γῆν συρομένους, τὴν ἄμπελον ἣν ἐφύτευσεν ἡ δεξιὰ τοῦ θεοῦ ὑπὸ τοῦ ὑὸς τοῦ μονιοῦ λυμαινομένην.

πάλιν μεταγαγεῖν **arm**^{W}: πάλιν <θέλειν> μεταγαγεῖν **β** (*praeter* slavM; *coni. Heikel*)   ἐκ τῆς (ἐσωτέρας) φυλακῆς **arm**^{W}: εἰς τὰ ἔμπροσθεν **β**   **11,6** καὶ τοῦτο ... εἰς ἀγαθόν **arm**^{W}: {{οἱ δὲ ... τῷ κυρίῳ,}} συνέβη γὰρ αὐτοῖς (ἡμῖν **η**) τοῦτο εἰς ἀγαθόν **β**   **11,7** φιλολογεῖν] ἀναγιγνώσκειν **arm**^{W} προσεύχεσθαι **arm**^{W}: προσεύχεσθαι {{ἡμέρας καὶ νυκτός}} **β**   **12,1–2** ὅμως ... ἐθαύμαζον et ὡς μέγα πένθος ... γενομένοις *non exhibet* **arm**^{W}, *add.* **β**, προσεύχεσθαι (11,7) *excipitur ab* ἦλθον δὲ πρὸς αὐτούς (12,2) **arm**^{W} **12,1** πολλοί **arm**^{P}: πολλοὶ {τῶν ἐθνῶν} **δ**   **12,2** ἦλθον δὲ πρὸς αὐτούς ... ἀπέστησαν (ἀπ. *Nesselrath*) **arm**^{W}: εἰσήεσαν (εἰσίε- **M**) δὲ καὶ ... ἦσαν σεσυρμένοι **β**   σεσυρμένοι **β**: σεσ. {τῶν Χριστιανῶν ἀδελφῶν} **δ**   κατὰ πᾶσαν ἡμέραν **arm**^{P}: καθ' ἑκάστην ὥραν **δ**   **12,3** καινῇ] κενῇ **M** κατὰ μέλος τέμνομαι **β**: οἳ οἳ (*vel* αἰαῖ) κ. μ. τέμν. **arm**^{W} τῆς οὐρᾶς] δειλοῦ (*ut vid.*, 'an δεινοῦ?' *Kölligan*) **arm**^{W}, *sed cf. Apk* 12,4   συρομένους **arm**^{W}L^S (*coni. Kurtz*): σεσυρμ- **arm**^{P}εslavM (σεσυρωμ- **M**)   τοῦ μονιοῦ **δ**: τῆς ἐρημίας (*ut vid.*) **arm**^{WP}, *sed cf. LXX Ps* 79(80),13/14 (*v. l.*)   λυμαινομένην **arm**^{W}: λυμ. {{καὶ ταύτην ... ὁδόν}} **β**

12,4. τεκνία μου οὓς
πάλιν ὠδίνω ἕως οὗ
ἴδω μορφωθέντα Χρι-
στὸν ἐν ὑμῖν, οἱ τρυ-
φεροί μου ἐπορεύθη-
σαν ὁδοὺς τραχείας.

(*sequitur* 12,11)

(λυμαινομένην) {{καὶ ταύτην
νῦν τρυγῶσι πάντες οἱ παραπο-
ρευόμενοι τὴν ὁδόν}}. **12,4.** τεκνία ...   ... ἕως οὗ
μορφωθῇ Χριστὸς ἐν ὑμῖν, ...

... ὁδοὺς τραχείας.
{{**12,5.** νῦν ἡ Σωσάννα ἐνεδρεύ-
θη ὑπὸ τῶν ἀνόμων πρεσβυτέ-
ρων, νῦν ἀνακαλύπτουσι τὴν
τρυφερὰν καὶ καλήν, ὅπως ἐμ-
πλησθῶσι τοῦ κάλλους αὐτῆς
καὶ ψευδῆ καταμαρτυρήσωσιν
αὐτῆς. **12,6.** νῦν ὁ Ἀμὰν κωθωνίζεται, Ἐσθὴρ δὲ καὶ πᾶσα πόλις
ταράσσεται. **12,7.** νῦν οὐ λιμὸς
ἄρτου οὐδὲ δίψα ὕδατος, ἀλλ' ἡ
τοῦ ἀκοῦσαι λόγον κυρίου. **12,8.**
ἢ πάντως ἐνύσταξαν πᾶσαι αἱ
παρθένοι καὶ ἐκάθευδον; **12,9.**
ἐπληρώθη τὸ ῥῆμα τοῦ κυρίου
Ἰησοῦ· Ἆρα ὁ υἱὸς τοῦ ἀνθρώπου ἐλθὼν εὑρήσει τὴν πίστιν
ἐπὶ τῆς γῆς; **12,10.** ἀκούω δὲ ὅτι
καὶ εἷς ἕκαστος τὸν πλησίον παραδίδωσιν, ἵνα πληρωθῇ τὸ Πα-
ραδώσει ἀδελφὸς ἀδελφὸν εἰς
θάνατον.}}

12,11. ἆρα ἐξῃτήσατο ὁ σατανᾶς ἡμᾶς τοῦ σινιάσαι ὡς τὸν σῖτον·
πύρινον δὲ τὸ πτύον ἐν τῇ χειρὶ τοῦ θεοῦ Λόγου τοῦ διακαθᾶραι τὴν
ἅλωνα. **12,12.** τάχα ἐμωράνθη τὸ ἅλας καὶ ἐβλήθη ἔξω καὶ καταπα-
11 τεῖται. **12,13.** ἀλλὰ μή τις ὑπολάβῃ, τεκνία, ὅτι ἠδυνάτησεν ὁ κύριος
ἀλλ' ἡμεῖς. **12,14.** Μὴ ἀδυνατεῖ γάρ, φησίν, ἡ χείρ μου τοῦ ἐξελέσ-

---

12,4 ἴδω μορφωθέντα Χριστόν **arm**^W: μορφωθῇ Χριστός **β** (*Gal 4,19*)   12,5–10 νῦν ἡ
Σωσάννα ... εἰς θάνατον *non exhibet* **arm**^W: add. **β**   12,6 νῦν ὁ Ἀμὰν ... ταράσσεται *om.*
slav (*homoiarch.*)   12,7 ἀλλ' ἡ (*sc.* δίψα) *Zw.*: ἀλλ' ἢ *edd.*; *cf.* sed audiendi ... fames ac
sitis **L**^S   12,11 ὡς τὸν σῖτον **β**: *om.* **arm**^W; *cf. Lk 22,31*   12,11–12 πύρινον ... ἀνθρώπων
(*sic* δ) *om.* **slav** (*exstat in Ms. Mosc., cf. Abicht apud Gebh. 156sq.*)   12,11 τοῦ Λόγου
arm^WP: τοῦ θεοῦ Λόγου **ML**^S   12,12 καὶ ἐβλήθη ἔξω (*om.* ε, *ut vid.*) καὶ καταπατεῖται
{ὑπὸ τῶν ἀνθρώπων} (ὑπὸ τ. ἀν. *suppl. ex Mt 5,13*) δ: καὶ καταπατεῖται (κ α ὶ ἐβλ. ἔξω *om.*
propter homoiarch.) **arm**^WP

θαι; ἢ ἐβάρυνε τὸ οὖς μου <τοῦ> μὴ εἰσακοῦσαι; ἀλλὰ τὰ ἁμαρτήματα ἡμῶν διϊστῶσιν ἀνὰ μέσον ἡμῶν καὶ τοῦ θεοῦ.

12,15. ἠμελήσαμεν
γὰρ καὶ κατεφρονή-
σαμεν. **12,16.** ἔδει
δὲ ἡμῶν τὴν δικαι-
οσύνην περισσεύειν
πλέον τῶν γραμμα-
τέων καὶ Φαρισαί-
ων.

(*sequitur* 15,1 Ταῦτα
δὲ πάντα, *v. infra*)

12,15. ἠμελήσαμεν γὰρ καὶ
κατεφρονήθημεν, {{ἔνιοι
δὲ ἠνομήσαμεν· ἀλλήλους
δάκνοντες καὶ ἀλλήλους
καταιτιώμενοι ὑπὸ ἀλλή-
λων ἀνηλώθημεν}}. **12,16.**
ἔδει δὲ ... περισσεύειν
μᾶλλον πλέον ... Φαρισαί-
ων.

{{**13,1.** Ἀκούω δὲ ὅτι καὶ
τινας ὑμῶν Ἰουδαῖοι κα-
λοῦσιν εἰς συναγωγάς. διὸ
προσέχετε μή ποτε ὑμῶν
καὶ μεῖζον καὶ ἑκούσιον
ἁμάρτημα ἅψηται, μηδέ τις
τὴν ἀναφαίρετον ἁμαρτίαν
τὴν εἰς τὴν βλασφημίαν
τοῦ ἁγίου πνεύματος ἁμαρ-
τήσῃ. **13,2.** μὴ γίνεσθε ἅμα
αὐτοῖς ἄρχοντες Σοδόμων
καὶ λαὸς Γομόρρας, ὧν αἱ
χεῖρες αἵματος πλήρεις.
ἡμεῖς δὲ οὔτε προφήτας
ἀπεκτείναμεν οὐδὲ τὸν
Χριστὸν παρεδώκαμεν.
13,3. καὶ τί πολλὰ λέγω
ὑμῖν; μνημονεύετε ὧν
ἠκούσατε καὶ νῦν περαίνε-
τε ἃ ἐμάθετε. ἐπεὶ κἀκεῖνο

12,14 μου <τοῦ> *suppl. Gebh.*   ἁμαρτήματα ἡμῶν ... τοῦ θεοῦ **arm**[W]ε (nostra nos a Deo
peccata distinguunt): peccata vestra diviserunt inter vos et Deum (vestrum *add.* **L**[S]) **arm**[P]**L**[S]:
ἁμαρτήματα ὑμῶν διϊστῶσιν ἀνὰ μέσον ἐμοῦ τοῦ θεοῦ καὶ ὑμῶν **slavM**   **12,15** ἠμελήσαμεν γὰρ καὶ κατεφρονήσαμεν (*vel* -θημεν: *ambiguum est in lingua Armenia genus ver-*
bi) **arm**[WP]: ἠμελήσαμεν (ἠδικήσαμεν **η**) γὰρ ἔνιοι δὲ καὶ καταφρονήσαντες **δ**   ἔνιοι ... ἀν-
ηλώθημεν *non exhibet* **arm**[W], *add.* **β** (ἠνομήσαμεν *excidisse videtur in* **arm**[P], *exstat in* **δ**)
12,16 πλέον] μᾶλλον πλέον **M**; *cf. Mt 5,20*   **13,1–14,16** ἀκούω δὲ ὅτι καί (= 12,10) ... ὡς
τέκνα *non exhibet* **arm**[W]: **13,1–14,15** (κρείττονές ἐσμεν) *add.* **β**, **14,16** *add.* **ζ** *vel* **η** (*deest*
slav; v. infra)   **13,2** παρεδώκαμεν] παρ. {καὶ ἐσταυρώσαμεν} **ζ**   **13,3** *post* ἠκούσατε *sen-*
tentiolam καὶ νῦν περαίνετε ἃ ἐμάθετε *exhib.* **arm**[P]**slav**, *om.* **εη** (*homoiotel.*)

ἠκούσατε ὅτι φασὶν οἱ Ἰουδαῖοι· Ὁ Χριστὸς ἄνθρωπος ἦν καὶ ἀνεπαύσατο ὡς βιοθανής. **13,4.** εἰπάτωσαν οὖν ποίου βιοθανοῦς ἀνθρώπου πᾶς ὁ κόσμος μαθητῶν
ἐπληρώθη; **13,5.** ποίου βιοθανοῦς ἀνθρώπου οἱ μαθηταὶ καὶ ἄλλοι μετ' αὐτοὺς τοσοῦτοι ὑπὲρ τοῦ ὀνόματος τοῦ διδασκάλου
αὐτῶν ἀπέθανον; **13,6.** ποίου βιοθανοῦς
ἀνθρώπου τῷ ὀνόματι τοσούτοις ἔτεσι δαι-
μόνια ἐξεβλήθη καὶ ἐκβάλλεται καὶ ἐκβλη-
θήσεται; καὶ ὅσα ἄλλα μεγαλεῖα ἐν τῇ ἐκκλησίᾳ τῇ καθολικῇ γίνεται. **13,7.** ἀγνοοῦ-
σι δὲ ὅτι βιοθανής ἐστιν ὁ ἰδίᾳ προαιρέσει
ἐξάγων ἑαυτὸν τοῦ βίου. **13,8.** λέγουσι δὲ
καὶ νεκυομαντείαν πεποιηκέναι καὶ ἀνηγει-
οχέναι τὸν Χριστὸν μετὰ τοῦ σταυροῦ.
13,9. καὶ ποία γραφὴ τῶν παρ' αὐτοῖς καὶ
παρ' ἡμῖν ταῦτα περὶ Χριστοῦ λέγει; τίς δὲ
τῶν δικαίων ποτὲ εἶπεν; οὐχ οἱ λέγοντες
ἄνομοί εἰσι; πῶς δὲ ἀνόμοις λέγουσι πι-
στεύσῃ τις καὶ οὐχὶ τοῖς δικαίοις μᾶλλον;
14,1. Ἐγὼ μὲν οὖν τοῦτο τὸ ψεῦσμα, ὃ
λέγουσιν ὡς νῦν γεγονός, ἐκ παιδὸς ἡλικίας
ἤκουον λεγόντων Ἰουδαίων. **14,2.** ἔστι δὲ
γεγραμμένον ὅτι ὁ Σαοὺλ ἐπηρώτησεν ἐν
τῇ ἐγγαστριμύθῳ καὶ εἶπεν τῇ γυναικὶ τῇ
οὕτω μαντευομένῃ· Ἀνάγαγέ μοι τὸν Σαμουὴλ τὸν προφήτην. **14,3.** καὶ εἶδεν ἡ γυ-
νὴ ἄνδρα ὄρθιον ἀναβαίνοντα ἐν διπλοΐδι,
καὶ ἔγνω Σαοὺλ ὅτι οὗτος Σαμουήλ, καὶ
ἐπηρώτησε περὶ ὧν ἐβούλετο. **14,4.** τί οὖν;
ἠδύνατο ἡ ἐγγαστρίμυθος ἀναγαγεῖν τὸν
Σαμουὴλ ἢ οὔ; **14,5.** εἰ μὲν οὖν λέγουσιν
ὅτι Ναί, ὡμολογήκασι τὴν ἀδικίαν πλέον
ἰσχύειν τῆς δικαιοσύνης, καὶ ἐπικατάρατοί
εἰσιν. **14,6.** ἐὰν δὲ εἴπωσιν ὅτι Οὐκ ἀνήγα-

13,4 οὖν] οὖν ἡμῖν ζ   **13,4–5** ποίου βιοθ. ἀν. … ἀπέθανον *om.* ε (*homoiarch.*)   **13,4** ποίου
βιοθανοῦς ἀνθρώπου **slav**: ποίου ἀνθρώπου **arm**[P]: si simplex homo mortalis fuit, quomodo
… L[S]: ποίου βιοθανοῦς **M**   **13,5** μετ' αὐτούς] μ. αὐτοῦ **M**   **13,8–14,16** λέγουσι δὲ καὶ
νεκυομαντείαν (-τίαν **M**) … ὡς τέκνα *om.* **slav** (*exstat in Ms. Mosc., cf. Abicht apud Gebh.*
156sq.)

γεν, ἄρα οὖν οὐδὲ τὸν Χριστὸν τὸν κύριον. **14,7.** ἡ δὲ ὑπόδειξις τοῦδε τοῦ λόγου ἐστὶ τοιαύτη. πῶς ἠδύνατο ἡ ἄδικος ἐγγαστρίμυθος ἢ ἐν αὐτῇ δαίμων ἀναγαγεῖν τὴν τοῦ ἁγίου προφήτου ψυχὴν τὴν ἀναπαυομένην ἐν κόλποις Ἀβραάμ; τὸ γὰρ ἔλαττον ὑπὸ τοῦ κρείττονος κελεύεται. **14,8.** οὐκοῦν ὡς ἐκεῖνοι ὑπολαμβάνουσιν ἀνηνέχθη ὁ Σαμουήλ; μὴ γένοιτο. ἀλλ᾽ ἔστι τοιοῦτό τι· **14,9.** παντὶ τῷ ἀποστάτῃ γενομένῳ θεοῦ οἱ τῆς ἀποστασίας παρέπονται ἄγγελοι, καὶ παντὶ φαρμακῷ καὶ μάγῳ καὶ γόητι καὶ μάντει διαβολικοὶ ὑπουργοῦσι λειτουργοί. **14,10.** καὶ οὐ θαυμαστόν· φησὶ γὰρ ὁ ἀπόστολος· Αὐτὸς ὁ σατανᾶς μετασχηματίζεται εἰς ἄγγελον φωτός· οὐ μέγα οὖν εἰ καὶ οἱ διάκονοι αὐτοῦ μετασχηματίζονται ὡς διάκονοι δικαιοσύνης. ἐπεί πως καὶ ὁ ἀντίχριστος ὡς ὁ Χριστὸς φανήσεται. **14,11.** οὐχ ὅτι οὖν ἀνήγαγε τὸν Σαμουήλ, ἀλλὰ τῇ ἐγγαστριμύθῳ καὶ τῷ ἀποστάτῃ Σαοὺλ δαίμονες ταρταραῖοι ἐξομοιωθέντες τῷ Σαμουὴλ ἐνεφάνισαν ἑαυτούς. **14,12.** διδάξει δὲ αὐτὴ ἡ γραφή· λέγει γὰρ δῆθεν ὁ ὀφθεὶς Σαμουὴλ τῷ Σαούλ· Καὶ σὺ σήμερον μετ᾽ ἐμοῦ ἔσῃ. **14,13.** πῶς δύναται ὁ εἰδωλολάτρης Σαοὺλ εὑρεθῆναι μετὰ Σαμουήλ; ἢ δῆλον ὅτι μετὰ τῶν ἀνόμων καὶ τῶν ἀπατησάντων αὐτὸν καὶ κυριευσάντων αὐτοῦ δαιμόνων. ἄρα οὖν οὐκ ἦν Σαμουήλ. **14,14.** εἰ δὲ ἀδύνατον ἦν τὴν τοῦ ἁγίου προφήτου ἀναγαγεῖν ψυχήν, πῶς τὸν ἐν τοῖς οὐρανοῖς Ἰησοῦν Χριστόν, ὃν ἀναλαμβανόμενον εἶδον οἱ μαθηταὶ καὶ ὑπὲρ τοῦ μὴ ἀρνήσασθαι αὐτὸν ἀπέθανον, οἷόν τέ ἐστιν ἐκ γῆς ἀνερχόμενον ὀφθῆναι; **14,15.** εἰ δὲ ταῦτα μὴ δύνασθε ἀντιτιθέναι αὐτοῖς, λέγετε πρὸς

14,7 ἢ ἐν αὐτῇ δαίμων *Zw.*: ἢ δαίμων **arm**^{P}: ἡ δ. *edd.*: vatis mulieris daemon ε: impius daemon, qui in illius mulieris ventre loquebatur **L**^{S} **14,9** καὶ γόητι *om.* **arm**^{P} (*homoiarch.*) **14,13** καὶ τῶν ἀπατησάντων … δαιμόνων *om.* **arm**^{P}ε (*homoiotel.*)   **14,14** ἀδύνατον ἦν] ἀδύνατόν ἐστι **M**

αὐτούς· ὅτι· Ἡμεῖς ὑμῶν
τῶν χωρὶς ἀνάγκης ἐκπορ-
νευσάντων καὶ εἰδωλολα-
τρησάντων κρείττονές ἐσ-
μεν.}}

**12 15,1. Ταῦτα δὲ πάντα καὶ
τούτων πλείονα αὐτοῦ λα-
λήσαντος καὶ ἐπισπουδά-
σαντος αὐτοὺς ἐξελθεῖν ἐκ
τῆς φυλακῆς ἐπέστησαν αὐ-
τοῖς ὁ νεωκόρος Πολέμων
καὶ ὁ ἵππαρχος Θεόφιλος
μετὰ ὄχλου πολλοῦ λέγον-
τες· 15,2. Ἴδε Εὐκτήμων ὁ
προεστὼς ὑμῶν ἐπέθυσεν,
πείσθητε καὶ ὑμεῖς· 15,3.
Πιόνιος εἶπεν· Τοὺς βληθέντας εἰς τὴν φυλακὴν ἀκό-
λουθόν ἐστι περιμένειν τὸν
ἀνθύπατον· τί ἑαυτοῖς τὰ
ἐκείνου μέρη ἐπιτρέπετε;**

(*sequitur* 15,6)

15,1. Ταῦτα δὲ αὐτοῦ λαλήσαντος ...

... μετὰ {{διωγμιτῶν καὶ}}
ὄχλου πολλοῦ λέγοντες·
15,2. ...

... μέρη ἐπιτρέπετε;
{{**15,4.** ἀπῆλθον οὖν πολλὰ εἰπόντες, καὶ πάλιν ἦλθον μετὰ διωγμιτῶν καὶ ὄχλου, καί φησι ὁ ἵππαρχος
δόλῳ· Πέπομφεν ὁ ἀνθύ-
πατος ἵνα εἰς Ἔφεσον ἀπ-
αχθῆτε. **15,5.** Πιόνιος εἶ-
πεν· Ἐλθέτω ὁ πεμφθεὶς
καὶ παραλαβέτω ἡμᾶς. ὁ
ἵππαρχος εἶπεν· Ἀλλὰ
πρίγκιψ ἐστὶν ἀξιόλο-

14,15 ὅτι· Ἡμεῖς ὑμῶν **arm^P**: Nonne vobis ... nos (*sc.* meliores sumus) **L^S**: Ὅπως ἂν ᾖ,
ἡμεῖς ὑμῶν **M**; *de* ε *v. infra et II p. 95^{186}*   χωρὶς ἀνάγκης **M**: nulla necessitate adducti **L^S**:
χωρὶς ἀνάγκης ἑκουσίως **arm^P** (*var. lect.*): sponte ε (*deest* slav); *vide II p. 95^{186}*   **14,16** {καὶ
*μὴ συγκατάθεσθε αὐτοῖς ἐν ἀπογνώσει γενόμενοι, ἀδελφοί, ἀλλὰ τῇ μετανοίᾳ προσμείνατε τῷ
Χριστῷ· ἐλεήμων γάρ ἐστι δέξασθαι πάλιν ὑμᾶς ὡς τέκνα* (sed cf. τεκνία 11,4. 13)} *add.* η
vel ζ (*deest* slav), *vide II p. 95*   **15,1** ταῦτα δὲ πάντα καὶ τούτων πλείονα **arm^W**: ταῦτα δέ β
μετὰ ὄχλου πολλοῦ **arm^W**slav: μετὰ {{διωγμιτῶν καὶ}} ὄχλου πολλοῦ **arm^P**η (Polemon sectatorum turba comitante ε)   **15,2** πείσθητε καὶ ὑμεῖς] π. κ. ὑ. {ἐρωτῶσιν ὑμᾶς Λέπιδος καὶ
Εὐκτήμων ἐν τῷ Νεμεσείῳ} ζ   **15,3** *post* ἐπιτρέπετε *interpolamentum* **15,4–5** *inser.* β
15,4 μετὰ διωγμιτῶν καὶ ὄχλου] μετ’ ὄχλου πολλοῦ **slav**   ὁ ἵππαρχος **arm^P** ε**L^S**: {Θεόφι-
λος} ὁ ἵππαρχος **slav**: {νεωκόρος} ὁ ἵππαρχος **M**   **15,5** ἀξιόλογος {εἰ δὲ οὐ θέλεις, ἄρχων

15,6. καὶ Πολέμων ὀρ-
γισθεὶς ἐπιλαβόμενος
τοῦ τραχήλου ἔπνιξεν
αὐτόν. καὶ ἐκέλευσεν
τοὺς διωγμίτας δῆσαι
αὐτοὺς καὶ ἀγαγεῖν εἰς
τὴν ἀγοράν.

(sequitur 19,1 καὶ προσαχθέντας τῷ ἀνθυπάτῳ, v. infra)

γος·}} 15,6. καὶ ἐπι-
λαβόμενος αὐτοῦ
ἔσφιγξε τὸν τρά-
χηλον καὶ ἐπέδωκε
διωγμίτῃ ὡς μικροῦ
δεῖν αὐτὸν πνῖξαι.
{{15,7. ἦλθον οὖν
εἰς τὴν ἀγοράν καὶ
κράζοντας αὐτοὺς
μεγάλῃ φωνῇ· Χρι-
στιανοί ἐσμεν, καὶ
μὴ βαδίζοντας εἰς τὸ
εἰδωλεῖον εἰσεῖλκον.
τὸν δὲ Πιόνιον ἐξ δι-
ωγμῖται ἐβάσταζον
κατὰ κεφαλῆς ὡς μὴ
δυνάμενοι ὀρθὸν
ἀγαγεῖν αὐτὸν χαμαὶ
ρίπτοντα ἑαυτὸν καὶ
τοῖς γόνασι λακτί-
ζοντα εἰς τὰς πλευ-
ρὰς αὐτῶν. οἱ δὲ
τοὺς πόδας αὐτοῦ
συνέδησαν.

15,7. ἦλθον οὖν εἰς
τὴν ἀγοράν {καὶ οἱ
λοιποὶ καὶ ἡ Σαβῖνα}
καὶ κραζόντων αὐ-
τῶν μεγάλῃ φωνῇ·
Χριστιανοί ἐσμεν
καὶ χαμαὶ ῥιπτόντων
ἑαυτοὺς πρὸς τὸ μὴ
ἀπενεχθῆναι εἰς τὸ
εἰδωλεῖον, ἐξ διωγ-
μῖται τὸν Πιόνιον
ἐβάσταζον … μὴ δυ-
νάμενοι κατέχειν αὐ-
τὸν τοῖς γόνασι λακ-
τίζειν εἰς τὰς πλευ-
ρὰς καὶ τὰς χεῖρας
καὶ τοὺς πόδας αὐ-
τῶν ὀκλάσαι.

εἰμί} δ ({καὶ σὺ μᾶλλον ἐλθὲ πρὸς αὐτόν, εἰ δὲ οὐ θ. ἄ. εἰμί} slav)   15,6 Πολέμων ὀργισθεὶς armᵂ: om. β   ἐπιλαβόμενος τοῦ ἁγίου (τ. ἁ. del. Zw.) τοῦ τραχ. ἔπνιξεν (<μικροῦ δεῖν
ἔπν.> Hutchᴳʳ) αὐτὸν καὶ ἐκέλ. τοὺς διωγμίτας δῆσαι … ἀγοράν armᵂ: ἐπιλαβόμενος αὐτοῦ
οὕτως ἔσφιγξε τὸν τράχ. καὶ παρέδωκε διωγμίτῃ ὡς μικροῦ δεῖν αὐτὸν πνῖξαι armᴾ (ordine
turbato): ἐπιλαβόμενος αὐτοῦ ἔσφιγξε τὸ μαφόριον περὶ τὸν τράχηλον αὐτοῦ καὶ ἐπέδωκε …
πνῖξαι M~slavLˢ (laqueumque collo ipsius inijciens eum ita premebat, ut propemodum suf-
focaret. tradidit igitur illum satellitibus)   εἰς τὴν ἀγοράν excipitur a καὶ προσαχθέντας τῷ
ἀνθυπάτῳ (19,1) armᵂ: interposuerunt capitula spuria 15,7–18,12 (ἦλθον οὖν εἰς τὴν ἀγοράν … ἐπιστηρίζοντες ἑαυτούς) partim β partim δ (18,13–14 add. M, v. infra)   15,7 ἀγοράν armᴾ: ἀγοράν {καὶ … Σαβῖνα} δ   κράζοντας αὐτούς armᴾ: κραζόντων αὐτῶν δ   καὶ
μὴ βαδίζοντας … εἰσεῖλκον (Hutchᴳʳ) armᴾ: καὶ χαμαὶ … εἰδωλεῖον δ   τὸν δὲ Πιόνιον ἐξ
… χαμαὶ ῥίπτοντα ἑαυτόν armᴾ: ἐξ διωγμῖται … κατέχειν αὐτόν δ   δυνάμενοι] -μένους M,
sed v. D. Holwerda apud Bast.   καὶ τοῖς γόνασι λακτίζοντα εἰς τὰς πλευρὰς αὐτῶν armᴾ:
τοῖς γόνασι λακτίζειν εἰς τὰς πλευρὰς … αὐτῶν M: ut eius latera genibus comprimentes ma-
nibusque ac pedibus caedentes vix potuerunt ipsum impellere Lˢ (actione perversa), sim.
slavε (latera eius calcibus verberabant)   οἱ δὲ τοὺς πόδας αὐτοῦ συνέδησαν armᴾ: καὶ τὰς
χεῖρας καὶ τοὺς πόδας αὐτῶν ὀκλάσαι M (cf. Lˢ supra)

16,1. ἤγαγον οὖν αὐτὸν βαστάζοντες καὶ ἔθηκαν χαμαὶ παρὰ
τὸν βωμόν. **16,2.** οἱ προεστῶτες
εἶπον αὐτοῖς· Διὰ τί ὑμεῖς οὐ θύ-
ετε; καὶ εἶπαν· Ὅτι Χριστιανοί
ἐσμεν. **16,3.** Λέπιδος εἶπεν· Ποῖον θεὸν σέβῃ; Πιόνιος εἶπεν·
Τὸν ποιήσαντα τὸν οὐρανὸν καὶ
τὴν γῆν καὶ πάντα τὰ ἐν αὐτοῖς.
16,4. Λέπιδος εἶπεν· Ὁ οὖν
ἐσταυρωμένος ἐστίν; Πιόνιος εἶ-
πεν· Ὃν ἀπέστειλεν ὁ θεὸς ἐπὶ
σωτηρίᾳ τοῦ κόσμου. **16,5.** οἱ δὲ
ἄρχοντες μέγα ἐβόησαν καὶ ὁ
Λέπιδος αὐτῷ κατηράσατο.
16,6. ὁ δὲ Πιόνιος ἐβόα· Θεοσέ-
βειαν αἰδέσθητε, δικαιοσύνην
τιμήσατε, τὸ ὁμοιοπαθὲς ἐπί-
γνωτε, τοῖς νόμοις ὑμῶν κατα-
κολουθήσατε. ἡμᾶς κολάζετε ὡς
μὴ πειθομένους, καὶ ὑμεῖς ἀπει-
θεῖτε· κολάζειν ἐκελεύσθητε, οὐ
βιάζεσθαι.
17,1. Καὶ Ῥουφῖνός τις τῶν ἐν
τῇ ῥητορικῇ διαφέρειν δοκούν-
των εἶπεν· Παῦσαι, Πιόνιε, μὴ
κενοδόξει. **17,2.** ὁ δὲ πρὸς αὐ-
τόν· Αὗταί σου αἱ ἱστορίαι; ταῦ-
τά σου τὰ βιβλία; ταῦτα Σωκράτης ὑπὸ Ἀθηναίων οὐκ ἔπαθεν.

16,1. ἤγαγον οὖν αὐτὸν
... τὸν βωμόν {ᾧ ἔτι
παρειστήκει Εὐκτήμων
εἰδωλολατρικῶς}. **16,2.**
οἱ προεστῶτες ... **16,3.**
Λέπιδος εἶπεν· Ποῖον
θεὸν σέβεσθε; Πιόνιος
... καὶ τὴν γῆν {καὶ τὴν
θάλασσαν} καὶ πάντα
τὰ ἐν αὐτοῖς. **16,4.** Λέπιδος εἶπεν· ...

... οὐ βιά-
ζεσθαι.
17,1 Καὶ Ῥουφῖνός τις
...

16,1 ἤγαγον οὖν αὐτὸν ἀερθέντα βαστάζοντες **arm**[P] (*ut vid.*): abreptum itaque ... portantes
ε: sublatum igitur atque clamantem gestarunt **L**[S]: βοῶντα οὖν ἤγαγον αὐτὸν βαστάζοντες
M(~ **slav**)   βωμόν **arm**[P]: βωμοῦ {ᾧ (ὡς **M**) ἔτι ... εἰδωλολατρικῶς} **δ**   **16,2** οἱ προεστῶτες εἶπον αὐτοῖς **arm**[P]ε (iudices): καὶ ὁ Λέπιδος εἶπεν ζ   οὐ θύετε] οὐ θύτε {Πιόνιε} ζ
καὶ εἶπαν (*malim* εἶπον) **arm**[P]ε: Πιόνιος εἶπεν ζ (οἱ περὶ Πιόνιον εἶπαν **M**)   **16,3** σέβῃ
arm[P]: σέβεσθε **δ**; *cf.* 8,3; 9,6.8   καὶ τὴν γῆν καὶ πάντα τὰ ἐν αὐτοῖς *Zw.*: καὶ τ. γ. καὶ πάντα
arm[P]: καὶ τ. γ. καὶ τὴν θάλασσαν καὶ πάντα τὰ ἐν αὐτοῖς **δ**; *cf.* 8,3; 9,6   **16,5** μέγα ἐβόησαν
arm[P]: μ. βοήσαντες ἀνεγέλασαν ζ   **17,1–4** *altercationem Pionii cum Rufino adulterinam
evicit amplificationem vel fine saec. IV. vel initio saec. V. compositam V. Saxer, Le juste cru-
cifié, Rivista di storia e letteratura religiosa 19, 1983, 207sq. 212*   **17,1** καὶ Ῥουφῖνός τις]
καὶ {πρὸς αὐτὸν} Ῥουφῖνός τις {παρεστώς} **slavM**   διαφέρειν] -ρει **M**   **17,2** ἱστορίαι
arm[P]ε: ῥητορεῖαι ζ

νῦν πάντες Ἄνυτοι καὶ Μέ-
λητοι. **17,3.** ἆρα Σωκράτης
καὶ Ἀριστείδης καὶ Ἀναξαγόρας καὶ οἱ λοιποὶ αὐτῶν ἐκε-
νοδόξουν ὅτι καὶ φιλοσοφίαν
καὶ δικαιοσύνην καὶ καρτερί-
αν ἤσκησαν; **17,4.** ὁ δὲ Ῥου-
φῖνος ἀκούσας οὕτως ἐσιώ-
πησεν.

18,1. Εἷς δέ τις τῶν ἐν ὑπερ-
οχῇ καὶ δόξῃ εἶπεν· Μὴ κρᾶ-
ζε, Πιόνιε. **18,2.** Πιόνιος εἶ-
πεν· Καὶ μὴ βιάζου· πῦρ ἄνα-
ψον καὶ ἑαυτοῖς ἀναβαίνο-
μεν. **18,3.** Τερέντιος δέ τις
ἀνέκραξεν λέγων· Οἴδατε ὅτι
οὗτος καὶ τοὺς ἄλλους ἀνα-
σοβεῖ ἵνα μὴ θύσωσιν; **18,4.**
λοιπὸν οὖν στεφάνους ἐπετί-
θεσαν αὐτοῖς· οἱ δὲ διασπῶν-
τες αὐτοὺς ἀπέρριπτον

18,6. βοῶντες· Χριστιανοί
ἐσμεν. μηδὲ εὑρίσκοντες τὸ
τί ποιήσωσιν αὐτοῖς ἀνέπεμ-

... οὕτως ἐσιώ-
πησεν.
18,1. Εἷς δέ τις ... καὶ δόξῃ
{κοσμικῇ} ...
18,2. ὁ δὲ πρὸς αὐτόν· Καὶ
μὴ βιάζου· ...

18,3. Τερέντιος δέ τις {ἀπὸ
τοῦ ὄχλου} ἀνέκραξεν· Οἴ-
δατε ... θύσωσιν; **18,4.**
λοιπὸν οὖν ... ἀπέρριπτον.
{**18,5.** ὁ δὲ δημόσιος εἰσ-
τήκει τὸ εἰδωλόθυτον κρα-
τῶν· οὐ μέντοι ἐτόλμησεν
ἐγγύς τινος προσελθεῖν,
ἀλλ' αὐτὸς ἐνώπιον πάν-
των κατέφαγεν αὐτὸ ὁ δη-
μόσιος.} **18,6.** κραζόντων
δὲ αὐτῶν· Χριστιανοί ἐσ-
μεν, μὴ εὑρίσκοντες ... ἀν-

νῦν πάντες Ἄνυτοι καὶ Μέλητοι **arm**P: ν. π. ἀνήνυτοι καὶ μελληταί (*quod verbum in marg.*
inf. glossā ὑπερθετικοί, βραδεῖς, ἀργοί *manu secundā adpictā explicatur*) **M**: nunc omnes
sunt imperfecti et cessatores et pigri et tardi atque ignavi **L**S: *de suo aliquid protulit* ε: *om.*
slav; vide II p. 45 17,3 Ἀναξαγόρας *Robert 99:* Ἀνάξαρχος *codd.* οἱ λοιποὶ αὐτῶν **arm**P:
αὐτῶν *om. cett.* ἐκενοδόξουν] ἐκ. {καθ' ὑμᾶς} **M** 17,4 ὁ δὲ ... ἐσιώπησεν *om. slav*
capitula 18,1–4 (Εἷς δέ τις ... ἀπέρριπτον), 6 (βοῶντες ... ἐρράπιζεν αὐτούς), 10 (καὶ οὕτως
εἰσήχθησαν εἰς τὴν φυλακήν), 12 (εἰσελθόντες ... ὁ ἐχθρός) *hyparchetypo* β *tradita, quae*
olim inter se fuerant nexa atque conligata continuatione serieque narrationis, nunc addi-
tamentis 18,5. 7–9. 10b–11. 12b *et* 13–14 *a librariis* δ *et* M (13–14) *intermissis atque sup-*
pletis dirrumpuntur 18,1 καὶ δόξῃ εἶπεν **arm**P: καὶ δόξῃ {κοσμικῇ} εἶπεν δ: καὶ δόξῃ
{κοσμικῇ} {καὶ ὁ Λέπιδος σὺν αὐτῷ (σὺν αὐτῷ *non exhibet* **L**S)} εἶπον **ML**S 18,2 Πιόνιος
εἶπεν **arm**P**slav**: ὁ δὲ πρὸς αὐτόν δ 18,3 ἀπὸ τοῦ ὄχλου *non exhibet* **arm**P, *add.* δ λέγων
armP, *om. rell.; cf. Mk 1,23* 18,4–6 ἀπέρριπτον βοῶντες· Χριστιανοί ἐσμεν **arm**P: ἀπέρριπτον {ὁ δὲ δημόσιος ... ὁ δημόσιος} κραζόντων δὲ αὐτῶν· Χριστιανοί ἐσμεν δ 18,6 μηδέ **arm**P: μή δ

ψαν αὐτοὺς πάλιν εἰς τὴν φυλακήν, καὶ ὁ ὄχλος ἐνέπαιζε καὶ ἐρράπιζεν αὐτούς.

ἔπεμψαν αὐτοὺς ... καὶ ὁ ὄχλος ... ἐρράπιζεν αὐτούς. {**18,7.** καὶ τῇ Σαβίνῃ τις λέγει· Σὺ εἰς τὴν πατρίδα σου οὐκ ἠδύνω ἀποθανεῖν; ἡ δὲ εἶπεν· Τίς ἐστιν ἡ πατρίς μου; ἐγὼ Πιονίου ἀδελφή εἰμι. **18,8.** τῷ δὲ Ἀσκληπιάδῃ Τερέντιος ὁ τότε ἐπιτελῶν τὰ κυνήγια εἶπεν· Σὲ αἰτήσομαι κατάδικον εἰς τὰς μονομάχους φιλοτιμίας. **18,9.** ὁ δὲ Ἀσκληπιάδης πρὸς αὐτόν· Οὐ φοβεῖς με ἐν τούτῳ.}

18,10. καὶ οὕτως εἰσήχθησαν εἰς τὴν φυλακήν.

18,10a. καὶ οὕτως ... τὴν φυλακήν. **18,10b.** {καὶ <u>εἰσιόντι</u> τῷ Πιονίῳ εἰς τὴν φυλακὴν εἷς τῶν διωγμιτῶν ἔκρουσε κατὰ τῆς κεφαλῆς μεγάλως ὥστε τῇ αὐτῇ κρούσει **18,11.** καὶ τὰ πλευρὰ καὶ αἱ χεῖρες ἐφλέγμαναν.} **18,12.** <u>εἰσελθόντες δὲ</u> ... ἀβλαβεῖς ... ἐχθρός. {**18,12b.** καὶ διετέλουν ἐν ψαλμοῖς καὶ εὐχαῖς ἐπιστηρίζοντες ἑαυτούς.}

18,12. <u>εἰσελθόντες δὲ</u> ἐδόξασαν τὸν θεὸν ὅτι ἔμειναν ἐν ὀνόματι Χριστοῦ βέβαιοι καὶ οὐκ ἐκράτησεν αὐτῶν ὁ ἐχθρός.}}

---

post ἐρράπιζεν αὐτούς *immisit spuria capitula* **18,7–9** καὶ τῇ Σαβίνῃ ... φοβεῖς με ἐν τούτῳ **δ**   **18,8** τῷ δὲ Ἀσκληπιάδῃ ... τοῦ υἱοῦ μου *om.* **slav** (*homoiarch.: sequitur* 9 ὁ δὲ Ἀσκληπιάδης)   φιλοτιμίας **δ**: φιλοτ. {τοῦ υἱοῦ μου} **ML**[S]   **18,9–10** ὁ δὲ Ἀσκληπιάδης ... φυλακήν[1] *om.* **ε**   **18,10**[b]**–11** καὶ εἰσιόντι ... ἀναπνεῖν (*vide infra* ζ) *non exhibet* **arm**[P], *add.* **δ** *et* **ζ**   ὥστε τῇ αὐτῇ κρούσει καὶ τὰ πλευρὰ καὶ αἱ χεῖρες ἐφλέγμαναν **ε** (= **δ**): ὥστε τραυματίσαι αὐτόν· ὁ δὲ ἡσύχασεν. αἱ χεῖρες δὲ τοῦ πατάξαντος αὐτὸν καὶ τὰ πλευρὰ ἐφλέγμαναν ὥστε μόλις αὐτὸν ἀναπνεῖν **ζ**   **18,12** βέβαιοι **arm**[P]**L**[S] (fortes constantesque – ἐν ὀνόματι Χριστοῦ *omiss.*): ἀβλαβεῖς **slavM**   **18,12b** {καὶ διετέλουν ἐν ψαλμοῖς καὶ εὐχαῖς ἐπιστηρίζοντες ἑαυτούς} *non exhibet* **arm**[P], *add.* **δ** (<οὐδὲ Εὐκτήμων ὁ ὑποκριτής.> καὶ διετέλουν ... ἑαυτούς) **M**   **18,13–14** {ἐλέγετο δὲ μετὰ ταῦτα ὅτι ἠξίωκε ὁ Εὐκτήμων ἀναγκασθῆναι ἡμᾶς, καὶ ὅτι αὐτὸς ἀπήνεγκε τὸ οἴδιον εἰς τὸ Νεμεσεῖον, ὃ καὶ μετὰ φαγεῖν ἐξ αὐτοῦ ὀπτηθὲν ἠθέλησεν ὅλον εἰς τὸν οἶκον ἀποφέρειν. 14. ὡς ἐγκαταγέλαστον αὐτὸν διὰ τὴν ἐπιορκίαν γενέσθαι, ὅτι ὤμοσε τὴν τοῦ αὐτοκράτορος τύχην καὶ τὰς Νεμέσεις στεφανωθεὶς μὴ εἶναι Χριστιανὸς μηδὲ ὡς οἱ λοιποὶ παραλιπεῖν τι τῶν πρὸς τὴν ἐξάρνησιν.} *non exhibent* **arm**[P]**εL**[s]**slav**, *add.* **M**   **18,13** μετὰ <τὸ> φαγεῖν *Knopf*   μὴ εἶναι] μεῖναι **M**

19,1. Καὶ προσαχθέντας τῷ ἀνθυπάτῳ κατήπειγον ἐπιθύειν τῷ μεγάλῳ Διί, ὃν βασιλέα πάντων τῶν θεῶν ἐκάλουν. **19,2.** ὁ δὲ Πιόνιος μεγάλῃ τῇ φωνῇ βοήσας εἶπεν· Τὴν πίστιν ἐκδεξάμενοι πιστεύομεν εἰς τὸν Χριστόν. **19,3.** τὸν θεὸν πατέρα σέβομεν θύοντες, τὸν ποιήσαντα τὰ πάντα ἐκ τοῦ μηδενός.

(*sequitur* **20,1** Ὁ δ᾽ ἀνθύπατος)

13

19,1ᵇ. Μετὰ δὲ οὐ πολλὰς ἡμέρας ἦλθεν ὁ ἀνθύπατος ὡς ἔθος ἦν τότε εἰς τὴν Σμύρναν, καὶ προσαχθεὶς ὁ Πιόνιος ἐμαρτύρησε, γενομένων ὑπομνημάτων τῶν ὑποτεταγμένων. **19,2ᵇ.** καὶ λοιπὸν ὁ ἀνθύπατος ἐπηρώτησε αὐτὸν εἰπών· Τίς λέγῃ; ἀπεκρίθη· Πιόνιος. **19,3ᵇ.** ὁ δὲ ἀνθύπατος εἶπεν· Ἐπιθύεις; ἀπεκρίνατο· Οὔ. **19,4.** ὁ ἀνθύπατος ἐπηρώτησεν· Ποίαν θρησκείαν ἢ αἵρεσιν ἔχεις; ἀπεκρίνατο· Τῶν καθολικῶν. **19,5.** ἐπηρώτησε· Ποίων καθολικῶν; ἀπεκρίνατο· Τῆς καθολικῆς ἐκκλησίας εἰμὶ πρεσβύτερος. **19,6.** ὁ ἀνθύπατος· Σὺ εἶ ὁ διδάσκαλος αὐτῶν; ἀπεκρίνατο· Ναί, ἐδίδασκον. **19,7.** ἐπηρώτησε· Τῆς μωρίας διδάσκαλος ἧς; ἀπεκρίθη· Τῆς θεοσεβείας. **19,8.** ἐπηρώτησε· Ποίας θεοσεβείας; ἀπεκρίθη· Τῆς εἰς τὸν θεὸν πατέρα τὸν ποιήσαντα τὰ πάντα. **19,9.** ὁ ἀνθ-

---

19,1–3 (καὶ προσαχθέντας ... ἐκ τοῦ μηδενός) **armᵂ**: **19,1ᵇ–13** (μετὰ δὲ ... πάντων τῶν θεῶν) **armᴾ**(= β)   **19,1ᵇ** μετὰ δὲ οὐ πολλὰς ἡμέρας **armᴾ** (<οὐ> *add. Zw.*): post paucos dies ε: οὐ πολλαὶ διῆλθον ἡμέραι **men**: μετὰ δὲ ταῦτα ζ   ὡς ἔθος ἦν τότε **armᴾε** (ut mos erat): *om.* ζ   ἐμαρτύρησε ... ὑποτεταγμένων **M**(~**armᴾ**)] martyrio coronatus est. quemadmodum autem res transacta sit, commemorabimus **Lˢ**: ἐμ. γεν. ὑπομν. <ὑπὸ> τῶν ἐπιτεταγμένων *Gebh.*: *om.* **eslav**   **19,2** {ἅγιος} Πιόνιος **armᵂ**   **19,2ᵇ** καὶ λοιπὸν ὁ ἀνθύπατος ἐπηρώτησε αὐτὸν εἰπών **armᴾ** : (proconsul ...) oblatumque Pionium sic coepit audire ε: proconsul {sedens pro tribunali} interrogare coepit **slav**: {ante quartum Idus Martij Quintilianus} proconsul {sedens pro tribunali} sic interrogavit **Lˢ**: {πρὸ τεσσάρων εἰδῶν Μαρτίων} {καθεσθεὶς (*corr. edd. ex* καθεσθέντος) πρὸ βήματος} {Κυντιλλιανὸς} ἀνθύπατος ἐπηρώτησε **M**; *vide II p. 49sq.*   **19,3** τὸν θεὸν πατέρα *Zw.*: τὴν ἁγίαν Τριάδα, τὸν πατέρα καὶ τὸν υἱὸν καὶ τὸ πνεῦμα ἅγιον **armᵂ**; *cf. 19,8*   **19,4–5** Τῶν καθολικῶν. ἐπηρώτησε· Ποίων καθολικῶν; ἀπεκρίνατο *om.* **armᴾslav** (*homoiotel.*)

ὕπατος εἶπεν· Θῦσον.
ἀπεκρίνατο· Οὔ, τῷ
γὰρ θεῷ εὔχεσθαί με
δεῖ. **19,10.** ὁ δὲ λέγει·
Πάντες τοὺς θεοὺς σέ-
βομεν καὶ τὸν οὐρανὸν
καὶ τοὺς ὄντας ἐν τῷ
οὐρανῷ θεούς. τί τῷ
ἀέρι προσέχεις; θῦσον
αὐτοῖς. **19,11.** ἀπεκρί-
θη· Οὐ τῷ ἀέρι προσέ-
χω ἀλλὰ τῷ ποιήσαντι
τὸν ἀέρα καὶ τὸν οὐ-
ρανὸν καὶ τὴν γῆν καὶ
πάντα τὰ ἐν αὐτοῖς.
19,12. ὁ ἀνθύπατος εἶ-
πεν· Εἰπόν, τίς ἐποίη-
σεν; ἀπεκρίνατο· Οὐκ
ἔξεστιν εἰπεῖν. **19,13.**
ὁ ἀνθύπατος εἶπεν·
Οἶδα ὅτι θεὸς Ζεύς, ὃς
ἐν οὐρανῷ ἐστίν, καὶ
ἄλλοι θεοὶ καὶ θεαί.
ἄρα οὖν θῦσον Διί, ὅτι
βασιλεύς ἐστι πάντων
τῶν θεῶν.

20,1ᵇ. Ὁ δὲ ἐσιώπη-
σεν· <εἶτ' ὁ ἀνθύπατος
κρεμασθῆναι αὐτὸν
καὶ βασανισθῆναι ἐκέ-
λευσεν> ἐν τῷ ξύ-

(ε, vide infra; de δ
non liquet)

20,1ᵇ. Cumque tacu-
isset, proconsul eum
iussit appendi et,
quod verbis non
poterat, voluit extor-

14 20,1. Ὁ δὲ ἀνθύπατος
ἐκέλευσεν δῆσαι τὸν
Πιόνιον καὶ βασανί-
ζειν ὄνυξιν σιδηροῖς.
καὶ κρεμασθεὶς ἐκ

19,9 Οὔ *om.* **arm**ᴾ   **19,10** τί] ἢ *Schw. 21*   θῦσον αὐτοῖς **arm**ᴾ: θ. αὐτῷ *rell.*   **19,11** καὶ τὸν οὐρανὸν καὶ τὴν γῆν καὶ πάντα τὰ ἐν αὐτοῖς *om.* ε   καὶ τὴν γῆν *om.* ζ, *sed cf. 8,3; 9,6*   **19,13** Οἶδα … βασιλεύς ἐστι … θεῶν **arm**ᴾ: *necesse est te Iovem dicere qui in caelo est, cum quo dii deaeque omnes sunt. ergo sacrifica illi qui est deorum omnium caelique regnator* ε: πάντως ὁ θεός, τουτέστιν ὁ Ζεύς, ὅς ἐστιν ἐν τῷ οὐρανῷ. βασιλεὺς γάρ ἐστι πάντων τῶν θε-ῶν ζ   **20,1–6** (Ὁ δ' ἀνθύπατος … ζῶν καήσῃ) **arm**ʷ (*omissis capit. 3–4 propter homoi-arch.* 'ὁ ἀνθύπατος', *quae ex* ε *et* ζ *suppl. Zw.*); *locus varie et a Ps.-Pionio* (β) *et a librariis recentioribus mutatus talem in* ε *habet formam, ut de* δ *nihil certi asseri possit*   **20,1ᵇ** Ὁ δὲ ἐσιώπησεν <εἶτ' ὁ ἀνθύπατος κρεμασθῆναι αὐτὸν καὶ βασανισθῆναι ἐκέλευσεν> ἐν τῷ ξύλῳ εἶπεν αὐτῷ θῦσον ἀπεκρίνατο οὔ **arm**ᴾ (*om.* <εἶτ' ὁ ἀνθύπατος … ἐκέλευσεν> *propter ho-moiotel.* '-ησεν/-λευσεν', *suppl. Zw. ex* ε, *vide supra*): σιωπῶντι δὲ τῷ Πιονίῳ καὶ κρεμασ-θέντι ἐλέχθη· Θύεις; ἀπ. οὔ ζ

σκόλοπος ηὔξατο καὶ τὸν θεὸν ἐδόξασεν. 20,2. ὁ ἀνθύπατος εἶπεν· Μετανόησον καὶ θῦσον· τί ὑπερηφανεῖς; Πιόνιος εἶπεν· Οὐχ ὑπερηφανῶ, ἀλλὰ πιστεύω εἰς τὸν θεὸν τὸν ζῶντα· τούτῳ θύω, καὶ οὐ τοῖς ψευδέσι θεοῖς οὐδὲ τοῖς πεποικιλμένοις καὶ βδελυκτοῖς εἰδώλοις. 20,3. = 3^b. ὁ ἀνθύπατος· <Ἄλλοι πολλοὶ ἔθυσαν καὶ ἀποτρέψαντες τοὺς βασάνους ζῶσι καὶ τοῦ φωτὸς ἀπολαύουσιν· θῦσον. ἀπεκρίνατο· Οὐ θύω. 20,4. = 4^b. ὁ ἀνθύπατος εἶπεν· Ἐπερωτηθεὶς λόγισαί τι παρὰ σεαυτῷ καὶ μετανόησον. ἀπεκρίνατο· Οὔ. 20,5. ὁ ἀνθύπατος·> Σπεύδεις ἐπὶ θάνατον; Πιόνιος· Σπεύδω. ὁ ἀνθύπατος· Διὰ τί; Πιόνιος· Τῷ παροδικῷ θανάτῳ τούτῳ ἀπὸ τοῦ αἰωνίου σώζομαι. 20,6. ὁ ἀνθύπατος εἶπεν· Ἐπεὶ οὖν σπεύδεις ἐπὶ θάνατον, ζῶν καήσῃ.

λῳ. εἶπεν αὐτῷ· Θῦσον. ἀπεκρίνατο· Οὔ. 20,2^b. μακρὰν δὲ καταξανθέντι εἶπεν· Μετανόησον, ἄνθρωπε· τί ὑπερηφανεῖς; ὁ δὲ ἀπεκρίνατο εἰπών· Οὐχ ὑπερηφανῶ, ἀλλὰ ζῶντα θεὸν φοβοῦμαι. 20,3^b. ὁ ἀνθύπατος· <Ἄλλοι πολλοὶ ἔθυσαν καὶ ἀποτρέψαντες τοὺς βασάνους ζῶσι καὶ τοῦ φωτὸς ἀπολαύουσιν· θῦσον. ἀπεκρίνατο· Οὐ θύω. 20,4^b. ὁ ἀνθύπατος εἶπεν· Ἐπερωτηθεὶς λόγισαί τι παρὰ σεαυτῷ καὶ μετανόησον. ἀπεκρίνατο· Οὔ. 20,5^b. ὁ ἀνθύπατος· Τί σπεύδεις ἐπὶ τὸν θάνατον; ἀπεκρίνατο· Οὐκ ἐπὶ τὸν θάνατον ἀλλ᾽ ἐπὶ τὴν ζωήν. 20,6^b. ὁ ἀνθύπατος> εἶπεν· Οὐ μέγα πρᾶγμα ποιεῖς σπεύδων ἐπὶ τὸν θάνατον.

quere tormentis. Postea ergo quam coepit subiicere suppliciis, ait proconsul: Sacrifica. Ille respondit: Minime. 20,2^b/3^b. Rursus proconsul: Multi sacrificaverunt declinantesque tormenta luce potiuntur: sacrifica. Non sacrifico, ille respondit. 20,4^b. Rursus proconsul: Non penitus? Respondit ille: Minime. 20,5^b. Rursus proconsul: Quid tantum elatus ad mortem nescio qua festinatione festinas? facito quod iuberis. Ille respondit: Non sum elatus; sed aeternum Deum timeo. 20,6^b. Rursus proconsul: Quid dicis? sacrifica. Ille re-

---

20,2 πεποικιλμένοις *Hutch*^{Gr} **20,2^b** μακρὰν δὲ καταξανθέντι εἶπεν **arm^P**: πάλιν βασανισθέντι αὐτῷ ὄνυξιν ἐλέχθη ζ   ἄνθρωπε τί ὑπερηφανεῖς ὁ δὲ ἀπεκρίνατο εἰπών **arm^P**: διὰ τί ἀπονενόησαι ἀπεκρίνατο ζ (διὰ τί ἀπονενόησαι *om.* **slav**)   οὐχ ὑπερηφανῶ **arm^P**: οὐκ ἀπονενόημαι ζ   **20,3^b**–6 ἄλλοι πολλοὶ … ὁ ἀνθύπατος *om.* **arm^P** (γ) *propter homoiarch.* ‘ὁ ἀνθύπατος’, *ex* ζ *suppl. Zw.*   **20,3^b** καὶ ἀποτρέψαντες … ζῶσι καὶ … ἀπεκρίνατο **arm^P**: καὶ ζῶσι καὶ σωφρονοῦσιν ἀπεκρίνατο ζ   **20,4^b**–5^b εἶπεν … ὁ ἀνθύπατος *om.* **slav** *propter homoiarch.* ‘ὁ ἀνθύπατος’   **20,5** παροδικῷ *Hutch*^{Gr} **20,5^b** ὁ ἀνθύπατος τί σπεύδεις **arm^P**: ἐλέχθη αὐτῷ τί σπ. ζ   **20,6** ὁ ἀνθύπατος εἶπεν **slav**: {Κυντιλλιανὸς} ὁ ἀνθύπατος εἶπεν **η**, *vide II p. 6. 78^{131}*

καὶ γὰρ οἱ ἀπο-
γραφόμενοι ἐ-
λαχίστου ἀργυ-
ρίου πρὸς τὰ θη-
ρία θανάτου κα-
ταφρονοῦσι, καὶ
σὺ εἷς ἐκείνων
εἶ. ἐπεὶ οὖν
σπεύδεις ἐπὶ τὸν
θάνατον, ζῶν
καήσῃ. {{20,7.
καὶ γράψαντος
τοῦ νοταρίου τὸ
ψήφισμα ἀνε-
γνώσθη Ῥωμαϊ-
στί· ἔδοξεν
προστάξαι Πιό-
νιον ἑαυτὸν ὁ-
μολογήσαντα εἶ-
ναι Χριστιανὸν
ζῶντα καῆ-
ναι.}}

**15 21,1. Εὐθὺς
δὲ ἀπελθὼν
μάλα ἡδέως
εἰς τὸ στά-
διον**

(*sequitur* παρέ-
δωκεν ἑαυτὸν)

21,1a. Εὐθὺς δὲ
ἀπῆλθεν εἰς τὸ
στάδιον μετὰ
χαρᾶς μεγάλης
21,1b. {{καὶ
πλήρης πίστεως
καὶ ἀφιξάμενος
εἰς τὸν τόπον
αὐτὸς ἀπεδύσα-
το. **21,2a.** καὶ
κατανοήσας τὸ
ἁγνὸν καὶ εὔ-
σχημον τοῦ σώ-

spondit: Audisti me Deum vivum timere. Rursus proconsul: Sacrifica
diis. Non possum, ille respondit.
Post hanc beati martyris fixam firmamque sententiam proconsul diu
habitis cum consiliatore sermonibus
rursus ad Pionium verba convertit:
Perstas in proposito et paenitentiam
nec sero testaris? Ille respondit: Minime. Rursus proconsul: Habebis liberam potestatem, quid te facere expediat, maiore consilio et longa deliberatione metiri. Ille respondit: Minime. Tunc proconsul: Quoniam festinas ad mortem, vivus es passurus
incendium. {20,7. Et recitari iussit
ex tabula: Pionium, sacrilegae virum
mentis, qui se Christianum esse confessus est, ultricibus flammis iubemus incendi, ut et hominibus metum faciat et diis tribuat ultionem.}

δ

21,1. Ἀπελθόντος δὲ αὐτοῦ μετὰ
σπουδῆς εἰς τὸ στάδιον διὰ τὸ πρόθυμον τῆς πίστεως καὶ ἐπιστάντος
τοῦ κομενταρησίου ἑκὼν ἀπεδύσατο.

21,2a. εἶτα κατανοήσας …

καὶ γὰρ οἱ ἀπογραφόμενοι … ἐκείνων εἶ *om.* **slav**   **20,7** *non exhibet* **arm**[W], *add.* **β**   καὶ
γράψαντος … ἀνεγνώσθη **arm**[P]: καὶ ἔγραψαν εἰς πίνακα **slav**: καὶ ἀπὸ πινακίδος ἀνεγνώσθη
η   ἔδοξεν προστάξαι Πιόνιον … καῆναι **arm**[P]: Πιόνιον ἑαυτὸν ὁμολ. … ζῶντα καῆναι
προσετάξαμεν **ζ**   **21,1.** 2b–4. 6–9 (Εὐθὺς … τὴν ψυχήν) **arm**[W]: 21,1a–9[b] *exhibet* **β** (**arm**[P])
additis cap. 1b–2a *et* 5   **21,1** (*vel* **1a**) ἀπελθὼν μάλα ἡδέως εἰς τὸ στάδιον] ἀπῆλθεν εἰς τὸ
στάδιον μετὰ χαρᾶς μεγάλης **β** (*de mutata in* **δ** *textus forma vide dextram columnam*)
21,1b–2a {{καὶ πλήρης … ἐπὶ τοῦ ξύλου καί}} *add.* **β** (*cf. actCarp 44*)

ματος ἑαυτοῦ πολλῆς
ἐπλήσθη χαρᾶς, ἀνα-
βλέψας δὲ εἰς τὸν οὐρα-
νὸν καὶ εὐχαριστήσας
τῷ τοιοῦτον αὐτὸν δια-
τηρήσαντι θεῷ ἥπλωσεν
ἑαυτὸν ἐπὶ τοῦ ξύλου

21,2b. παρέδωκεν ἑαυ- καὶ}} **21,2b.** παρέδωκε
τὸν τῷ δημοσίῳ <u>καθη-</u> τῷ στρατιώτῃ πεῖραι
<u>λωθῆναι</u>. **21,3. καὶ ὁ** τοὺς ἥλους. **21,3.** <u>καθη-</u> **21,3.** <u>καθηλωθέν-</u>
πολὺς ὄχλος ἀναβοή- <u>λωθέντι</u> δὲ αὐτῷ ὁ ὄχ- <u>τι</u> ...
σας εἶπεν· Μετανόη- λος ἀναβοήσας ...
σον, Πιόνιε, καὶ ἀρθή-
σονταί σου οἱ <u>ἦλοι</u>. ... ἦλοι.
21,4. Πιόνιος εἶπεν· **21,4.** ὁ δὲ ἀπεκρίθη· Οὐ **21,4.** ... ὅτι ἔνει-
Οὐδ' αἰσθάνομαι ὅτι γὰρ ᾐσθόμην ὅτι ἔνεισι. σι. {καὶ συννοή-
ἦλοι ἔνεισι. σας ὀλίγον εἶπεν·
Διὰ τοῦτο σπεύ-
δω ἵνα θᾶττον
ἐγερθῶ, δηλῶν
τὴν ἐκ νεκρῶν
ἀνάστασιν.}

{{**21,5.** εἶτα ἀνώρθω- {{**21,5.** ἀνώρθωσαν <u>τὸν Πιόνιον</u> καὶ τὸν σαν οὖν αὐτὸν
πρεσβύτερον <u>Μητρόδω-</u> {ἐπὶ τοῦ ξύλου,
<u>ρον.</u>}} καὶ λοιπὸν μετὰ
ταῦτα} καὶ πρεσ-
βύτερόν τινα Μη-
τρόδωρον.}}

21,6. ἔτυχεν δὲ <u>τὸν μὲν</u> **21,6ᵇ.** ἔτυχεν δὲ τὸν μὲν **21,6ᵇ.** ἔτυχεν δὲ
<u>Πιόνιον ἐν τῷ μέσῳ</u> Πιόνιον ἐκ δεξιῶν, <u>τὸν</u> ...
καθηλωθῆναι ἐπὶ ξύ- <u>δὲ Μητρόδωρον</u> ἐξ ἀρι-
λου, <u>τὸν δὲ Λίμνον</u> στερῶν, πλὴν ἀμφότε-

21,2b–4 *vide columnas* **21,3** ὁ πολύς ὄχλος ἀναβοήσας εἶπεν **arm**^WP (πολύς *om.* **arm**^Pε,
sc. populus inquit; *hinc* δῆμος *Schw.* 22): πάλιν ὁ δημόσιος εἶπεν ζ **21,4** οὐδ' ὁπωστιοῦν
αἰσθάνομαι (οὐδ' ᾐσθόμην **arm**^P) ὅτι ἦλοι ἔνεισι (ὅτι ποτὲ ἐνῆσαν **arm**^P) **arm**^WP: sensi enim
vulnera vel utrum sim fixus intellego ε: ᾐσθόμην γὰρ ὅτι οὐδέν εἰσι (*an ex* οὐδ' ἔνεισι?)
slav: ᾐσθόμην γ. ὅτι ἔν. **η** *post* ἔνεισι *add.* καὶ συννοήσας ... ἀνάστασιν δ **21,5** (εἶτα)
ἀνώρθωσαν ... Μητρόδωρον *non exhibet* **arm**^W: *add.* β, *mutav.* δ *post* Μητρόδωρον *add.*
τῆς αἱρέσεως τῶν Μαρκιωνιστῶν ζ **21,6/6ᵇ** ἔτυχεν ... ἐξ ἀριστερῶν **arm**^W: ἔτυχεν ... πρὸς
ἀνατολάς β **21,6** Λίμνον *Zw.*: Ζέμινον **arm**^W (*vide ad 2,1*) **21,6ᵇ** ἀριστερῶν <ἑστάναι>
Schw. 22

πρεσβύτερον ἐκ δεξι-
ῶν, τὸν δὲ Ἀσκληπιά-
δην ἐξ ἀριστερῶν.
21,7. προσενεγκάντων
δὲ αὐτῶν τὴν ὕλην
καὶ τὰ ξύλα κύκλῳ
περισωρευσάντων τε
καὶ ἀναψάντων ὁ μὲν
Πιόνιος συνέκλεισε
τοὺς ὀφθαλμοὺς ὥστε
τὸν ὄχλον ὑπολαβεῖν
ὅτι ἀπέπνευσεν. 21,8.
ὁ δὲ κατὰ τὸ ἀπόρρη-
τον εὐχόμενος ἐλθὼν
ἐπὶ τὸ τέλος τῆς εὐχῆς
ἀνέβλεψεν 21,9. γεγη-
θότι προσώπῳ ἐν μέ-
σῳ τοῦ πυρὸς καὶ εἶπε
τὸ ἀμήν. γλυκεῖαν δὲ
ὀσμὴν ἐκπνεύσας ὡς
σιτίου γλυκέος οὕτως
διέβη καὶ ἀπέπνευσε
λέξας· Κύριε Ἰησοῦ,
δέξαι μου τὴν ψυχήν.

(*sequitur* 22,2 Μετὰ δέ)

ροι ἔβλεπον πρὸς
ἀνατολάς.

21,7. προσενεγκάντων
δὲ ...

... ἀνέβλε-
ψεν **21,9ᵇ**. γεγηθότι
προσώπῳ ἐν μέσῳ
τοῦ πυρός· εἶτα τὸ
ἀμὴν εἰπὼν ἀπόνως
ἀπέπνευσε ὡς τὸ μετὰ
τὴν γεῦσιν γλυκέος
σιτίου ὑπολειφθὲν ἐκ-
πνέων {{καὶ παρακα-
ταθήκην ἔδωκε τὸ
πνεῦμα τῷ πᾶν αἷμα
καὶ πᾶσαν ψυχὴν ἀδί-
κως κατακριθεῖσαν
ἐπαγγειλαμένῳ φυλά-
ξαι}} λέξας· Κύριε,
δέξαι μου τὴν ψυχήν.

21,7. προσενεγκάν-
των δὲ ...

ζ

... ἀνέβλε-
ψεν. **21,9ᵇ**. ἤδη δὲ
τῆς φλογὸς αἰρομέ-
νης γεγηθότι προσ-
ώπῳ τελευταῖον εἰ-
πὼν τὸ ἀμὴν καὶ λέ-
ξας· Κύριε, δέξαι
μου τὴν ψυχήν, ὡς
ἐρευγόμενος ἡσύχως
καὶ ἀπόνως ἀπέ-
πνευσε {{καὶ παρα-
καταθήκην ἔδωκε τὸ
πνεῦμα τῷ πᾶν αἷμα
καὶ πᾶσαν ψυχὴν
ἀδίκως κατακριθεῖ-
σαν ἐπαγγειλαμένῳ
φυλάξαι.}}

21,7 τε καὶ ἀναψάντων **arm**ᵂᴾ(ε): *om.* ζ   **21,8–9/9ᵇ** ἀνέβλεψεν γεγηθότι ... τοῦ πυρός (π.
{φλεγομένου} **arm**ᴾ) **arm**ᵂᴾε: ἀνέβλεψεν. ἤδη δὲ τῆς φλογὸς αἰρομένης (γεγηθότι προσώπῳ
... εἰπών) ζ   **21,9/9ᵇ** καὶ εἶπεν τὸ ἀμήν **arm**ᵂ: εἶτα (*et* ε) τὸ ἀμὴν εἰπών **arm**ᴾε:
{τελευταῖον} εἰπὼν τὸ ἀμήν ζ   γλυκεῖαν δὲ ὀσμὴν ἐκπνεύσας ὡς ... ἀπέπνευσε **arm**ᵂ:
ἀπόνως ἀπέπνευσε ὡς ... ἐκπνέων **arm**ᴾ: an   quasi eructaret evomuit ε: ὡς ἐρευγόμενος
ἡσύχως καὶ ἀπόνως ἀπέπνευσε ζ   *sancti Stephani logion* (λέξας ... ψυχήν, *v. Apg 7,59*) *ut
clausulam narrationis serv.* **arm**ᵂᴾε: καὶ λέξας ... ψυχήν *post* εἰπὼν τὸ ἀμὴν *transpos.*
ζ   Κύριε Ἰησοῦ **arm**ᵂ (*cf. Apg 7,59*): Κύριε β   καὶ παρακαταθήκην ... φυλάξαι *non exhibet*
armᵂ: *add.* β   πνεῦμα τῷ] πν. {τῷ πατρί} τῷ η; *vide II p. 60sqq.*

δ

{{**22,1b.** Ἀεὶ οὖν τὴν ὁσίαν γνώμην ἔχων τεταμένην εἰς θεὸν παντοκράτορα καὶ εἰς τὸν μεσίτην θεοῦ καὶ ἀνθρώπων Ἰησοῦν Χριστὸν τὸν κύριον ἡμῶν, κατηξιώθη τὸν μέγαν ἀγῶνα νικήσας διελθεῖν διὰ τῆς στενῆς θύρας εἰς τὸ πλατὺ φῶς. **22,1c.** ἐσημάνθη δὲ αὐτοῦ ὁ στέφανος καὶ διὰ τοῦ σώματος.}} **22,2.** μετὰ γὰρ τὸ κατασβεσθῆναι τὸ πῦρ τοιοῦτον αὐτὸν εἶδον πάντες οἱ παραγενόμενοι ὁποῖόν τε τὸ σῶμα ἀκμάζοντος ἀθλητοῦ ἀπὸ τοῦ ἀγῶνος ἐπανερχομένου.

22,1a. {Τοιοῦτον βίον διανύσας ὁ μακάριος Πιόνιος ἀμώμητον ἀνέγκλητον ἀδιάφθορον}, {{ἀεὶ τὴν γνώμην ... κύριον ἡμῶν, τοιούτου κατηξιώθη τέλους, καὶ τὸν μέγαν ... διῆλθε διὰ ... τὸ πλατὺ καὶ μέγα φῶς. **22,1c.** ἐσημάνθη ...

... σώματος.}} **22,2.** μετὰ **16** γὰρ ... αὐτὸν εἶδον οἱ παραγενόμενοι ...

... ἀκμάζοντος ἀθλητοῦ κεκοσμημένου.

22,2. Μετὰ δὲ τὸ κατασβεσθῆναι τὸ πῦρ εἶδον ὅτι οὐδὲ θρὶξ τῶν ἁγίων ἐκέκαυτο.

{**22,3.** καὶ γὰρ τὰ ὦτα αὐτοῦ <οὐ> μυλλὰ ἐγένοντο καὶ αἱ τρίχες ἐν χρῷ τῆς κεφαλῆς προσεκάθηντο, τὸ δὲ γένειον αὐτοῦ ὡς ἰούλοις ἐπανθοῦσιν ἐκεκόσμητο.}

(*sequitur* 4 ἀστραπὴ δέ)

(*sequitur* 4[b] καὶ ... ἐξέλαμπε)

22,4. ἀστραπὴ δὲ οὐρανόθεν τὰ σώ-

22,4[b]. καὶ ἐκ τοῦ προσώπου ἐξέλαμπε φῶς

22,4[b]. ἐπέλαμπε δὲ καὶ τὸ πρόσωπον αὐ-

22,1a τοιοῦτον ... ἀδιάφθορον *non exhibent* **arm**[WP], *add.* δ   **22,1b–1c** ἀεὶ ... σώματος *non exhibet* **arm**[W], *add.* β   **22,1b** ἀεὶ οὖν τὴν ὁσίαν γνώμην **arm**[P]: ἀεὶ τὴν γνώμην δ   κατηξιώθη τὸν μέγαν ἀγῶνα νικήσας διελθεῖν **arm**[P]: τοιούτου κατηξιώθη τέλους καὶ τ. μ. ἀ. ν. διῆλθε δ (*de* ε *nihil certi*)   πλατὺ φῶς **arm**[P]: πλατὺ καὶ μέγα φῶς δ   **22,2/2b** εἶδον ὅτι ... ἐκέκαυτο **arm**[W] (μηδὲ τρίχα τὸ σύνολον ἀποθέμενον **men**): τοιοῦτον αὐτὸν εἶδον πάντες ... ἀπὸ τοῦ ἀγῶνος ἐπανερχομένου **arm**[P]: quos illuc aut misericordia aut visendi cura conduxerat tale corpus Pionii viderunt *etc.* ε: τοιοῦτον αὐτὸν εἴδομεν ... κεκοσμημένου ζ   **22,3** καὶ γὰρ ... ἐκεκόσμητο *non exhibent* **arm**[WP], *add.* δ (*compendiose reddidit* ε: habebat erectas aures, meliores crines, barbam florentem)   αὐτοῦ <οὐ> *suppl.* Gebh.   *sententiam* καὶ αἱ τρίχες ... προσεκάθηντο *om.* **slav**   ἐπανθοῦσιν] ἐπανθοῦν *Kn–Kr*   **22,4/4[b]** ἀστραπὴ ... περιέλαμψεν **arm**[W]: καὶ ἐκ τοῦ προσώπου ἐξέλαμπε φῶς λαμπρόν **arm**[P]: mira praeterea gratia de

ματα τῶν ἁγίων περιέλαμψεν, ἢ μᾶλλον ἐστηρίχθησαν τῇ πίστει οἱ Χριστιανοί, οἱ δὲ ἄπιστοι ἐπτοήθησαν ὥστε πεφοβημένοι ἐκ τοῦ τόπου κατελθεῖν.

λαμπρὸν ὥστε τοὺς Χριστιανοὺς στηριχθέντας μᾶλλον τῇ πίστει, τοὺς δὲ ἀπίστους πτοηθέντας καὶ πεφοβημένους ἐκ τοῦ τόπου κατελθεῖν.

{{**23.** Ταῦτα ἐπράχθη ἐπὶ ἀνθυπάτου τῆς Ἀσίας Ἰουλίου Πρόκλου Κυντιλλιανοῦ, ὑπατευόντων αὐτοκράτορος Γ. Μεσίου Κύντου Τραιανοῦ Δεκίου Σεβαστοῦ τὸ δεύτερον καὶ Οὐεττίου Γρατοῦ, πρὸ τεσσάρων εἰδῶν Μαρτίων κατὰ Ῥωμαίους, κατὰ δὲ Ἀσιανοὺς μηνὸς ἕκτου ἐννεακαιδεκάτῃ, ἡμέρᾳ σαββάτῳ, ὥρᾳ δεκάτῃ, κατὰ δὲ ἡμᾶς βασιλεύοντος τοῦ κυρίου ἡμῶν Ἰησοῦ Χριστοῦ, ᾧ ἡ δόξα εἰς τοὺς αἰῶνας τῶν αἰώνων. ἀμήν.}}

τοῦ πάλιν, χάρις θαυμαστή, ὥστε τοὺς Χριστιανοὺς στηριχθῆναι μᾶλλον ... πτοηθέντας καὶ τὸ συνειδὸς ἔχοντας πεφοβημένον κατελθεῖν.

ε

23. Acta sunt haec sub proconsule Iulio Proclo Quintiliano consule imperatore Gaio Messio Quinto Traiano Decio et Vettio Grato, ut Romani dicunt: IIII. Idus Martii, ut Asiani: mense sexto, die sabbati, hora decima. Sic autem facta sunt omnia, ut nos scripsimus, imperante Domino nostro Iesu Christo, cui est honor et gloria in saecula saeculorum. Amen.

---

vultu eius arrisit et multa angelici decoris signa fulserunt ε: ἐπέλαμπε δὲ καὶ τὸ πρόσωπον αὐτοῦ πάλιν, χάρις θαυμαστή **slavM**: ἐπέλαμπε ... πρόσωπον αὐτοῦ πᾶν χάριτι θαυμαστῇ *Schw. 22*: et facies eius gratia splendebat admirabili **L**ˢ   ἢ ... ἐστηρίχθησαν ... ἐπτοήθησαν ὥστε πεφοβημένους ... κατελθεῖν **arm**ᵂ: ὥστε ... στηριχθέντας ... πτοηθέντας καὶ πεφοβημένους ... κατελθεῖν **arm**ᴾ (τοὺς δὲ ἀπίστους *om.*): ὥστε ... στηριχθῆναι ... πτοηθέντας καὶ τὸ συνειδὸς ἔχοντας πεφοβημένον κατελθεῖν **δ**   ἐκ τοῦ τόπου **arm**ᵂᴾ, *om.* **δ**   *post* ἀπελθεῖν *add.* vilem doxologiam καὶ Χριστῷ τῷ Θεῷ ἡμῶν ἡ δόξα εἰς τοὺς αἰῶνας. Ἀμήν, *cum supervacaneam tum mancam* **arm**ᵂ   **23** *append. chron. spur. non exhibent* **arm**ⱽᵂ, *add.* **β** (*compendiose* **slav**), *ita novavit* **arm**ᴾ: ταῦτα ἐπράχθη ἐπὶ Γαίου ὑ π ά τ ο υ τῇ εἰκοστῇ δευτέρᾳ μῆνος Ἀρεγ τῇ τοῦ Ἄρεως ἡμέρᾳ ὥρᾳ δεκάτῃ μεγάλως βασιλεύοντος τοῦ σωτῆρος ἡμῶν Ἰησοῦ Χριστοῦ ἐν τῷ ὀνόματι θεοῦ παντοκράτορος ᾧ τιμὴ καὶ κράτος σὺν τῷ ἁγίῳ πνεύματι εἰς τοὺς αἰῶνας. ἀμήν   ἐπὶ ἀνθυπάτου ... Κυντιλλιανοῦ (καὶ Κυντ. **M**)] ἐπὶ Γαίου ὑπάτου **arm**ᴾ   αὐτοκράτορος Γ. Μεσίου Κύντου (Κοΐντου *Lightf.*) ... Σεβαστοῦ (Σεβ. *del. Lightf.*) τὸ δεύτερον ... Γρατοῦ] αὐτοκρ. τὸ τρίτον Μεσίου Κύντου Τραιανοῦ καὶ Δελτίου Γρατοῦ Τραιανοῦ Δεκίου Σεβαστοῦ καὶ Δελτίου Γρατοῦ τὸ δεύτερον **M**; *cf.* ε (*v. dextr. col.*)   ἡμέρᾳ σαββάτῳ] die Martis **arm**ᴾ

III. Der altarmenische Text
mit deutscher Übersetzung von D. Kölligan

Վկայաբանութիւն սրբոյն պիոնի
քահանային

1 (2,1) ի ժամանակս դեկոսի ՝ամ
բարիշտ արքային ՝ էր հալլա
ծումն քրիստոնէից: Կալեալ եղև
պիոնիոս ՝ քահանայն՝ և սաբի
նա կին մի խոստովանող ՝ և ասկ
ղդեպիադէս. և մակեդիոն և զեմի
նոս երէց կաթողիկէ եկեղեցւոյն
զմիւռնայ:

(2,2) իսկ պիոնիոս յառաջ քան
զմի աւր պօղիկարպոսի յիշատա
կին ՝ետես ի տեսլեան եթէ պարտ
է ի նմին աւուր ըմբռնիլ նոցա:

(2,3) և մինչ դեռ էր հանդերձ
սաբինեաւ ՝ և ասկղդեպիադեաւ ի
պահս. ետես եթէ ի վաղիւ անդր
ունելոց ՝ են զնոսա: Առեալ
անուրս ՝ գ̄ և արկ ի պարանոց
իւր և ի սաբինեայ ՝ և յասկղե
պիադեայ. և այնպէս կացին մնա
ցին ի տանն:

(2,4) Զայն արար սուրբն ՝ զի ի
տանելն զնոսա դահճացն մի որ
կարծից ՝ եթէ իրրն զայլսն եր
թան ճաշակել ի պեղծ կերա
կրոցն: Այլ զի գիտեսցեն ամենեկ
եան եթէ ի բանտ և ի չարճա
րանս գնան վասն քրիստոսի:

2 (3,1) Եհաս ի վերայ նոցա ՝ պո
լեմոն մեհենապետ. և որք ընդ
նմա կարգեալ էին ի խնդրել և ի
ձգել զքրիստոնէայսն: Զի զոհէ
սցեն և կերիցեն ի պեղծ կերա
կրոցն:

(3,2) և ասէ մեհենապետն ՝ ամէ
նայն իրոք գիտէք զհրաման ՝
ինքնակալին ՝ որ հրամայեաց
ձեզ զոհել չաստուածոցն:

vkayabanowt'iwn srboyn pio-   *p. 1*
ni k'ahanayin

(2,1) i žamanaks dekosi ˋ amba-
rišt ark'ayin ˋ êr halacowmn
k'ristonêic': Kaleal ełew pioni-   5
os ˋ k'ahanayn ˋ ew sabina kin
mi xostovanoł ˋ ew askłepiadês.
ew makedion ew zeminos erêc'
kat'ołikê ekełec'woyn zmiwṙ-
nay: 10

(2,2) isk pionios yaṙaj k'an zmi
awr pôlikarposi yišatakin ˋ etes
i teslean et'e part ê i nmin
awowr əmbəṙnil noc'a:

(2,3) ew ṃinč' deṙ êr handerj   15
sabineaw ˋ ew askłepiadeaw i
pahs. etes et'e i vałiw andr
owneloc' ˋ en znosa: Aṙeal
anowrs ˋ ḡ ew ark i paranoc'
iwr ew i sabineay ˋ ew yaskłe-   20
piadeay. ew aynpês kac'in mna-
c'in i tann:

(2,4) Zayn arar sowrbn ˋ zi i
taneln znosa dahčac'n mi ok'
karcic'ê ˋ et'e ibrew zaylsn   25
ert'an čašakel i pełc kerakroc'n: *p. 2*
Ayl zi gitesc'en amenek'ean
et'e i bant ew i č'arč'arans gnan
vasn k'ristosi:

(3,1) Ehas i veray noc'a ˋ pole-   30
mon mehenapet. ew ork' ənd
nma kargeal êin i xəndrel ew i
jgel zk'ristoneaysn: Zi zohe-
sc'en ew keric'en i pełc kerakroc'n: 35

(3,2) ew asê mehenapetn ˋ amenayn irôk' gitêk' zhraman ˋ
ink'nakalin ˋ or hramayeac' jez
zohel č'astowacoc'n:

Das Martyrium des Hl. Presbyters Pionius

(2,1) Zur Zeit des Dekos, des gottlosen Königs, gab es eine Christenverfolgung.
5 Man nahm gefangen: den Presbyter Pionius, eine Bekennerin namens Sabina, Askłepiadês, Makedion und Seminos, Presbyter der Kirche von Smyrna.

(2,2) Aber am Vortag des Jahrestags des
10 Polykarp sah Pionius in einer Vision, daß sie an eben diesem Tag gefangengenommen werden sollten.

(2,3) Und während er mit Sabina und Askłepiadês fastete, sah er, daß man sie
15 am nächsten Tag gefangennehmen würde. Er nahm drei Halsringe und legte sie um seinen und der Sabina und des Askłepiadês Hals. Und so warteten sie im Haus.

20 (2,4) Dies tat der Heilige, damit, wenn die Henker sie abführten, niemand auf den Gedanken käme, daß sie wie die anderen gingen, um von unreinen Speisen zu essen; sondern damit alle wüßten,
25 daß sie wegen Christus ins Gefängnis und zur Folter gingen.

(3,1) Da kam der Tempelaufseher Polemon zu ihnen und mit ihm die Leute, denen aufgetragen war, die Christen aufzu-
30 spüren und abzuführen, damit sie opferten und von den unreinen Speisen äßen.

(3,2) Und der Tempelaufseher sagt(e)[i]: „Ihr kennt sehr wohl den Befehl des Kaisers, der euch befohlen hat, den Göt-
35 zen[ii] zu opfern."

1

2

---

i   Im Armenischen steht das eine direkte Rede einleitende Verb *asem* ‘ich sage' auch in einem Vergangenheitskontext im Präsens.

ii „den Nicht-Göttern". Der arm. Übersetzer übernimmt nicht die Perspektive des Sprechers.

(3,3) Պիոնիսոս ասաց ՝ գիտեմք
(ը)զպատւիրանսն աստու(ա)ծոյ
որ հրամայէ մեզ ՝ միոյն աստու(ա)ծոյ ամենակալին երկիր պագանել:
(3,4) Պողեմոն ՝ ասէ՝ եկայք ի
հրապարակն, և անդ հաւանեցաորւք:
(3,5) Եւ առեալ տանէր զնոսա. և
ոչ բռնութեամբ: Եւ մինչ դեռ
երթային տեսանէին զնոսա
ամենեքեան ՝ զի շրդթայսն ունէին, և իբր թէ վասն չրքնադ ինչ
իրաց ուրախութեամբ երթային:
Եւ ամբոխ բազում կուտեցան ի
հրապարակն վալվաղկի: մինչ
և մղել զմիմեանս.
(3,6) և լցաւ ամենայն հրապարակն ՝ հրէիւք և հեթանոսօք.
կանամբք ՝ և մանկտովք: քանզի
պարապէին ՝ ամենեքեան: Զի էր
աւրն շաբաթ աւագ զատիկն:
(3,7) Եղանէին ի բադրոնս. և
յարկեղս գործաւորացն ՝ զի տեսցեն զերանելիսն ՝
(4,1) որ կացուցանէին ՝ ի մէջ:
Պողեմոն ասէ ՝ բարւոք է ՝ ով պիոնիէ ՝ հաւանել ձեզ ՝ և զոհել որ
պէս ամենեքեան ՝ զի մի չարչարիցիք:
3 (4,2) Յայնժամ պիոնիս ՝ ձգեալ
զձեռն իւր ՝ յամբոխն և ասաց
ունկնդիք սակաւ բանիցս զոր
խաւսելոց եմ:
(4,3) քանզի լսեմ թէ ոտն հարէք
ի վերայ ուրացողացն ՝ և ծաղր
առնէք ՝ և խաղ համարիք զվրէժ
նոցա ՝ զի կամօք զոհեցին:
(4,4) Պարտ էր ձեզ ով արք հեթանոսք ՝ անսալ վարդապետին ձեր ՝
որ հոմերոսի ՝ որ խրատ տայ
թէ չէ բարւոք ի վերայ մեռելոցն
ոտն հարկանել:

(3,3) Pionisos asac‘ ՝ gitemk‘
(ə)zpatwiransn astow(a)coy ՝ or
hramayê mez ՝ mioyn astow(a)-coy amenakalin erkir paganel:
(3,4) Polemon ՝ asê՝ ekayk‘ i
hraparakn, ew and hawanec‘a-rowk‘:
(3,5) Ew aṙeal tanêr znosa. ew
oč‘ bəṙnowt‘eamb: Ew minč‘
deṙ ert‘ayin ՝ tesanêin znosa
amenek‘ean ՝ zi šəlt‘aysn ownê-in, ew ibr t‘e vasn č‘ək‘naḷ inč‘
irac‘ owraxowt‘eamb ert‘ayin:
Ew ambox bazowm kowtec‘an i
hraparakn vaḷvaḷaki: minč‘ ew
mḷel zmimeans.
(3,6) ew ləc‘aw amenayn hrapa-rakn ՝ hrêiwk‘ ew het’anosôk‘.
kanambk‘ ՝ ew manktovk‘:
k‘anzi parapêin ՝ amenek‘ean:
Zi êr awrn šabat‘ awag zatikn:
(3,7) Elanêin i badrons. ew
yarkeḷs gorcaworac‘n ՝ zi tes-c‘en zeranelisn ՝
(4,1) or kac‘owc‘anêin ՝ i mêj:
Polemon asê ՝ barwok‘ ê ՝ ov
pioniê ՝ hawanel jez ՝ ew zohel
orpês amenek‘ean ՝ zi mi č‘ar-č‘aric‘ik‘:
(4,2) Yaynžam pionios ՝ jgeal
zjeṙn iwr ՝ yamboxn ew asac‘ ՝ ՝
ownkndik‘ sakaw banic‘s zor
xawseloc‘ em:
(4,3) k‘anzi lsem t‘e otn harêk‘
i veray owrac‘oḷac‘n ՝ ew caḷr
aṙnêk‘ ՝ ew xaḷ hamarik‘ zvrêp
noc‘a ՝ zi kamôk‘ zohec‘in:
(4,4) Part êr jez ov ark‘ het‘a-nosk‘ ՝ ansal vardapetin jeroy ՝
homerosi ՝ or xrat tay t‘e č‘ê
barwok‘ i veray meṙeloc‘n otn
harkanel:

(3,3) Pionius sagte: „Wir kennen das
Gebot Gottes, das uns befiehlt, nur den
allmächtigen[i] Gott zu verehren."[ii]
(3,4) Polemon sagt(e): „Kommt auf den
5 Marktplatz, und dort werdet ihr gehorchen."
(3,5) Und er nahm sie und führte sie ab,
aber ohne Gewalt anzuwenden. Und
während sie gingen, sahen alle Leute,
10 daß sie Fesseln trugen, und mit Freude
gingen sie, als ob es ein ungewöhnliches
Ereignis gäbe, und eine große Menge
versammelte sich sogleich auf dem
Platz, so daß sie sich drängten
15 (3,6) und der ganze Platz voll war von
Juden und Heiden, Frauen und Kindern.
Denn sie alle hatten freie Zeit, weil es
der große Sabbat des Pessachfests war.
(3,7) Sie stiegen auf die Stufen des Ge-
20 richts und auf die Kisten der Bauern, um
die Seligen zu sehen,
(4,1) welche sie in die Mitte stellten. Polemon sagt(e): „Es wäre gut, Pionius,
wenn ihr gehorchtet und opfertet wie
25 alle (anderen auch), damit ihr nicht ge-
foltert werdet."
(4,2) Darauf streckte Pionius seine Hand
zur Menge hin aus und sagte: „Hört die
wenigen Worte an, die ich sagen werde.
30 (4,3) Denn ich höre, daß ihr die Abtrün-
nigen mit Füßen tretet und sie verlacht
und ihre Verfehlung, freiwillig zu opfern, für einen (Anlass zum) Spaß
nehmt.
35 (4,4) Es wäre (eher) angebracht, daß ihr,
heidnische Männer, auf euren Lehrmei-
ster Homer hörtet, der (euch) ermahnt,
daß es nicht angebracht ist, die Toten
mit Füßen zu treten.

3

---

i   *amenakal*, BEDROSSIAN: „preserving or governing all things, omnipotent, all-power-
     ful", *NBHL* „παντοκράτωρ, *omnitenens/omnipotens*".
ii   wörtl. „vor ihm auf die Erde zu fallen"

(4,5) Եւ ձեզ ով հրեայք մովսեսի
որ հրամայէն թէ տեսցես
զգրաստ թշնամոյ քոյ անկեալ
ընդ բեռամբ ՝ ոչ զանց ՝ արասցես
զգրաստ թշնամոյ քոյ այլ յարու
ցանելով յարուցանիցես:

(4,6) նոյնպէս եւ սողոմոնի ՝ որ
ասէ ՝ թէ անկցի թշնամին քո մի
խնդասցես, եւ ի գայթագղելն նո
րա մի բարձրանար:

(4,7) քանզի ես իմում վարդապե
տին հաւանեալ զմեռանելն ըն
տրեմ ՝ քան անցանել զբանիւք
նորա: Եւ ջանամ փախչել ՝ նախ
զոր ուսայ ՝ եւ ապա ուսուցի:

4 (4,8) Արդ ՝ զով ոք ՝ արդեօք ծառր
առնիցեն հրեայքն յանցաւ
րութեամբ: Զի թէ թշնամիք նոցա
եմք ՝ որպէս եւ ասենն: այլ
մարդիկք եմք: եւ կամ զինչ վր
նասեալ ի մենջ զոր պարտենն
զմեզ:

(4,9) Այլ ասեն եթէ ժամանակ
համարձակութեան առաք ՝ եւ
ապա զով ոք զրրկեցաք ՝ զով ոք
սպաննեցաք ՝ զո ոք կռապաշտել
բռնադատեցաք:

(4,10) Կամ թէ համարին զմեղս
իւրեանց ն(ը)մանել այսմ, որ
վասն մարդկան երկիւղի գործին
այժմ: Այլ այնչապ առաւել է
նոցայն ՝ որչապ ՝ կամաւ մեղքն
քան զակամայն:

(4,11) ով արդէօք հաւանեցոյց
զհրեայսն ՝ ն(ը)ւիրել բելբեքո
վրայ ՝ եւ ուտել զոհս մեռելոտիս ՝
եւ կամ պոռնկել ընդ դստերս
այլազգեաց: Կամ այրել դիւաց
զուստերս իւրեանց եւ զդ(ը)ս
տերս: Կամ տրտռունջել զաստու
(ա)ծու: Կամ չարախաւսել զմովս
սիսէ ՝ եւ դառնալ սրտիւք յեգիպ

(4,5) Ew jez ov hreayk‘ movse-
si or hramayên ˋ t‘e tesc‘es
zgrast t‘šnamwoy k‘oy ankeal
ǝnd beřamb ˋ oč‘ zanc‘ ˋ aras- 5
c‘es zgrast t‘šnamwoy k‘oy ayl
yarowc‘anelov yarowc‘anic‘es:

(4,6) noynpês ew sołômoni ˋ or
asê ˋ t‘e ankc‘i t‘šnamin k‘o mi
xǝndasc‘es, ew i gayt‘agłeln
nora mi barjranar: 10

(4,7) k‘anzi es imowm vardapetin hawaneal zmeřaneln ǝntrem
ˋ k‘an anc‘anel zbaniwk‘ nora:
Ew janam p‘axč‘el ˋ nax zor
owsay ˋ ew apa owsowc‘i: 15

(4,8) Ard ˋ zov ok‘ ˋ ardeôk‘
całr ařnic‘en hreayk‘n yanc‘a-
worowt‘eamb: Zi t‘e t‘šnamik‘
noc‘a emk‘ ˋ orpês ew asenn:
ayl mardikk‘ emk‘: ew kam 20
zinč‘ vǝnaseal i menǰ zor par-
tenn zmez:

(4,9) Ayl asen et‘e žamanak
hamarjakowt‘ean ařak‘ ˋ ew apa
zov ok‘ zǝrkec‘ak‘ ˋ zov ok‘ *p. 3*
spannec‘ak‘ ˋ zo ok‘ křapaštel 26
bǝřnadatec‘ak‘:

(4,10) Kam t‘e hamarin zmełs
iwreanc‘ n(ǝ)manel aysm, or
vasn mardkan erkiwłi gorcin 30
ayžm: Ayl aynč‘ap‘ ařawel ê
noc‘ayn ˋ orč‘ap‘ kamaw
mełk‘n ˋ k‘an zakamayn:

(4,11) ov ardêôk‘ hawanec‘oyc‘
zhreaysn ˋ n(ǝ)wirel belbek‘o- 35
vray ˋ ew owtel zohs meřelotis ˋ
ew kam pořǝnkel ǝnd dǝsters
aylazgeac‘: Kam ayrel diwac‘
zowsters iwreanc‘ ew zd(ǝ)sters:
Kam tǝrtǝnǰel zastow(a)cow: 40
Kam č‘araxawsel zmovsisê ˋ ew
dařnal srtiwk‘ yegiptos: Kam

(4,5) Und ihr Juden (solltet) auf Moses
hören, der befiehlt: 'Wenn du das Lasttier deines Feindes unter der Bürde zu-
sammenbrechen siehst, dann gehe nicht
5   am Lasttier deines Feindes vorbei, sondern richte es es aufrichtend auf.'
(4,6) Und ebenso auf Salomon, der sagt:
'Wenn dein Feind stürzt, so frohlocke
nicht und erhebe dich nicht über seinen
10 Sturz.'
(4,7) Denn ich gehorche meinem Lehrer
und wähle lieber den Tod als daß ich seine Worte übertrete. Und ich bemühe
mich, zuerst das, was ich gelernt habe,
15 und dann, was ich gelehrt habe, zu mei-
den[i].
(4,8) Aber wen verlachen die Juden nun
eigentlich in ihrer Überheblichkeit? Denn
wenn wir auch ihre Feinde sind, wie sie
20 sagen, so sind wir doch Menschen, oder
welchen Schaden haben sie durch uns
erlitten, dessen sie uns anklagen?
(4,9) Aber sie sagen, daß wir Zeit zur
freien Rede bekommen haben. Also
25 dann: Wem haben wir Unrecht getan?
Wen haben wir getötet? Wen haben wir
zum Götzendienst gezwungen?
(4,10) Oder glauben sie, daß ihre Sünden
denen gleichen, die jetzt aus Furcht vor
30 Menschen begangen werden? Aber sie
sind um soviel größer wie willentlich begangene Sünden größer sind als unwil-
lentliche.
(4,11) Wer hat denn die Juden gezwun-
35 gen, dem Belbek'or zu opfern, und die
Totenopfer zu verzehren und mit den
Töchtern Fremdstämmiger Unzucht zu
treiben? Oder Götzen ihre Söhne und
Töchter als Brandopfer darzubringen?
40 Oder gegen Gott zu murren? Oder
schlecht über Moses zu reden und sich
mit dem Herzen nach Ägypten zurück-

4

---

i   Andere Hss. (s. SRAPIAN 1914) haben hier չփոխել č'p'oxel 'nicht auszutauschen /
    nicht zu verändern', vgl. MUSURILLO (1972: 139): „I make every effort <u>not</u> to change
    from the things I have learned and have myself later taught."

տոս: Կամ ասել ցահարոն թէ
արա մեզ աստուածս ՝ և երկիր
պագանել որթուն: Եւ զայլ ամէ
նայն չարիսն զոր արարին ՝
(4,12) թող ընթերցին զգրեանս
իւրեանց և իմասցին:

5 (4,13) Այլ խնդրէք ՝ թէ ընդէր
ոմանք չեկին յաւժարութեամբ
բռնադատել զինքեանս ՝ և վասն
նոցա զամենեսեան ՝ ըստգտու
նէք:

(4,14) համարեցարուք զմաւտա
կայ իրս կալոյ նմանել: Որ շեղջ
մեծ է յարդին ՝ եթէ ցորենոյն:
քանզի յորժամ. մրշակն հեծանո
ցաւն սրբէ զշեղջն ՝ յարդն վասն
զի թէթև է ՝ դիւրաւի հողմային
աւդոյն ՝ այսր անդր ՝ տարաբերի
րի: Իսկ ցորեանն անդէն մնայ:

(4,15) Տեսէք զուռկանն որ ի ծովն
արկանեն: մի թէ ամէնայն զոր
ժողովեն պիտանիք են: նոյնպէս
այդ իրբ:

(4,16) Արդ ՝ որպէս համարիք
զչարչարէլն մեր իբրև զարդարս
՝ եթէ որպէս զանիրաւս: Զիարդ
ոչ դուք անիրաւք ՝ յանդիմանէ
ալք ի նմին իսկ գործոց ՝ զնոյն
իսկ չարչարիք: Ապա եթէ իբրև
զարդարս զինչ ՝ յոյս ունիք դուք
յորժամ արդարքն ՝ այնպէս չար
չարիցին: Զի եթէ արդարն հազիւ
կեցցէ ՝ իսկ մեղաւորն և ամբա
րիշտն ուր երևեսցի:

(4,17) քան զի դատաստան կայ ի
վերայ աշխարհի:

6 (4,18) իմ իսկ երթեալ ի պաղես
տինէ ՝ և տեսի անդ երկիր ՝ որ
վկայեն բարկութեանն աստու(ա)
ծոյ եղելոյ ի նոսա: վասն մեղացն
որ գործէին ի նմա բնակիչքն ՝ աւ
տարասպանութիւն և առուագի

asel c'aharon t'e ara mez
astowacs ` ew erkir paganel
ort'own: Ew zayl amenayn
č'arisn zor ararin `
(4,12) t'oł ənt'erc'in zgreans 5
iwreanc' ew imasc'in:

(4,13) Ayl xəndrêk' ` t'e əndêr
omank' č'ekin yawžarowt'e-
amb bṙnadatel zink'eans ` ew
vasn noc'a zamenesean ` əstgta- 10
nêk':

(4,14) hamarec'arowk' zmaw-
takay irs kaloy nmanel: Or šełǰ
mec ê yardin ` et'e c'orenoyn:
k'anzi yoržam. məšakn hecano- 15
c'awn srbê zšełǰn ` yardn vasn
zi t'et'ew ê ` diwrawi hołmayin
awdoyn ` aysr andr ` taraberi:
Isk c'oreann andên mnay:

(4,15) Tesêk' zowṙkann or i 20
covn arkanen: mi t'e amenayn
zor žołoven pitanik' en:
noynpês ayd irk':

(4,16) Ard ` orpês hamarik'
zč'arč'areln mer ibrew zardars ` 25
et'e orpês zaniraws: Ziard oč'
dowk' anirawk' ` yandimane-
alk' i nmin isk gorcoc' ` znoyn
isk č'arč'arik': Apa et'e ibrew
zardars zinč' yoys ownik' 30
dowk' ` yoržam ardark'n ` aynpês č'arč'aric'in: Zi et'e ardarn
haziw kec'c'ê ` isk meławorn
ew ambaristn owr erewesc'i:

(4,17) k'an zi datastan kay i 35
veray ašxarhi:

(4,18) im isk ert'eal i pałestinê `
ew tesi and erkir ` or vkayen
barkowt'eann astow(a)coy ełe-
loy i nosa: vasn mełac'n or gor- 40
cêin i nma bnakič'k'n ` awtara-
spanowt'iwn ew arowagitow-

zuwenden? Oder zu Aharon zu sagen:
'Mache uns Götter!' und vor dem Kalb
niederzufallen? Und all die anderen
Übeltaten, die sie getan haben –

5 (4,12) sollen sie doch ihre Schriften lesen und begreifen!

(4,13) Aber ihr fragt, warum einige nicht
kamen, sich aus freien Stücken selbst zu
zwingen, und deretwegen verurteilt ihr

10 alle insgesamt?

(4,14) Denkt, daß dieses Leben[i] einer
Tenne gleicht. Welcher Haufen ist grö-
ßer, der der Spreu oder der des Weizens?
Denn wenn der Bauer mit der Worf-

15 schaufel den Haufen reinigt, wird die
Spreu, weil sie leicht ist, vom Lufthauch
ohne Schwierigkeit hierhin und dorthin
getragen. Aber der Weizen bleibt an Ort
und Stelle.

20 (4,15) Seht euch das Netz an, das man
ins Meer wirft. Nicht alles, was gefangen wird, ist brauchbar. So verhält es
sich (auch) mit diesem Leben.

(4,16) Wie denkt ihr nun, daß wir gefol-

25 tert werden sollen – als Gerechte oder
als Ungerechte? Aber wie werdet ihr,
aufgrund derselben Taten als Ungerechte
überführt, nicht dieselbe Strafe erleiden?
Wenn aber als Gerechte – welche Hoff-

30 nung habt ihr dann, wenn die Gerechten
so leiden? Denn wenn der Gerechte mit
knapper Not gerettet wird, wo wird der
Sünder und der Gottlose bleiben?[ii]

(4,17) Denn der Welt steht ein Gericht

35 bevor.

(4,18) Ich selbst bin nach Palästina ge-
reist und habe das Land dort gesehen,
das von dem Zorn Gottes Zeugnis ab-
legt, der über sie gekommen ist, wegen

40 der Sünden, welche die Einwohner[iii] dort

5

6

---

i   *mawtakay irkʿ* 'die gegenwärtigen Sachen, Wirklichkeit'.
ii   wörtl. 'erscheinen'.
iii d. h. die Einwohner Palästinas.

տութիւն: (4,19) Ահա ի հ(ը)րոյ
յաճիւն դարձեալ է ՝ երկիրն այն
անբաժ ՝ յամենայն պտղոց ՝ և
յամենայն խոնաւ ի գոյութենէ:
(4,20) Տեսի և զծովն մեռեալ ՝
ջուր այլափոխեալ ՝ և շրջեալ ի
բնութենէ: աստուածային հրա
մանաւ տկարացեալ որ կենդա
նիս ՝ ոչ կարէ սընուցանել ՝ և ոչ
զնաւ ի վեր բառնալ ՝ և ոչ զմարդ
ունել բաւէ: Զի մի դարձեալ
վասն մարդոյ պատժեսցի:

7 (4,21) Եւ զի ասեմ զհեռին ի
մէնջ: դուք իսկ պատմէք վասն
հրոյն ՝ որ ցոլանայ յերկնէ ՝ ի
սիկիլիա և ի սեղնկիա: և յայլ
կողզիս:
(4,22) Եւ եթե այն հեռի է ի ձէնջ
հայեցարուք ի պէտս ջերմակաշ
րոց ՝ և իմացարուք ՝ թե ուստի
ջերնու ՝ և թե ոչ հաւասար է երկ
նային հրոյն:
(4,23) Պատմին և հրայրեացք
մասնաւորք ՝ և ջրհեղեղք: որպէս
դուք առ դեղկայիոնաւն ասէք: և
մեք առ նոյին ՝ քանզի մաս
նաւոր լինի ՝ զի ի մասնաւորէն
ընդհանուրն ծանիցէ (4,24) վասն
որոյ վկայեմ ձեզ վասն հանդեր
ձեալ դատաստանին ՝ որ լինելոց
է ՝ հրով յաստու(ա)ծոյ ի ձեռն բա
նին իւրոյ: Վասն այսորիկ զաս
տուածս որ ի ձէնջ ասին ոչ
պաշտեմք ՝ և պատկերաց կռոց
երկիր ոչ պագանեմք:

8 (5,1) Զայս ամենայն և առաւել
քան զսոյն խաւսեցաւ ՝ երանելին
պիոնիոս: Եւ ամենայն ամբոխն ՝
ունկն դընէին բանից: և այնչափի
լռութիւն եղեւ մինչև շրշրնջել ոչ
ամենևին:

t'iwn: (4,19) Aha i h(ə)roy
yačiwn darjeal ê ՝ erkirn ayn ՝
anbaž ՝ yamenayn ptłoc' ՝ ew
yamenayn xonaw i goyowt'enê:
(4,20) Tesi ew zcovn meṙeal ՝   5
jowr aylap'oxeal ՝ ew šrǰeal i
bnowt'enê: astowacayin hrama-
naw tkarac'eal or kendanis ՝ oč'
karê sənowc'anel ՝ ew oč' znaw
i ver baṙnal ՝ ew oč' zmard   10
ownel bawê: Zi mi darjeal vasn
mardoy patžesc'i:
(4,21) Ew zi asem zheṙin i
mênǰ: dowk' isk patmêk' vasn
hroyn ՝ or c'olanay yerknê ՝ i   15
sikilia ew i sełewkia: ew yayl   p. 4
kəłzis:
(4,22) Ew et'e ayn heṙi ê i jênǰ
hayec'arowk' i pêts ǰermakaǰ-
roc' ՝ ew imac'arowk' ՝ t'e   20
owsti ǰeṙnow ՝ ew t'e oč' hawa-
sar ê erknayin hroyn:
(4,23) Patmin ew hrayreac'k'
masnawork' ՝ ew ǰrhełełk': orpês dowk' aṙ dełkayionawn   25
asêk': ew mek' aṙ noyiwn ՝
k'anzi masnawor lini ՝ zi i
masnaworên ՝ əndhanowrn ca-
nic'i (4,24) vasn oroy vkayem
jez vasn handerjeal datastanin ՝   30
or lineloc' ê ՝ hrov yastow(a)-
coy i jeṙn banin iwroy: Vasn
aysorik zastowacs or i jênǰ asin
oč' paštemk' ՝ ew patkerac'
kṙoc' erkir oč' paganemk':   35
(5,1) Zays amenayn ew aṙawel
k'an zsoyn xawsec'aw ՝ eranelin
pionios: Ew amenayn amboxn ՝
ownkn dənêin banic'n: ew ayn-
č'ap' łṙowt'iwn ełew minč'ew   40
šəšənǰel oč' amenewin:

begangen haben, Mord an Fremden und
Sodomie[i].

(4,19) Sieh, durch Feuer ist dieses Land
zu Asche verbrannt, aller Früchte und
5 jeglichen feuchten Wesens entbehrend.

(4,20) Ich sah auch das Tote Meer, Wasser, das sich verändert und in seiner Natur verkehrt hat[ii]; durch göttlichen Befehl ist es geschwächt und kann keine
10 Lebewesen ernähren und kein Schiff
hochheben und keinen Menschen bei
sich behalten, damit es nicht wieder des
Menschen wegen bestraft werde.

(4,21) Aber warum rede ich von Dingen,   **7**
15 die fern von uns sind? Ihr selbst erzählt
(ja) von dem Feuer, das vom Himmel[iii]
in Sizilien und in Seleukia und auf anderen Inseln hinaufgeschleudert wird[iv].

(4,22) Und wenn euch das zu weit ab
20 liegt, dann schaut auf die Nutzung des
Thermalwassers und begreift, woher es
erhitzt wird und daß es keinem himmli-
schen Feuer gleicht.

(4,23) Man erzählt auch von partiellen
25 Bränden und Sintfluten, wie ihr es von
Deukalion sagt und wir von Noa, denn
es ereignet sich als Partielles, damit am
Ausschnitthaften das Ganze erkannt
werde. (4,24) Deshalb gebe ich euch
30 Zeugnis vom bevorstehenden Gericht,
das mit Feuer von Gott, durch sein Wort,
geschehen wird. Deshalb verehren wir
die Götter, die von euch (so) genannt
werden, nicht und fallen nicht vor den
35 Götzenbildern nieder."

(5,1) Dies alles und noch mehr als das   **8**
sagte der selige Pionius. Und die ganze
Menge lauschte seinen Worten, und es
war eine solche Stille, daß niemand auch
40 nur murmelte.

---

i   *arowagitowt'iwn* '(sexuelles) Erkennen des Mannes'.

ii   *i bnowt'enê* Ablativ 'von seiner Natur abgewandt hat'.

iii wohl Verwechslung von *erkir* 'Erde' und *erkin* 'Himmel'.

iv   *NBHL* s. v. *c'olanam*: „ἀναρριπίζομαι, ἀναρρίπτομαι, ἀναρρέω *flato quodam resusci-*
     tor, sublime jaculor."

(5,2) Եւ ապա ասէ պղեմոն ՝
ամենայն ամբոխս աղաչէ զքեզ ՝
(5,3) հաւանեաց մեզ ՝ պիոնիէ ՝
բարւոք են կեանքս այս և լոյս
յորոց ոչ կամիմք զրրկիլ քեզ
վասն լաւութեան ՝ բարւոյից
png:
(5,4) Պիոնիոս ասաց ՝ և ես ասեմ
թէ բարւոք ՝ կեանք ՝ այլ այն
որոյ ցանկացեալ եմք: Եւ զեղէ
ցիկ է լոյս ՝ բայց այն զոր տեսա
նելոց եմք:
(5,5) Բարի է ՝ և այս ամենայն ՝ և
մեք ոչ եմք ցանկացեալ մա
հու:
5 (7,3) Պողեմոն ասէ ՝ հաւանեցու
ցանել ունիմ զքեզ: Պիոնիոս ասէ ՝
oշ թէ կարէի ես զքեզ հա
ւանեցուցանել ՝ քրիստոնեայ լի
նել:
(7,4) Պողեմոն ասէ ՝ ոչ կարես
զայդ առնել: այլ զքեզդ ՝ կենդան
լոյն այրեցուք: Պիոնիոս ասաց
՝ չարագոյն է ՝ յետ մահուն ալ
րելն: Եւ հրամայեաց պողեմոն
տանել զնոսա ի բանտն:
9 (11,3) և շատք ի հաւատացելոցն
մտանէին առ նոսա, բերելով նո
ցա զպէտսն: Իսկ սուրբն պիոնի
ոս ոչ թողոյր առնուլ ՝ ասելով թէ
արտաքնույն ՝ յորժամ շատն պի
տէր ՝ չեղաք ումեք բեռն ՝ և այժմ
զիարդ առնուցումք յորժամ սա
կաւց պէտք են:
(11,4) Վասն որոյ բարկացեալ
բանտապանացն ՝ և արկին զնո
սա ի ներքին բանտն ՝ որ էր զէջ և
մթին:
(11,5) Եւ նոքա յաղոթից և ի փա
ռաւորելոյ զաստուած ոչ դադա
րէին: Անսրւաղ զցայգ և զցերեկ
մինչև զրղջացեալ բանտապէ

(5,2) Ew apa asê polemon ՝
amenayn amboxs ałač'ê zk'ez ՝
(5,3) hawaneac' mez ՝ pioniê ՝
barwok' en keank's ays ew
loyss yoroc' oč' kamimk' zərkil 5
k'ez vasn lawowt'ean ՝ barwo-
yic' k'oc':
(5,4) Pionios asac' ՝ ew es asem
t'e barwok' en ՝ keank' ՝ ayl
ayn oroy c'ankac'eal emk': Ew 10
gełec'ik ê loys ՝ bayc' ayn zor
tesaneloc' emk':
(5,5) Bari ê ՝ ew ays amenayn ՝
ew mek' oč' emk' c'ankac'eal
mahow: 15
(7,3) Polemon asê ՝ hawane-
c'owc'anel ownim zk'ez: Pionios asê ՝ ôš t'e karêi es zk'ez hawanec'owc'anel ՝ k'ristoneay
linel: 20
(7,4) Polemon asê ՝ oč' kares
zayd aṙnel: ayl zk'ezd ՝ kendanwoyn ayresc'owk': Pionios ՝
asac' ՝ č'aragoyn ê ՝ yet ma-
hown ayreln: Ew hramayeac' 25
polemon ՝ tanel znosa i bantn:
(11,3) ew šatk' i hawatac'eloc'n
mtanêin aṙ nosa, berelov noc'a
zpêtsn: Isk sowrbn pionios oč'
t'ołoyr aṙnowl ՝ aselov t'e ar- 30
tak'nwoyn ՝ yoržam šatn pitêr ՝
č'ełak' owmek' beṙn ՝ ew ayžm
ziard aṙnowc'owmk' yoržam
sakawoc' pêtk' en:
(11,4) Vasn oroy barkac'eal 35
bantapanac'n ՝ ew arkin znosa i
nerk'in bantn ՝ or êr gêj ew
mt'in:
(11,5) Ew nok'a yałôt'ic' ew i
p'aṙaworeloy zastowac oč' 40
dadarêin: Ansəwał zc'ayg ev
zc'erek minč'ew zəłjac'eal ban-

(5,2) Dann sagt(e) Polemon: „Das ganze
Volk hier bittet dich, (5,3) lasse dich von
uns überzeugen, Pionius, dieses Leben
und dieses Licht sind gut, wir wollen
5   dich ihrer in Anbetracht deiner Ehrbar-
keit und Sittlichkeit nicht berauben."
(5,4) Pionius sagte: „Auch ich sage, daß
das Leben gut ist, aber jenes Leben, das
wir ersehnen. Und schön ist das Licht,
10   aber jenes Licht, das wir sehen werden.
(5,5) Das ist alles gut, und wir sehnen
uns nicht nach dem Tode."
(7,3) Polemon sagt(e): „Es ist meine
Pflicht, dich zu überzeugen." Pionius
15   sagte: „Ach, wenn ich dich doch überzeugen könnte, ein Christ zu werden."
(7,4) Polemon sagt(e): „Das wird dir
nicht gelingen[i], sondern wir werden dich
bei lebendigem Leibe verbrennen." Pio-
20   nius sagte: „Schlimmer ist es, nach dem
Tode zu brennen." Und Polemon befahl,
sie ins Gefängnis abzuführen.
(11,3) Und viele der Gläubigen kamen
zu ihnen und brachten ihnen das Nötige.
25   Aber der heilige Pionius ließ es nicht zu,
daß sie etwas annähmen, denn er sagte:
„Als viel an Äußerem nötig war, fielen
wir niemandem zur Last – wie sollen wir
jetzt etwas annehmen, da wir nur wenig
30   benötigen?"
(11,4) Die Gefängniswärter wurden darüber sehr zornig und warfen sie in das
innere Gefängnis, das feucht und dunkel
war.
35   (11,5) Sie aber hörten nicht auf, zu beten
und Gott zu preisen, und fasteten Tag
und Nacht, bis es den Kerkermeister reu-

5

9

---

i   „Das kannst du nicht tun."

տին՝ և փոխեաց զնոսա ի բան
տէն:
(11,6) Եւ եղեւ նոցա այն բարի՝
(11,7) քանզի հեշտեաւ էր նոցա
ընթեռնուլ և յաղօթս կալ:

10 (12,2) Մտանէին առ նոսա ուրա
ցողքն ի հարկէ՝ և լային յոյժ՝
մինչև լալ պիոնի և ասել:
(12,3) նոր աւրինակ տանջանաւք
տանջիմ. և oշ oշ կոտորիմ: տեսէ
ալ զմարգարիտն եկեղեցւոյ խո
զից եղեալ կոխան: Եւ զաստեղս
երկնից երկչոտ վիշապին յերկիր
քարշեալ: Զորթն զոր տրնկեաց
աշն աստու(ա)ծոյ ի կրնջէ անա
պատի՝ ապականեալ:
(12,4) Որդիք իմ զորս դարձեալ
երկնեմ, մինչև տեսանեմ ի ձեզ
զքրիստոս նրկարեալ: Փափուկ
իմ զճանապարհս խիստ գնա
գէ(ա)լ:
(12,11) Արդեօք խնդրեաց զմեզ
սատանայ՝ խարբալել, և հրեղէն
հեծանոցն ի ձեռն բանին է՝
սրբել զշեղջն՝ (12,12) կարծեմ.
եթէ անհամացաւ աղն և կոխի:

11 (12,13) Բայց մի ok կարծեսցէ
որդեակք իմ. եթէ տկարացաւ
տէրն՝ ոչ այլ մեք:
(12,14) Միթէ ձեռն իմ ասէ՝ չկա
րէ փրկել և կամ ծանրացաւ
ունկն իմ զի մի լուիցէ: Այլ մեղքն
մեր՝ որոշեն ի մէջ մեր՝ և Աստո
ւ(ա)ծոյ:
(12,15) քանզի հեղգացաք և առ
համարիեցաք:
(12,16) Պարտ է՝ արդարութեան
մեր առաւելուլ՝ քան զդպրացն և
զփարիսեցւոցն:

tapetin՝ ew pʻoxeacʻ znosa i
bantên:
(11,6) Ew ełew nocʻa ayn bari՝
(11,7) kʻanzi hešteaw êr nocʻa
əntʻeřnowl ew yałôtʻs kal: 5
(12,2) Mtanêin ař nosa owra-
cʻołkʻn i harkê՝ ew layin yoyž՝
minčʻew lal pioni ew asel:
(12,3) nor awrinak tanǰanawkʻ
tanǰim. ew ôš ôš kotorim: teseal   10
zmargaritn ekełecʻwoy xozicʻ
ełeal koxan: Ew zastełs erknicʻ
erkčʻot višapin yerkir kʻaršeal:
Zortʻn zor tənkeacʻ ajn astow-
(a)coy i kənǰê anapati՝ apakane- 15
al:
(12,4) Ordikʻ im zors darǰeal
erknem, minčʻew tesanem i jez
zkʻristos nəkareal: Pʻapʻowk
im zčanaparhs xist gna-   20
cʻe(a)l:
(12,11) Ardeôkʻ xndreacʻ zmez
satanay՝ xarbalel, ew hrełên
hecanocʻn i jeřn banin ê՝ srbel
zšełǰn՝ (12,12) karcem. etʻe   25
anhamacʻaw ałn ew koxi:
(12,13) Baycʻ mi okʻ karcescʻê
ordeakkʻ im. etʻe tkaracʻaw têrn
՝ očʻ ayl mekʻ:
(12,14) Mitʻe jeřn im asê՝ čʻka- 30
rê pʻrkel ew kam canracʻaw
ownkn im zi mi lowicʻê: Ayl
mełkʻn mer՝ orošen i mej mer՝
ew Astow(a)coy:
(12,15) kʻanzi hełgacʻakʻ ew   35
arhamarhecʻakʻ:
(12,16) Part ê՝ ardarowtʻean
mer ařawelowl՝ kʻan zdpracʻn
ew zpʻarisecʻwocʻn:

te und er sie aus dem (inneren) Gefängnis wieder zurückverlegte.

(11,6) Und das kam ihnen zugute, (11,7)
denn leicht war es ihnen (so), zu lesen
5 und zu beten.

(12,2) Es kamen zu ihnen Leute, die unter Zwang abgeschworen hatten, und sie
weinten sehr, so daß auch Pionius wein-
te und sagte:

10 (12,3) „Ich werde von neuartigen Qualen
gequält", und „o weh, o weh, ich werde
zerstückelt, wenn ich sehe, wie die Per-
le(n) der Kirche von den Schweinen zer-
trampelt wird (/werden) und wie die
15 Sterne des Himmels von der furchtsa-
men^i Schlange auf die Erde gezogen
werden, wie der Weinstock, den Gottes
Rechte gepflanzt hat, vom Eber der Wü-
ste^ii zerstört wird.

20 (12,4) Meine Kinder, die ich abermals
unter Wehen gebäre, bis ich Christus in
euch Gestalt gewinnen sehe. Meine zarten (Kinder) sind die rauen Wege / diesen rauen Weg gegangen.

25 (12,11) Ja, Satan stellte uns nach, um
uns zu sieben, und die feurige Schaufel
ist in der Hand des Wortes, den Haufen
zu säubern. (12,12) Ich glaube, daß das
Salz fade geworden ist und zertreten
30 wird.

(12,13) Aber niemand soll denken, meine Kindlein, daß der Herr schwach geworden sei – nein, sondern wir!

(12,14) 'Kann meine Hand', so sagt er,
35 'etwa nicht retten oder ist mein Ohr (so)
schwerfällig geworden, daß es nicht
mehr hören kann?' Vielmehr trennen unsere Sünden uns von Gott,

(12,15) denn wir sind träge gewesen und
40 voller Verachtung."^iii

10

11

---

i   *erkč'ot*, cf. *NBHL*: „δειλός, *timidus*". Evtl. Verwechslung mit gr. δεινός?

ii vgl. Ps. 80.14 „Es haben ihn zerwühlt die wilden Säue und die Tiere des Feldes ihn ab-
    geweidet."

iii auch als Passiv auffassbar 'wir sind verachtet worden'.

12 (15,1) Զայս ամենայն և առաւել
քան զայս նորա ասացեալ: և
փութացուցեալ զնոսա ելանել ի
բանտէն:
Յայնժամ հասին ի վերայ մեհենապետն պոլիմոն ՝ և զաւրա
գլուխն թեոփիլոս ՝ բազում ամբո
խիւ և ասեն
(15,2) ահա զ(ը)լխաւորն ձեր ՝
եկետիմոն ՝ զոհեաց ՝ հաւանեցա
րուք և դուք:
(15,3) Պիոնիոս ասէ ՝ որք ի
բանտ արկան ՝ պարտ է մնալ
բդեշխին: Զի դուք զձեզ ի նորայն
գործ արկանէք:
(15,6) Եւ բարկացեալ պոլեմոն ՝
բուռն հարեալ (ը)զփողից սրբոյն
՝ և հեղձուցանէր: Եւ հրամայեաց
դահճացն կապել զնոսա և տա
նել ի հրապարակն:

13 (19,1) և կացուցեալ առաջի բդեշ
խին ՝ և ստիպէին զնոսա զոհել
մեծին արամազդայ: Որ ասէին
զնա թագաւոր ամենայն աստու
ածոց:
(19,2) Իսկ սուրբն պիոնիոս ՝
աղաղակեաց մեծաձայն և ասաց
՝ մեք հաւատացեալ եմք և հաւա
տամք ի քրիստոս:
(19,3) Զոհեմք և երկիր պագա
նեմք ՝ ամենասուրբ երրորդու
թեան: և միոյ աստուածութեան ՝
հոր և որդւոյ և հոգւոյն սրբոյ:
Որ է արարիչ ամենայն էից ՝ յո
չէից:

14 (20,1) Եւ հրամայեաց բդեշխին կա
պել զպիոնիոս: և քերել զնա եր
կաթի քերչաւք: և նա, ի կախա
դանին աղօթէր և գոհանայր զաս
տու(ա)ծոյ:
(20,2) Ասէ բդեշխին ՝ ապաշաւեա
և զոհեա. ընդէր ես հպարտացե

(15,1) Zays amenayn ew aṙawel
kʻan zays nora asacʻeal: ew
pʻowtʻacʻowcʻeal znosa elanel i
bantên:
Yaynžam hasin i veray mehena-   5
petn polimon ՝ ew zawraglowxn
tʻeopʻilos ՝ bazowm amboxiw
ew asen ՝
(15,2) aha g(ə)lxaworn jer ՝
ewketimon ՝ zoheacʻ ՝ hawane-   10
cʻarowkʻ ew dowkʻ:
(15,3) Pionios asê ՝ orkʻ i bant
arkan ՝ part ê mnal bdešxin: Zi
dowkʻ zjez i norayn gorc
arkanêkʻ: 15
(15,6) Ew barkacʻeal polemon ՝
bowṙn hareal (ə)zpʻoɫicʻ srboyn
՝ ew heɫjowcʻanêr: Ew hramayeacʻ dahčacʻn kapel znosa ew tanel i hraparakn: 20
(19,1) ew kacʻowcʻeal aṙaji
bdešxin ՝ ew stipêin znosa
zohel ՝ mecin aramazday: Or
asêin zna tʻagawor amenayn
astowacocʻ: 25
(19,2) Isk sowrbn pionios ՝
aɫaɫakeacʻ mecajayn ew asacʻ ՝
mekʻ hawatacʻeal emkʻ ew ha-
watamkʻ i kʻristos:
(19,3) Zohemkʻ ew erkir paga-   30
nemkʻ ՝ amenasowrb errordow-
tʻean: ew mioy astowacowtʻean
՝ hôr ew ordwoy ew hogwoyn
srboy: Or ê araričʻ amenayn
êicʻs ՝ yočʻêicʻ: 35
(20,1) Ew hramayeacʻ bdešxn
kapel zpionios: ew kʻerel zna
erkatʻi kʻerčʻawkʻ: ew na, i ka-
xaɫanin aɫôtʻêr ew gohanayr
zastow(a)coy: 40
(20,2) Asê bdešxn ՝ apašawea
ew zohea. əndêr es hpartacʻeal:

(15,1) Dies alles und mehr als dies sagte   **12**
er, und er drängte sie, das Gefängnis zu
verlassen.
Da kamen der Tempelaufseher Polimon
5   und der Heerführer Theophilus mit großem Gefolge zu ihnen und sagten:
(15,2) „Seht, Euer Anführer Euketimon
hat geopfert, nun gehorcht auch ihr!"
(15,3) Pionius sagt(e): „Es gehört sich,
10 daß die ins Gefängnis geworfen wurden,
auf den Prokonsul warten. Warum
mischt ihr euch in seine Arbeit ein?"
(15,6) Und Polemon wurde sehr zornig,
packte den Heiligen am Hals und würgte
15 ihn. Und er befahl den Henkern, sie zu
fesseln und auf den Marktplatz zu führen.
(19,1) Und man brachte sie vor den Pro-   **13**
konsul, und sie drängten sie, dem großen
20 Aramazd zu opfern, den sie den König
aller Götter nannten.
(19,2) Aber der heilige Pionius rief mit
lauter Stimme und sagte: „Wir haben
den Glauben angenommen und glauben
25 an Christus.
(19,3) Wir opfern und verehren die aller-
heiligste Dreifaltigkeit und einzige Gött-
lichkeit des Vaters und des Sohnes und
des heiligen Geistes, welcher der Schöp-
30 fer aller Dinge aus dem Nichts ist."
(20,1) Und der Prokonsul befahl, Pioni-   **14**
us zu fesseln und ihn mit eisernen Haken
zu zerkratzen. Und als er am Galgen
hing, betete er und dankte Gott.
35 (20,2) Der Prokonsul sagt(e): „Bereue
und opfere! Warum bist du so hochmü-

այլ: Պիոնիոս ասէ ՝ չեմ հպարտա
ցեալ ՝ այլ ի կենդանին աստուած
հաւատացեալ եմ, ն(ը)մա զոհեմ
և ոչ դիւաց: և կ(ը)ռոց զարշելեաց
՝ և պաճուճելոց:

(20,5) Բդեշխն ասէ ՝ փութաս ի
մահ: Պիոնիոս ասէ ՝ այո:
Բդեշխն ասէ ՝ ընդէր: Պիոն ՝ ասէ
՝ զի այսու մահուամբ անցաւ
րաս ՝ ապրեցայց ի մահուանէն ՝
որ անանց է: Բդեշխն ասէ ՝ արդ ՝
վասն զի փութաս ի մահ կենդան
լոյն այրեսցիս:

15 (21,1) Եւ նա վաղվաղակի ՝ ել
յասպարէզն մեծաւ յօժարութե
ամբ. և ետ զինքն բեներել դահճին:
(21,3) Եւ բազմութիւն ամբոխին ՝
աղաղակեցին և ասեն: Ապաշա
ւեա պիոնիէ ՝ և առցին ի քէն բք
եռրդ :
(21,4) Պիոնիոս ասաց ՝ ամենևին
ոչ զգամ թէ են յիս բներք:
(21,6) և դէպ եղև պիոնի ի մէջ լի
նել բեւեռեալ ի փայտին: և զեմի
նոս ՝ երեց ի յաշմէ ՝ և ասկղեպի
աղ ՝ ի յահեկէ:
(21,7) Եւ ժողովեցին շուրջ
զնովաւ փայտ և լուցին: Եւ
սուրբն պիոնիոս ՝ եխից զաչսն:
Եւ ամբոխին թուեցաւ թէ եհան
զոգին:
(21,8) իսկ նա ի ծածուկ յաղաւթս
կայր: Եւ յորժամ եկն ի կատար
աղօթից՚ն: Եբաց զաչսն (21,9)
զըւարթալից երեսաւք ի մէջ
հրոյն ՝ և ասաց զամէնն: Եւ բու
րեաց անուշահոտութիւն իրրն
յաննուշ խրնկոց ՝ և այնպէս ան
ցաւ արձակեաց զոգին ասելով.
տէր յիսուս ընկալ զոգի իմ:

Pionios asê ` č'em hpartac'eal `
ayl i kendanin astowac hawata-
c'eal em, n(ə)ma zohem ew oč'
diwac': ew k(ə)ŕoc' garšeleac' `
ew pačowčeloc':   5

(20,5) Bdešxn asê ` p'owt'as i
mah: Pionios asê ` ayo: Bdešxn
asê ` əndêr: Pion ` asê ` zi
aysow mahowamb anc'awo-
raws ` aprec'ayc' i mahowanên   10
` or ananc' ê: Bdešxn asê ` ard `
vasn zi p'owt'as i mah kendanwoyn ayresc'is:

(21,1) Ew na vaľvaľaki ` el yas-
parêzn mecaw yôžarowt'eamb.   15
ew et zink'n beweŕel dahčin: *p. 6*
(21,3) Ew bazmowt'iwn ambo-
xin ` aľaľakec'in ew asen: Apa-
šawea pioniê ` ew aŕc'in i k'ên
beweŕk'd':   20
(21,4) Pionios asac' ` amenewin
oč' zgam t'e en yis beweŕk':
(21,6) ew dêp eľew pioni i mêj
linel beweŕeal i p'aytin: ew zeminos ` erêc' i yajmê ` ew as-   25
kľepiad ` i yahekê:
(21,7) Ew žoľovec'in šowrj
znovaw p'ayt ew lowc'in: Ew
sowrbn pionios ` exic' zač'sn:
Ew amboxin t'əwec'aw t'e   30
ehan zogin:
(21,8) isk na i cacowk yaľawt's
kayr: Ew yoržam ekn i katar
aľôt'ic'n: Ebac' zač'sn (21,9)
zəwart'alic' eresawk' i mêj   35
hroyn ` ew asac' zamênn: Ew
bowreac' anowšahotowt'iwn
ibrew yanowš xənkoc' ` ew ayn-
pês anc'aw arjakeac' zogin aselov. têr yisows ənkal zogi im: 40

tig?" Pionius sagt(e): „Ich bin nicht
hochmütig, sondern ich glaube an den
lebendigen Gott, ihm opfere ich und
nicht den Abgöttern und nicht den ab-
5 scheulichen und hübsch ausstaffierten
Götzen."
(20,5) Der Prokonsul sagt(e): „Strebst du[i]
nach dem Tode?" Pionius sagt(e): „Ja."
Der Prokonsul sagt(e): „Warum?" Pion
10 sagt(e): „Weil ich durch diesen vergäng-
lichen Tod vor dem Tod, der unvergäng-
lich ist, gerettet werde." Der Prokonsul
sagt(e): „Da du nach dem Tode strebst,
sollst du lebendig verbrannt werden."
15 (21,1) Und sofort ging er mit großer Be-
reitwilligkeit zum Stadion, und ließ sich
vom Henker festnageln.
(21,3) Und die große Volksmenge rief
und sagt(e): „Bereue, Pionius, dann wer-
20 den sie die Nägel aus dir herausnehmen."
(21,4) Pionius sagte: „Ich spüre überhaupt nicht, daß Nägel in mir sind."
(21,6) Und es ergab sich, daß Pionius in
der Mitte auf dem Holz festgenagelt
25 wurde und Zeminos der Presbyter rechts
und Akłepiad(es) links von ihm.
(21,7) Und man häufte Holz um ihn herum auf und zündete es an. Und der heilige Pionius schloß die Augen. Und der
30 Menge schien es, als hätte er den Geist
aufgegeben,
(21,8) aber er betete heimlich. Und als er
an das Ende seines Gebets gelangt war,
öffnete er die Augen (21,9) mit freudi-
35 gem Gesicht mitten im Feuer, und sagte
(das) „Amen." Und er verströmte einen
süßen Duft wie von süßem Weihrauch[ii],
und so ging er von uns und gab seinen
Geist auf mit den Worten: „Herr Jesus,
empfange meinen Geist."

15

---

i   *NBHL* s. v. *p'owt'am*: „σπεύδω, σπουδάζω *studeo* եւ *festino, diligenter ago* κατασπεύ-
    δω *accelero, propero* ἐπιμελέομαι *curo, curam gero*."

ii *yanowš xənkoc'*, nom. sg. *anowš xownk, NBHL* s. v. *anoyš* „γλυκύς *dulcis*, ἡδύς , ἀγα-
    θός, καλός *suavis, bonus, jucundus*", *xownk* „θυμίαμα, ἄρωμα *incensum, suffitus, aro-*
    ma. λίβανος *thus, tus*."

16 (22,2) Եւ յետ շիջանելոյ հ(ը)րոյն ՝ տեսին զի և մազ մի ոչ էր այրե ցեալ ի սրբոցն:

(22,4) Ծագեաց և լոյս պայծառ յերկնից ի վերայ մարմնոցն սրբոց: որով առաւել հաստատե ցան ի հաւատս քրիստոնեայքն: Իսկ անհաւատքն ՝ զարհուրե ցան ՝ մինչ ՝ զի ահիւ մեծաւ փա խեան ի տեղւոջէն: և քրիստոսի աստու(ա)ծոյ մերոյ ՝ փառք յաւի տեանս ամէն:

(22,2) Ew yet šijaneloy h(ə)royn ՝ tesin zi ew maz mi oč' êr ayrec'eal i srboc'n:

(22,4) Cageac' ew loys paycaṙ yerknic' i veray marmnoc'n srboc': orov aṙawel hastatec'an i hawats k'ristoneayk'n: Isk anhawatk'n ՝ zarhowrec'an ՝ minč' ՝ zi ahiw mecaw p'axean i tełwojên: ew k'ristosi astow-(a)coy meroy ՝ p'aṙk' yawiteans amên:

(22,2) Und nachdem das Feuer erloschen **16**
war, sah man, daß auch nicht ein Haar
der Heiligen verbrannt war.
(22,4) Auch strahlte ein Blitz vom Him-
5 mel über den Leichnamen der Heiligen
auf, wodurch die Christen noch mehr in
ihrem Glauben befestigt wurden. Aber
die Ungläubigen wurden von Schrecken
ergriffen, so daß sie in großer Furcht
10 vom Ort (des Geschehens) flohen. Und
Christus unserem Gott sei Ruhm in
Ewigkeit. Amen.

Literatur

Musurillo, Herbert: The acts of the Christian martyrs, Oxford 1972
Srapian, Moses: Das Martyrium des hl. Pionius. Aus dem Altarmenischen übersetzt, Wiener Zeitschrift für die Kunde des Morgenlandes 28, 1914, 376–405

IV. Passio Pionii: Versio latina auctore anonymo saec. V

Passio sancti Pionii martyris

1 Referri oportere ac debere memorari sanctorum merita apostolus praecipit, eo quod sciat rerum gestarum memoria egregiis viris flammam in
pectore crescere, his ante omnia, qui imitari tales viros vel maxime student vel praecipua aemulatione contendunt. Vnde Pionii martyris debet 5
passio non sileri, quia et, dum esset in luce, multis fratribus ignorantiae
discussit errorem et postea martyr effectus, quibus vivus doctrinam infuderat, passus ostendit exemplum.

2   1. Secundo itaque die sexti mensis, qui dies est quartus Idus Martias, die sabbati maiore, natale Polycarpi martyris celebrantes genuinum 10
Pionium, Sabinam, Asclepiadem, Macedoniam quoque et Lemnum
presbyterum catholicae ecclesiae vis persecutionis invenit. Sed quia bonae fidei totum Dominus ostendit, Pionius, quae imminebant supplicia
(quia non timebat advenientia) futura praevidit. 2. Ergo ante diem quam
natalis Polycarpi martyris adveniret, 3. cum Sabina et Asclepiade dum 15
ieiuniis devotus insisteret, vidit in somnis sequenti die se esse capien-
dum. Quae cum aperte et indubitanter agnosceret, eo quod tam lucide
omnia visus aperiret, funis vinculo sua et Sabinae et Asclepiadis colla
circumdedit: 4. ut, cum ab inlaturis vincula vincti invenirentur, scirent,
qui venerint, nihil se novi esse facturos intelligentque non eos sicut 20
ceteros, qui degustabant sacrificia, esse ducendos, cum essent vincula,
priusquam iuberentur, imposita – et fidei testimonium et voluntatis indicium.

3   1. Facta igitur oratione sollemni cum die sabbati sanctum panem et
aquam degustassent, Polemon neocorus sive aedituus advenit stipatus 25

ξ v   (ξ = CP, v = πρ;   π = AET[V],   ρ = σN,   σ = HB)

INCIPIT PASSIO SCI. PIONII / QUOD EST IIII ID' MAR **A**: Incipit passio sancti pionii
martyris · IIII IDV' MARCII **T**: Incipit Passio Pionii Mart' **E**: Incipit passio scī Pionii Martyris (*litt. minusc.* **B**) σ: Passio sanctorum Pionii et sociorum eius qui passi sunt ·II· Kl. Ianu-
arii ξ
1 referri ξE: -re **v**   praecipit ξ: -cepit **v**; *cf.* παραινεῖ (**β**)   tales viros] viros tales ξ   Pionii
v: pioni ξ   passio non **v**: passionē ξ   **2,1** sexti *om.* ξ   quartus (·IIII· ξT) Zw.: -to **N**: -ta
AEσ   martias **v**: -cii ξN   celebrantes ξ: *om.* **v**   Lemnum **v**: linum (lign- **C**) ξ   vis **v**: his
(is **P**) ξ   bonae ξ: bonum **v**   totum dominus **v**: dom. totum ξ; *an* tutum *legend.?* (*sc.* eum,
qui bonae fidei est, tutum exhibet)   quia non] *an* qui non? **2,2** Policarpi **v**: -is ξ   **2,3** ieiuniis **v**: -nus ξ   apereret ξNT (**NT** *ex coniect.;* app- **T**): appareret **v**   vinculo ξ: -la π (vinc.
sua et *om.* ρ)   **2,4** venerint Zw.: -ant *codd.*   non eos ξπ: eos non ρ   iuberentur **v**: -etur ξ
3,1 sabbati ξρ: -to π   degustassent ρP: degustavissent (gust- **C**) πC   neochorus sive aedi-
tus (*sic*) ξ: sive aedituus **v** („*cf. 15,5* hyparchus sive … turmarius" *Jakobi*)

Daß es notwendig sei, die Verdienste der Heiligen zu berichten, und daß die **1**
Verpflichtung bestehe, dieser Verdienste zu gedenken, lehrt der Apostel[28], weil
er weiß, daß durch die Erinnerung an vergangene Taten herausragenden Män-
nern in der Brust die Flamme wachse, vor allem solchen Männern, die ganz
5 *besonders bestrebt sind, derartige Vorbilder nachzuahmen, oder in besonders*
ausgeprägtem Wetteifer sich mit ihnen zu messen suchen. Aus diesem Grunde
darf das Leiden des Märtyrers Pionius nicht verschwiegen werden, weil er, so-
lange er im Leben weilte, vielen Brüdern den aus Unwissenheit erwachsenen
Irrtum verscheuchte[29], danach aber, zum Zeugen geworden, denjenigen, denen
10 *er im Leben die Glaubenslehre eingeflößt hatte, im Leiden ein Beispiel vor-*
führte.

1. Es war also am zweiten Tag des sechsten Monats, das ist der vierte Tag **2**
vor den Iden des März, einem großen Sabbat, daß die Gewalt der Verfolgung
Pionius, Sabina, Asclepiades, ferner Macedonia und Lemnus, den Presbyter
15 der katholischen Kirche, heimsuchte, als sie den wahren Geburtstag (d. h. den
Todestag) des Märtyrers Polykarp feierten. Doch weil der Herr ihn ganz von
gutem Glauben geprägt zeigte[30], sah Pionius (der keine Angst vor dem hatte,
was bevorstand) die ihnen drohenden Peinigungen (als zukünftig) voraus. 2.
So sah er denn am Tag vor dem Gedenktag des Märtyrers Polykarp, 3. als er
20 zusammen mit Sabina und Asclepiades hingebungsvoll den Fastenübungen
oblag, im Traum, daß er am folgenden Tag gefangengenommen werden solle.
Als er dies offen und unzweideutig erkannte, weil ihm das Traumgesicht alles
so klar eröffnete, umwand er seinen Hals und den der Sabina und des Asclepiades mit einer Seilfessel, 4. damit, wenn sie von denen, die sie in Fesseln legen
25 sollten, (bereits) gefesselt angetroffen würden, diese gleich bei ihrer Ankunft
wüßten, daß sie nichts Neues tun könnten, und einsähen, daß man sie (Pionius
und die Gefährten) nicht wie die übrigen, die vom Opferfleisch kosteten, ab-
führen müsse, da ja die Fesseln bereits, bevor der Befehl erteilt wurde, umge-
legt waren – als Zeugnis des Glaubens und als Bekundung ihres Willens.
30 1. Als sie nun nach dem feierlichen Gebet am Sabbat heiliges Brot und **3**
Wasser genossen hatten, kam Polemon, der Neokore oder Tempelwächter, um-

---

28 Röm 12,13.
29 So (statt „zerschlug") G. RAUSCHEN in seiner Übersetzung des nunmehr überholten
    Textes von RUINART: „Bibliothek der Kirchenväter", Band 14 (Kempten–München
    1913), S. 291–369. Die Übersetzung ist wieder abgedruckt in K. GRESCHAT–M. TILLY,
    Frühchristliche Märtyrerakten, Wiesbaden 2006, 171–227; siehe dort S. 173. Auch
    wenn der neue lateinische Text zum Teil stark verändert ist, werden im folgenden ein-
    zelne Formulierungen RAUSCHENs dankbar übernommen.
30 Falls in *totum* eine Verschreibung für *tutum* vorliegen sollte, wäre der Gedanke wohl
    wie folgt wiederzugeben: „Aber weil der Herr denjenigen, der guten Glaubens ist, als
    beschützt erweist, sah Pionius …". Zum folgenden *advenientia* vgl. Isid. sent. 1 (PL 83,
    548 [lin. 27]).

turba eorum, quos ad investigandos Christianos Polemoni iudicia maiora sociarant. 2. Qui ubi Pionium vidit, talia profano ore verba profudit:
Scitis manifeste principis esse praeceptum, quod sacrificia celebrare
vos iubeat. 3. Pionius dixit: Scimus quidem praecepta, sed illa sola,
quae Deum nos venerari iubent. 4. Aedituus ait: Venite ad forum, ut   5
pernoscatis vera esse quae dixi. Sabina vero et Asclepiades clara voce
dixerunt: Nos Deo vivo oboedimus. 5. Et cum ad forum ducerentur oblati, repente vincula cervicibus eorum indita vulgus aspexit et, ut solet
in populo rationis experte visendae cuiusque rei cupiditas inhiare, ita se
mirantes stipabant, ut, dum ipsi alios pellerent, ab aliis pellerentur. 6.   10
Ergo ubi ad forum ventum est, repente immensa multitudine quicquid
spatii in medio fuit et superposita paganorum aediculis tecta completa
sunt. Innumerae quoque aderant feminarum catervae, quia erat dies sabbati et Iudaeorum feminas ab opere diei festivitas relaxabat. Omnis autem circumfusa undique visendi studio ruebat aetas; 7. et quos ad vi-   15
dendum destituebat brevitas corporis, supra positi scamnis aut ascendentes arcas, ne subtraherentur miraculo, aequiperabant ingenio quod
natura subtraxerat.

4   1. Tum martyribus in medio constitutis Polemon ait: Bonum est, Pioni, et te sicut ceteros oboedire ac iussa complentem declinare suppli-   20
cia. 2. Sed beatus martyr Polemonis sermone percepto, extensa manu,
laeto et alacri vultu tali oratione respondit: Vos, viri, qui exultatis pulcritudine moenium et Smyrnae civitatis decore gaudetis et Homero poe-
ta gloriamini, et si qui vobiscum ex Iudaeis adsunt, paucis audite, vos
alloquor. 3. Audio enim quod irrideatis eos, qui ad sacrificandum aut   25
sponte prosiliunt aut alio cogente non renuunt, et in illis levitatem pec-
toris, in his spontaneum damnetis errorem, 4. cum oporteret vos Homero doctori vestro ac magistro pariter oboedire, qui asserit nefas esse
exultare defunctis nec ullum conflictum cum luce cassis aut certamen
debere esse cum mortuis. 5. Vos autem, Iudaei, decuerat Moysi oboedi- 30
re praeceptis, qui ait: *Inimici tui animal si ceciderit, oportet te prius le-*

ξ v   (ξ = CP, v = πρ;   π = AET[V],   ρ = σN,   σ = HB)

---

quos ad **v**: quod ad ξ   **3,2** manifeste ξ**B**: -festum π**H** (*om.* **N**), *sed cf.* οἴδατε πάντως (ω)
3,3 quidem **v**: quid est ξ   venerari **v**: -e ξ**EH**   **3,4** aedituus] -tus (*sic passim*) ξ   vivo ξ:
vero **v**, *sed cf.* θεῷ ζῶντι (δ)   **3,5** oblati] *om.* ρ   experte ξ: *om.* **v**   visendae cuiusque ξ:
visende ρ: vis inde π   stipabant (stipant **P**) ξ: stupebant **v**; *cf. Iuvenc. 2,421* (mirantis populi
stipante tumultu)   **3,6** spatii **v**: -ium ξ   innumerae **v**: -ro ξ   festivitas **v**: -tatis ξ   **3,7** supra positi **v**: superpos- ξ   subtraxerat] negaverat **N** (*ex Ov. epist. 15,32*)   **4,1** Pioni π: pion
ξρ   **4,2** percepto **EV**: prec- ξ**AT** (contempto **N**; Polemonis … manu *om.* σ)   extensa **v**:
tensa ξ   viri **v**: vidi ξ   Smyrnae] zmirne ξ**AN**   alloquor ξρ: all. verbis (*cum paucis con-
iungend.*) π   **4,3** irrideatis ξ**V**: rideatis **v**   in his ξ: his *om.* **v**   **4,5** Iudaei **v**: -is ξ (-os **B**)

ringt von einer dichten Schar von Leuten, die die obere Gerichtsbarkeit dem
Polemon zum Aufspüren der Christen an die Seite gegeben hatte. 2. Als er den
Pionius sah, ließ er solcherlei Worte aus seinem unheiligen Mund entströmen:
Ihr wißt ganz offenkundig, daß der Kaiser ein Gebot erlassen hat, das euch be-
5 fiehlt, zu opfern. Pionius erwiderte: Wir kennen zwar Gebote, aber nur jene,
die uns befehlen, Gott zu verehren³¹. 4. Der Tempelwächter sagte: Kommt aufs
Forum, damit ihr erfahren möget, daß wahr ist, was ich gesagt habe. Sabina
aber und Asclepiades riefen mit lauter Stimme: Wir gehorchen dem lebendigen
Gott. 5. Und als sie zum Forum geführt wurden, nachdem sie sich selbst darge-
10 boten hatten, da erblickte das Volk auf einmal die Fesseln, die um ihre Nacken
gelegt waren; und wie beim unvernünftigen Volk üblicherweise die Begierde
danach lechzt, bei allem dabei zu sein, so drängten sie sich voller Verwunderung so sehr, daß sie einander anrempelten und angerempelt wurden. 6. Als
man nun beim Forum angelangt war, füllte sich im Nu der ganze Platz in der
15 Mitte und die Dächer auf den Häusern der Heiden mit einer unermeßlichen
Volksmenge. Auch zahllose Scharen von Frauen waren anwesend, weil es
Sabbat war und die Festlichkeit des Tages die Frauen der Juden von der Arbeit
entband. Menschen jeglichen Alters aber strömten von allen Seiten zusammen
und stürzten in der Begier, das Schauspiel zu sehen, heran. 7. Und denen zum
20 Sehen die nötige Körperlänge fehlte, die stellten sich auf Bänke oder stiegen
auf Kisten und glichen so, damit ihnen nicht der wunderbare Anblick des
Schauspiels vorenthalten würde, durch kluge Erfindung aus, was ihnen die Natur vorenthalten hatte.

1. Als dann die Märtyrer in der Mitte aufgestellt waren, sagte Polemon: Es   **4**
25 wäre gut, Pionius, wenn auch du wie die übrigen gehorchen und durch Befol-
gen der Befehle Strafen von dir abwenden wolltest. 2. Aber der selige Märtyrer
streckte, nachdem er die Worte des Polemon vernommen hatte, seine Hand aus
und hielt mit fröhlichem und heiterem Antlitz folgende Antwortrede: Ihr Männer, die ihr frohlockt über die Schönheit eurer Mauern und euch freut über die
30 Zierde eurer Stadt Smyrna und die ihr euch rühmt des Dichters Homer, und
wenn zusammen mit euch Vertreter des jüdischen Volkes anwesend sind,
schenkt mir Gehör für wenige Worte: zu euch spreche ich. 3. Ich höre nämlich,
daß ihr jene verlacht, die entweder freiwillig zum Opfern hervortreten oder unter fremdem Zwang sich dem Opfern nicht verweigern, und daß ihr bei letzte-
35 ren die Leichtfertigkeit der Gesinnung, bei ersteren den frei gewählten Irrweg
verurteilt. 4. Dabei wäre es vonnöten, daß ihr eurem Lehrer und zugleich Meister Homer folgt, der mit Nachdruck die Auffassung vertritt, es sei Unrecht,
sich über Tote zu freuen, und es dürfe keinen Kampf mit denen geben, die des
Lichtes beraubt sind, und keinen Wettstreit mit den Toten³². 5. Euch aber, ihr
40 Juden, hätte es gut angestanden, den Geboten des Moses zu gehorchen, der
sagt: *Wenn deines Feindes Tier fällt, sollst du nicht vorbeigehen, ohne ihm*

---

31   Dtm 6,13.
32   Hom. Od. 22,412.

vare quam transeas. 6. Pari quoque sententia et simili Salomon oratione signavit: *Inimico cadente non exultes; nec aliena infelicitate te iactes.* 7. Vnde ego mori malo atque omnia perferre supplicia et in quaslibet aerumnas deductus immensos sentire cruciatus, donec non pervertam aut illa, quae didici, aut illa, quae docui. 5

8. Nunc ergo quomodo Iudaei risu se cachinnante dissolvunt inridentes eos, qui aut coacti aut sponte sacrificant! Ne a nobis quidem temperant risum et insultanti voce proclamant 9. diu nos licentiae tempus habuisse. Esto: inimici eorum sumus, attamen homines. Quid enim a nobis pertulere iacturae? quae per nos sensere supplicia? quos lingua 10 laesimus? quos odio persecuti iniquo sumus? quos ferina crudelitate grassati ad sacrificia compulimus? 10. Non sunt eorum peccata his similia, quae propter timorem hominum nunc aguntur. Longa discretio est inter invitum et sponte peccantem; et hoc interest inter eum, qui cogitur, et illum, quem nemo compellit, quod ibi mens, hic tempus in culpa est. 15

11. Quis enim coegit Iudaeos aut mysteriis Beelphegor imbui aut interesse parentalibus et degustare sacrificia mortuorum? Quis cum filiabus allophylorum turpes coitus agere et exercere meretriciam voluptatem? Quis suos filios concremare, quis adversus Deum murmur exerce- 20 re aut de Moyse latenter male loqui? Quis tot beneficiorum immemores, quis fecit ingratos? Quis coegit per cor suum redire ad Aegyptum aut, cum Moyses legem ascendisset accipere, dicere ad Aaron: Fac nobis deos et vitulum; et cetera quae fecerunt? 12. Sed vos, pagani, possunt fortasse decipere aliqua aures vestras ambage fallentes; nobis nullus il- 25 lorum poterit imponere. Recitent vobis codicem Iudicum, Regum, Exodum et cetera, quibus convincuntur, ostendant.

ξ ν (ξ = CP, ν = πρ; π = AET[V], ρ = σN, σ = HB)   *post* **4,9** habuisse *exemplar librarii* ξ *complura exhibuit folia transposita post 14,5 confessi sunt, ita ut in* ξ *tempus habuisse (4,9) excipiatur ab 10,6* Istud ille non faciet *et sequentibus usque ad 14,5 confessi sunt. ibi resumitur 4,9* Esto inimici eorum sumus, *et textus continuatur usque ad 10,6* Pionius respondit (*sic* P; *de* C *vide ad 9,3*), *ubi sequitur 14,5 et sunt execrabiles etc. usque ad finem*

4,6 Salomon ν: -onis ξ   **4,7** donec non (*i. q.* dum ne) ν: non *om.* ξ   aut … aut ν: ad … et ad ξ   **4,8** quomodo] quam C: quoniam (*ut vid.* [q̄m]) σ: quia N   **4,9** licentiae ν: -tia(m) ξ   iniquo ν: -os ξ   ad sacrificia ν: quos ad s. ξ   compulimus ν: -pellimus ξ   **4,10** hominum ν: -em ξ   **4,11** coegit ν: cogit ξ   aut … aut ν: ut a … aut ξ   mysteriis Beelphegor ν: Beelph. myst. ξ   coitus ν: cogitur (g *eras.* C^pc) ξ   voluptatem ν: voluntatem ξ   male loqui ν: mala l. ξ   quis tot ν: his tot ξ   per cor ν: per os (hos C) ξ   ascendisset ν: ostendisset (hos- C) ξ   **4,12** decipere ν: de opere ξ   vestras ν: -ae ξ   recitent ν: et recitent enim ξ   Regum ξ: regna π: et (*om.* reg.) ρ

aufzuhelfen[33]. 6. Im gleichen Sinne und in ähnlicher Redeweise hat Salomon festgesetzt: *Über den Fall eines Feindes sollst du nicht frohlocken, und dich nicht brüsten über fremdes Unglück*[34]. 7. Daher ziehe ich es vor, zu sterben und alle Strafen zu erdulden und, in Mühsale beliebiger Art gestoßen, uner-
5 meßliche Qualen zu spüren, wenn ich nur nicht verkehre, was ich gelernt oder was ich gelehrt habe.

8. Nun also: Wie ist es möglich, daß Juden sich in wieherndem Lachen zerreißen, indem sie jene verspotten, die entweder gezwungen oder freiwillig opfern! Nicht einmal uns verschonen sie mit ihrem Hohnlachen und verkünden
10 mit schmähender Stimme, 9. wir hätten lange genug Zeit für freizügiges Sprechen gehabt. Sei es denn: Wir sind ihre Feinde – aber doch Menschen! Welchen Verlust denn haben sie durch uns erlitten? Welche Strafen haben sie durch uns fühlen müssen? Wen von ihnen haben wir mit der Zunge verletzt? Wen mit unbilligem Haß verfolgt? Wen, in tierischer Grausamkeit wütend,
15 zum Opfern getrieben? 10. Ihre Verfehlungen sind nicht mit denen zu verglei-chen, die jetzt aus Furcht vor Menschen begangen werden. Groß ist der Unter-schied zwischen einem, der gegen seinen Willen fehlt, und einem freiwilligen Sünder; und zwar liegt der Unterschied zwischen dem, der gezwungen wird, und dem, den niemand gewaltsam antreibt, darin, daß hier die Selbstverant-
20 wortlichkeit der Person, dort die Zeitumstände in Schuld stehen.

11. Wer denn zwang die Juden, sich in die Mysterien des Beelphegor ein-weihen zu lassen oder den Totenfeiern beizuwohnen[35] und von den Totenopfern zu essen? Wer, mit den Töchtern der Fremdstämmigen schändlichen Ge-schlechtsverkehr zu haben und dirnenhafte Wollust zu üben?[36] Wer, die eige-
25 nen Kinder zu verbrennen[37], wer, gegen Gott zu murren oder heimlich über Moses schlecht zu reden?[38] Wer hat sie so viele Wohltaten vergessen lassen, wer sie undankbar gemacht? Wer zwang sie, im inneren Herzen nach Ägypten zurückzukehren[39], oder, als Moses zum Empfang des Gesetzes auf die Höhe gestiegen war, zu Aaron zu sagen: Mache uns Götter und ein Kalb[40], und das
30 übrige, was sie getan haben? Aber euch, ihr Heiden, können sie vielleicht be-trügen, indem sie durch irgendwelche zweideutigen Äußerungen eure Ohren täuschen: uns wird keiner von ihnen hinters Licht führen können. 12. Sollen sie euch doch das Buch der Richter, der Könige und den 'Auszug' hersagen und die übrigen Schriften vorzeigen, durch die sie überführt werden!

---

33   Vgl. Ex 23,5 / Deut 22,4.
34   Spr 24,17.
35   Ps 105,28f.
36   Num 25,1–3. 6–8.
37   Ps 105.37f.; Jer 7,31; Ez 23,37. 39.
38   Ex 15,24; 16,2. 7–9; Num 12,1.
39   Ex 16,3.
40   Ex 32,1ff.

13. Sed quaeritis, cur multi ad sacrificandum sponte descendant, et propter paucos ceteros inridetis. 14. Fingite vobis imaginem areae, quam tritura compleverit. Palearum est acervus maior an tritici? Cum enim colonus aut bicorni furca triticum verrit aut palmulari, sine pondere palea vento auferente iactatur, triticum autem grave et solidum in eo loco, in quo manserat, perseverat. 15. Quid? <Cum> iactant in pelago retia, numquid totum, quod educunt, esse optimum potest? Scitote tale esse, quod cernitis, et hanc esse rationem, ut mala bonis, bona pessimis misceantur; sed ubi aequare volueris, discrepant et, quid sit melius, in comparatione monstratur.

16. Quemadmodum itaque nos vultis haec, quae a vobis inrogantur, ferre supplicia? ut iustos an ut iniustos? <Si ut iniustos>, iniustiores vos tali opere comprobabitis, si persequendi causa non exstat. Si ut iustos, quid vobis spei superest, cum etiam iusti ita patiantur? *Si iustus enim vix salvatur, peccator et impius ubi parebit?* 17. Iudicium namque imminet saeculo, de cuius adventu multis ex rebus certi sumus. 18. Ego namque transgressus omnem Iudaeorum terram cuncta perdidici et Iordane transmisso vidi terram, quae excidio suo iram Domini testabatur propter id, quod peregrinos aut exstinguebant humanitatis immemores aut procurrentes in sexum viros muliebria pati iugulato hospitii iure cogebant. 19. Vidi terram vi divini ignis exustam et in cinerem favillasque conversam omni humore atque fertilitate viduatam. 20. Vidi mare mortuum et ob Dei timorem naturam mutatam ferventis elementi. Vidi aquam nec alendis nec suscipiendis animalibus obsequentem, hominem quoque sicut susceperit eiectantem, ne iterum propter hominem aut crimen incurrat aut poenam. 21. Sed quid ego haec vobis dico procul remota, longius collocata? Vos, gentes, <Aetnae> videtis et enarratis in-

---

ξ ν   (ξ = CP, ν = πρ;   π = AET[V], ρ = σN, σ = HB)   *post* **4,14** perseverat *desunt capita 4,15 usque ad 13,9* (nonne iniqui), *sequitur 14,1 repetam* ν

4,13 descendant ν: discedant ξ   ceteros ξσ: et cet. πN: *eras. spatio relicto* T^pc   **4,14** palmulari N: -is νξ   manserat] iacuerat *tempt. Zw., sed tradit. lect. def. Jakobi coll. ThLL VIII 290,13sq.* (manere *i. q.* esse); *cf. 11,6*   **4,15** quid <cum> iactant *Zw.*: quid iactat ξ   tale ... quod *Zw.*: talis ... quod ξ: tales ... quos *Ruinart*   **4,16** quemadmodum *Zw.*: quem amodo ξ: quonam modo *Ruinart*   iustos ... iniustos *Zw.*: iustus ... -tus ξ   si ut iniustus (-os *Zw.*) *add. Ruinart*   iniustiores] -is ξ   ut iustos *Zw.*: ut iustus ξ   quid] quiut ξ   **4,17sq.** imminet ... ex rebus *om.* P   rebus ... omnem *om. in textu*, ex rebus ... omnem *add. in marg.* C   **4,18** in sexum] *attributum velut* similem *vel* suum *desiderat Jakobi coll. Cypr. Gall. gen. 642–648* (<suum> *etiam Weyman apud Gebh*[3])   hospitii] -iis ξ   **4,19** cinerem] -re ξ   fertilitate ξ: fruge *Zw. coll.* παντὸς καρποῦ (ω); *vide infra n. 147*   **4,20** ferventis] -es ξ   suscipiendis] suspiciendis ξ   animalibus ξ: animantibus *Ruinart; cf.* ω (ζῷον)   eiectantem *Deufert coll.* ἐκβαλλόμενον (ω): et iactantem ξ   crimen incurrat] *cf. Apul. met. 8,24,4*   **4,21** vos, gentes] *cf. 4,11* (vos, pagani) *et 12,1*   gentes <etne> *suppl. Zw.*

13. Aber ihr fragt, weshalb viele freiwillig sich zum Opfern herbeilassen, und verlacht wegen der wenigen die übrigen. 14. Stellt euch das Bild einer Tenne vor Augen, die voll von Weizen ist[41]. Ist der Haufen der Spreu größer oder der des Weizens? Wenn nämlich der Bauer mit der zweizinkigen Gabel

5 oder der Worfschaufel den Weizen durchkämmt, wird die Spreu, da ohne Gewicht, vom Wind davongetragen und weggeweht, das schwere und feste Korn aber verharrt dauerhaft an dem Ort, an dem es war. 15. Was weiter? Wenn man im Meer die Netze auswirft[42], kann dann alles, was man herauszieht, von erster Güte sein? Wißt also, daß von dieser Art ist, was ihr hier seht, und daß dies der

10 Grund dafür ist, daß Schlechtes mit Gutem und Gutes mit ganz Üblem sich mischt. Aber sobald man es gleichzusetzen sucht, zeigt es sich verschieden, und was das Bessere ist, wird beim Vergleich offenbar.

16. Auf welche Weise also sollen wir eurer Ansicht nach die Strafen, die uns von euch auferlegt werden, auf uns nehmen? Als Gerechte oder als Unge-

15 rechte? Wenn als Ungerechte, so werdet ihr euch durch dieses Vorgehen als noch ungerechter erweisen, da ein Grund zur Verfolgung nicht vorliegt. Wenn aber als Gerechte, was bleibt euch da an Hoffnung, wo doch sogar Gerechte so leiden müssen? *Denn wenn der Gerechte kaum gerettet wird, wo wird dann der Sünder und Gottlose erscheinen?*[43] 17. Denn ein Gericht steht der Welt

20 drohend bevor, über dessen Eintreten wir aufgrund vieler Indizien uns sicher sind. 18. Denn ich habe das ganze Land der Juden durchwandert und alles zur Kenntnis genommen: Ich sah, nachdem ich den Jordan überquert hatte, ein Land, das durch seine Verwüstung den Zorn des Herrn bezeugte, weil seine Bewohner Fremde entweder ohne Rücksicht auf Menschlichkeit umbrachten

25 oder, indem sie einen Angriff gegen die (naturgemäße) Geschlechtsordnung unternahmen, Männer zwangen, ihnen wie Frauen willig zu sein, und so das Gastrecht mit Füßen traten[44]. 19. Ich sah den Erdboden durch die Kraft des göttlichen Feuers ausgebrannt und in Staub und Asche verwandelt, ohne einen Tropfen Feuchtigkeit und aller Fruchtbarkeit beraubt. 20. Ich sah das Tote

30 Meer, bei dem sich aus Furcht vor Gott die Natur des hin- und herwogenden Elementes gewandelt hat. Ich sah Wasser, das nicht bereit war, Lebewesen zu nähren und in sich aufzunehmen, und auch den Menschen, wie es ihn aufgenommen hat, wieder herausschleudern, damit es nicht ein zweites Mal wegen des Menschen in Schuld und Strafe verfalle. 21. Doch was spreche ich

35 zu euch über solche weit entlegenen, in großer Ferne angesiedelten Erscheinungen? Ihr Heiden selbst seht den Brand des Ätna und erzählt von

---

41 Vgl. Mt 3,12.
42 Mt 13,47f.
43 1 Petr 4,18; vgl. Spr 11,31.
44 Gen 19.

cendium, illam aestuantem rupibus flammam. Conferte quoque Lyciae
et diversarum insularum ignem ex infimis terrae visceribus effluentem.
22. Aut si haec non potuistis agnoscere, considerate calidae aquae usum
– non dico de illa, quae fit, sed de illa, quae nascitur. Aspicite fontes te-
pentes et anhelantes ibi, unde exstingui solent, flammas. Vnde esse pu-   5
tatis hunc ignem, nisi quia cum inferni igne sociatur? 23. Dicitis enim
partim <terram> igne partim inundationibus – vos sub Deucalione et
nos sub Noe – laborasse. Ita enim fit, ut particulatim catholica agnos-
cantur. 24. Vnde praedicimus vobis de iudicio per verbum Dei Iesum
Christum, qui per ignem venturus est. Propterea deos vestros non ad-   10
oramus nec imagines aureas veneramur, quia in his non religio colitur,
sed quantitas aestimatur.

5   1. His ita atque aliis talibus diu dictis, dum tacere nollet, Polemon
omnisque populus ita admovit aures, ut hiscere nullus auderet; 2. ac de-
nuo dicente Pionio: Deos vestros non adoramus nec imagines aureas   15
caelesti veneratione suscipimus, abduxerunt eos in †atrio. Ibi circum-
stans vulgus cum Polemone beatum martyrem persuadere temptabant
tali sermone suadentes: 3. Pioni, obtempera nobis; multa sunt enim,
propter quae te vivere et valere conveniat. Dignus es enim vita cum mo-
rum tuorum meritis tum mansuetudinis causa. Vivere bonum est et hali-   20
tum huius lucis haurire. Cumque et alia multa narrarent, 4. Pionius ait:
<Et> ego dico, quod vivere bonum est et usum lucis haurire, sed illius
quem desideramus. Aliud est lumen illud, quod nos cupimus, 5. et haec
Dei munera non obliti deserimus; sed relinquimus maiora cupientes et
melioribus ista contemnimus. Et vos quidem laudo, eo quod me dignum   25
et amore et honore ducatis; sed esse ex verbis suspicamur insidias et
semper minus nocuerunt professa odia quam subdola blandimenta.

ξ   (= CP)

---

aestuantem] -te ξ   **4,22** aquae] atque ξ   flammas ξ: -ae *Ruinart, sed vide sententiam se-*
quentem (hunc ignem) *et cf. Zeno Veron. 2,5,1* (anhelantibus flammis)   **4,23** partim … par-
tim] -tem … -tem ξ   terram *suppl. Zw. coll. Hist. Aug. Claud. 6,6* (laborasse denique terram
ipsam)   catholica] -am ξ   **4,24** qui … venturus **P**: quod … -rum **C**   religio] reliquo **P**:
relico **C**   **5,1** aliis talibus **C**: aliis *om.* **P**   dum] cum *Riesenweber*   admovit] admonuit ξ
hiscere *Gebh³, Zw.*: quiescere ξ; *cf.* ὡς μηδὲ γρῦξαί τινα (ω) *et infra n. 141*   **5,2** abduxerunt
Gebh³, Zw.: obdux. (-ere **C**) ξ   in atrio ξ (*corrupt., ut vid.*); *an* in hypaethron (*cf.* β εἰς τὸ
ὕπαιθρον)?   **5,3** Pioni *Zw.*: pion ξ   propter quae te *Gebh³, Zw.*: propter te quae ξ   **5,4** et
ego *Zw.*: ego ξ; *cf.* κἀγώ (ω)   quod ξ: quia *Ruinart*   **5,5** obliti] ablati ξ; *an* deserimus obliti (*meliore rhythmo*)?   melioribus] prae mel. *Ruinart; sed Jakobi confert Zw. Lucubr. I*
333sqq. („*abl. pretii*"); *vide ad 10,2* (rubore)   verbis (*cf.* blandimenta) ξ: vobis *Ruinart*

ihm, jener aus Felsen auflodernden Flamme. Vergleicht auch das Feuer Lyki-
ens und das verschiedener Inseln, das sich aus den innersten Eingeweiden der
Erde ergießt. 22. Oder wenn ihr das nicht kennenlernen konntet, so betrachtet
die Nutzung des warmen Wassers – ich meine nicht das Wasser, das warm ge-
5   macht wird, sondern jenes, das von Natur aus warm an die Erdoberfläche
kommt. Blickt auf die lauen Quellen und auf die Flammen, die dort emporzün-
geln, nämlich in dem Element, durch das sie üblicherweise gelöscht werden.
Woher kommt eurer Meinung nach dieses Feuer, wenn nicht aus der Verbindung mit dem Feuer der Unterwelt? 23. Ihr sagt ja, daß die Erde teils unter
10 Feuer, teils unter Überschwemmungen – nach eurer Vorstellung unter Deukalion, nach der unseren unter Noe[45] – zu leiden gehabt habe. So nämlich ge-
schieht es, daß aus dem Partiellen das Allgemeine erkannt wird. 24. Daher machen wir euch die Voraussage über das Gericht durch das Wort Gottes, Jesus
Christus, der im Feuer kommen wird. Aus diesem Grunde beten wir eure Göt-
15 ter nicht an und verehren wir nicht eure goldenen Bildnisse[46], weil in ihnen
nicht religiöse Gesinnung geübt, sondern Größe und Menge taxiert werden.

　　1. Diesen und ähnlichen Ausführungen, die sich lange hinzogen, weil der   **5**
Redner nicht schweigen wollte, liehen Polemon und das ganze Volk so aufmerksam ihr Ohr, daß niemand zu mucksen wagte. 2. Als dann Pionius aufs
20 neue sagte: Eure Götter beten wir nicht an und euren goldenen Bildnissen bringen wir nicht himmlische Verehrung entgegen, führte man sie ab in den Vor-
hof. Dort versuchte das umherstehende Volk zusammen mit Polemon den seligen Märtyrer zu überreden, indem sie ihm folgendermaßen zuredeten: 3. Pionius, höre auf uns; denn vieles gibt es, weswegen es angemessen wäre, daß du
25 am Leben bleibst und es dir wohlergeht. Denn du bist es wert zu leben, sowohl
wegen der Verdienste deiner Rechtschaffenheit als auch wegen deines freund-
lichen Wesens. Es ist gut, zu leben und den Hauch dieses Lebenslichtes zu atmen. Und als sie noch vieles andere vorbrachten, 4. erklärte Pionius: Auch ich
sage, daß es gut ist, zu leben und das Licht in sich aufzunehmen, aber jenes
30 Licht, nach dem wir verlangen. Ein anderes Licht ist jenes, das wir begehren,
5. und wir verlassen das hiesige nicht, weil wir vergäßen, daß es Gaben Gottes
sind, sondern wir lassen es hinter uns, weil wir Größeres begehren und diese
Gaben im Vergleich zu den besseren geringschätzen. Auch euch lobe ich gerne
dafür, daß ihr mich eurer Liebe und Verehrung für würdig erachtet; doch muß
35 ich den Verdacht hegen, daß aus euren Worten Hinterhalt erwachsen soll; denn
immer hat offen bekannter Haß weniger geschadet als verschlagene Schmei-
chelei.

---

45   Gen 6ff.
46   Vgl. Dan 3,18.

6   1. Post haec verba Alexander quidam, vir malignus de populo, ait Pionio: Nostris quoque sermonibus a te praebeatur auditus. Ille respondit: Te magis oportet audire, quoniam illa, quae tu scis, scio, tu vero ignoras illa, quae novi. 2. Tum ille beati martyris inridens catenas ait: Quid sibi illae catenae volunt? 3. Ille respondit: Ne, dum per civitatem 5 ducimur, a quibusdam ad sacrificandum ire credamur aut ne et nos sicut ceteros ad templa ducatis, simul ut possitis advertere, quod interrogatione non opus est, cum in custodiam sponte properemus. 4. Cumque tacuisset et populus in obsecratione et persuasione duraret, iterato beatus martyr respondit: Hoc decrevimus et certum est in eo, quod diximus, 10 permanere. Cumque eos, qui circum erant, sermonis acerbitate vehementer argueret et relegens praeterita etiam futura praediceret, Alexander ait: 5. Quid opus est sermonibus vestris, cum vobis potestas vivendi esse non possit, quin immo sit necessitas magna pereundi?

7   1. Sed cum populus ad theatrum ire disponeret, ut in consessu cave- 15 ae multo melius beati martyris verba posset audire, ad Polemonem accesserunt nescio qui dicentes atque suadentes quod, si tribuisset loquendi beato martyri potestatem, turba et tumultus oriretur. 2. Auditis itaque his Polemon tali Pionium sermone compellit: Si sacrificare abnuis, ad templum veni. Ille respondit: Non expedit delubris vestris, ut nos ad 20 templa veniamus. 3. Tunc Polemon: Ergo ita obfirmasti animum, ut tibi persuadere non possim? Et Pionius: Vtinam ego vos, ut Christiani essetis, movere et persuadere potuissem. 4. Cuius sermonem quidam inridentes magna voce dixerunt: Nihil tale facturus es, nec si vivi ardeamus. Ille ait: Peius est ardere post mortem. 5. In hac sermonum alterca- 25 tione Sabinam aspexere ridentem. ad quam quasi minantes terribili voce dixerunt: Rides? Illa respondit: Rideo, si Deus vult, quia Christiani sumus. 6. Tum illi: Passura es, inquiunt, illa quae non vis. Quae non sacri-

---

μ   (= Fξ; ξ = CP)   6,1 Il]le respondit *incipit* F

6,1 quidam] -em ξ   illa quae … illa quae F: quae … illa quae ξ; *cf. 4,7; 7,6*   **6,2** illaec catinae F: haec catenae ξ   **6,3** credamur F: -us ξ   ceteros C ([…]ceteros F): et ceteros P   **6,4** iterato *Deufert*: -us *codd.*   argueret ξ: -ent F   etiam F: etiam et ξ (*vide Hofm.-Sz. 524*) praediceret] -caret μ   **6,5** vobis potestas vivendi esse ξ: v. p. esse viv. F   **7,1** disponeret F: -re ξ   consessu *Weyman 17*: -sensu ξ: -sensum F   multo ξ: -tum F   audire F: -et ξ   nescio qui *Ruinart*: n. quid μ   **7,2** itaque his] his itaque F: his *om.* ξ; *cf. Mt 19,25*   Pionium ξ: -io F   compellit ξ: -at F   abnuis ξ: annuis F   non expedit *om.* F (*homoiotel.: cf.* respondit)   **7,3** ita ξ: iam F   persuadere non possim *Deufert*: non possim persuadere F: persuadere (-ri *Ruinart*) non possit ξ   movere] monere F: morere(r) ξ   **7,4** sermonem ξ: -ne F   quidam F: -em ξ   es nec] esse nec F: es(t) vel ξ   **7,5** hac ξ: has F   altercatione ξ: -nem F   Sabinam ξ: sibi F   illa ξ: ille F   **7,6** non vis *Bollandus*: novis ξ (qu[ae no]vis F *marg. dextr. resect.*)   quae non ξ: non *om.* F

1. Nach diesen Worten sagte ein gewisser Alexander, ein bösartiger Mann **6**
aus dem Volk, zu Pionius: Auch unseren Worten solltest du Gehör schenken.
Jener antwortete: Du vielmehr mußt hören, weil ich das, was du weißt, (selbst
längst) weiß, du aber das, was ich weiß, nicht weißt. 2. Da sagte jener, über die
5 Ketten des seligen Märtyrers spottend: Was sollen diese Ketten da bedeuten?
3. Jener antwortete: Damit nicht, wenn wir durch die Stadt geführt werden, der
ein oder andere glaubt, wir gingen zum Opfern, oder damit ihr nicht auch uns –
wie die anderen – zu euren Tempeln führt, zugleich auch, daß ihr erkennen
könnt, daß ein Verhör unnötig ist, da wir freiwillig in das Gefängnis eilen. 4.
10 Als er nun schwieg, das Volk aber fortfuhr, ihn zu beschwören und ihm zuzu-
reden, antwortete der selige Märtyrer ein weiteres Mal: Das ist unser Beschluß
und es ist ausgemacht, daß wir bei dem, was wir gesagt haben, bleiben werden.
Als er dann die Umstehenden mit scharfen Worten heftig zurechtwies und
nicht nur das Vergangene aufrollte, sondern auch das Künftige vorhersagte,
15 sprach Alexander: 5. Was bedarf es eurer Reden, da euch die Möglichkeit zu
leben versagt ist, stattdessen die Notwendigkeit für euch groß, zu sterben?

1. Als aber das Volk beschloß, ins Theater zu gehen, damit es auf den Sitz- **7**
reihen des Zuschauerraumes um vieles besser die Worte des seligen Märtyrers
vernehmen könne, traten einige an Polemon heran und warnten ihn in ein-
20 dringlichen Worten, es würde, wenn er dem seligen Märtyrer die Gelegenheit
zu sprechen gäbe, Aufruhr und Tumult entstehen. 2. Als Polemon dies hörte,
drang er denn mit folgenden Worten in Pionius: Wenn du dich weigerst zu opfern, so komm doch (wenigstens) zum Tempel. Jener antwortete: Es ist nutzlos
für eure Heiligtümer, wenn wir zu den Tempeln kommen. 3. Darauf Polemon:
25 Also so sehr hast du deinen Sinn versteift, daß man dich nicht überzeugen
kann? Und Pionius: O könnte ich doch euch dazu bewegen und überreden,
Christen zu werden! 4. Voll Spott über seine Worte sagten einige mit lauter
Stimme: Nichts derartiges wirst du bewirken können, nicht einmal wenn wir
lebendig im Feuer brennen müßten. Jener sagte: Schlimmer ist es, nach dem
30 Tod zu brennen. 5. Während dieses Wortwechsels sahen sie Sabina lachen. Da
sagten einige, wie um ihr zu drohen, mit furchteinflößender Stimme: Du
lachst? Jene antwortete: Ja, ich lache, so Gott will, weil wir Christen sind. 6.
Darauf sagten jene: Du wirst erleiden, was du nicht willst. Denn Frauen, die
nicht opfern, werden den Bordellen zugewiesen und müssen dort den Dirnen

ficant enim, lupanaribus deputatae praestant meretricibus collegium et lenonibus supplementum. Illa respondit: Quidquid Deo placet.

8   1. Et iterum ad Pionium Polemon ait: Obtempera mihi et parce praeceptis. Ille respondit: Si aut persuadere iussus es aut punire, necesse est ut punias, cum persuadere non possis. 2. Tum Polemon sermonis huius asperitate permotus: Sacrifica, inquit, diis. Non faciam, ille respondit. Rursus ille: Cur non? Ille iterum: Quia Christianus sum. 3. Rursus Polemon: Quem colis Deum? Respondit Pionius: Deum omnipotentem, qui fecit caelum et terram, mare et omnia quae in eis sunt, et nos omnes; qui nobis omnia praestat et tribuit, quem cognovimus per verbum eius Iesum Christum. 4. Dehinc Polemon: Vel imperatori sacrifica. Ille respondit: Ego homini non sacrifico.

9   1. Post haec Polemon, cum cerae notarius quod respondebatur imprimeret, ait ad Pionium: Quis vocaris? Pionius ait: 2. Christianus. Polemon: Cuius ecclesiae? Pionius ait: Catholicae. 3. Relictoque Pionio ad Sabinam Polemon verba convertit, cui Pionius praedixerat (ne in manus dominae impiae posset incidere), ut sub Theodotae vocabulo vim crudelitatis nominis mutatione declinaret. 5. Cui Polemon ait: Quae diceris? Illa respondit: Theodota et Christiana. 6. Polemon: Si Christiana es, cuius ecclesiae? At illa: Catholicae. Polemon: Quem colis Deum? Illa respondit: Deum omnipotentem, qui fecit caelum et terram, mare et omnia quae in eis sunt, quem cognovimus per verbum eius Iesum Christum. 7. Post haec cum abstantem haud procul Asclepiadem, quis diceretur, inquireret, respondit Asclepiades: Christianus. 8. Polemon: Cuius ecclesiae? Asclepiades: Catholicae. Polemon: Quem Deum colis? Respondit: Christum. 9. Polemon: Quid ergo? iste alter est? Respondit: Non, sed ipse, quem et isti paullo ante confessi sunt.

10   1. His dictis atque transactis ducebantur ad carcerem magna parte vulgi et immensa populi copia prosequente, cuius tantum se pondus in-

---

μ   (= Fξ; ξ = CP)   *post* **9,3** vocabulo vim *avulsis aliquot foliis desinit* C; *vide ad 4,9*

8,1 obtempera m. et parc[....]ceptis ille respondit **F**: *om.* ξ; parce *i. q.* respice *vel* verere (praecepta), *cf. OLD § 4*   aut … aut **F**: autem … aut ξ   persuadere **F**: -ri ξ   necesse est ξ: necessis **F**   **8,2** diis **F**: om. ξ   ille respondit **F**: ille *om.* ξ   rursus ille *Zw.*: r. illi ξ (ill[...] non **F**)   iterum ξ: item **F**   **8,3** respondit ξ: om. **F**   quae ξ: *om.* **F**   **8,4** sacrifico **F**: sacrificabo ξ   **9,1** respondebatur **F**: -antur ξ   **9,3** Pionio ξ: -ium **F**   praedixerat **F**: verba praedixerat (pr. v. **P**) ξ   **9,3** Theodotae *Gebh³, Zw.*: theodocii ξ: theod[...] **F**   mutatione] mutatio μ (*deest* C)   **9,5** cui **F**: tunc **P**   Theodota et **P**: theodote **F**   **9,6** at illa **P**: aet at illa (*ut vid.*) **F**   colis deum **P**: deum *om.* **F**   Iesum Christum **P**: Iesu Christo **F**   **9,7** abastamtem (*ut vid.*) … Asclepiadem **F**: abstante … asclepiade **P** (*cf.* οὐ πόρρω ἀφεστώς δ)   quis **P**: quid **F**   inquireret **P**: exqu- **F**   **9,9** quid ergo **P**: qui ergo **F**   isti *Riesenweber*: ipsi μ   **10,1** vulgi] vulgus μ   prosequente **P**: -em **F**   se pondus **F**: se pondus se **P**; *ad* pondus *cf. Varro vit. pop. Rom. 128,1 Ripos.* (magnum pondus omnium artificum)

Berufsgenossenschaft leisten, den Kupplern Ergänzung des Bedarfs. Jene antwortete: Alles, wie es Gott gefällt.

    1. Und wiederum sagte zu Pionius Polemon: Gehorche mir und beachte **8**
die Vorschriften. Jener antwortete: Wenn dein Auftrag lautet, entweder zu
5 überreden oder zu bestrafen, dann mußt du strafen, wenn du nicht überreden
kannst. 2. Da sagte Polemon, durch die Schärfe dieser Worte erregt: Opfere
den Göttern! Das werde ich nicht tun, antwortete jener. Darauf wieder er: Weshalb nicht? Jener ein weiteres Mal: Weil ich Christ bin. 3. Wiederum Polemon:
Welchen Gott verehrst du? Es antwortete Pionius: Gott den allmächtigen, der
10 Himmel und Erde erschaffen hat, das Meer und alles, was in diesen Regionen
lebt, und uns alle; der uns alles gewährt und darbietet, den wir kennengelernt
haben durch sein Wort, Jesus Christus. 4. Darauf Polemon: Opfere wenigstens
dem Kaiser. Jener antwortete: Einem Menschen opfere ich nicht.

    1. Nach diesem Wortwechsel sagte Polemon, wobei der Notar die Antwor- **9**
15 ten in die Wachstafel einprägte, zu Pionius: Wie heißt du? Pionius antwortete:
2. Christ. Polemon: Welcher Kirche zugehörig? Pionius antwortete: Der katholischen. 3. Damit ließ Polemon von Pionius ab und richtete seine Worte an Sabina, der Pionius zuvor aufgetragen hatte (damit sie nicht in die Hände ihrer
gottlosen Herrin fiele), sie solle sich hinter dem Namen Theodota verstecken
20 und so den Zugriff grausamer Gewalt durch Änderung des Namens von sich
abwehren. 5. Zu ihr sprach Polemon: Wie heißt du? Sie antwortete: Theodota
und Christin. 6. Polemon: Wenn du Christin bist, welcher Kirche zugehörig?
Jene: Der katholischen. Polemon: Welchen Gott verehrst du? Sie antwortete:
Gott den allmächtigen, der Himmel und Erde erschaffen hat, das Meer und al-
25 les, was in diesen Regionen lebt, den wir kennengelernt haben durch sein
Wort, Jesus Christus. 7. Als er danach den nicht weit entfernt stehenden Asclepiades fragte, wie sein Name sei, antwortete Asclepiades: Christ. 8. Polemon:
Welcher Kirche zugehörig? Asclepiades: Der katholischen. Polemon: Welchen
Gott verehrst du? Er antwortete: Christus. 9. Polemon: Was nun? Ist das ein
30 anderer? Er antwortete: Nein, vielmehr der gleiche, den auch diese soeben bekannt haben.

    1. Nachdem dies gesprochen und verhandelt war, wurden sie zum Kerker **10**
geführt, unter dem Geleit eines großen Teils des Pöbels und einer unermeßlichen Volksmenge, die sich in einer so gewaltigen Masse ergoß, daß sie das Fo-

fuderat, ut forum artata stipatione compleret et vix undas populi praeclusus populi multitudine accessus egereret. 2. Ibi quidam in beati martyris facie animadvertentes ruborem magna cum admiratione dixerunt:
Quid est hoc, quod iste semper albus ac luridus pallorem subito rubore
mutavit? 3. Cumque Sabina lateri eius (cavens incursum populi) iuncta   5
properaret, ait quidam: Sic tunicam eius tenes, quasi lacte illius carere
formides. 4. Alius quoque summa voce clamavit: Puniantur, si sacrificare detrectant. Cui Polemon ait: Fasces et ligna non adsunt et habere
non possumus potestatem. 5. Inridens autem alius ait: Ecce ad sacrificandum homunculus pergit. Hoc autem de Asclepiade, qui erat cum Pi-   10
onio, dicebatur. 6. Sed Pionius respondit: Istud ille non faciet. Alius autem clara voce dicebat: Ille et ille sacrificabunt. Pionius respondit: Habet unusquisque propriam voluntatem. Ego Pionius vocor. Non ad me
attinet, quis, ut sacrificet, cum eo, qui fecerit, nomen ostendat. 7. Inter
has diversorum invicem loquentium voces ait ad Pionium unus e popu-   15
lo: Cum in te tantum sit studium tantaque doctrina, cur obstinata ad
mortem mente festinas? Cui Pionius hoc sermone respondit: Quo doctiorem me creditis, eo magis debeo custodire quae coepi. Nam et vos scitis, quam immensa funera et obscenam famem experti sitis, et alia per-
multa. 8. Sed ait illi unus e populo: Tu quoque nobiscum inopiam per-   20
tulisti. Ille respondit: Ego cum spe quam in Domino habeo.

11   1. Vix autem propter multitudinem servatores carceris ostium intro-
ire potuerunt. 2. Qui cum ingressi fuissent, Pionio et ceteris intromissis
invenerunt presbyterum catholicae ecclesiae Lemnum nomine et mulierem nomine Macedoniam de Carcereno vico sectae Phrygum. 3. Qui   25
cum simul esse coepissent et devoti Deo famuli convenirent, carceris
agnovere custodes Pionium, quae offerebantur a fidelibus, certa cum

---

μ   (= FP [*deest* C])   **10,6** *redit* C   *de foliorum ordine vide ad 4,9*

---

artata *Zw.*: artarta (*ut vid.*) **F**: martha **P**: arta *Gebh³*; *cf. Hor. epist. 2,1,60* (arto stipata thea-
tro, *sc.* Roma)   populi multitudine **P**: multitudinem (populi *om.*) **F**   egereret **P**: aegerit **F**
10,2 quidam] -dem **P**: [...]m **F**   est hoc **P**: hoc est **F**   luri[dus] **F**: lucidus **P**   pallorem
Ruinart: -re μ   robore **F**: in rubore (-rem *Ruinart*) **P**; *cf. OLD s. v. muto § 3b et Zw. Lucubr.
I 334*   **10,3** cavens **P**: cadens **F**   in[cursu]m **F**: -su **P**   iuncta *Weyman* (*apud Gebh³*),
Zw.: vincta **P**: uncta **F**; *cf. Ov. am. 1,13,6; met. 2,449*   properaret **P**: -ent **F**   tenes **P**: te-
nens **F**   **10,4** detrectant **F**: -ent **P**   ligna **F**: signa **P**   adsunt **F**: ad deos **P**: ad nos *Ruinart*
10,6 respondit habet **F**: ait habet ξ   propriam ξ: -ia **F**   quis ut ξ: qui **F**   **10,7** tantum sit
F: sit *om.* ξ   obstinata **F**: -te ξ   festinas **F**: -asse ξ   quo doctiorem **F**: quod occionem ξ
eo magis **F**: magis ξ   quae **P**: quo **F**: quam **C**   funera et **F**: et *om.* ξ   famem ξ: -e **F**
<terribilia> permulta *Gebh³*   **10,8** tu ξ: *om.* **F**   inopiam] -ia ξ   habeo **F**: habebam ξ
11,2 nomine Macedoniam ξ: macedonia nomine **F**   **11,3** devoti … famuli convenirent *Ruinart*: -is … -is … -iret μ (famo[li co]nveniret **F**)   agnovere **C**: -runt **FP**   Pionium ξ: -ius **F**

rum in dichtgeschartem Gedränge füllte und der durch die Menge des Volkes
verstopfte Zugang kaum die Wogen der Volksmassen (wieder) hinausließ. 2.
Dort bemerkten einige im Gesicht des seligen Märtyrers eine Röte und sagten
mit großer Verwunderung: Was bedeutet das, daß dieser sonst stets blasse und
5 bleiche Mann plötzlich seine Blässe in Röte verwandelt hat? 3. Und als Sabina,
sich vor dem Ansturm des Volkes in acht nehmend, eng an seine Seite ge-
schmiegt voraneilte, sagte jemand: Du hältst so sehr seinen Rock fest, als ob
du fürchten müßtest, seine (Ammen-)Milch entbehren zu müssen. 4. Ein anderer aber rief so laut er nur konnte: Sie sollen bestraft werden, wenn sie es ab-
10 lehnen, zu opfern. Zu ihm sprach Polemon: Wir haben nicht Rutenbündel und
Stöcke und wir sind nicht im Besitz der Amtsgewalt. 5. Hohnlachend aber sagte ein anderer: Sieh da, das Männlein macht sich auf zum Opfern. Das aber
sollte sich auf Asclepiades, der ein Gefährte des Pionius war, beziehen. 6.
Aber Pionius antwortete: Das wird der nicht tun. Ein anderer aber sagte mit
15 lauter Stimme: Dieser und jener werden opfern. Pionius antwortete: Es hat ein
jeder seinen eigenen Willen. Ich heiße Pionius. Es geht mich nichts an, wer
seinen Namen zum Opfern zusammen mit dem, der das Opfer bereits vollzo-
gen hat, anzeigt. 7. Während dieser von verschiedenen Sprechern abwechselnd
vorgebrachten Äußerungen sagte einer aus dem Volk zu Pionius: Wo du so
20 sehr von wissenschaftlichem Bestreben und von Gelehrsamkeit erfüllt bist[47],
was eilst du da verstockten Sinnes zum Tod? Ihm antwortete Pionius mit folgenden Worten: Je gelehrter ich nach eurer Meinung bin, desto unbeirrter muß
ich an dem eingeschlagenen Weg festhalten. Denn auch ihr wißt, wie ungeheu-
er viele Todesfälle und wie schrecklichen Hunger und vieles andere ihr erfah-
25 ren habt. 8. Doch ihm antwortete einer aus dem Volk: Auch du hast zusammen
mit uns Not ertragen müssen. Jener antwortete: Ich jedoch in der Hoffnung, die
ich im Herrn habe.

    1. Nur mit Mühe aber konnten die Aufseher des Kerkers wegen der Menge **11**
dessen Eingang betreten. Als sie eingetreten waren und auch Pionius und die
30 übrigen hineingebracht hatten, fanden sie einen Presbyter der katholischen Kirche namens Lemnus vor und eine Frau namens Macedonia aus dem Dorf Car-
cerenum von der Sekte der Phryger. 3. Als sie nun vereint waren und gottge-
weihte Diener sie aufsuchten, bemerkten die Kerkerwärter, daß Pionius die
von den Gläubigen gebrachten Gaben in gemeinsam mit seinen Gefährten fest

---

47 Den ursprünglichen Sinn der Stelle 10,7–8 versteht man nur auf dem Hintergrund der
    vita Polycarpi, siehe Bd. 2, S. 296.

suis voluntate respuere dicentem, quod cum multis indigeret, nulli gravis fuisset, quomodo fieri posset, ut nunc cogeretur accipere. 4. Ob quod factum irati quibus carceris custodia videbatur imposita, qui eos larga prius etiam de suo humanitate susceperant, in interiori eos carceris parte clauserunt, ut omni humanitate et luce viduati in tenebrarum situ 5 et foetore carceris constituti immensos cogerentur sentire cruciatus. 5. Quo in loco cum viderentur abstrusi, benedicentes Deum quae ad hymnos eius pertinent multa cecinerunt. Ergo cum diu in hac Domini laude durassent, aliquando tacuerunt solita sibimet et consueta praestantes. In custodum vero pectoribus, quod ira suaserat, paenitentia subsecuta 10 damnavit; ad aliam namque partem eos transferre voluerunt. 6. Illi in loco eodem, quo fuerant, permanentes clara voce dixerunt: Gloriam tibi, Domine, sine intermissione fundamus; hoc, quod accidit, processit in melius. 7. Tunc accepta, ut agerent quae vellent, libera potestate diem noctemque ita occupaverunt lectionibus aut oratione tenuerunt, ut 15 esset pertinax altercatio religionis, documentum fidei et medicina supplicii.

12 1. Cum igitur hoc eorum duraret officium, multi ad eos, Pionium persuadere cupientes, pagani gentesque venerunt. qui dum talem virum loquentem audiunt, in miraculum versi paene non impune audierunt, 20 quem venerant videre. 2. Illi vero, quos illuc vis necessitatis induxerat, rigabant largo fletu genas et lacrimas imbrium more fundebant, ut, cum nulla temporis quantitate gemitus respirarent, repetitis singultibus novus semper quasi luctus oreretur maxime ab his, quos incorrupta semper fama laudaverat. Hos ubi vidit Pionius in iugi luctu et dolore maxi- 25 mo constitutos, talia cum lacrimis verba profudit: 3. Novum suppliciorum genus patior et ita excrucior, quasi videam me divulsa membrorum compage lacerari, cum aspicio margaritas ecclesiae porcorum pedibus subiacere et stellas caeli draconis cauda usque ad terram fuisse pertractas, vitem, quam Dei dextera plantaverat, a sue unico dissipari et, ut 30 transeuntem unumquemque suaserit libido, decerpi. 4. *Liberi, quos ite-*

μ   (= Fξ; ξ = CP)   **11,7** documentum fidei] *deficit* F

---

cum multis **F**: cum *om*. ξ; *cf*. ὅτε πλειόνων ἔχρῃζον (δ)   indigeret ξ: indigens *Ruinart*
gravis] -i ξ   posset *Riesenweber*: possit ξ: potest **F**   **11,4** custodia] -ie ξ   de suo **F**: de
sua ξ   clauserunt] clus- μ   situ et foetore ξ: ses(itu?) et feto (*ut vid.*) **F**   **11,5** quo **F**: quod
ξ   aliquando] *cf. OLD s. v. § 5*   pectoribus ξ: peccatoribus **F**   **11,6** quo **F**: in quo ξ
gloriam] -ia μ   **11,7** diem noctemque ξ: die noctuque **F**   ita ξ: ait **F**   pertinax **F**: pertina-
citer ξ   **12,1** audierunt *Zw.*: -erant *codd*.   videre *Zw.*: invidere ξ: ridere *Weyman* (*apud*
Gebh[3]); *vix* invisere (*cf. 22,2*)   **12,2** induxerat *Zw.*: incluserat ξ; *cf. 22,2 et infra n. 76*   largo fletu] l. flectu **P**: largu fletibus (? *ex flectu*) **C**[pc]   genas *Weyman 17*: genuas **C**: ianuas **P**;
ex Sen. trag., vide p. 183   ut cum **C**: ut **P**   quantitate] -em ξ   oreretur *Deufert* (*meliore*
rhythmo): orire- ξ   **12,3** divulsa] de- ξ

vereinbarter Willensbekundung zurückwies mit den Worten, daß er niemandem zur Last gefallen sei, als er vieler Dinge bedurfte[48]; wie könne es da ange-
hen, daß er jetzt gezwungenermaßen etwas annehmen solle? 4. Darüber gerie-
ten jene, denen die Kerkeraufsicht übertragen schien, in Zorn, so daß sie die
5 Christen, denen sie zuvor in freigiebiger Mitmenschlichkeit sogar von ihrem
Eigenen abgegeben hatten, in den inneren Bereich des Kerkers einschlossen,
damit sie, allen menschlichen Mitgefühls und des Lichtes beraubt, eingesperrt
in finsterer und stinkender Ödnis des Kerkers, ungeheure Qualen erdulden
müßten. 5. Als sie an diesem Ort tief verborgen schienen, priesen sie Gott und
10 sangen viele Hymnen zu seinem Lobpreis. Als sie nun lange Zeit in diesem
Lobe des Herrn verweilt waren, schwiegen sie schließlich doch und gewährten
sich das Übliche und Gewohnte[49]. In den Herzen der Wächter aber hat, was der
Zorn geraten hatte, die nachfolgende Reue verworfen: sie faßten also den Ent-
schluß, die Gefangenen (wieder) in den anderen Teil des Kerkers zu verlagern.
15 6. Jene aber blieben an eben dem Ort, an dem sie waren und riefen mit lauter
Stimme: Ehre wollen wir dir, Herr, ohne Unterlaß (im Lied) bezeugen; denn
das, was geschah, schlug zum Guten aus. 7. Als sie dann die freie Wahl, zu
tun, was sie wollten, erhalten hatten, füllten sie Tag und Nacht so beharrlich
mit Lesungen oder mit Gebet, daß sich eine ununterbrochene religiöse Wech-
20 selrede entwickelte – als Zeugnis des Glaubens und Heilmittel ihres Leidens.

1. Als nun dieser ihr Gottesdienst andauerte, kamen viele zu ihnen, die   **12**
Pionius überreden wollten, Heiden und Ungläubige. Als sie aber diesen Mann
reden hörten, wurden sie verzaubert und hätten beinahe nicht ohne Folgen den
hören können, den zu sehen sie gekommen waren. 2. Jene aber, die gewaltsa-
25 me Nötigung (zum Abfall gebracht und jetzt) zu ihm in den Kerker geführt
hatte[50], benetzten mit unaufhörlichem Weinen die Wangen und vergossen Tränen wie Regenströme, so daß sie keinen Augenblick in ihrem Seufzen Atem
holen konnten, sondern in wiederholtem Schluchzen gleichsam beständig neue
Trauer entstand, am meisten auf Seiten derer, die zuvor in stets unbeflecktem
30 Ruf gestanden hatten. Als diese Pionius in beständigem Klagen und größtem
Schmerz befangen sah, ließ er unter Tränen (seinem Mund) solche Worte entströmen: 3. Eine neue Art von Strafen muß ich erleiden und ich werde so ge-
peinigt, als müßte ich mitansehen, wie das Gefüge meiner Glieder zerbrochen
und ich (selbst) zerrissen werde, wenn ich die Perlen der Kirche unter den Fü-
35 ßen der Schweine liegen sehe[51] und die Sterne des Himmels vom Schwanz des
Drachen bis hinab auf die Erde gezogen[52], den Weinstock, den Gottes rechte
Hand gepflanzt hatte, vom Eber, dem wilden Einzelgänger, zerwühlt und von
jedem Vorübergehenden nach Belieben abgerupft[53]. 4. *Meine Kinder, die ich*

---

48 Vgl. 1Thess 2,9.
49 Was gemeint ist, scheint bereits im griechischen β-Text unklar.
50 Siehe Anm. 76.
51 Mt 7,6.
52 Apk 12,4.
53 LXX Ps 79(80),9. 13/14 (v. l.).

rum parturio, donec Christus formetur in vobis, mei molles aspera
transierunt itinera.

5. Nunc Susanna in medium constituitur ab iniquis, impiis circum-
venitur a presbyteris et, ut fruantur pulcritudine, mollem formosamque
denudant falsa in eam testimonia corrupta inlicitatione dicentes. 6. 5
Nunc Aman increpans epulatur; nunc Esther et civitas tota turbatur, 7.
nunc fames <vel> sitis non panis aut aquarum penuria, sed persecutio-
ne. 8. Nunc ergo, quia erant universae virgines in sopore, 9. Domini Iesu verba completa sunt: *Vbinam terrarum filius hominis, postquam ve-
nerit, fidem poterit invenire?* 10. Audio enim quod unusquisque socium 10
suum prodat, ut compleatur quod dictum est: *Frater fratrem tradet ad
mortem.* 11. An quia ipse Satanas nos expetit et ignea palmula aream
purgat, 12. salem evanuisse creditis atque hominum pedibus subiacere?
13. Nemo vestrum aestimet, o filii, Deum evanuisse, sed nos evanui-
mus. 14. Inquit: *<Non> mea manus ad liberandum lassata est nec au-* 15
res ad exaudiendum gravatae. Nostra nos a Deo peccata distinguunt et,
ut non exaudiat, facit hoc non Christi inclementia, sed nostra perfidia.
15. Quid enim non malefecimus? Nos neglexximus Deum, contempse-
runt alii, nonnulli avide leviterque peccarunt et accusantes se invicem
atque prodentes mutuis periere vulneribus. 16. quamquam nos oportue- 20
rat aliquid plus habere iustitiae quam grammatei Pharisaeique [habue-
runt].

13   1. Audio enim, quod quosdam ex vobis Iudaei ad synagogam vocent. Videte (quod maius accidit cuique ex animi voluntate peccatum),
ne quis inconcessum nec amplius remittendum, quod ad blasphemiam 25
sancti Spiritus pertinet, crimen admittat. 2. Ne sitis una cum ipsis popu-

---

ξ (= CP)

12,4 mei molles] me immoles ξ: alumni mei molles *Ruinart; cf.* οἱ τρυφεροί μου (ω)   **12,5**
circumvenitur] -nit ξ   **12,6** Aman] amant ξ   increpans epulatur (epulatur *Ruinart) Zw.* (sc.
κωθωνίζεται): -pant -lantur ξ   Esther] (a)ethera ξ   civitas tota **P**: tota civ. **C**   **12,7** fames
<vel> (*Zw.*) sitis non panis] fames siti non pane ξ   **12,8** in sopore] in soporem ξ; *vix* versae
(*ex* universae) in soporem, *cf. Mt 25,5* (omnes)   verba] verbo ξ   ubinam] ubi non ξ
12,11 ipse **P**: *om.* **C**   **12,13** sed *om.* ξ   **12,14** non *add. Ruinart* (nec *Gebh³*)   exaudiendum **P**: aud- **C**; *cf.* εἰσακοῦσαι (ω)   exaudiat] -iam ξ   **12,15** peccarunt *Zw.*: -verunt ξ
periere] perire ξ   **12,16** gramath(a)ei ξ: *an* grammatici?   Pharisaeique] phariseique habu-
erunt ξ; *sed cf.* ω   **13,1** ex animi voluntate *Zw.*: ex tali voluntate ξ; *cf. Aug. c. Secundin. 18*
(peccatum, quod fit uoluntate animae)   **13,2** cum ipsis] *'an* cum istis?' *Deufert coll. 13,6*
(cum isti)

neu gebäre, bis Christus in euch Gestalt geworden ist[54], meine Zarten mußten rauhe Wege gehen[55].

5. Jetzt wird Susanna[56] von den Ungerechten in die Mitte (der Volksver-
sammlung) gestellt, von den gottlosen Greisen umzingelt. Um sich an ihrer
5   Schönheit zu weiden, entblößen sie die zarte und schöne Frau und bringen,
nachdem ihr Verführungsversuch fehlgeschlagen war[57], falsche Zeugnisse gegen sie vor. 6. Jetzt lärmt Aman beim Gastmahl[58], jetzt ist Esther und die ganze Stadt in Verwirrung, 7. jetzt herrscht Hunger und Durst nicht aus Mangel an
Brot oder Wasser[59], sondern aufgrund der Verfolgung. 8. Jetzt also, da alle
10 (zehn) Jungfrauen in Schlaf versunken waren[60], 9. sind die Worte des Herrn
Jesus erfüllt worden: *Wo auf Erden wird der Menschensohn nach seiner Wie-
derkunft noch Glauben finden können?*[61] 10. Denn ich höre, daß ein jeder seinen Gefährten verrät, damit das Wort erfüllt werde: *Der Bruder wird den Bruder zum Tode ausliefern*[62]. 11. Oder glaubt ihr, weil der Satan selbst nach uns
15 verlangt und mit feuriger Worfschaufel die Tenne reinigt[63], 12. habe auch das
Salz seine Kraft verloren und liege nun unter den Füßen der Menschen?[64] Niemand von euch, ihr Kinder, soll zu der Einschätzung kommen, daß Gott
schwach geworden sei, vielmehr w i r sind schwach geworden. 14. Er sagt[65]:
*Nicht ist meine Hand ermüdet, zu befreien, und nicht sind meine Ohren taub,
20 um zu erhören. Unsere Sünden scheiden uns von Gott*, und daß er nicht erhört,
daran ist nicht Christi Unbarmherzigkeit schuld, sondern unsere Treulosigkeit.
15. Denn was haben wir nicht Übles getan? Wir haben Gott vernachlässigt, andere ihn verachtet, einige haben in Gier und Leichtsinn gesündigt und sind in
gegenseitiger Beschuldigung[66] und gegenseitigem Verrat an ihren wechselsei-
25 tig zugefügten Wunden zugrunde gegangen. 16. Dabei hätten wir ein bedeu-
tendes Stück mehr Gerechtigkeit an den Tag legen müssen als die Schriftge-
lehrten und Pharisäer[67].

1. Ich höre nämlich, daß die Juden einige von euch in ihre Synagoge rufen.   **13**
Seid darauf bedacht (denn für einen jeden wiegt die freiwillig begangene Sün-
30 de schwerer), daß nicht einer ein unerlaubtes und fürderhin nicht zu vergeben-
des Vergehen begeht, das der Lästerung wider den Heiligen Geist zuzurechnen

---

54   Gal 4,19.
55   Bar 4,26.
56   Dan 13,19–41.
57   Zu *c o r r u p t a   i n l i c i t a t i o n e* vgl. etwa Sall. Cat. 43,3 *illos dubitando ... magnas oppor-
     tunitates c o r r u m p e r e.*
58   Est 3,15ff.
59   Am 8,11.
60   Mt 25,5.
61   Lk 18,8.
62   Mt 10,21 (Mk 13,12).
63   Lk 22,31; Mt 3,12.
64   Mt 5,13.
65   Jes 59,1f.
66   Zugrunde liegt, wie die β-Überlieferung zeigt, Gal 5,15.
67   Mt 5,20.

lus Gomorrhae et iudices Sodomitae, quorum manus innocentium san-
guine et sanctorum cruore maduerunt. Nos enim nec prophetas occidi-
mus nec tradidimus salvatorem. 3. Sed quousque ego multa narrabo?
revocate in memoriam, quae audistis quaeve didicistis. Comperi enim
Iudaeos nefando ore scelesta verba proferre, eo quod iactent et inanissi-   5
mo per loca omnia rumore dispergant Dominum Iesum Christum sicut
hominem ad mortem vi esse compulsum. 4. Dicite quaeso: Cuius hominis discipuli, qui sit per vim mortuus, daemonas tot per annos eiecerunt
eiecturique sunt? 5. Pro cuius magistri nomine per vim mortui tot discipuli totque alii libenti animo pertulere supplicia? 6. Quid memorem et   10
alia mirabilia, quae in catholica ecclesia contigerunt, cum isti ignorent
illum solum male et per vim mori, qui de hoc saeculo vitam perosus sua
manu et propria voluntate discesserit? 7. Nec hoc quidem sacrilegis
mentibus ulla potest ratione sufficere. Addunt sceleri scelus et blasphemium, dum <ore> egreditur, sumit augmentum: 8. Dicunt Dominum Ie-   15
sum Christum cum cruce ad superos facta umbrarum excitatione reme-
asse. 9. Et ea, quae scriptura aut apud nos aut apud illos pro Christo et
Domino dicit, illi in blasphemium sacrilego sermone commutant. Nonne qui haec loquuntur peccatores sunt? nonne perfidi? nonne iniqui?

14   1. Repetam nunc quod Iudaei saepius me in prima aetate posito de-   20
ferebant, quod esse mendacium sequenti redarguens sermone convin-
cam. 2. Scriptum namque est ita: *Saul interrogavit mulierem pythonis-*
sam et dixit ei: Excita mihi Samuelem prophetam. 3. Et vidit mulier
ascendentem virum cum stola. Saul Samuelem esse credidit et interrogavit eum quae volebat audire. 4. Quid ergo? Vates illa poterat excitare   25
Samuelem? 5. Si potuisse consenserint, iniquitatem plus iustitia posse
confessi sunt et sunt execrabiles atque maledicti. 6. Si negaverint sic
mulierem reduxisse, necesse est, ut Dominum Iesum Christum non sic

---

ξ (= CP)   **14,1** redit v (= πρ; π = AET[V], ρ = σN, σ = HB)   *post* **14,5** confessi sunt
deficit C (*redit ad 4,9* esto inimici ξ; *vide ibidem*)

---

tradidimus] tradimus ξ   **13,3** quaeve **P**: et quae **C** (*peiore rhythmo*)   omnia rumore dispergant *Zw.* (omnia ore disp. *Ruinart*): omniarum horridis pergant **C**: omnia horridis pergant **P**;
cf. Tac. ann. 1,15,1; Aug. anim. 2,3,7   **13,4** eiecturique *Zw.*: facturique ξ; *cf. Aug. serm.*
71,3 (Rev. Bénéd. 75/76 [1965], p. 67,44 qui vel crediderunt in me vel adhuc credituri sunt et
eiecturi daemones)   **13,5** tot] hoc ξ   tot discipuli totque alii] *cf.* οἱ μαθηταὶ καὶ ἄλλοι μετ'
αὐτοὺς τοσοῦτοι (β)   **13,6** et alia *Zw.*: et aliqua ξ   quae in *Ruinart*: quae enim ξ   **13,6/7**
et propria vol. disc. nec *om.* **C**   **13,7** scelus *Weyman 16*: se eius ξ; *vide p. 189*   <ore>
egreditur *Zw. coll. Caes. Arel. in apoc. 7 p. 234,30 et p. 237,12* (blasphemiae de ore eorum
contra deum egrediuntur)   **14,1** quod Iudaei (*ex* quid I.) **T**[pc]: quid I. **v**: quod videri ξ   me
v: *om.* ξ   deferebant ξ: disserebant **v**; *cf. Ambrosiast. in Gal. 5,11*   **14,3** interrogavit **T**ρ: -
bat ξAE   **14,5** iniquitatem **v**: iniqu. ut **C**: iniqu. que **P**   **14,6** Dominum Iesum Christum]
Iesum *om.* π: Christum *om.* ρ; *cf. 13,3. 8; 14,14*

ist[68]. 2. Verkörpert nicht zusammen mit ihnen das Volk von Gomorrha und die
Richter der Sodomiten[69], deren Hände vom Blut Unschuldiger und vom Blut
der Heiligen trieften[70]. Denn wir haben weder Propheten getötet[71], noch ausge-
liefert den Heiland. 3. Doch wie lange noch soll ich vieles erzählen? Ruft euch
5 in Erinnerung, was ihr gehört und was ihr gelernt habt. Ich habe nämlich erfahren, daß die Juden mit frevlerischem Mund gottlose Reden vorbringen,
indem sie verlauten lassen und in ganz haltlosem Gerede allerorten ausstreuen,
der Herr Jesus Christus sei wie ein (bloßer) Mensch gewaltsam in den Tod gestoßen worden. 4. Sagt doch bitte: Wo gibt es einen eines gewaltsamen Todes
10 gestorbenen Menschen, dessen Jünger über so viele Jahre hin Dämonen ausge-
trieben haben und weiterhin austreiben werden? 5. Wo gibt es einen gewaltsam
getöteten Lehrer, in dessen Namen so viele Schüler und so viele andere mit
freudigem Herzen Leiden ertrugen? 6. Was soll ich noch an andere Wunder-
dinge erinnern, die sich in der katholischen Kirche zugetragen haben, wo doch
15 diesen unbekannt ist, daß nur jener auf üble und gewaltsame Weise stirbt, der
des Lebens überdrüssig mit eigener Hand und kraft eigenen Willens aus diesem Leben scheidet? 7. Doch nicht einmal dies kann diesen Menschen gottes-
lästerlichen Sinnes in irgendeiner Weise genügen. Sie fügen dem Frevel neuen
Frevel hinzu und die Lästerung erhält, noch während sie aus dem Mund her-
20 vorkommt, Zuwachs: 8. Sie sagen, der Herr Jesus Christus sei zusammen mit
seinem Kreuz durch eine Totenbeschwörung auf die Oberwelt zurückgekehrt.
9. Und das, was die Schrift – sei es bei uns, sei es bei ihnen – zugunsten Christi und des Herrn sagt, das verkehren diese in frevlerischer Rede zur Lästerung. Sind nicht, die solches reden, Sünder? Sind sie nicht Treulose, sind sie
25 nicht Ungerechte?

1. Ich will nun wiederholen, was die Juden häufig zur Zeit meiner frühen **14**
Kindheit vorbrachten, und will anschließend in begründender Rede zeigen, daß
es eine Lüge ist. 2. Es steht nämlich geschrieben[72]: *Saul fragte die Seherin und
sagte zu dem Weib: Rufe mir herauf den Propheten Samuel.* 3. Und es sah das
30 Weib einen Mann mit Mantel emporsteigen. Saul glaubte, daß es Samuel war
und fragte ihn, was er von ihm hören wollte. 4. Wie denn? Jene Seherin konnte
Samuel heraufrufen? 5. Wenn sie zugeben, daß sie es vermochte, so bekennen
sie, daß Ungerechtigkeit mehr als die Gerechtigkeit vermag, und sind somit
verwünscht und verflucht. 6. Wenn sie aber leugnen, daß das Weib ihn so zu-
35 rückgebracht habe, ergibt sich notwendig, daß sie eingestehen müssen, der
Herr Jesus Christus sei nicht auf diese Weise zurückgekehrt. So wird es darauf

---

68 Mt 12,31; Mk 3,29.
69 Jes 1,10.
70 Jes 1,15.
71 Mt 23,37; Apg 7,52.
72 1Sam 28,7ff., „kontaminiert mit 1Chr 10,13" (JAKOBI).

redisse vincantur. Ita fiet, ut in hac contentione aut damnentur aut ce-
dant. 7. Ratio igitur verbi huius talis est: Quomodo poterat vatis mulieris daemon sancti prophetae excitare animam iam olim in sinu Abrahae
positam et in paradiso quiescentem, cum semper quod minus valet a potentiore vincatur? 8. Ergo, ut arbitrantur, Samuel in lucem reductus est?   5
Minime. Quid est ergo? 9. Sicut omnibus, qui Deum pura mente suspiciunt, angeli adesse festinant, ita veneficis vel incantatoribus vel sortile-
gis vel furorem sub vaticinationis specie per devia rura vendentibus
daemones obsequuntur. 10. Dixit namque Apostolus: *Si Satanas in an-*
gelum lucis transformatur, nihil magnum, si ministri eius transfiguran-   10
tur velut ministri iustitiae. Vnde et Antichristus quasi Christus. 11. Ideo
ergo Samuel non est reductus, sed illi mulieri et praevaricatori Sauli
daemones ad personam illius se ostendere formati; 12. quod ita postmo-
dum scriptura monstravit. Dicit enim Samuel ad Saulem: *Et tu hodie*
mecum eris. 13. Quomodo poterat cum Samuele inveniri deorum cultor   15
et daemonum? Cui non manifestum est, quod Samuel cum iniustis non
erat? 14. Si ergo non potuit esse possibile, ut prophetae animam aliquis
excitaret, quo pacto credi potest Dominum Christum, quem in caelum
recipi videre discipuli (quod ut non negarent libenti animo mortem per-
tulerunt), de terra et de sepulcro carminibus excitatum? 15. Quod si   20
haec non potestis ingerere, dicite ab his, qui praevaricatores sunt dae-
monumque cultores sponte perfecti, <vos> esse meliores.

15   1. Cum longa et diutina dispositione dixisset atque, ut egrederentur
carcerem, protinus imperaret, advenit Polemon sectatorum turba comi-

---

P v   (v = πρ;   π = AET[V],   ρ = σN,   σ = HB)   *post* **14,10** transfigurantur *deest textus du-*
orum foliorum, quorum primum interierat, alterum post 18,3 nescio quis sciatis (n. qui sitis
π) *transpositum fuit* **v**; *vide ad 18,3 et p. 173*   **14,10** velut ministri *usque ad* **15,5** incunctanter *solummodo exstant in* **P**

14,7 igitur **v**: ergo **P**   **14,9** suspiciunt **E**: suscipiunt *rell.*   per devia (de **T**[sl]) **PT**[pc]: pervia **π**:
per avia **N** (per avia rura *om.* **σ**)   **14,10** namque **PN**: itaque **σ**: autem **π**   velut ministri iustitiae **P**: *om.* **v**; *cf.* ὡς διάκονοι δικαιοσύνης (**β**); *2Kor 11,14sq.; Cypr. unit. eccl. 3 (ibi et an-*
tichristus)   transfigurantur *excipitur ab 16,3* arboribusque decoravit, qui ordinavit **v**, *tamen*
his in codd. praeter **AT** *intermissis tibicinibus:* Christus est qui terram fundavit (*sequitur* arboribusque d.) **E**: Polimon ait (*sequitur* arboribus qui decoravit terram, qui ordinavit) **ρ**; *suo*
Marte coniunxit transfigurantur *cum sententia* qui ordinavit *etc. hoc interposito adminiculo:*
Illi autem nos credere debemus **V**   **14,13** deorum] idolorum *Gebh*[3]   **14,14** pacto] facto **P**
recipi] -it **P**   sepulcro] -cri **P**   **14,15** ab his ... meliores **P**; *cf. Hofm.-Sz. 111*   <vos> esse
mel. *Gebh*[3]*, Zw.:* esse mel. **P**; *cf.* **β**   **15,1** egrederentur ... imperaret ... Polemon *Ruinart:*
ingrederentur ... imperare ... Polemonē **P**   turba comitante *Ruinart:* -bā -tē **P**

hinauslaufen, daß sie in dieser Auseinandersetzung entweder überführt werden oder aufgeben. 7. Die Begründung dieser These lautet wie folgt: Wie hätte der böse Geist der Seherin die Seele des heiligen Propheten heraufrufen können, die schon seit geraumer Zeit im Schoße Abrahams weilte und im Paradies ruh-
5 te, wo doch stets das Schwächere vom Stärkeren besiegt wird? 8. Ist also, wie sie meinen, Samuel ans Tageslicht zurückgeführt worden? Keineswegs. Wie verhält es sich also? 9. Wie allen, die mit lauterer Gesinnung ihre Augen zu Gott erheben, Engel zu Hilfe eilen, so sind den Giftmischern, Beschwörern, Wahrsagern oder denen, die unter dem Vorgaukeln seherischer Zukunftsdeu-
10 tung in abgelegenen Landstrichen ihren Prophetenwahn verkaufen, Dämonen zu willen. 10. Denn es sagte der Apostel[73]: *Wenn sich der Satan in einen Engel des Lichtes verwandelt, ist es nichts Großes, wenn auch seine Diener sich verwandeln, als seien sie Diener der Gerechtigkeit.* Daher wird auch der Antichrist sich verwandeln, als sei er Christus. 11. Somit ist also Samuel nicht zu-
15 rückgeführt worden, sondern es haben sich jenem Weib und dem Gesetzes-übertreter Saul Dämonen gezeigt, die sich in die Gestalt Samuels verwandelt hatten; 12. was in dieser Weise später die Schrift offenbarte. Es sagt nämlich Samuel zu Saul: *Auch du wirst heute bei mir sein*[74]. 13. Wie hätte in Gemein-schaft mit Samuel der Götzen- und Teufelsdiener[75] gefunden werden können?
20 Wem ist es nicht offenkundig, daß Samuel mit Ungerechten nicht zusammen-sein konnte? 14. Wenn es also unmöglich war, daß jemand die Seele des Pro-pheten heraufrief, wie kann man dann glauben, der Herr Christus, den die Jün-ger sahen, wie er in den Himmel aufgenommen wurde (ein Ereignis, das zu be-zeugen sie bereitwillig den Tod ertrugen), sei durch Zauberlieder aus der Erde
25 und aus dem Grab herausgerufen worden? 15. Wenn ihr aber dies nicht ein-sichtig machen könnt, dann sagt, daß ihr im Vergleich zu diesen da (den Ju-den), die freiwillig zu Gesetzesübertretern und Götzendienern geworden sind, besser dasteht.

1. Als er das in einer langen, viel Zeit beanspruchenden Darlegung vorge- **15**
30 tragen[76] und sie sogleich aufgefordert hatte, den Kerker (wieder) zu verlassen,

---

73 2Kor 11,14f.
74 Vgl. Lk 23,43 („zugrunde liegt 1Sam 28,19": JAKOBI).
75 So RAUSCHEN.
76 Gemeint ist (wenn man den ursprünglichen griechischen Text berücksichtigt) sein in der langen Rede impliziertes Urteil über die *lapsi*, die Christen, die unter Einwirkung von Gewalt abgeschworen hatten, und nun (in 12,2) zu ihm in den Kerker gekommen waren und ihm unter Tränen ihren Kummer vorgetragen hatten. Da Pionius sie in 15,1 auffor-dert, *ut egrederentur carcerem*, muß – analog der griechischen Vorlage – in 15,2 davon die Rede gewesen sein, daß neben den in 12,1 genannten Heiden auch „gefallene" Chri-sten ihn im Kerker aufgesucht haben. Das macht (auch mit Blick auf den gegensätzli-chen Zusammenhang in 15,3 *eos quos carcer incluserit*) in 12,2 die paläographisch und phonetisch leichte Änderung *induxerat* an Stelle des überlieferten *incluserat* not-wendig. Der Nominalstil, in dem das Abstractum Subjekt der Verbalhandlung wird (*quos illuc vis necessitatis induxerat* statt εἰσήεσαν δὲ καὶ ὅσοι κατὰ ἀνάγκην ἦσαν σεσυρμένοι; vgl. 22,2 *quos illuc aut misericordia aut visendi cura conduxe-rat*), ist typisch für den Anonymus, man vergleiche nur 2,1 *Pionium ... vis persecutio-nis invenit* oder 3,6 *Iudaeorum feminas ab opere diei festivitas relaxabat*. Der abstrakte

tante terribili voce proclamans: 2. Iam sacrificavit, qui vobis praeerat;
vos quoque ad templum magistratus celeriter venire praecepit. 3. Cui
Pionius ait: Eos, quos carcer incluserit, mos est adventum proconsulis
opperiri. Quid rem alteri debitam illicita temeritate praesumitis? 4. Post
hanc repulsam regressi, ad carcerem rursus cum turba maiore redierunt.   5
tunc hyparchus subdolo atque composito Pionium sermone compellat:
Nos, quos esse cernis ingressos, proconsul destinavit iussitque, ut Ephe-
sum pergeretis. 5. Et Pionius ait: Qui missus est, veniat et incunctanter
egredimur. Et ad haec hyparchus sive, ut tum carnifices vocabantur, turmarius: Princeps vir et spectabilis venit; sed si praeceptis oboedire de-   10
trectas, senties quid potestatis possit habere turmarius. 6. Dum haec lo-
quitur, tam manu forti Pionii colla connexuit, ut praecluso gutture spiritum haurire non posset; atque apparitoribus tradidit abducendum hominem, quem ita adstrinxerunt, ut non haberet nec recipiendi nec exhalan-
di spiritus facultatem. 7. Trahebantur itaque ad forum et ceteri et Sabina   15
magna voce clamantes: Christiani sumus. Et ut mos est invitis, ad terram membra iecere, ut quo tardior corporum tractus, eo ad templum dif-
ficilior esset accessus. Pionium namque sex apparitores portabant pariter et trahebant. Cumque fessi lassatis humeris in utraque parte iam ce-
derent, latera eius calcibus verberabant, ut aut leve onus praeberet aut   20
victus dolore sequeretur. Sed nihil illorum profecit asperitas, nec effec-
tum habuit iniuria. Nam ita immobilis erat, quasi eius corpori pondus
apparitorum calcibus adderetur. Quem postquam tam immobilem nisui
suo esse viderunt, auxilia poposcerunt, ut vel numero vincerent, quia
virtute iam cesserant.   25

16   1. Abreptum itaque Pionium magna cum laetitia et exultatione portantes iuxta aram tamquam victimam collocarunt eo in loco, ubi erat ille, quem paullo ante sacrificasse dicebant. 2. Tunc iudices severa voce
dixerunt: Cur non sacrificatis? Illi responderunt: Quia Christiani sumus.

P   *post* **15,5** incunctanter *redit* v (= πρ; π = AET[V], ρ = σN, σ = HB)

15,2 vos quoque **P**: vosque *Ruinart*   **15,3** opperiri *Ruinart*: aper- **P**   **15,5** qui *Ruinart*: quis
P   egredimur **PAT**: -iemur **E**: -iamur **N** (*om.* **σ**)   ut tum] potū **P**   princeps **v**: *om.* **P**   et
spectabilis *Zw.*: expect- *codd.*   praeceptis **PN**: pr(a)ecipis **AT**: principi **E**: his quae tibi
praecepero **σ**   quid potestatis **v**: qui putatis **P**   **15,6** tam manu forti *Zw.*: itam maphorte (*ut
vid.*) **P**: tam(m)aforte **AT**: tam forte **E**: tam fortiter **ρ**   praecluso **v**: percl- **P**   posset **ρ**: poterat **π**: possis **P**   apparitoribus **P**: -ri **v**   hominem **Pπ**: *om.* **N** (hominem … facultatem *om.*
σ)   adstrinxerunt] -erat **Pv** (extr- **P**)   **15,7** clamantes **PT**^{pc}: -te **v**   mos es(t) invitis **Tρ**:
mos invitis est **P**: nos inv. (*om.* est) **AE**   membra **v**: m. eius **P**   iecere *Zw.*: iacere *codd.*
ut quo … eo ad **PT**: ut eo … quo ad **E**: ut eo … et ad **σ**: ut eo … eo ad **AN**   namque **PAE**:
om. **ρT** (*spat. rel.* **T**)   esse viderunt **ρ**: viderunt esse **P**: esse *om.* **π**   ut vel] vel **P**   cesserant **PN**: cesserent **π** (*de* **σ** *vide n. 104*)   **16,1** magna cum **P**: cum magna **v**   collocarunt
PT^{pc}: -rant **πN(T**^{ac}**)**: collocant **H**: collocantur **B**

kam Polemon, begleitet von einer Schar von Gefolgsleuten und rief mit
schreckenerregender Stimme: 2. Soeben hat euer Vorsteher geopfert; auch für
euch traf der Magistrat die Anordnung, rasch zum Tempel zu kommen. 3. Ihm
antwortete Pionius: Es ist üblich, daß die im Kerker Festgesetzten auf die An-
5 kunft des Prokonsuls zu warten haben. Was maßt ihr euch in unerlaubter Ver-
wegenheit an, wofür ein anderer zuständig ist? 4. Als sie nach dieser Zurück-
weisung fortgegangen waren, kamen sie wieder mit einer noch größeren Schar
an Gefolgsleuten zum Kerker zurück. Darauf spricht der Hyparch den Pionius
mit hinterlistiger und erfundener Rede an: Uns, die du hier eingetreten siehst,
10 hat der Prokonsul beauftragt, den Befehl zu übermitteln, daß ihr nach Ephesus
gehen sollt. 5. Pionius entgegnete: Der Abgesandte soll kommen, und wir gehen ohne Zögern hinaus[77]. Darauf sagte der Hyparch oder, wie damals die
Henkersknechte genannt wurden, der Turmarius: Es handelt sich um einen an-
gesehenen Mann von höchstem Rang, der gekommen ist. Aber wenn du dich
15 weigerst, den Befehlen zu gehorchen, wirst du zu spüren bekommen, welche
Machtbefugnis ein Turmarius hat. 6. Während er dies sagte, presste er den
Hals des Pionius mit den Händen so fest zusammen, daß dieser wegen der ab-
gedrückten Gurgel nicht mehr Atem schöpfen konnte. Dann übergab er ihn seinen Dienern, damit sie den Menschen abführten. Diese nun schnürten ihn so
20 fest, daß er weder ein- noch auszuatmen vermochte. 7. So wurden sie denn
zum Forum geschleppt, wobei die übrigen und auch Sabina mit lauter Stimme
riefen: Wir sind Christen. Und wie es Unwillige tun, warfen sie sich zu Boden,
damit in dem Maße, wie das Schleppen ihrer Körper verzögert, auch der Zutritt
zum Tempel erschwert würde. Pionius nämlich erforderte sechs Knechte, die
25 ihn zugleich trugen und schleppten. Als sie dann erschöpft mit ermüdeten
Schultern beiderseits schon nachzulassen drohten, traten sie mit ihren Fersen in
seine Rippen, damit er ihnen entweder die Last leicht(er) mache oder aber, vor
Schmerz gefügig, (von sich aus) folge. Doch ihre Rohheit brachte keinen Gewinn, ihre Mißhandlung hatte keine Wirkung. Denn er war so wenig zu bewe-
30 gen, als würde seinem Körper durch die Tritte der Knechte zusätzliches Gewicht verliehen. Nachdem sie nun gesehen hatten, daß er bei all ihrem Stem-
men nicht zu bewegen war, forderten sie Verstärkung an, damit sie wenigstens
durch die Zahl der Helfer die Überhand gewönnen, da sie an Kraft bereits hatten den kürzeren ziehen müssen.
35   1. So rissen sie denn den Pionius weg, schleppten ihn mit großer Freude   **16**
unter Jubelrufen davon und stellten ihn wie ein Schlachtopfer vor den Altar, an
jenen Platz, wo der Mann stand, von dem sie kurz zuvor gesagt hatten, er habe
geopfert. 2. Da nun fragten die Richter mit strenger Stimme: Warum opfert ihr
nicht? Jene antworteten: Weil wir Christen sind. 3. Die Richter fragten wieder-

---

Doppelausdruck *vis necessitatis* verbrämt zugleich (analog der griechischen β-Version)
die zugrunde liegende Verfehlung, die im Original offen beim Namen genannt war: ἦλθον δὲ πρὸς αὐτοὺς ὅσοι κατὰ ἀνάγκην ἀ π ε σ τ ά τ η σ α ν.

77 Die Klauseltechnik des Anonymus schützt das überlieferte *egredimur* vor einer Änderung in *egrediemur* (so **E**).

3. Iudices iterum dixerunt: Quem Deum colitis? Pionius respondit: Hunc qui caelum fecit et sideribus ornavit, qui terram statuit et floribus arboribusque decoravit; qui ordinavit circumflua terrae maria et statuta terminorum vel littorum lege signavit. 4. Tum illi: Illum dicis, qui crucifixus est? Et Pionius: Illum dico, quem pro salute orbis pater misit. 5. Et iudices inter se: Cogamus eos, dixere, ita ut Pionius possit audire. 6. Quibus ille respondit: Erubescite culturam Dei et iustitiae in quantulumcumque deferte. sin vero ut vestris legibus placet: Cur iura vestra culpatis non exequendo, quae iussa sunt? iussi enim estis contradicentibus non vim inferre, sed mortem.

17   1. Post haec verba ait Rufinus quidam pollens eloquentia et facundia atque oratoria arte praecellens: Quiesce Pioni. Quid inanem gloriam vana iactatione praesumis? 2. Cui Pionius respondit: Hoc te historiarum tuarum volumen edocuit, hoc codices tui monstrant? Atqui haec ab Atheniensibus sapientissimus Socrates ille non pertulit. 3. An insipientes erant ac militari stultitiae ac bellis potius quam legibus nati Socrates, Aristides et Anaxarchus, in quibus quo maior doctrina, eo maior verecundia? Nullam illi pompa sermonis aut loquendi ambitione iactantes arrogantiam sumsere sermonum, cum ad iustitiae rationem, moderationem, temperantiam philosophiae scientia pervenissent. Est enim in laudibus propriis ut laudanda moderatio, ita odiosa iactatio. 4. Tali Rufinus beati martyris sermone susceptus tamquam fulmine ictus obticuit.

18   1. Quidam vero ait in excelso honore huius saeculi constitutus: Noli clamare Pioni. 2. Cui ille respondit: Noli esse violentus, sed rogum construe, ut in flammas sponte pergamus. 3. Dixit vero ex alia parte nescio quis: Sciatis etiam alios, ne sacrificent, istius sermone et auctoritate fir-

5

10

15

20

25

P v   (v = πρ;   π = AET[V],   ρ = σN,   σ = HB)   *post* **16,3** qui terram statuit et floribus (*add.* ornavit ρ, decoravit T) *sequitur* **19,7** *rursus proconsul stultitiae* v; *vide ad 14,10 et 18,3 post* **18,3** nescio quis sciatis *textus unius folii deest, sequitur textus folii transpositi 15,5 egredimur* – *16,3* qui terram statuit et floribus decoravit (arboribusque *om.*) v, *vide ad 14,10; sed insuper quaedam in quibusdam codicibus sunt omissa velut et prima cap. 18,3 sententia*

16,3 floribus] ornavit *add.* ρ: decoravit *add.* T   terrae maria v: terrae et m. P   **16,4** tum illi illum P: tu illum ρ: aedituus dixit tu illum π   **16,5** inter se P: inter se dixerunt v   dixere Gebh³, Zw. (*per parenthesin*): dicere *codd.; nam* cogamus eos dicere *ineptum est, cf.* βιάζεσθαι (ἐκελεύσθητε) β; audire (*i. q.* oboedire [*cf. OLD § 11*]) *prospicit ad* ὡς μὴ πειθομένους β   possit audire] *i. q.* audiat; *cf. 15,5* quid potestatis possit habere   **16,6** in quantulumcumque Pπ: aliquant- ρ; *vide ThLL V 1, 320,75sqq.* („alicui deferre: i. q. cedere, venerari")   **17,1** eloquentia vP: eloquio T; *cf. Hier. epist. 70,3 (CSEL 54, p. 703,6)*   **17,2** Pionius respondit] resp. om. ATN   **17,3** ac militari P: a mil- v   stultitiae PAE: -tia ρT eo maior P: ac m. v   nullam (*sc.* arrogantiam) Zw.: nulla *codd.*   illi TN: illis AE: eis σ: *om.* P   sermonum ρ: -ne π: -nem PE   iustitiae v: -iam P   moderationem *om.* P   ut v: et P   **17,4** tali v: -is P   susceptus PAE: -to Tρ   **18,2** construe v: constitue P   **18,3** quis sciatis] qui sitis π

um: Welchen Gott verehrt ihr? Pionius antwortete: Den, der den Himmel erschaffen und mit Sternen geschmückt hat, der die Erde errichtet und mit Blu-
men und Bäumen geziert hat, der geordnet hat das Meer, das die Erde um-
fließt, und es (als solches) kenntlich gemacht hat, nachdem das Gesetz über
5 seine Grenzen und Küsten festgelegt war. 4. Darauf jene: Du meinst den, der
gekreuzigt worden ist? Und Pionius: Den meine ich, den für das Heil der Welt
der Vater gesandt hat. 5. Da sagten die Richter untereinander: Laßt uns ihnen
Zwang zufügen, damit Pionius gehorchen lernt. 6. Jener antwortete ihnen:
Habt Scheu vor der Gottesverehrung und bringt der Gerechtigkeit wenigstens
10 ein bißchen Achtung entgegen. Wenn es aber nach Maßgabe eurer Gesetze gehen soll: Was mißbilligt ihr eure Rechtserlasse, indem ihr nicht ausführt, was
euch befohlen wurde? Denn man hat euch befohlen, den sich Verweigernden
nicht Gewalt zuzufügen, sondern den Tod zu bringen.

   1. Nach diesen Worten sagte ein gewisser Rufinus, ein sprach- und redege-   **17**
15 wandter Mann, herausragend in der Redekunst: Gib Ruhe, Pionius. Was er-
hoffst du dir nichtigen Ruhm durch eitles Prahlen? 2. Ihm antwortete Pionius:
Haben dich das die Bände deiner Geschichtsbücher gelehrt, zeigen dir das dei-
ne Handschriften? Und doch hat solches jener große Sokrates in all seiner
Weisheit von den Athenern nicht erdulden müssen. 3. Waren etwa Sokrates,
20 Aristides und Anaxarch Toren und mehr geschaffen für die Geistlosigkeit des
Militärs und zum Kriegführen als für die Gesetze? Je größer ihre Gelehrsamkeit war, desto größer ihre scheue Zurückhaltung. Bei ihnen gab es keine An-
maßung im Sprechen durch Prahlen mit hochtrabenden Worten und eitlem Re-
deprunk, da sie durch ihre Vertrautheit mit der Philosophie zur rechten Ein-
25 schätzung der Gerechtigkeit, zu Bescheidenheit und Mäßigung gelangt waren.
Beim Selbstlob nämlich ist Mäßigung ebenso lobenswert, wie Prahlerei ver-
haßt. 4. Als der Vorstoß des Rufinus durch eine solche Rede des seligen Märtyrers aufgenommen wurde, verstummte er wie vom Blitz getroffen.

   1. Einer aber, der eine hohe Stellung in dieser Welt bekleidete, sagte: **18**
30 Schrei nicht so, Pionius. 2. Ihm entgegnete jener: Wende keine Gewalt an, sondern errichte den Scheiterhaufen, damit wir uns selbst in die Flammen stürzen.
3. Von der anderen Seite aber sagte einer, der nicht weiter bekannt war: Ihr
müßt wissen, daß auch andere in ihrer Weigerung zu opfern durch die Rede
und das Ansehen dieses Mannes bestärkt werden. 4. Danach suchten sie dem

mari. 4. Post haec coronas, quas sacrilegi gestare consuerunt, Pionii capiti conabantur imponere; quae dissipante eo ante ipsas, quas ornare consueverant, aras in frusta iacuerunt. 5. Tunc sacerdos tepentia veribus exta circumferens tamquam Pionio daturus advenerat. Sed repente contritus, cum ad nullum ausus fuisset accedere, funestas nefando pectori 5 dapes coram omnibus solus ingessit. 6. Illis autem 'Christiani sumus' clara voce dicentibus, cum quid facerent invenire non possent, inlidente alapas populo pristinae reddidere custodiae. 7. Illis ergo ad custodiam carceremque pergentibus multas contumelias sacrilegi intulere ridentes. Vnus namque Sabinae ait: Tu non poteras in patria tua mori? Sabina re- 10 spondit: Quae est mea patria? Ego Pionii soror sum. 8. Ad Asclepiadem vero munerum editor ait: Ego te quasi damnatum ad gladiatorum certamina exposcam. 10. Ingredienti autem Pionio carcerem unus ex apparitoribus caput tam vehementer inlisit, 11. ut eodem impetu in tumorem latera manusque transierint. 12. Ingressi vero carcerem hymnum Domi- 15 no dixere cum gratia, quia in eius nomine in catholica fide et religione durassent.

19   1. Igitur post paucos dies Smyrnam proconsul, ut mos erat, rediit 2. oblatumque Pionium sic coepit audire: Quis vocaris? Respondit Pionius: Pionius. 3. Rursum proconsul: Sacrifica. Ille respondit: Minime. 4. 20 Rursus proconsul: Cuius es sectae? Pionius respondit: Catholicae. 5. Rursus proconsul: Cuius catholicae? Respondit: Catholicae ecclesiae presbyter. 6. Rursus proconsul: Tu praeceptor eorum eras? Respondit ille: Docebam. 7. Rursus proconsul: Stultitiae praeceptor eras. Respondit ille: Pietatis. 8. Rursus proconsul: Cuius pietatis? Ille respondit: Pie- 25 tatis illius, quae ad Deum pertinet, illum qui fecit caelum et terram et mare. 9. Rursus proconsul: Sacrifica ergo. Ille respondit: Ego Deum vivum adorare didici. 10. Tunc proconsul: Omnes deos colimus et caelum

---

(dixit vero … sciatis) *et 15,5* egredimur *in* σ, *ut* pergamus *excipiatur ab* Et ad haec hypparcus (*i. e.* hyparchus)   **18,3** sciatis etiam alios *usque ad 19,6* docebam *solummodo exstant in* **P**   **19,7** | rursus: *redit* **v**

18,4 in frusta] *i. e.* velut fr.; *v. Hofm.–Sz. 275* ('in *praedicativum*')   **18,5** exta] extat **P** **18,6** quid facerent *Weyman* (*apud Gebh³*), *Zw.*: q. facere *codd.; cf.* τί ποιήσωσιν β   possent] -unt **P**   reddidere custodiae *Gebh³, Zw.* (*qui de* <eos> prist. redd. cust. *cogitaverat*): redire cust. **P**: redire cust. <coegerunt> *Ruinart; cf.* ἀνέπεμψαν αὐτοὺς πάλιν εἰς τὴν φυλακήν β *et* vide Sulp. Sev. chron. 1,54,4 (rex … prophetam … carceris custodiae reddi iubet)   **18,7** multas] multa sunt **P**   **18,8** editor] -ta **P**   ad … certamina] a … -ine **P**   **18,12** dixere] dicere **P**   **19,4** es sectae *Zw.*: sectae es **P**   **19,8** rursus **PN**: -um π (*19,7–19,8 om.* σ; *19,8 om.* **A,** *suppl.* **A²** ᵐᵍ ⁱⁿᶠ)   ille respondit **v**: resp. ille **P**   ad deum **v**: ad dominum **P**   **19,9** rursus **PTN**] -um **AE**   vivum **v**: verum **P** (*ut vid.*)   **19,10** tunc **Pρ**: tum π   et caelum] et *om.* **P** in eodem] in eo **ρ**

Pionius Kränze, wie sie üblicherweise die frevlerischen Heiden tragen, aufs Haupt zu setzen. Er aber zerriß sie, so daß sie vor eben den Altären, die sie zu schmücken pflegten, in Stücken lagen. 5. Daraufhin war ein Priester, der warme Eingeweide an Spießen herumtrug, so, als wolle er dem Pionius davon ge-
5   ben, herangekommen. Doch plötzlich kleinmütig geworden, führte er, da er an keinen heranzutreten gewagt hatte, die unheilvolle Speise vor aller Augen sich allein in die frevlerische Brust[78]. 6. Als jene aber mit lauter Stimme riefen: Wir sind Christen, konnten sie nicht herausfinden, was zu tun wäre, und brachten sie deshalb, während das Volk sie ins Gesicht schlug, in den früheren Kerker
10   zurück. 7. Während sie so zu Gefängnis und Kerker zurückgingen, fügten ihnen die gottesfrevlerischen Heiden, spottend, viele Schmähungen zu. So sagte einer zu Sabina: Konntest du nicht in deinem Vaterland sterben? Sabina antwortete: Wo ist mein Vaterland? Ich bin des Pionius Schwester. 8. Zu Asclepi-ades aber sagte der Veranstalter der Spiele: Ich werde dich als Verurteilten für
15   die Gladiatorenwettkämpfe anfordern. 10. Als aber Pionius in den Kerker ein-trat, schlug ihm einer der Diener so heftig auf den Kopf, 11. daß mit ein und demselben Schlag die Seiten und die Hände (des Dieners) anschwollen[79]. 12. Nachdem sie aber in den Kerker eingetreten waren, sangen sie dem Herrn ein Danklied, daß sie in seinem Namen fest im katholischen Glauben und in der
20   katholischen Religion verharrt seien.

1. Nach wenigen Tagen kam denn nun der Prokonsul nach Smyrna, wie **19** dies üblich war, 2. und begann den ihm vorgeführten Pionius wie folgt zu ver-hören: Wie heißt du? Es antwortete Pionius: Pionius. 3. Darauf wieder der Pro-konsul: Opfere. Jener antwortete: Keinesfalls. 4. Wieder der Prokonsul: Wel-
25   cher Sekte gehörst du an? Pionius antwortete: Der katholischen. 5. Wieder der Prokonsul: Was meinst du mit „der katholischen"?[80] Er antwortete: Ich bin Presbyter der katholischen Kirche. 6. Wieder der Prokonsul: Das heißt, du warst ihr Lehrer? Jener antwortete: Ja, ich lehrte. 7. Wieder der Prokonsul: Ein Lehrer der Torheit warst du. Jener antwortete: Vielmehr der Frömmigkeit. 8.
30   Wieder der Prokonsul: Welcher Art Frömmigkeit? Er antwortete: Jener Fröm-migkeit, die sich auf Gott bezieht, auf jenen Gott, der Himmel und Erde und das Meer erschaffen hat. 9. Wieder der Prokonsul: So opfere denn! Er antwor-tete: Ich habe den lebendigen Gott anzubeten gelernt. 10. Darauf der Prokon-sul: Wir alle verehren Götter und den Himmel und jene, die ebendort sind.

---

78   Hier hat die Senecareminiszenz (s. S. 183) zu einer unpräzisen Ersetzung des gemeinten *nefandis faucibus* durch *nefando pectori* geführt.
79   Zu dieser unsinnigen δ-Fassung (ὥστε τῇ αὐτῇ κρούσει καὶ τὰ πλευρὰ καὶ αἱ χεῖρες ἐφλέγμαναν) siehe Bd. 2, S. 40 und 65 Anm. 81.
80   Siehe ROBERT 109 zu ποίων καθολικῶν.

et eos, qui in eodem sunt. Quid autem aera aspicis? Sacrifica. 11. Ille
respondit: Non aspicio aera, sed eum, qui aera fecit. 12. Rursus proconsul: Dic quis fecit? Ille respondit: Non licet prodi. 13. Rursus proconsul: Necesse est te Iovem dicere, qui in caelo est, cum quo dii deaeque
omnes sunt. Ergo sacrifica illi, qui est deorum omnium caelique regna- 5
tor.

20   1. Cumque tacuisset, proconsul eum iussit appendi et quod verbis
non poterat voluit extorquere tormentis. Postea ergo quam coepit subiacere suppliciis, ait proconsul: Sacrifica. Ille respondit: Minime. 3. Rursus proconsul: Multi sacrificaverunt declinantesque tormenta luce poti- 10
untur: sacrifica. Non sacrifico, ille respondit. 4. Rursus proconsul: Non
penitus? Respondit ille: Minime. 5. Rursus proconsul: Quid tantum elatus ad mortem nescio qua festinatione festinas? facito quod iuberis. Ille
respondit: Non sum elatus; sed aeternum Deum timeo. 6. Rursus proconsul: Quid dicis? sacrifica. Ille respondit: Audisti me Deum vivum ti- 15
mere. Rursus proconsul: Sacrifica diis. Non possum, ille respondit. Post
hanc beati martyris fixam firmamque sententiam proconsul diu habitis
cum consiliatore sermonibus rursus ad Pionium verba convertit: Perstas
in proposito et paenitentiam nec sero testaris? Ille respondit: Minime.
Rursus proconsul: Habebis liberam potestatem quid te facere expediat 20
maiore consilio et longa deliberatione metiri. Ille respondit: Minime.
Tunc proconsul: Quoniam festinas ad mortem, vivus es passurus incendium. 7. Et recitari iussit ex tabula: Pionium, sacrilegae virum mentis,
qui se Christianum esse confessus est, ultricibus flammis iubemus incendi, ut et hominibus metum faciat et diis tribuat ultionem. 25

21   1. Ibat itaque vir tantus futurus Christianis exemplo, sacrilegis voluptati. Nec, ut ituris ad mortem solet, lababant vestigia, titubabant ge-

---

P v   (v = πρ;   π = AET[V],   ρ = σN,   σ = HB)

19,11 eum **v**: deum **P**, *sed cf.* **β**   **20,1** cumque **v**: cumque ille **P**; *cf. 6,4*   coepit **P**: coeperat
v   subiacere suppliciis] subicere tormentis **V** (subjic. t. *Bollandus*); *cf. Max. Taur. 16,2*
ille respondit **v**: resp. ille **PT**   **20,3** sacrifica non sacrifico respondit (resp. non s. **N**) **v**: sacrifica non facio ille resp. **P**   **20,4** rursus proconsul non penitus **P**: non penitus **N**: rursus
proc. <sacrifica ille ait minime rursus proconsul> non penitus **π** (*ex iteratione*)   **20,5** tantum **vP**: tam **N**   festinatione festinas **v**: festinas persuasione **P**   **20,6** ille respondit minime
Pρ (ille *om.* **N**): resp. ille min. **π**   habebis **PAE**: habes **TN** (habebis … proconsul *om.* **σ**)
potestatem **v**: facultatem **P**   metiri **T**: -re **AEN** (*deest* **σ**): me timere **P**   ille respondit **v**:
resp. ille **P**   tunc **PTN**: tum **AE**   proconsul <dixit> **P**   vivus es passurus incendium **V**:
vivus pass. inc. es **πNP** (flammarum patieris incendium **σ**)   **20,7** sacrilegae virum mentis **P**:
-legum verum mentis **π** (mentis *eras. spatio relicto* **T**pc): sacrilegum **ρ**   **21,1** exemplo **P**: in
exemplum **E**: exemplum *rell.; cf. Sulp. Sev. chron. 1,22,5* (aliis futurus exemplo)   sacrilegis voluptati] *om.* **ρ**   solet lababant] sol. labe- **ET**: solvebantur **P**; '*fort.* solent labab.' *Deu-*
fert

Was aber blickst du in die Luft hinauf? Opfere. 11. Jener antwortete: Ich blicke
nicht hinauf zur Luft, sondern hinauf zu dem, der die Luft gemacht hat. 12.
Wieder der Prokonsul: Sag, wer hat sie gemacht? Jener antwortete: Es ist nicht
erlaubt, den Namen preiszugeben. 13. Wieder der Prokonsul: Du mußt Jupiter
5 nennen, der im Himmel ist, mit dem alle Götter und Göttinnen in Gemein-
schaft zusammen sind. Also opfere ihm, der aller Götter und des Himmels
Herrscher ist.

 1. Als er aber schwieg, befahl der Prokonsul, ihn an den Galgen zu binden, **20**
und wollte, was er durch Worte nicht vermochte, durch Folterqualen erpressen.
10 Nachdem er also begonnen hatte, ihn den Foltern zu unterwerfen, sagte der
Prokonsul: Opfere. Jener antwortete: Keinesfalls. 3. Wieder der Prokonsul:
Viele haben geopfert und dadurch Folter von sich abgewendet und erfreuen
sich nun des Lebenslichtes: opfere. Ich opfere nicht, antwortete jener. 4. Wieder der Prokonsul: Durchaus nicht? Er antwortete: Keinesfalls. 5. Wieder der
15 Prokonsul: Was eilst du dermaßen hochmütig in unerklärlicher Eile in den
Tod? Tu, was man dir befiehlt! Jener antwortete: Ich bin nicht hochmütig, sondern ich fürchte den ewigen Gott. 6. Wieder der Prokonsul: Was sagst du? Opfere. Jener antwortete: Du hast gehört, daß ich den lebendigen Gott fürchte.
Wieder der Prokonsul: Opfere den Göttern. Ich kann nicht, antwortete jener.
20 Nach dieser unumstößlich festen und unerschütterlichen Willensbekundung
des seligen Märtyrers hielt der Prokonsul lange Beratungen mit seinem Ratge-
ber und richtete dann wieder an Pionius Worte (folgenden Inhalts): Du bleibst
bei deinem Vorsatz und gibst auch jetzt, obwohl spät, kein Zeichen der Reue
kund? Jener antwortete: Keinesfalls. Wieder der Prokonsul: Dir soll die Mög-
25 lichkeit freistehen, in ausführlicherer Beratung und in ausgedehnter Überle-
gung abzuschätzen, was dir zu tun dienlich ist. Jener antwortete: Keinesfalls.
Darauf der Prokonsul: Da du so eilig den Tod suchst, sollst du lebendig verbrannt werden. 7. Und er ließ von einer Tafel das Urteil verlesen: Wir befehlen, Pionius, einen Mann gotteslästerlicher Gesinnung, der sich als Christ be-
30 kannt hat, in rächenden Flammen zu verbrennen, damit er den Menschen ab-
schreckende Furcht einflöße, den Göttern aber die Genugtuung der Rache ge-
währe.

 1. So machte sich denn der große Mann auf den Weg, um den Christen **21**
zum Vorbild zu werden, den Heiden aber als Augenweide zu dienen. Und
35 nicht, wie es sonst Menschen auf ihrem Gang zum Tode zu ergehen pflegt,
wankten seine Schritte, zitterten seine Knie, erlahmten seine Glieder, nicht ließ

nua, membra torpebant, non mens mali praescia et certa iam mortis relabentibus vestigiis impediebat incessum: velox pedibus, alacer corpore, mente securus, absolutae animae ferebatur ad mortem. Cumque ad
stadium pervenisset, priusquam commentariensis iuberet, corpus suum
ipse nudavit. 2. Qui postquam integra et illibata membra respexit, ad   5
caelum aciem vertit oculorum agens Deo gratias, quod ita fuisset ipsius
pietate servatus. Impositus itaque pyrae, quam manus gentilis exstruxe-
rat, ut clavis trabalibus figeretur, membra sua ipse composuit. 3. Quem
populus cum vidisset infixum, sive misericordia sive sollicitudine com-
motus: Paeniteat te, inquit, Pioni. tolluntur clavi, si facturum te sponde-   10
as quod iubetur. 4. Tum ille: Sensi enim vulnera vel, utrum sim fixus,
intelligo? atque interposito tempore ait: Haec me ducit causa, haec me
potissimum ratio compellit ad mortem, ut populus omnis intellegat re-
surrectionem futuram esse post mortem. 5. Post haec Pionium et Metro-
dorum presbyterum cum his, in quibus fixi erant, stipitibus erexerunt 6.   15
evenitque, ut Pionius ad dexteram, Metrodorus staret ad laevam, ad orientem oculos animumque conversi. 7. Sed cum allatis lignis ac subditis
nutrimentis vires ignis acciperet et per ardentem pyram fortiter populatrix flamma crepitaret, clausis Pionius oculis tacita, ut bene quiesceret,
Deum suum oratione poscebat. 8/9. Nec multo post nimium [vultu] lae-   20
to ignem ore respexit et Amen dicens animam, quasi eructuaret, evomuit commendans spiritum suum ei, qui et bene meritis vicem reddere et
condemnatarum iniuste animarum rationem repromisit exquirere, dicens: Domine suscipe animam meam.

22   1. Hic finis beati Pionii, haec passio fuit viri, cuius vita incorrupta   25
semper ac libera omnique culpa vacua: pura simplicitas, fides pertinax,

---

P v   (v = πρ;   π = AET[V],   ρ = σN,   σ = HB)

---

mali praescia **PTN** (*add.* dubitabat **N**): mali praescibat **AE** (non mens … incessum *om.* **σ**)
et certa iam mortis **P**: et (nec **N**) cetera iam mortis **AEN**: et cetera signa mortis **T**   impediebat *Gebh³, Zw.*: -bant *codd.*   velox pedibus **PAT**: sed vel. ped. **Eρ**   21,3 sollicitudine **v**:
sollicitandi arte (*ut vid.*) **P**   peniteat te (te^sl **T**^pc) **Tρ**: penitat (a *in ras.*) te (te^sl) **A**^pc: penitere
E: penit° te (*? oblitt.*) **P**   iubetur] iuberis **H**; *cf. 20,5*   21,4 sensi enim vulnera **P**: sensit et
v. **AT**^ac: sensit ex vulnere **E**: sentio et vulnera **T**^pc: sentio inquit v. **N** (sensi … atque *om.* **σ**)
vel utrum … intelligo **π**: et vel utrum … int. **P**: et utrum … int. **N**: sed utrum … non int. **V**
(*ex coniect.*); *interrog. sign. pos. Nesselrath; an* nec utrum … int.*? cf. 7,4* (nec/vel *commut.*)
intellegat **π**: -igat **Pρ**   21,6 oculos animumque **P**: oculos animoque **AE**^ac: oculis animoque
TE^pc: oculis animisque **ρ**   conversi **Pρ**: -sus **AT**: -sis **E**; *cf. Verg. Aen. 11,121; 12,172* (conversi lumina)   **21,8/9** vultu *ut var. lect. del. Zw.* (*servata clausula optima* ore respexit): nimium vultu laeto ignem ore **π** (ore, *ut vid., eras. spatio relicto* **T**^pc): nim. laeto vultu ignem **ρ**:
acto igne leto ore **P**; *cf. Ov. met. 9,242*   et bene meritis **P**: meritam **ρ**: mentem **π** (mentem
eras. spatio relicto **T**^pc); *cf. 1* (sanctorum merita); *5,3; 22,3*   reddere **P**: -et **v**   repromisit
π: se promisit **Pρ**   **22,1** hic] hic est **P**   fuit viri cuius **P**: futura **v**

sein Sinn, der sich des kommenden Unheils im voraus bewußt und schon des
Todes gewiß war, die Füße zurückgleiten, nicht hemmte er den Schritt: mit
schnellen Füßen, in freudig erregter Körperhaltung, sicheren Sinnes und mit
sich im reinen eilte er zum Tod. Als er beim Stadion angekommen war, legte
5 er, noch bevor der Aufseher es hätte befehlen können, selbst seine Kleider ab.
2. Nachdem er auf seinen reinen und unbefleckten Körper geschaut hatte, richtete er den Blick seiner Augen zum Himmel und sagte Gott Dank, daß er durch
seine Frömmigkeit in dieser Makellosigkeit bewahrt worden sei. Als er dann
auf den Scheiterhaufen gelegt worden war, den heidnische Hand errichtet hat-
10 te, versetzte er seine Glieder selbst in eine solche Position, daß er mit Balken-
nägeln angeheftet werden konnte. 3. Als aber das Volk ihn angenagelt sah, rief
es, sei es aus Mitleid sei es aus Besorgnis: Zeige Reue, Pionius. Die Nägel
werden entfernt, wenn du zu tun versprichst, was befohlen wird. 4. Darauf jener: Spüre ich denn die Wunden, oder weiß ich, ob ich angenagelt bin? Und
15 nach einer eingelegten Pause: Dies ist der Beweggrund, der mich leitet, dies
die Erwägung, die mich vor allem anderen zum Tode drängt, daß alles Volk erkenne, es werde eine Auferstehung nach dem Tode geben. 5. Danach richteten
sie Pionius und den Presbyter Metrodor samt den Pfählen, an die sie angenagelt waren, auf, 6. und es ergab sich, daß Pionius zur Rechten, Metrodor aber
20 zur Linken stand, beide die Augen und den Sinn nach Osten gerichtet. 7. Als
nun Holz herangebracht wurde und das Feuer durch untergelegte Nahrung
Kraft empfing und die verwüstende Flamme mit gewaltigem Prasseln über den
brennenden Scheiterhaufen hin sich ausbreitete, schloß Pionius die Augen und
erbat in stillem Gebet von seinem Gott einen guten Tod. 8/9. Kurz danach
25 schaute er mit überaus heiterem Blick auf das Feuer, sagte Amen und hauchte,
als ob er aufschluckte, seine Seele aus. Zugleich empfahl er seinen Geist dem,
der versprochen hat, denen, die sich wohlverdient gemacht haben, den ange-
messenen Lohn zu erstatten und für Seelen, die zu Unrecht verurteilt wurden,
Rechenschaft einzufordern, und sprach: Herr, nimm meine Seele auf.
30   1. Das war das Ende des seligen Pionius, das das Leiden jenes Mannes, **22**
dessen Leben stets unbefleckt und frei von Makel war und ohne jegliche
Schuld: reine Aufrichtigkeit, beharrlicher Glaube, ununterbrochen anhaltende

innocentia perseverans, cuius pectus vitia exclusit, quia Deo patuit. Ita
ille per tenebras festinavit ad lucem et per angustam gradiens portam ad
plena et spatiosa properavit. 2. Coronae quoque eius Deus omnipotens
ostendit indicium. Extincto namque igne, quos illuc aut misericordia aut
videndi cura conduxerat, tale corpus Pionii viderunt, ut athletae mem- 5
bra possit excedere. 3. Habebat rectas aures, meliores crines, barbam
florentem atque ita erat omni membrorum mole compositus, ut iuvenis
crederetur et corpus post ignem quasi in minorem aetatem redactum ostenderet: et illius meritum et resurrectionis exemplum. 4. Mira praeterea
gratia de vultu eius arrisit et multa angelici decoris signa fulserunt, adeo 10
ut Christianis fiducia, metus gentibus adderetur.

23   Acta sunt haec sub proconsule Iulio Proclo Quintiliano, consulibus
imperatore Gaio Messio Quinto Traiano Decio et Vettio Grato, ut Romani dicunt: IIII. Idus Martii, ut Asiani: mense sexto, die sabbati, hora
decima. Sic autem facta sunt omnia, ut nos scripsimus, imperante Do- 15
mino nostro Iesu Christo, cui est honor et gloria in saecula saeculorum.
Amen.

P v   (v = πρ; π = AET[V], ρ = σN, σ = HB)

---

ad plena et spatiosa **PE**: ad plenam (pla- **N**) et spatiosam **v**   **22,2** extincto (sublato *Gebh³*)
namque igne *Zw.*: subito n. igne **Pπ** (*vide p. 176*): subito namque **ρ**; *cf.* **β** (μετὰ γὰρ τὸ
κατασβεσθῆναι τὸ πῦρ)   quos ... conduxerat] *pro* illi quos ... cond.; *cf.* 3,7   videndi **vP**:
visendi (*ex* vid-) **Tᵖᶜ**; *cf. 3,5. 6*   conduxerat **v**: perdux- **P**   atlete membra **P**: addita membra
πP: addita sibi m. **ρ**; *cf.* **β** (ἀκμάζοντος ἀθλητοῦ) *et Ambr. in psalm. 118, serm. 20,21* (athleta
bonus membra sua monstrat)   possit (-ent **ET**) excedere **πP**: possent credi **ρ**   **22,3** rectas]
erect- **PEN**   post ignem **P**: post **π**: *om.* **ρ**   ostenderet **PTᵖᶜN**: -rat **π** (et corpus ...
exemplum *om.* **σ**)   **23** proclo et **P**: proculo et **v** (et *om.* **D**)   consulibus imperatore *Zw.*:
consule imperatore **P**: *om.* **v**   messio **πN**: mense (?) **P** (Quintiliano ... Traiano *om.* **σ**)   et
Vizeto (*ex* Vettio, *cf.* **β**; Viettio *Gebh³*) Grato **P**: vicio trato **πN**: imperatore **σ**   ut ... ut **π**: et
ut ... et ut **P**   ut Romani dicunt] *om.* **ρ**   ut Asiani] *om.* **ρ**   asiani (-o **E**) **π**: asiani dicunt **P**
facta sunt omnia ut **AT**: f. sunt omnia ut **PN**: f. sunt ut **E** (sic autem ... scripsimus *om.* **σ**)
Explicit Passio Pionii (sancti Pi. **T**) martyris (mart. om. **A**) **π**: *om.* **Pρ**

Unschuld, dessen Brust die Laster ausschloß, weil sie Gott offen stand. So eilte
er durch die Finsternis zum Licht und durch die enge Pforte tretend zur Fülle
und den weiten Gefilden. 2. Der allmächtige Gott gab auch einen zeichenhaf-
ten Hinweis auf die errungene Märtyrerkrone. Denn als das Feuer erloschen
war, sahen jene, die entweder das Mitleid oder die Neugier dorthin geführt hatte, seinen Körper in einer solchen Verfassung, daß er die Gestalt eines Athle-
ten übertreffen könnte. 3. Er hatte aufrechte Ohren, schönere Haare, einen blü-
henden Bart und er war in dem ganzen kraftvollen Bau seiner Glieder so wohl-
gestaltet, daß man ihn für einen Jüngling halten konnte; ja, er bot einen Körper
dar, der nach der Einwirkung des Feuers gleichsam ein jüngeres Alter zu-
rückversetzt war: als Belohnung für sein Verdienst und als ein Abbild der Auferstehung. 4. Darüberhinaus ging von seinem Antlitz eine solch heitere Anmut
aus und es leuchteten viele Zeichen engelsgleichen Glanzes auf, daß den Christen Zuversicht, den Heiden aber Furcht eingeflößt wurde.

Dies ist geschehen unter dem Prokonsul Iulius Proclus Quintilianus und **23**
unter dem Konsulat des Kaisers Gaius Messius Quintus Traianus Decius und
des Vettius Gratus, nach römischem Kalender am 12. März, nach asiatischem
im 6. Monat, an einem Sabbat, zur zehnten Stunde. Es ist aber alles so geschehen, wie wir es aufgeschrieben haben, unter der Herrschaft unseres Herrn Jesus
Christus, dem Ehre und Ruhm ist in alle Ewigkeit. Amen.

V. Überlieferung, literarischer Anspruch, Ort und Zeit der spätantiken *Passio Pionii*

Die erstmals von den Bollandisten 1658 nach dem Text einer einzigen Handschrift abgedruckte *Passio Pionii* gilt den letzten Herausgebern des *Martyrium Pionii* als „Version médiévale"[81]. In Wirklichkeit ist sie ins 5. Jh. zu datieren[82]: Sie präsentiert sich als das Werk eines spätantiken Übersetzers mit literarischem Anspruch, der seine griechische Vorlage oftmals sehr frei wiedergibt und allenthalben seine rhetorische Schulbildung zur Schau stellt: Er schreibt eine gänzlich durchrhythmisierte Prosa mit quantitierender Klauseltechnik im Stile des Augustinus, schmückt seinen Text mit allerlei rhetorischen Figuren und lockt den Leser mit Anklängen an Autoren des spätantiken Rhetorikunterrichts. Vermutlich haben die ausgedehnten Reden der um 400 von Ps.-Pionius redigierten Langfassung des *Pioniusmartyriums* sein rhetorisches Interesse geweckt. Sie üben nicht nur formal (durch die vielfältigen Redefiguren) eine starke Anziehungskraft aus, sondern auch inhaltlich durch die „großen" Namen der heidnisch-jüdischen Antike, wie Smyrna und Homer (4,2. 4), Moses (4,5), Salomon (4,6), Deukalion und Noe (4,23), Saul, Samuel und die Pythonissa (14,1ff.), Athen und Sokrates (17,2–3), durch den Rückblick auf die jüdische Geschichte (4,10ff.), die Schilderung des „heiligen Landes" – mit dem Jordan und dem Toten Meer – (4,18ff.), durch Naturwunder (den feuerspeienden Ätna, Thermalquellen [4,21f.]), nicht zuletzt durch einprägsame Gleichnisse (Spreu und Weizen auf der Tenne, gute und ungenießbare Fische im ausgeworfenen Netz). Dieses breitgefächerte Themenspektrum, mit dem die eigentliche Martyriumserzählung ausgeschmückt worden ist, scheint den Ansporn gegeben zu haben, die spätlateinische Übersetzung

---

81 Siehe BOWERSOCK–JONES (in ROBERT 1994, 11) und ROBERT passim.
82 R. JAKOBI verweist mich (18.3.2014) auf R. GRYSON, Répertoire générale des auteurs ecclésiastiques latins de l'antiquité et du haut moyen âge (= Verzeichnis der Sigel für Kirchenschriftsteller, 5. Aufl.), Freiburg 2007, I 82, wo es unter der Rubrik *Passio Ss. Pionii et sociorum eius martyrum* heißt: „alte Übersetzung, vielleicht abhängig von SED". Zur supponierten Abhängigkeit von Sedulius s. C. WEYMAN in der Festgabe für H. GRAUERT, Freiburg 1910, 15–17 (s. u. den Haupttext zu Anm. 136) – auch diesen Hinweis verdanke ich R. JAKOBI (der am 26.3.2014 nachträgt, als „alt" bzw. „früh" werde die hier zu behandelnde lateinische Übersetzung auch von ENSSLIN in seinem RE-Artikel 'Pionius' XX 2,1717,39 bezeichnet; im gleichen Sinne SCHMID–STÄHLIN, Griech. Literaturgeschichte, 6. Auflage, II 1256).

in gewisser Weise zu einem literarischen Werk eigenen Rechts zu formen[83].

1. Die handschriftliche Überlieferung

Der *Pionius*-Text der *Acta Sanctorum*, nach dem heute meist zitiert wird[84], ist aus dem Trierer *Passionale Maximinum I* (Stadtbibliothek 1151/453, s. o. cod. **V**) genommen[85], das um 1235 entstanden scheint[86]. Es läßt sich zeigen (s. u.), daß der dort wiedergegebene *Pionius*-Text aus dem früheren, im 12. Jh. entstandenen Trierer Codex **T** (Stadtbibliothek 1152/776 [„Mattheiser Hs."]) abgeschrieben ist, gegenüber der Mutterhandschrift aber weitere Ausfälle aufweist[87] und nicht selten frei umformuliert wurde. Auch der Codex **T** selbst gehört zu der Gruppe der „Mutili" (**v**), in denen durch Folienverlust der Großabschnitt MPion 4,15 bis 13,9 (Ende) ausgefallen ist. Eine Reihe von Blattversetzungen hat in **v** weitere Schäden (insbesondere Textumstellungen) verursacht[88]. Dabei sind wiederum zwei Folien verlorengegangen, weshalb in **v** auch die Abschnitte MPion 14,10 (*velut ministri iustitiae*) bis 15,5 (*incunctanter*)[89] und 18,3 (*etiam alios*) bis 19,6 (*docebam*) fehlen[90].

---

83 Darüber soll nicht vergessen sein, daß der primäre Impuls zu dieser Übersetzung von der Theologie dieses *Martyriums* (siehe u. Anm. 135) und dem Märtyrerkult im Zusammenhang der Liturgie des Kirchenjahres ausgegangen sein dürfte.

84 Siehe BHL 6852 = AASS 1. febr. I p. 40–42.

85 Der Leser wird auf das o. S. 78f. gegebene Siglenverzeichnis und das Handschriftenstemma verwiesen, das auf einen Blick die Filiationen der Überlieferung, soweit sie uns erreicht hat, dokumentiert. – Irrtümlich bringen BOWERSOCK–JONES einen Codex aus dem „couvent de S. Maximin en Provence" ins Spiel (11). Aber die Kollationen zeigen ein eindeutiges Ergebnis: Lücken, Blattversetzungen, sonstige Umstellungen, Ausfälle und variierende Lesarten bestätigen die Angabe BOLLANDs: „S. Pionii Acta … nos e codice imperialis monasterii S. M a x i m i n i   a p u d   T r i v i r o s, a quingentis facile annis exarata, hic damus, breviata tamen fortasse quibusdam locis" (BOLLANDUS–HENSCHENIUS–CARNANDET 39 A 10).

86 Siehe LEVISON (1920) 536 und 685.

87 So z. B. die Abschnitte 15,5–7 und 17,2–4.

88 Siehe den krit. Apparat zu 4,14; 14,10; 16,3 und 18,3. Aus dem krit. App. sind bequem auch die weiteren **v**-Bindefehler ersichtlich. Durch sie werden die Hss **AET(VD)** [= **π**] und **HBN** [= **ρ**] klar als eine eigenständige Sippengemeinschaft (mit den beiden Unterfamilien **π** und **ρ**) ausgewiesen, von der die aus **μ** entsprossene Familie der Colbertini (**CP**) geschieden ist. Sie bildet ihrerseits eine gesonderte Überlieferungsgemeinschaft (**ξ**), siehe gleich anschließend. Zu **HBN** (= **ρ**) vergleiche man Anm. 97.

89 Dies entspricht also dem Ausfall eines Blattes. Das anschließende Blatt mit dem Text MPion 15,5 *egredimur* – 16,3 *et floribus decoravit* war hinter 18,3 (*nescio qui sitis*) eingebunden.

Schon aus diesen wenigen Hinweisen auf Defizite des Hyparchetypus **v** wird deutlich, wie wichtig es war, daß 1689 RUINART dem Kurztext der Bollandisten eine neue Ausgabe folgen ließ, die sich auf vier
Handschriften stützte[91]. Die Suche nach diesen und weiteren Handschriften[92] ergab, daß überhaupt nur ein Codex, der frühere Colbertinus
775 (**P**) aus dem 14. Jh., den gesamten Text bietet. Die Handschrift ist
heute in einem nicht leicht lesbaren Zustand, dies gilt besonders für die
Schlußseite 21[r]. Zusammen mit ihrer älteren, durch Blattverlust leider
stark verkürzten Schwesterhandschrift **C** (aus dem 11./12. Jh.) vertritt **P**
den Hyparchetypus ξ, der seinerseits einen in der Abfolge verstellten
Text aufweist[93]. Durch eine glückliche Fügung läßt sich für den Bereich
MPion 6,1–11,7 die Überlieferung um eine weitere Stufe nach oben
verfolgen: Ein einzeln übriggebliebenes Blatt aus dem Beginn des 7.
Jh.s (!)[94], das Folium Remense (**F**), erweist sich als Vertreter eines frühen (orthographisch verwilderten) Textes[95], der – jedenfalls in dem
von uns zu überblickenden Abschnitt – noch nicht von Blattversetzungen betroffen war. **F** bietet einige Überlieferungsfehler, die sich auch in

---

90 Wenn man sich die Mühe machen will, kann man aus diesem Befund die kodikologi-
    schen Daten des Hyparchetypus **v** (oder seiner Vorlage?) im Bereich der *Passio Pionii*
    erschließen.
91 Siehe TH. RUINART, Acta Primorum Martyrum sincera et selecta, Parisiis 1689, 120–
    138 (siehe LIGHTFOOT II 1, 716). Dort S. 123 folgender Eintrag (ich füge jeweils die
    von mir eingeführten Sigla hinzu, vgl. das Siglenverzeichnis): „Porro ex 4. codd. mss.
    quibus in hac editione usi sumus, duo sunt insignis bibliothecae Colbertinae, in quorum
    primo Acta integra habentur (**P**), in altero ob detracta aliquot folia ex codice, mutila
    (**C**). Tertius codex est illustrissimi Abbatis de Noailles (**N**); quartus tandem Principalis
    monasterii Einsidlensis (**E**), alias beatae Mariae de Eremo, Ordinis nostri Benedictini in
    Helvetia, ex quo cod. ea Acta describi curavit noster domnus Johannes Mabillonius,
    cum in Germaniam aliquot ab hinc annis profectus est. Porro in his duobus ultimis (**NE**)
    codd. aliqua passim desunt. His adjungi potest cod. ms. monasterii sancti Maximini
    Trevirensis (**V**), ex quo eorumdem Actorum aliquot fragmenta Bollandus edidit.“ Kurz
    zuvor beschreibt er seine Editionsmethode wie folgt: „Ea (sc. Acta) vero prout in codd.
    mss. habentur etiam cum mendis repraesentamus; ne si ea expungere voluerimus, id
    nobis objiciatur quod Pearsonius in Baronio arguit (…).“
92 Bei dieser Suche bin ich tatkräftig unterstützt worden durch A. SCHÜLLER-ZWIERLEIN
    (München).
93 Signifikantes Familienmerkmal ist der auf Blattversetzung zurückzuführende Sprung
    der Textfolge 4,9 nach 10,6–14,4, von dort zurück nach 4,9 mit dem „Nachtrag“
    4,9–10,6 (dabei bricht **C** in 9,3/4 ab) und Wiederaufnahme der Partie 14,5/6 bis Ende
    (so **P**); vgl. den krit. App. zu 4,9 und 10,6.
94 Vgl. LOWE (Codd. Lat. Ant.) VI, Nr. 825.
95 Besonders häufig finden sich in **F** (aber auch in ξ) die phonetisch bedingten Vertau-
    schungen von *e/i* und *o/u*. Diese sind im krit. Apparat nur in wenigen Einzelfällen ver-
    zeichnet. – Die oberen Zweidrittel der Verso-Seite des Foliums sind heute auf Mikro-
    film nur mit großer Mühe zu entziffern (deshalb im krit. App. öfter der Klammerzusatz
    „ut vid.“).

P(C) finden[96], wird deshalb im obigen Stemma als Abkömmling der frühen **μ**-Tradition eingestuft. Da aber in diesem Bereich die Kontrolle durch **v** fehlt, kann nicht zwingend ausgeschlossen werden, daß **F** einem frühen **v**-Text oder einem dritten Überlieferungszweig entstammt, der später abgestorben ist. Dieses bis ins frühe 7. Jh. hinabreichende Reimser Folio ist vor dem Reichenauer Codex (**A**) aus dem Anfang des 9. Jh.s, dem frühesten Vertreter der **v**-Tradition, unser ältester Zeuge der spätlateinischen Version des *Martyrium Pionii* (**ε**).

Da die Details der internen Textgeschichte der spätlateinischen *Passio* für unsere Rekonstruktion des griechischen Urtextes von untergeordneter Bedeutung sind, werden sie hier nicht ausgebreitet. Handschriftenstemma, Siglenverzeichnis und kritischer Apparat sprechen für sich. Nur zum Verwandtschaftsverhältnis von **TV(D)** und **HB** sind einige ergänzende Angaben erforderlich.

Sowohl der Überlieferungszusammenhang (die voraufgehenden und nachfolgenden *Acta*) als auch die Textform von **TV** belegen für den Bereich des *Martyrium Pionii* die unmittelbare Abhängigkeit des späteren *Passionale Maximinum* von der Mattheiser Handschrift – wenn man in Rechnung stellt, daß der Kopist **V** häufig sehr frei mit dem Text der Vorlage verfährt und diesen beispielsweise in dem nachfolgenden *Prologus in vitam sanctae virginis Gertrudis* über größere Strecken ganz verläßt und eigenhändig einen Abschnitt über Gertruds Vater, Mutter und die Verwandten einlegt, den er nach eigenem Bekunden aus den *Gesta Francorum* ausgezogen hat (fol. 85^v, col. b). Daß **V** nach dem Musterexemplar **T** gefertigt ist, wird durch folgende Indizien plausibel: 1. **V** hat durchgängig die von **π** abweichenden Sonderlesarten von **T** übernommen. 2. **V** hat alle in **T** eingetragenen Korrekturen in seinen Text integriert. 3. Es fehlt ein „Trennfehler": Abgesehen von Sonderlesarten, eigenen Konjekturen und freizügigen Sonder-Abschweifungen, die **V** selbständig eingeführt hat, bietet **V** an keiner Stelle einen handschriftlich bezeugten *Pionius*-Text, den er nicht aus **T** hätte beziehen können.

Für die Kategorien 1. und 2. sei eine knappe Auswahl von Belegen angeführt:

3,5   *ita se mirantes* **v** (*se* om. **N**) **ξ**: *ita inter se mirantes* **TV** (*inter* **T**^{sl})
4,1   *complentem* **ξHB** (om. **N**): *-ente* **AE**: *-endo* **TV**
4,2   *exultatis pulcritudine*] *ex. in* (*in* **T**^{sl}) *pulcr.* **TV**
14,9   *per devia* (*de* **T**^{sl}) **PT**^{pc}**V**: *pervia* **π**: *per avia* **N** (*per avia rura* om. **HB**)
17,1   *eloquentia* **vP**: *eloquio* **TV**

---

96   Siehe den krit. App. zu 9,9; 10,1; 10,2; 11,3. 6.

20,6 *festinas* **E**: *fest. inquit* **TV** (*inquit* parenthetice)

20,7 *sacrilegae virum mentis* **P**: *-legum verum mentis* π (*mentis* eras. spatio relicto **T**^{pc}): *-legum virum* (*vi-* ex coniect.) **V**: *sacrilegum* **HBN**^{97}

21,1 *et certa iam mortis* **P**: *et* (*nec* **N**) *cetera iam mortis* **AEN**: *et cetera* s̲i̲g̲n̲a̲ *mortis* **TV**: totam sententiam om. **HB**

21,4 *fixus*] *conf-* **T**^{pc}: *clavis confixus* **V**

21,7 *pyram* **Pρ**: *ignem pyram* π: *ignem* eras. spatio relicto **T**^{pc}, om. **V**

21,8/9 *et bene meritis* **P**: *meritam* ρ: *mentem* π (*mentem* eras. spatio relicto **T**^{pc}, om. **V**)

22,2 *extincto namque igne* **Zw.**: *subito n. igne* **PA**^{ac}**T**^{ac} (*in igne* [*in*^{sl}] **T**^{pc}, *in igne* **V**): *subito n. igne illi* (*illi*^{sl}) **A**^{pc}**N**: *subito n. illi* **E**: *subito namque* σ; cf. β (μετὰ γὰρ τὸ κατασβεσθῆναι τὸ πῦρ)^{98}
— *visendi* (ex *vid-* **T**^{pc}) **TV**: *videndi* **vP**

Der Papiercodex Magdeburgensis 26 (**D**), ein Legendarium in fetter, oft nur mühsam zu lesender Bastarda, geschrieben im Jahr 1459, liegt heute in der Staatsbibliothek Berlin^{99}. Der in ihm enthaltene *Pionius*-Text (251rb–252ra) ist für die Textkonstitution wertlos. Die Pionius-Erzählung springt von der Ankunft auf dem Forum (3,5) und dem allgemeinen Hinweis auf Reden und streitige Auseinandersetzungen gleich zu dem Verhör in 16,2 und von 16,3 nach 19,10, ist also grob der v-Tradition zuzuordnen^{100} und endet mit *acta sunt haec sub proconsule Iulio Proculo Quintiliano et cetera*. Die Begleittexte, in denen von einem *Missale Gregorii penitus dissolutum*, einem *Ambrosianum* und einem *Gregorianum officium* gesprochen wird, lassen auf einen Auszug aus

---

97 Weitere **HBN**-Bindefehler finden sich im krit. App. unter der Sigle ρ. Eine Auswahl sei hier in pauschaler Notierungsweise zusammengestellt: MPion 2,2 *diem* om. **HBN**; 2,3 *vinculo* om. **HBN**; 2,4 *non eos*] *eos non* **HBN**; 3,5 *oblati* om. **HBN**; 3,5 *visendae cuiusque* ξ: *visende* **HBN**: *vis inde* π; 4,11 *degustare*] *gustare* **HBN**; 4,11 *imponere*] *imp. fallaciam* **HBN**; 14,2 *et dixit ei*] *dicens* **HBN**; 15,5 *venit* <*dicens*> **HBN**; 16,3 *iterum* om. **HBN**; 17,3 *iactatio*] *iactantia* **HBN**; 19,13 *caelique regnator*] *regnator et caeli* **HBN**; 20,6 *testaris*] *cupis* **HBN**; 21,1 *sacrilegis voluptati* om. **HBN**.

98 Das mir durch R. JAKOBIs Kollationen (s. Vorwort) bekannt gewordene *sublato … igne* VON GEBHARDTs (Gebh^{3}) scheint paläographisch attraktiv, aber sprachlich kaum geeignet, das erforderliche „erlöschen" zum Ausdruck zu bringen; vgl. Cic. Verr. II 5,93 *non … praedonum adventum significabat i g n i s e specula s u b l a t u s aut tumulo*; ähnlich Liv. 28,5,17. Zur Paläographie gehört die Phonetik: *extincto* wurde zu *(e)sti(n)cto* (zur Vertauschung von *x/s* s. 12,2 *induxerat/incluserat*). Die *st*-Ligatur ist dann als *sub*-Kürzel mißdeutet worden.

99 Siehe U. WINTER, Die Manuscripta Magdeburgica der Staatsbibliothek zu Berlin – Preussischer Kulturbesitz, Teil 1, Wiesbaden 2001. Dort S. 11: „Ms. Magdeb. 26 bildet den Winterteil des großen Legendarium Magdeburgense (1459), dessen Sommerteil Ms. Magdeb. 138 enthält." Das „liturgische Legendar" (11) ist vermutlich in Magdeburg oder dessen Umfeld entstanden (87).

100 Dafür spricht auch die Datierung des Festtags auf den 12. März (vgl. oben die *tituli* am Beginn der krit. Edition).

einem Missale (oder Breviarium) schließen[101]. Da in dem nachfolgenden Passus eine *Modesta filia* auftaucht, liegt eine Verbindung zu
dem Trierer Überlieferungskomplex nahe, in dem auf die *Passio Pionii*
die *Vita Gertrudis* folgt, die mit der *Vita Modeste virginis* (einer Trierer Klosteräbtissin, der sich Gertrud anschließt) ihren Anfang
nimmt[102]. Wenig später (257ra–263ra) folgen dann tatsächlich die *Acta
Gertrudis* (BHL 3494, „stark erweitert, ab 262vb Mitte weitere Exem-
pla")[103]. Das Legendarium ist ein Mixtkompositum aus verschiedenen
Passionalien, wie es am Ende selbst bezeugt (WINTER 99): *Et sic est finis huius prime partis collecti ex diversis passionalis. Anno M°CCCC
LIX° jn die Cosme et Damianj* (27.9.1459).

Nicht leicht tut man sich bei der Frage, ob **HB** Zwillingshandschrif-
ten sind oder ob **B** direkt aus **H** abgeschrieben ist. Ich habe 89 gemein-
same Sonderfehler in **HB** notiert, darunter viele Stellen mit umfangrei-
chem Textausfall[104], daneben 14 Sonderfehler in **B**, aber nur zwei von
Belang in **H**: 4,11 *mysteriis*] *ministeriis* **H** und den Ausfall von *oratione* in 21,7 (*tacita ut bene quiesceret Deum suum oratione poscebat*)[105].
Will man nicht annehmen, daß **B** von sich aus das fehlende *oratione* er-

---

101 Im Einband ist ein rubriziertes Pergamentblatt („Textualis des 14./15. Jh.") aus einem
M i s s a l e verarbeitet. Weitere Blätter aus diesem Missale in Ms. Magdeb. 138 (s.
WINTER 87).

102 Eine schwache Verbindung zum *Passionale Maximinum* könnte durch die folgenden
„Bindefehler" (von nicht eindeutigem Gewicht) signalisiert werden: Pass. Pion. 1 *non
debet ... sileri* **VD** (statt *debet ... non sileri*); *et dum*] *et* om. **VD**; 2,1 *natale Polyc. mart.
cel.* om. **V**: *maiore ... genuinum* om. **D**; 2,3 *dum* om. **VD**. In 22,4 bieten **BD** gemeinsam *gentilibus* statt *gentibus* – aber das Synonym könnte auch zweimal unabhängig
gewählt werden. Jedenfalls kann der Text von **D** nicht aus **B** kommen, wie z. B. durch
2,3 bewiesen wird, wo **D** richtig *vinculo sua et* überliefert, obwohl diese Wortfolge in **B**
ausgefallen ist.

103 U. WINTER 94. Verbindungen zum Trierer/Koblenzer Raum signalisiert ein weiteres
Stück Handschriftenmakulatur im Ms. Magdeb. 48: „das Bruchstück einer Abrechnung
des Vikarienkellners im St. Kastor-Stift zu Koblenz aus dem 14. Jahrhundert" (WINTER
11). Ob sich in dem Bibliotheksbestand noch Spuren der Verbindung des einstigen
Magdeburger Benediktinerklosters St. Mauritius (gegründet im 10. Jh.) mit dem ein-
flußreichen Benediktinerkloster St. Maximin, der Reichsabtei in Trier, erhalten haben,
scheint ungewiß (siehe die geschichtliche Überblick bei WINTER 7f.).

104 Siehe z. B. 4,2 *Polemonis sermone ... manu* om. **HB**; 15,6 *hominem ... facultatem* om.
HB; 16,1 *et exultatione portantes* om. **HB**; 19,7–9 *rursus proconsul ... terram et mare
rursus* om. **HB**; 20,1 *postea ... suppliciis* om. **HB**; 20,4–5 *sacrifica ... rursus proconsul*
om. **HB**; 20,6 *habebis liberam ... tum proconsul* om. **HB**; 21,1 *non mens ... incessum*
om. **HB**; 21,4 *sensi ... atque* om. **HB**; 22,3 *et corpus ... resurrectionis exemplum* om.
HB; 23 *Quintiliano ... Traiano* om. **HB**; *sic autem facta ... scripsimus* om. **HB**. Aus
der Fülle sonstiger **HB**-Fehler seien beispielsweise genannt: 14,9 *vendentibus*] *gerenti-
bus* **HB**; 15,5 *praeceptis*] *si his que tibi precepero* **HB**; 15,7 *quia virtute iam cesserant*]
quem virtute non superarent **HB**; 20,6 *vivus passurus incendium es*] *flammarum patieris incendium* **HB**; 22,1 *fides pertinax*] *fidei tenax* **HB**: *fide non ficta* **N**.

105 In **HB** fehlt *ut bene quiesceret*, in **H** zusätzlich *oratione*, in **B** *suum*.

gänzte (und in 4,11 ebenfalls per Konjektur das geforderte *mysteriis* herstellte), liegen hier zwei „Trennfehler" im Verhältnis von **B** zu **H** vor, die uns zwingen einen Hyparchetypus σ anzusetzen. Ihn hätte **H** zu Beginn des 13. Jh.s überaus getreu abgeschrieben[106], während sich **B** im 14. Jh. eine etwas größere Anzahl von Fehlern (meistens handelt es sich um Änderung der Wortstellung)[107] geleistet hat. Dieser Hyparchetypus σ wäre dann mit jenem Legendarium zu identifizieren, über das sich LEVISON (1920) 537 wie folgt geäußert hat: „In dioecesi Treverensi etiam alterum Legendarium amplum saeculo XIII. ineunte aderat, XII. ut videtur compositum, cuius duo exemplaria supersunt, quorum unum in parte dioecesis Transrhenana in coenobio Arnsteinensi ad Lahn fluvium a. 1139. condito exaratum hodie Londinii (Harley 2800–2802) asservatur, alterum iam Bruxellense e loco ignoto originem duxit."

2. Literarische Form, Entstehungszeit und Entstehungsort

a) Der Nachhall des spätantiken Rhetorikunterrichts: Sallust, Vergil, Ovid, Seneca tragicus

Die literarischen Ambitionen des Anonymus haben dazu geführt, daß er keine Übersetzung im eigentlichen Sinne liefert (so wie dies etwa Hieronymus mit der lateinischen „Vulgata" vorexerziert hat), sondern ein Stück rhetorisch durchgestalteter Kunstprosa. Er sieht sich in der Tradition der spätantiken rhetorischen Schulbildung, wenn er gleich zum Auftakt das Vorwort seiner Vorlage durch ein programmatisches Sallustzitat ausschmückt und die das Vorwort beschließende konkrete Aussage über die vorliegende Schrift (das *Martyrium Pionii*) tilgt zugunsten einer effektvollen sententiösen Schlußantithese. Dies sei hier als charakteristisches Exempel für die Methode des „Übersetzers" und den rhetorischen Anspruch, den er in seiner Schrift zu verwirklichen sucht, in aller Kürze vorgeführt.

---

106 Ansonsten gibt es kaum eine Handvoll Stellen, in denen **H** und **B** geringfügig voneinander abweichen: 14,3 *volebat*] volebat ex *voluit* **H**pc (die Korrektur ist heute auf Microfilm nicht auf Anhieb zu diagnostizieren); 16,1 *collocarunt* **PT**pc: *-rant* πN(**T**ac): collocant **H**: *collocantur* **B**; ferner 3,2 *manifeste* ξ**B**: *-festum* π**H** (om. N); 3,3 *venerari* v: *-e* ξ**EH**.

107 So z. B. in 2,3 (*omnia appareret visus*); 4,10 (*timorem nunc aguntur hominum*); 4,11 (*male loqui latenter*); 14,3 (*virum ascendentem*); 21,7 (*Pionius clausis oculis*); 22,1 (*ille ita*). Es begegnen aber auch auf **B** beschränkte Ausfälle (14,9 *sub*; 21,7 *suum*) und Wortveränderungen (3,7 *quos*] quod; 17,3 *insipientes*] inspicientes; 21,1 *lababant*] lambebant; *vertit*] convertit **B**; *servatus*] protectus **B**.

Der Einführungstext zum griechischen *Martyrium* (wir werden im zweiten Band auf ihn zurückkommen) lautet wie folgt:

An den Gedächtnisfeiern der Heiligen teilzunehmen mahnt der Apostel, im Wissen, daß das Begehen der Erinnerung an die, die aufrichtig, mit ganzem Herzen glaubend, durchs Leben gegangen sind, jene stärkt, die danach streben, das Bessere nachzuahmen. 2. Des Märtyrers Pionius aber zu gedenken, ist um so angemessener, als er während seines Aufenthalts in dieser Welt viele von ihrem Irrweg abbrachte – ein wahrhaft apostolischer Mann unter unseren Zeitgenossen – und am Ende, als er zum Herrn gerufen wurde und das Martyrium erlitt, diese Schrift hinterließ zu unserer Mahnung, damit wir auch noch in unserer Gegenwart Dokumente der Erinnerung an seine Lehre in Händen hielten.

Der spätlateinische Anonymus hat daraus das folgende rhetorische Prunkstück gemacht (in Klammern benenne ich die rhythmischen Einheiten)[108]:

Referri oportere (O) *ac debere memorari*[109] (O²) *sanctorum merita apostolus praecipit* (C), *eo quod sciat,* **rerum gestarum memoria** (C$_m$³) **egregiis viris flammam in pectore crescere**[110] (C$_m$²), *his ante omnia, qui imitari tales viros* (C$_m$) *vel maxime student* (H) *vel praecipua aemulatione contendunt* (TO). *Vnde Pionii martyris* (C) *debet passio non sileri* (cT), *quia et dum esset in luce* (O), *multis fratribus ignorantiae discussit errorem* (O), *et postea martyr effectus* (O), *quibus vivus doctrinam infuderat* (C$_m$), *passus ostendit exemplum* (cO).

„Daß es notwendig sei, die Verdienste der Heiligen zu berichten, und daß die Verpflichtung bestehe, dieser Verdienste zu gedenken, lehrt der Apostel, weil er weiß, daß durch die Erinnerung an vergangene Taten herausragenden Männern in der Brust die Flamme wachse, vor allem solchen Männern, die entweder ganz besonders bestrebt sind, derartige Vorbilder

---

108 Verwiesen sei auf O. ZWIERLEIN, Augustins quantitierender Klauselrhythmus, ZPE 138, 2002, 43–70, bes. 56 (= Lucubrationes Philologae, Bd. 2: Antike und Mittelalter, Berlin 2004, 467–508, dort bes. 486). Hier die Haupttypen: O = 'optima' (cr sp) mit Auflösung der 1., 2. oder 3. Länge; C = 'die kretische' (cr cr) mit den Auflösungen C¹, C² und C³); T = 'die trochäische' (tr sp) mit den Auflösungen T¹ und T²; H = 'die hypodochmische' mit H¹ und H²; S = 'die spondeische' (sp sp) mit den Auflösungen S¹, S², S³. Ditrochäus und Hypodochmus (aber auch O und C) erscheinen nicht selten in Kombination mit voraufgestelltem tr oder cr. Durch das Zeichen ∫ werden „überlappende" Klauseln markiert, z. B. Pass. Pion. 10,4 *habere non possumus potestatem* (C∫O), siehe Anm. 148: Die Schlußsilbe von *possumus* bildet das Ende der Klausel C, zugleich aber die Auftaktsilbe der nachfolgenden 'Optima'.

109 Durch die fortlaufend jeweils neu auf Satzteil oder Sinnabschnitt abgestimmten Markierungen suche ich jeweils die formalen und gedanklichen Entsprechungen je Bezugseinheit sinnfällig zu machen, so z. B. in diesem ersten Doppelkolon die chiastische Anordnung (abba) der einander entsprechenden Verben *referri/memorari* und *oportere/debere*.

110 Durch Fettdruck ist das Sallustzitat herausgehoben.

nachzuahmen, oder in besonders ausgeprägtem Wetteifer sich mit ihnen zu messen suchen. Aus diesem Grunde darf das Leiden des Märtyrers Pionius nicht verschwiegen werden, weil er, solange er im Leben weilte, vielen Brüdern den aus Unwissenheit erwachsenen Irrtum zerschlug, danach aber, zum Zeugen geworden, denjenigen, denen er im Leben die Glaubenslehre eingeflößt hatte, im Leiden ein Beispiel vorführte."

Gedenkfeiern zu Ehren der Märtyrer und die Überlieferung ihrer Viten waren im griechischen Original (wir werden sehen, daß die Einleitung von Ps.-Pionius hinzugefügt worden ist) mit einem Verweis auf den Apostel Paulus (Röm 12,13) gerechtfertigt worden. Der Anonymus verstärkt dessen Aufruf durch ein zusätzliches indirektes Sallustzitat. Sallust hatte (in Verteidigung seiner Lebenswahl) der Geschichtsschreibung einen besonderen Nutzen für das Gemeinwohl zugeschrieben (Iug. 4,1 *in primis magno usui est memoria rerum gestarum*) und sich dabei auf die Erfahrungen verdienter Staatsmänner wie Q. Maximus und P. Scipio berufen, die von sich gesagt hatten, sie würden durch den Anblick von Ahnenbildern ganz außerordentlich zu mannhaften Taten entflammt (4,5): Es sei die Erinnerung an die in der Vergangenheit vollbrachten Leistungen, die in herausragenden Männern dieses Feuer entzünde und wachsen lasse und sie dazu ansporne, durch mannhafte Taten den gleichen Ruhm wie die Vorfahren zu gewinnen; siehe Sall. Iug. 4,6 …, *sed **memoria rerum gestarum** eam **flammam egregiis viris in pectore crescere** neque prius sedari, quam virtus eorum famam atque gloriam adaequaverit.* Der Übersetzer läßt also hier den Apostel Paulus zugleich mit der Autorität des Sallust sprechen, der seinerseits den Leser auf das Vorbild herausragender Staatsmänner der römischen Republik verwiesen hatte[111].

Sallust gehörte (neben Cicero, Vergil und Terenz) zu der sogenannten Quadriga Messii, den vier wichtigsten Schulautoren gegen Ende des 4. Jahrhunderts. Aus ihm (und aus Ciceros Staatsdefinitionen) hat Augustinus in den ersten fünf Büchern seiner *Civitas Dei* seine Kritik des heidnischen römischen Staatswesens gespeist. Auch Vergil, darüber hinaus noch Ovid und Seneca tragicus begegnen wir in Anspielungen der *Passio Pionii*. Es handelt sich wohl um Reminiszenzen des Anonymus an seinen Grammatik- und Rhetorikunterricht. Ich habe den Text nicht systematisch auf Anspielungen an „klassische" Autoren unter-

---

111 Es ist kennzeichnend für den bewundernswerten Spürsinn R. JAKOBIs, daß mich am 26.3.2014 die Nachricht erreicht: „In den alten Sallust-Kommentaren des 17.–18. Jh. ist das Zitat in der Passio schon nachgewiesen." Manches muß eben in unserer Wissenschaft im Laufe ihrer viele Jahrhunderte umspannenden Geschichte mehrmals entdeckt werden.

sucht, sondern nur beiwege notiert, was ins Ohr fiel. Hier eine knappe
Liste der Dichterreminiszenzen[112]:

Vergil:

— Pass. Pion. 3,6* *Omnis autem* circumfusa *undique* visendi studio **ruebat**
a e t a s / Aen. 2,63f. *undique* visendi studio *Troiana i u v e n t u s* | *circum-*
fusa **ruit** *certantque inludere capto*;
— Pass. Pion. 4,4 *nec ullum conflictum* cum luce *cassis aut* certamen *debere*
esse cum *mortuis* / Aen. 11,104 *nullum* cum *victis* certamen *et* aethere
cassis[113];
— Pass. Pion. 18,5 *sacerdos t e p e n t i a* veribus exta *circumferens* / georg.
2,395f. *stabit sacer hircus ad aram* | *p i n g u i a q u e in* veribus *torrebimus*
exta *colurnis* (vgl. Ov. fast. 2,373 veribus *s t r i d e n t i a detrahit* exta)[114];
— Pass. Pion. 21,1 *mens mali* praescia *et* **certa** *iam* **mortis** / Aen. 12,452f.
miseris, heu, praescia *longe* | *horrescunt* corda *agricolis*[115] / Aen. 4,563f.

---

112 Nachdem ich durch R. JAKOBI dankenswerter Weise auf WEYMANs zweiseitige Miszel-
le zur *Passio Pionii* hingewiesen worden war (s. Anm. 82), mußte ich nicht nur meine
Emendation *scelus* (statt überliefertem *se eius*) in Pass. Pion. 13,7 an den gelehrten Vor-
gänger abtreten, sondern auch einige der aufgedeckten Reminiszenzen. Ich markiere sie
im folgenden durch hochgestellten Stern (*) und ergänze die Reihe jeweils durch die
Funde WEYMANs (unter Namensnennung), der seine Liste auf Seite 17 treffend mit der
Bemerkung einleitet, daß die lateinischen Pioniusakten „überhaupt gern ihren Kontext
mit poetischen Floskeln verbrämen".

113 Der Vers wird bereits durch Hieronymus – um 397 – als ausdrückliches Dichterzitat
eingeführt: Hier. in eccles. 9,7 lin. 124 *s e c u n d u m i l l u d p o e t a e: nullum cum*
victis certamen et aethere cassis. (Wenige Zeilen später folgt ein weiteres – nicht kenntlich gemachtes – Dichterzitat: lin. 129 *o homo, quia ergo post mortem nihil est, et mors*
ipsa nihil est, audi consilium meum – eine beinahe wörtliche Widergabe von Senecas
Troades 397 *post mortem nihil est ipsaque mors nihil*, die nur der poetisch und philoso-
phisch Geschulte zu erkennen vermag.)
WEYMAN (17) nimmt ferner (im *Pionius*-Text fortfahrend) Pass. Pion. 4,14 hinzu (*palea … iactatur* sei aus georg. 3,134 *paleae iactantur inanes* geholt). Man muß aller-
dings zu bedenken geben, daß der Gesamttext des Anonymus sehr viel näher bei einem
Vergleichszusammenhang steht, wie er sich bei Cyprian findet (der seinerseits die Ge-
orgicafloskel verwertet hat), siehe Cypr. unit. eccl. 9 *Nemo existimet bonos de ecclesia*
posse discedere: **triticum** *non rapit v e n t u s, nec arborem solida radice fundatam pro-*
cella subvertit; **inanes paleae** *tempestate* **iactantur,** *invalidae arbores turbinis incursio-*
ne vertuntur. Auch Ambrosius- und Augustinus-Belege wären zu berücksichtigen.
– Es folgen weitere Stellen aus WEYMANs Katalog: Pass. Pion. 7,1 *in consessu caveae*
(von WEYMAN emendiert) – zu Recht in Verbindung gebracht mit Verg. Aen. 8,636
oder Prud. c. Symm. 2,1091 (zu ergänzen wäre Aen. 5,340). – Pass. Pion. 10,7 *obsce-*
nam famem (aus Aen. 3,367 *obscenamque famem*).

114 Auf Ov. fast. 2,363f. und 373 verweist WEYMAN 17. – Es folgt bei WEYMAN (17) Pass.
Pion. 20,7 *ultricibus flammis* (Verweis auf Aen. 2,587, wo erst in den recc. *ultricis*
flammae auftaucht; vgl. dagegen *ultricibus flammis* in Firm. Mat. err. 13,6 und mehrmals in Rufins Euseb-Übersetzungen, ferner bei Hilarius von Poitiers und Fulgentius
Rusp.).

115 Vgl. später Sil. It. 16,89 *aut me* praescia mens *fallit*.

illa (sc. *Dido*) *dolos dirumque nefas in pectore versat* | **certa mori** (vgl.
Ov. met. 10,428 **certa mori** *tamen est, si non potiatur amore*);
— Pass. Pion. 21,6 *ad orientem* <u>oculos</u> *animum<u>que</u>* <u>conversi</u> / Aen. 11,121
<u>conversique</u> <u>oculos</u> *inter se atque ora tenebant* / 12,172 *illi ad surgentem*
<u>conversi lumina</u> *solem*[116].

Ovid:
— Pass. Pion. 3,7 *et quos ad videndum destituebat b r e v i t a s c o r p o r i s,*
supra positi scamnis aut ascendentes arcas, ne subtraherentur miraculo,
<u>*aequiperabant*</u> <u>*ingenio*</u> *quod* **natura subtraxerat** (**negaverat** N) / Ov. epist.
15,31f. *si mihi difficilis f o r m a m* **natura negavit,** | <u>*ingenio f o r m a e*</u>
damna <u>*repende*</u> *meo*;
— Pass. Pion. 4,14 *cum* ... *colonus aut* <u>*bicorni furca*</u> *triticum verrit aut pal-*
mulari / Ov. met. 8,647f. <u>*furca*</u> *levat ille* <u>*bicorni*</u> | *sordida terga suis nigro*
pendentia tigno (vgl. zuvor Verg. georg. 1,264 *exacuunt alii vallos <u>furcas-</u>*
<u>*que bicornis*</u>);
— Pass. Pion. 10,3 *cumque Sabina* <u>*lateri*</u> *eius (cavens incursum populi) <u>iunc-</u>*
<u>*ta*</u> *properaret* / Ov. am. 1,13,6 *si quando,* <u>*lateri*</u> *nunc bene* <u>*iuncta*</u> *meo est*
(sc. *domina*); met. 2,449 <u>*iuncta*</u> *deae* <u>*lateri*</u> *nec toto est agmine prima*;
— Pass. Pion. 14,9 *per devia rura* = Ov. met. 1,676; 3,370; fast. 2,369* (Iuv.
sat. 14,76)[117];
— Pass. Pion. 15,1 *sectatorum turba comitante* / Ov. met. 6,594f. *concita per*
silvas t u r b a c o m i t a n t e s u a r u m | *terribilis Procne* (vgl. Sen. Hf
837; Stat. Ach. 1,27 *turba comitante sororum*);
— Pass. Pion. 21,8/9 *nimium* [*vultu*] <u>*laeto*</u> *ignem* <u>*ore*</u> *respexit* / met. 9,242f.
quos ita ... <u>*laeto*</u> *Saturnius* <u>*ore*</u> | *Iuppiter adloquitur.*

Seneca tragicus:
— Pass. Pion. 5,5 *semper minus* <u>*nocuerunt professa odia*</u> *quam subdola blan-*
dimenta / Sen. Med 153f. *ira quae tegitur* <u>*nocet;*</u> | <u>*professa*</u> *perdunt* <u>*odia*</u>
vindictae locum[118];
— Pass. Pion. 11,4 *omni humanitate et* <u>*luce viduati*</u> *in tenebrarum situ* (*tene-*
brarum situs auch Prud. cath. 1,43*) *et foetore carceris constituti* / Oed
292 (*Manto*) <u>*luce viduatum*</u> *trahens*;

---

116 WEYMAN führt Pass. Pion. 21,7 (*cum* ... *populatrix flamma crepitaret*) auf Aen. 7,74
zurück (*ornatum flamma crepitante cremari*).
117 WEYMAN (17) verweist zusätzlich auf Claud. Goth. 174 und stützt dies durch eine weitere Claudianparallele in Pass. Pion. 10,1 *ut* ... *v i x u n d a s populi praeclusus populi*
multitudine accessus e g e r e r e t, wozu Claud. IV cons. Hon. 630f. zu vergleichen sei:
per quinque recurrens | *ostia barbaricos v i x e g e r i t u n d a cruores.* Ferner wird
Prud. Symm. 1,303 und Paul. Nol. carm. 30,414f. herangezogen.
118 Diese Verse könnten aus einem Senecaflorileg genommen sein, vgl. O. ZWIERLEIN,
Prolegomena zu einer kritischen Ausgabe der Tragödien Senecas, Wiesbaden 1984, 139
(Helinand von Froidmont und Eclogae Lugdunenses); aber die danach folgenden Sene-
caverse sind weder in diesen beiden, noch in dem frühen (aus dem zweiten Viertel des
9. Jh.s stammenden) französischen Florileg Paris. Lat. 8071 (Thuaneus) enthalten (s.
ZW. ibidem 15ff.); vgl. ferner gleich anschließend Anm. 119.

— Pass. Pion. 12,2 *rigabant largo fletu genas* et lacrimas *imbrium* more *fundebant*[119] / Tro 411ff. *Quid, maesta Phrygiae turba, laceratis comas | miserumque tunsae pectus effuso genas | fletu rigatis?* 965f. *inrigat fletus genas | imberque victo subitus e vultu cadit;* Phoen 441 *irrigat fletu genas;* Oed 953f. *subitus en vultus gravat | profusus imber ac rigat fletu genas;*

— Pass. Pion. 18,5 *funestas nefando pectori dapes* coram omnibus solus *ingessit* / Thy 778f. *lancinat gnatos pater | artusque mandit ore funesto suos* / Phae 1176f. *hac manu poenas tibi | solvam et nefando pectori ferrum inseram*[120]; Thy 1105f. *nec quod nefandas hauseris angit dapes: | quod non pararis!*

b) Der Kulturraum Südgallien: Cassian, Faustus Reiensis und die Pelagianische Haltung zu Schuld und Willensfreiheit

Im Zusammenhang der zuletzt behandelten Seneca-Imitationen zieht der Satz Pass. Pion. 5,5 besondere Aufmerksamkeit auf sich:

Et vos quidem laudo (O)*, eo quod me dignum et amore et honore ducatis* (O)*; sed esse* ***ex verbis*** *suspicamur insidias* (tO[3]) *et semper minus nocuerunt professa odia quam* ***subdola blandimenta*** (T).

Er legt die Annahme nahe, daß der Anonymus hier zwei Mustertexte, den einen aus Seneca, den anderen aus Iohannes Cassianus miteinander kombiniert hat, wie aus den analogen Markierungen ersichtlich wird:

Sen. Med 153f. *ira quae tegitur nocet; | professa perdunt odia vindictae locum* und

Cassian. conl. 16,18,4 *saepe autem ficta patientia* (C[2]) *etiam acrius ad iracundiam* (H) *quam* ***sermo*** *succendit* (O)[121] *et atrocissimas* ***verborum*** *transcendit iniurias* (C) *maligna taciturnitas* (C[2]) *levius que tolerantur* (O[2]) *inimicorum vulnera* (C$_m$) *quam inridentium* ***subdola blandimenta*** (T).

---

119 Die markierte Wortkombination ist nur beim Tragiker Seneca belegt. Ich hatte die Emendation *genas* zunächst RAUSCHEN zugeschrieben (er bringt sie als Anmerkung in seiner deutschen Übersetzung; s. o. Anm. 29); aber WEYMAN (17) war ihm um drei Jahre zuvorgekommen (s. o. Anm. 82). Mit gutem Grund verwies letzterer auf Aen. 6,699 (*largo fletu simul ora rigabat*): Dem Anonymus war bewußt, daß Seneca auf Vergil fußt und läßt deshalb in *largo fletu ... rigabant* zusätzlich die Musterstelle anklingen („window-reference", s. ZW. *Petrus* [2]2010, 483), folgt aber in erster Linie Seneca, vor allem in dem charakteristischen *genas*, durch das Vergils *ora* ersetzt wurde.

120 Vgl. Anm. 78.

121 Kurzmessung des *-o finalis* ist in der späteren Latinität auch bei spondeischen Wörtern (*sermo*; vgl. u. Pass. Pion. 4,10 *nemo*) erlaubt.

Mit Cassian, der seine Prosa ebenfalls zu einem erheblichen Teil rhyth-
misch ausformt, verbindet den Anonymus auch der zuvor nicht belegte
Gebrauch des Substantivs **inlicitatio** (12,5 *corrupta inlicitatione*), das
zweimal bei Cassian auftaucht. Gleich die oben ausgeschriebene Präfa-
tio der *Passio Pionii* teilt ihre markante Schlußklausel des ersten Satzes
mit Cassian, vgl.

> Pass. Pion. 1 *qui imitari tales viros* (C_m) <u>*vel*</u> *maxime student* (H) <u>*vel praecipua*</u> ***aemulatione contendunt*** (TO)
> Cassian. conl. 8,13,4 *ex quo liquido pervidetur* (T), *quod discordias genti-*
> *um* (C) *et conflictus ac simultates* (O), *quas inter se istis instigantibus ge-*
> *runt* (tH), *etiam contra se adversae exerceant potestates* (tO) *et illarum* <u>*vel*</u>
> *victoria gaudeant* (C) <u>*vel*</u> *deminutione crucientur* (TO²) *et ob hoc non pos-*
> *sint inter se esse concordes* (O), *dum unusquisque pro his quibus praeest*
> (O) *contra alterius gentis praesulem* (C_m) <u>*inquieta*</u> *semper* ***aemulatione***
> ***contendit*** (TO).

Das im oben ausgeschriebenen Cassianzitat conl. 16,18 auftauchende
Motiv der Verlachung und Verspottung findet sich zwei weitere Male
in einer Diktion, die mit der von unserem Anonymus gewählten verwandt scheint:

> Pass. Pion. 4,8f. *Nunc ergo quomodo Iudaei* <u>*risu*</u> *se* <u>*cachinnante*</u>[122] ***dissol-***
> ***vunt*** (cO) <u>*inridentes*</u> *eos* (C_m), *qui aut coacti aut sponte sacrificant!* (O³)
> *Ne a nobis quidem temperant* <u>*risum*</u> (O) *et* <u>*insultanti voce*</u> *proclamant* (O),
> 9. *diu nos licentiae* (H) *tempus habuisse* (O²).
> Cassian. conl. 7,19,3 *nec potest quis* <u>*cachinnis*</u> *fatuis* <u>*risuque*</u> ***dissolvi*** (O);
> conl. 6,10,8 *illa caelesti adversus eum* <u>*voce*</u> *tripudiat et* <u>*insultat*</u>[123].

Verwiesen sei ferner auf das letztlich in Terenz (Eun. 1067; Hec. 510)
wurzelnde *paucis audite* (4,2), das sein Gegenstück findet in Cassians
a u d i   e r g o   p a u c i s   ordinem (inst. 4,43 [p. 78,1]).

Cassian ist in der heutigen Dobrudscha, am Westufer des Schwar-
zen Meeres, geboren und über Bethlehem, Ägypten, Konstantinopel
und Rom nach Marseille gelangt, wo er zwischen 419 und 426 die *Insti-*
tutiones und dann (425–429) die *Conlationes* schrieb[124]. Südfrankreich
kommt nach LOWE's Einschätzung (neben Italien) als Entstehungsort
des Anfang des 7. Jh.s entstandenen Passionars in Frage, aus dem das
Folium Remense erhalten geblieben ist (B. BISCHOFF hält Spanien oder

---

122 Diese Junktur begegnet ähnlich bereits Hier. in eccles. 2,2 lin. 31: *qui illo* <u>*risu cachin-*</u>
     <u>*nant*</u> (T), *quem dominus in euangelio fletu dicit esse mutandum* (tO).
123 *Voce insultantium* schon Augustinus (in psalm. 43, enarr. 15 [CCL 38], lin. 1), *vox in-*
     sultantium Hieronymus (in Is.).
124 Siehe M. SKEB, LACL ³2002, 376–378.

Afrika für möglich)[125]. Seit ca. 426 wirkte Faustus Reiensis auf Lérins, der Inselgruppe vor der südfranzösischen Küste bei Cannes, und entwickelte das dortige Kloster zum bedeutsamsten ganz Galliens[126]. Auf Veranlassung der Synode von Lyon (470) verfaßte er die beiden Bücher *De gratia*, in denen sich die folgende mit der *Passio Pionii* verwandte Formulierung findet:

> Faust. Rei. grat. 2,9 p. 82,27 *ac sic Noe perfecta iustitia*[127] *spontaneos saeculi illius et ostendit et <u>condemnavit errores</u>* (O), *sicut legimus*[128]: *fide Noe responso accepto de his, quae adhuc non videbantur* (O), *metuens aptauit arcam* (T) *in salutem domus suae* (cH), vgl.
> Pass. Pion. 4,3 *Audio enim quod irrideatis* (mT) *eos, qui ad sacrificandum **aut** sponte prosiliunt* (O³) ***aut** alio cogente non renuunt* (tO³), *et **in illis** levitatem pectoris* (C_m¹), ***in his** <u>spontaneum damnetis errorem</u>* (O).

Die doppelte Antithese mit chiastischer Zuordnung (*aut **sponte** <u>prosiliunt</u>* [a] *aut alio cogente <u>non renuunt</u>* [b] – *in illis <u>levitatem pectoris</u>* [b], *in his **spontaneum** … <u>errorem</u>* [a]) gibt dem Satzgefüge Pass. Pion. 4,3 einen authentischen Charakter[129]. Gleichwohl wäre nicht auszuschließen, daß in der Schlußformel eine Reminiszenz an Faustus steckt. Doch scheint sich aus dieser einen Ausdrucksparallele kein sicheres Indiz für ein direktes Abhängigkeitsverhältnis zu ergeben, zumal wenn man die folgende Formulierung daneben hält:

> Iulian. [† 454/455] in Os. 2,4 lin. 324 *quid aliud, quam non <u>errore</u> sed <u>spontaneo</u> d e t e s t a b i l i que i u d i c i o te esse nocentissimum confiteris?*

Ein verläßlicher terminus post 470 für die *Passio* läßt sich auf diesem Wege also kaum gewinnen. Eher deutet diese Übereinstimmung im sprachlichen Ausdruck auf den gemeinsamen Entstehungsraum: vermutlich wieder Südgallien. Dort waren nicht nur Cassian und Faustus tätig; es ist dort im 5. Jahrhundert auch Kenntnis der Tragödien Senecas nachgewiesen[130].

---

125 K. GAMBER, Codices Liturgici Latini Antiquiores, Freiburg/Schweiz 1968, Nr. 028.

126 Siehe C. KASPER, LACL ³2002, 264f.

127 Es scheint hier der Titel der augustinischen Schrift *De perfectione iustitiae hominis* aus dem Jahr 415/416 anzuklingen.

128 Hebr 11,7.

129 Sie ist ein Bestandteil der durchgängig in der lateinischen *Passio* zu beobachtenden rhetorischen Tendenz, die Satzkola antithetisch oder in variierendem Parallelismus auszufalten. Die griechische Vorlage ἀκούω γὰρ ὅτι ἐπὶ τοῖς αὐτομολοῦσιν ὡς ἐπιγελῶντες καταπατεῖτε καὶ ἐπιχαίροντες παίγνιον ἡγεῖσθε τὸ ἐκείνων ἀστόχημα <u>ὅτι ἑκόντες ἐπιθύουσιν</u> ist davon frei – wenngleich in anderer Weise abundant.

130 Zur Rezeption der Tragödien Senecas in Frankreich seit Theodulf von Orléans (dieser wohl fußend auf einem Florileg) siehe O. ZWIERLEIN, Spuren der Tragödien Senecas bei Bernardus Silvestris, Petrus Pictor, Marbod von Rennes und Hildebert von Le Mans

Sowohl Cassian als auch Faustus gelten als wichtige Vertreter des „Semipelagianismus"[131], in dessen Zentrum die Frage nach dem Verhältnis zwischen Selbstverantwortlichkeit des Menschen und göttlicher Gnade steht. Eine verwandte Problematik wird in der ersten langen Rechtfertigungsrede des Pionius berührt, in dem die Not der Christen, die unter Zwang abgeschworen haben, vor dem Hintergrund der freiwillig zum Götzen Baal abgefallenen Juden beurteilt wird:

Pass. Pion. 4,10 *Non sunt eorum peccata his similia* (mT^2)*, quae propter timorem hominum nunc aguntur* (T)*. Longa discretio est* (C) *inter* <u>*invitum*</u> (O) *et* <u>*sponte*</u> *peccantem* (O)*; et hoc interest inter eum,* <u>*qui cogitur*</u> (C$_m^{1}$)*, et illum,* <u>*quem nemo compellit*</u> (O)*, quod ibi* **<u>mens,</u>** *hic* **<u>tempus</u>** *in culpa est* (O).

Hier die griechische Vorlage: ἢ οἴονται ὅμοια εἶναι τὰ ἑαυτῶν ἁμαρτήματα τοῖς νῦν ὑπό τινων διὰ φόβον ἀνθρώπινον πρασσομένοις; ἀλλὰ τοσούτῳ διαφέρει ὅσῳ <u>τὰ ἑκούσια</u> ἁμαρτήματα <u>τῶν ἀκουσίων</u>.

Der überschießende, selbständig angefügte Schlußsatz des Lateiners (*et hoc interest* ...) offenbart ein geschärftes Problembewußtsein in dieser philosophisch-anthropologischen Frage, das sich gut mit den in Südfrankreich seit Cassian besonders intensiv geführten Diskussionen über Willensfreiheit und Verantwortlichkeit verbinden ließe[132]: Die Schuldfrage entscheidet sich zwischen *mens* und *tempus*: zwischen der freien geistigen Verantwortlichkeit der Person und den äußeren Zeitumständen (die mildernd in die Waagschale fallen, vgl. 12,2 die *vis necessitatis*)[133]. Hauptakteur oder Widerpart in all diesen Diskussionen ist Augu-

---

(Mit einem Nachtrag: Seneca als Wegbereiter der *tragoediae elegiacae* des 12. Jh.s), Lucubrationes Philologae, Bd. 1: Seneca, Berlin 2004, 337–384 (vgl. Mittellat. Jahrbuch 22, 1987, 171–196). Für die uns hier vor allem interessierende Frühphase sei verwiesen auf P. L. SCHMIDT, Rezeption und Überlieferung der Tragödien Senecas bis zum Ausgang des Mittelalters, in: E. LEFÈVRE, Der Einfluss Senecas auf das Europäische Drama, Darmstadt 1978, dort vor allem auf den Abschnitt 4 („Spätantike") 43–58; über Seneca tragicus im Lektürekanon der spätantiken Rhetorenschule dort 56ff. Spuren der Kenntnis des Seneca tragicus sind in dem Zeitraum von etwa 370–525 nachgewiesen (43). „In Gallien (Ausonius – Orientius – Sidonius) ist die Provence bis zum Burgunderreich (Avitus, um 500), aber nicht mehr das fränkische Herrschaftsgebiet des 6. Jahrhunderts dabei; ... in Spanien (Prudentius) verlöschen die Spuren mit dem Einfall der Westgoten" (44).

131 Auch Iulian von Aeclanum war Pelagianer.

132 Man beachte wieder die dreifach antithetische Satzstruktur (durch Markierung hervorgehoben) in der Abfolge ababba.

133 Diese Thematik wird ein weiteres Mal – in weitgehender Übereinstimmung mit der griechischen Vorlage – im Zusammenhang des Proselytentums berührt: Wenn die Christen sich von den Juden verführen lassen, ihre Synagogen zu besuchen, müssen sie sich bewußt sein, daß dies eine freiwillig begangene Sünde, eine Blasphemie wider den Heiligen Geist ist, die nicht vergeben werden kann: Pass. Pion. 13,1 *Audio enim, quod quosdam ex vobis Iudaei ad synagogam vocent* (H^1)*. Videte, quod maius accidit cuique*

stinus, der spätestens seit 418 bis zu seinem Tod mit der Bekämpfung des Pelagianismus beschäftigt ist, dem aber in Südfrankreich unter der Führung des oben genannten Johannes Cassian eine Opposition erwuchs, die sich entschieden gegen den rigoristischen 'Augustinismus' zur Wehr setzte[134]. Es hat den Anschein, daß sich unser Anonymus gut in diese Phalanx einordnen läßt[135].

Ob der Schoß Abrahams mit dem Paradies identifiziert werden könne, war dem Augustinus noch eine strittige oder nachdenkenswerte Frage:

Aug. epist. 187,2 *utrum autem sinus ille Abrahae, ubi dives ille impius* (C), *cum in tormentis esset inferni* (O), *requiescentem pauperem vidit* (O), *vel **paradisi** censendus vocabulo* (H) *vel ad inferos pertinere* (cT) *existimandus sit* (H), *non facile dixerim* (H[1]).

die der Bischof von Hippo (in mehreren Stellungnahmen) grundsätzlich positiv beantwortet, vgl. z. B.

Aug. gen. ad litt. 12,34 p. 430,22 *quanto magis ergo post hanc vitam etiam sinus ille Abrahae **paradisus** dici potest, ubi iam nulla temptatio, ubi tanta requies post omnes dolores vitae huius.*

Der anonyme Autor der *Passio Pionii* setzt dies als selbstverständlich voraus, obwohl die griechische Vorlage die Seele des Propheten nur im Schoße Abrahams ruhen läßt (MPion 14,7 ἀναγαγεῖν τὴν τοῦ ἁγίου προφήτου ψυχὴν τὴν ἀναπαυομένην ἐν κόλποις Ἀβραάμ):

Pass. Pion. 14,7 *Ratio igitur verbi huius talis est* (C_m): *Quomodo poterat vatis mulieris daemon* (O[1]) *sancti prophetae excitare animam* (O[3]) *iam olim in sinu Abrahae positam et **in paradiso** quiescentem* (O), *cum semper quod minus valet* (H) *a potentiore vincatur?* (TO)

(tO) *ex animi voluntate peccatum* (cO), *ne quis inconcessum nec amplius remittendum* (tO), *quod ad blasphemiam sancti Spiritus pertinet* (C), *crimen admittat* (O). Das *peccatum, quod fit uoluntate animae*, ist ein immer wieder aufgenommenes Thema bei Augustinus (z. B. c. Secundin. 18).

134 W. GEERLINGS, LACL [3]2002, 81 (col. b).

135 R. HÜBNER (Brief vom 2.4.2014) hebt einige Züge der spätlateinischen Übersetzung hervor, die eine gewisse Nähe zu den Priszillianern anzuzeigen scheinen: monarchianische, zumindest monarchianisch deutbare Bekenntnisse (8,3–9,9; 16,3–4) werden nicht trinitarisch korrigiert; die Darstellung von Gebet, Lobpreis, Bußübung, Nachtwachen, Schriftlesung (11,5–7) ist weit ausführlicher als in der griechischen Langfassung; ebenso wird das Fasten stärker betont (2,3). Dies würde zu den asketischen Prizillianern ebenso passen wie die (im griech. Text vorgegebene) Eucharistie mit Brot und Wasser (3,1), die den Übersetzer ebenfalls angezogen haben könnte. „Südfrankreich und die Zeit vor 450 würden wohl zu einem den priszillianischen Idealen nahe stehenden Verfasser passen."

Auch das deutet auf einen Zeitansatz nicht vor der Spätphase Augustins.

c) Das *paschale carmen* des Sedulius als terminus post quem?

An diesem Punkt unserer Untersuchung kommt nun erneut die mir nachträglich bekannt gewordene Pionius-Miszelle WEYMANs ins Spiel[136]. Der Gelehrte hat dort zwei Berührungen des Anonymus mit dem *carmen paschale* des Sedulius aufgedeckt und im Sinne literarischer Abhängigkeit gedeutet. Auch wenn diese Beurteilung zutreffen sollte, dürfte der Gewinn für eine genauere Datierung der *Passio Pionii* wohl umstritten bleiben; denn Sedulius selbst scheint bisher nicht verläßlich datiert: Seine Bibeldichtung (wahrscheinlich ebenfalls in Südgallien geschrieben)[137] wird aufgrund einer in vielen Handschriften dem Werk vorgeschalteten biographischen Notiz üblicherweise in die Zeitspanne 425–450 gesetzt, doch fehlt es nicht an Stimmen, die bis ins späte 5. Jh. hinabzugehen geneigt sind. Diese radikale Skepsis gegenüber der (in der Tat in manchem unglaubwürdigen) biographischen Notiz hat zuletzt R. P. H. GREEN (2006) 141–143 relativiert. Wenn wir seinem Urteil folgen, bleibt die in den Handschriften angegebene Zeitspanne in Kraft. Der chronologische Eintrag im Thesaurus-Index zum *carmen paschale* lautet „fere 431“. Diese Festlegung scheint mutig, ein Zeitpunkt vor der Jahrhundertmitte aber wird auch durch LIETZMANNs Forschungen nahegelegt: Er verortet den Verfasser des *carmen paschale* in barbarischem Grenzland und sieht in dem Bibelgedicht eine literarische Quelle für Petrus Chrysologus († 450), Paulus von Pella (459) und Paulus von Périgueux (ca. 470).

---

136 Siehe o. Anm. 82 und 112.

137 Siehe etwa W. SPEYER in LThK 9 (2000) 367: Das Vaterland des Sedulius (dessen Blüte der 1. Hälfte des 5. Jh.s zugeordnet wird) sei nicht sicher bekannt, „möglicherweise Südgallien oder Nordspanien“); leicht verschieden davon der Eintrag in CPL ³1995, 474: „Floruit circa 425–450 [so schon LIETZMANN RE 2,A1 (1921) 1025] in Gallia meridionali vel Hispania septentrionali“. Die zuletzt von GREEN (2006) 137f. erhobenen Einwände gegen die vor allem von A. D. MCDONALD (1933) angeführten Indizien für südgallische Provenienz des *Paschale Carmen* scheinen nur insoweit berechtigt, als MCDONALDs Schluß auf direkte Abhängigkeit des Sedulius von Kunstmonumenten Südfrankreichs nicht zwingend ist. Gültig bleibt MCDONALDs Beobachtung, daß die Bibeldichtung des Sedulius auffällig dichte Bezugspunkte zu Kunstdarstellungen und zu literarischen Werken aufweisen, die ihre Heimat oder ihren Ursprung in Südgallien (und – was Prudentius angeht – in Spanien) haben, während manche dieser ins Feld geführten Motive außerhalb Südfrankreichs fehlen oder in charakteristisch verschiedener Ausformung auftauchen (z. B. der Kindermord des Herodes). Das läßt sich gut als Indiz für eine Entstehung des *Paschale Carmen* im Kulturraum Südgallien deuten.

Die erste Seduliusreminiszenz nun, die WEYMAN ins Feld führt, liegt in Pass. Pion. 13,7 vor: Den Juden genüge es nicht – so dort Pionius –, die frevlerische Behauptung aufzustellen, Jesus Christus sei wie ein <natürlicher> Mensch eines gewaltsamen Todes gestorben (13,3), sondern sie fügten dem Frevel einen weiteren Frevel hinzu durch die Blasphemie, Jesus Christus sei zusammen mit seinem Kreuz durch eine Totenbeschwörung auf die Oberwelt zurückgekehrt.

> Pass. Pion. 13,7 _Nec hoc quidem sacrilegis mentibus_ (C^1) _ulla potest ratione sufficere_ (O^3). _Addunt sceleri scelus_ (C_m^2) _et blasphemium, dum <ore> egreditur, sumit augmentum_ (O).

Die Phrase _sceleri scelus addere_ findet WEYMAN einmal bei Livius (1,3,11 _addit sceleri scelus_)[138], aber eben auch beim Spätling Sedulius:

> carm. pasch. 1,212 _Nec minus et Darii f u r u e r u n t_[139] _i u s s a   t y r a n n i_
> _(ecce etenim sceleri scelus addidit i r a   f u r e n t i s)_[140]
> _Hebraeumque decus Danihel decernitur insons_
> _ieiunis cibus esse feris._

Da der schiere Umfang des Livianischen Geschichtswerkes Leser eher abschreckte und bereits im 4. Jh. nach epitomierten Kurzfassungen rief, wird man den Übersetzer des _Pioniusmartyriums_ nur zögernd mit Livius in Verbindung bringen[141], wenn als Alternative ein christlicher Bibeldichter bereitsteht[142]. Man sieht jedoch keine inhaltliche Brücke, die

---

138 Er erinnert zu Recht auch an Seneca tragicus (_scelus sceleri ingerere, scelus sceleri obruere_).

139 Zur Form vgl. Cassiod. in psalm. 81,2 lin. 66 _cum f u r e n t i b u s   f u r u e r u n t, cum insanientibus clamauerunt._ Zur Variante _feruerunt_ vgl. Prud. perist. 5,465 _haec i u s s a quidam militum | ... | f u r o r e   f e r u e n s adripit._

140 In einigen Hss fehlt dieser Vers, da sein parenthetischer Charakter nicht erkannt wurde, er also die Konstruktion zu sprengen schien. Er wird aber als Rückbezug auf 1,199f. ([_cum ... subirent_] _saeui Chaldaea l e g e   t y r a n n i, | cuius Achaemeniam r a b i e s accenderat i r a m | plus fornace sua_) benötigt und durch die Prosafassung des späteren _opus paschale_ (1,19 _Nec minus Darii postmodum regnatoris_ dum praeteritam _f u r o r imitatur i n s a n i a m, Danihel, Hebraeorum decus amplissimum, cum feris ieiunio stimulatis includitur_) als echt erwiesen.

141 Die wohl einzige sonstige Formel in der _Passio Pionii_, die livianisch sein könnte, wäre 5,1 _ut hiscere nullus auderet_ (vgl. Liv. 6,16,4 und 39,36,3 _nec hiscere quisquam audebat_). Aber die Junktur _hiscere_ + Hauptverb _audere_ ist seit Cicero so geläufig (u. a. Ov. met. 13,228), daß man daraus keinen festen Bezugspunkt zu Livius gewinnen kann.

142 Auch der spanische Bibeldichter Juvencus (4. Jh.) und sein Landsmann Prudentius haben in der _Passio Pionii_ ihre Spuren hinterlassen, vgl. Pass. Pion. 3,5 _et ut solet_ in populo _rationis experte_ (O) _visendae cuiusque rei cupiditas inhiare_ (c^1T), ita se mirantes stipabant (mS), _ut dum ipsi alios pellerent_ (C_{ch}), _ab aliis pellerentur_ (T) / Iuvenc. 2,421f. _talia_ mirantis populi stipante _tumultu | vallatur_ und Pass. Pion. 4,11 _Sed vos, pagani, possunt fortasse decipere_ (O^3) _aliqua aures vestras **ambage fallentes**_ (O); _nobis nullus illorum_ (O) _poterit imponere_ (C^1) / Prud. cath. 6,46f. _mendax imago veris | animos pa-_

von der einen zur anderen Textstelle führen könnte, somit auch keinen
Anlaß zu einer Imitation auf Seiten des Anonymus. Bevor man sich
aber auf die wenig plausible Option einläßt, der Anonymus habe sich
die Floskel *sceleri scelus addere* aus einem inhaltlich ganz fremden Zusammenhang geholt, wird man angesichts der Livius- und Senecaparal-
lelen damit rechnen, daß derlei Phrasen zum gängigen Repertoire des
spätantiken Grammatik- und Rhetorikunterrichts (Südgalliens) gehör-
ten.

Die zweite Berührung zwischen Sedulius und dem Übersetzer des
Martyriums betrifft Pass. Pion. 5,3–5. Hier wird die Imitation einer in
carm. pasch. 5,51f. vorliegenden Formel vermutet. Berücksichtigt man
den jeweiligen Zusammenhang, müßte es sich dabei um eine Art Kon-
trastimitation im Verhältnis des Bekenners Pionius zum Schicksal des
Verräters Judas handeln: Von Judas sagt Sedulius, daß er besser nicht
geboren worden wäre, nicht den lebensspendenden Hauch des Tages-
lichtes geatmet und besser das Geschenk des Lebens nicht erfahren hätte, als es (durch seinen Frevel) nutzlos zu verwirken (so *perdere* oft seit
Seneca) – oder daß er, wenn er denn schon in einem Mißgeschick dem
Mutterleib entsprungen war, auf der Stelle die Gabe des Lebenslichtes
wieder verloren hätte[143]:

carm. pasch. 5,51 (*utinam ... nequisset*)
          natalem sentire diem, nec <u>luminis huius</u>
          *<u>hausisset</u> placidas flabris <u>vitalibus</u> **auras***[144]
          aeterno torpore latens, miseroque fuisset
          sors melior nescire d a t a m quam perdere <u>vitam</u>:
      55 *aut male fusus humo confestim m u n e r a <u>lucis</u>*
          perderet ut pulvis, quem ventus proicit ingens ...

Umgekehrt sucht der Neokore Polemon den gefangengenommenen Pionius zu überreden, daß er nicht in den Tod geht, sondern das Leben
wählt: Er verdiene es zu leben ... . Gut sei es, zu leben und den Hauch
dieses Lebenslichtes zu atmen. Dem stimmt Pionius zu, versteht aber
unter „den Hauch des Lebenslichtes einatmen" ein anderes Licht, das
Licht des jenseitigen Lebens. Es sei nicht Geringschätzung der Gaben

---

vore maestos | **ambage fallit** atra; Pass. Pion. 11,4* in <u>tenebrarum situ</u> (C_{ch}) et foetore
carceris constituti (cT) / Prud. cath. 1,43 rupto <u>tenebrarum situ</u>. WEYMAN (17) nennt
darüber hinaus Pass. Pion. 12,3 quasi videam me <u>divulsa membrorum compage</u> lacerari
(O²) / Prud. perist. 5,111f. <u>conpago</u> donec <u>ossuum</u> | <u>divulsa membratim</u> crepet.
143 Es ist dies ein später Nachklang des Sophokleischen Chorliedes Oed. Col. 1224–1227.
144 Neben Lukrez erinnert der Vers an die von Oedipus verursachte Pest in Senecas Drama,
vgl. Oed 79. 219f. (<u>haustusque tutos aetheris puri dabit</u>). 233 (mitia [vgl. o. placidas]
... sidera). 649–651 (<u>vitalis aura</u>). 1054–1058 (mitior caeli status – quisquis exilem ia-
cens [vgl. oben den Prudentiusvers] | animam retentat, <u>vividos haustus</u> levis | concipiat).

Gottes, wenn sie (die Christen) das irdische Licht verließen, sondern sie täten dies, weil sie die größere Gabe Gottes (das jenseitige Licht) vorzögen:

> Pass. Pion. 5,3–5 *Pioni, obtempera nobis* (O); *multa sunt enim* (H), *propter quae te vivere et valere conveniat* (O³). *Dignus es enim* <u>vita</u> (O¹) *cum morum tuorum* (T) *meritis tum mansuetudinis causa* (O). <u>Vivere</u> *bonum est et* **halitum** <u>huius lucis haurire</u> (O). *Cumque et alia multa narrarent* (O), 4. *Pionius ait:* <*Et*> *ego dico, quod* <u>vivere</u> *bonum est* (Cₘ³) *et usum* <u>lucis haurire</u> (O), *sed illius quem desideramus* (T). *Aliud est* <u>lumen</u> *illud* (T), *quod nos cupimus*, 5. *et haec Dei* m u n e r a (C) *non obliti deserimus; sed relinquimus* (H) *maiora cupientes* (O²) *et melioribus ista contemnimus* (C).

Wenn man den griechischen Mustertext vergleicht, sieht man den Übersetzer nahe bei seinem Vorbild. Allerdings werden die dort – wie WEYMAN richtig sagt – „schlichter" eingeführten Begriffe „Leben" und „Licht" weiter ausgestaltet und die ἔργα τοῦ θεοῦ der griechischen Vorlage, die dort beinahe objektiviert als Schöpfungstaten Gottes erscheinen, welche die Märtyrer zu verlassen entschlossen sind, stärker als „Geschenke" Gottes verstanden (*haec D e i m u n e r a n o n o b l i t i deserimus*). Dies könnte durch Sedulius befördert worden sein, der den Eintritt in das Leben als *m u n e r a lucis* bezeichnet, als ein Beschenktwerden mit der Teilhabe am Lebenslicht – ein Motiv, das zuvor durch *sors melior* und *datam … vitam* vorbereitet ist. Am stärksten aber scheinen die beiden Texte durch die unmittelbar voraufgehende Formel, die WEYMAN hervorgehoben hat, miteinander verknüpft: Dem *nec* <u>*luminis huius*</u> | <u>*hausisset*</u> *placidas flabris* <u>*vitalibus*</u> **auras** des Sedulius entspricht der Satz des Anonymus <u>*Vivere*</u> *bonum est et* **halitum** <u>*huius lucis haurire*</u>. Dieser liest sich wie eine gekünstelte Weiterentwicklung der Ausdrucksweise des Sedulius: An die Stelle des gewöhnlichen *auras haurire* tritt die pointierte figura etymologica *halitum haurire*, die zusätzlich gespeist sein könnte durch die *halitus*- und *haustus*-Stellen bei Seneca oder durch Formeln, wie sie Prudentius in perist. 14,58ff. bietet: *redderet ut reo* | <u>*lucem*</u> *iacenti; tunc iuveni* **halitum** | <u>*vitae*</u> *innovatum visibus integris*. Es konkurriert also auch hier die Annahme direkter Abhängigkeit von Sedulius mit der Möglichkeit, daß sich der Übersetzer einfach in dem breit verfügbaren Sprachfluidum der südgallischen Rhetorikschulen um die Mitte des 5. Jh.s bewegt.

Somit bleibt der oben erschlossene terminus post quem: Der Übersetzer schreibt in Kenntnis Cassians. Mit WEYMAN darf man Kenntnis des Sedulius für denkbar halten. Wir kommen mit hoher Wahrscheinlichkeit in die Zeit nach ca. 430. Die festzulegende Datierungsspanne sollte so bemessen sein, daß Cassians Schriften noch wirksam und die

Voraussetzungen für die Übertragung griechischer Märtyrerakten im Westen noch gegeben sind. Zwar bezeugen Boethius und Cassiodor Griechischkenntnis in Italien bis ins 6. Jh. und Sidonius Apollinaris weiß von seinem Freund Consentius aus Narbonne (Südfrankreich!) zu berichten[145], daß er beide Sprachen beherrschte und deshalb mehrfach in diplomatischer Mission nach Konstantinopel geschickt wurde[146]. Aber allein die Tatsache, daß dies eigens hervorgehoben wird, bezeugt den Ausnahmecharakter dieser Befähigung. Wenn man dies bedenkt und die Qualität des in der Passio durchgehend gewahrten Prosarhythmus[147] würdigt, erscheint eine Datierung um die Mitte des 5. Jh.s angemessen.

d) Literarischer Anspruch versus Übersetzungstreue

Dem selbständig umgestalteten Vorwort, mit dem wir unsere Erörterung begonnen haben, soll zum Abschluß die freie Ausgestaltung des Gangs zum Feuertod gegenübergestellt werden, damit einerseits die literarische Qualität des Textes[148] hinreichend gewürdigt, andererseits

---

145 Sidon. Apoll. carm. 23,228ff. (um 470 ?).

146 Siehe W. SCHETTER, Kaiserzeit und Spätantike, Stuttgart 1994, 420[40] (mit Verweis auf P. COURCELLE, Les lettres grecques en Occident. De Macrobe à Cassiodore, Paris 1943); vgl. aber auch 346–351.

147 Diese wird durch die ausgeschriebenen Proben hinreichend dokumentiert. Dem Autor ist auch der Kunstgriff des antekonsonantischen *atque* in der Formel zur Gewinnung einer Klausel geläufig, siehe 7,1 *dicentes atque suadentes* (O); 10,1 *his dictis atque transactis* (O); 12,15 *accusantes se invicem atque prodentes* (O); 14,5 *et sunt execrabiles atque maledicti* (cO²); 15,4 *tunc hyparchus subdolo atque composito* (tO³) *Pionium sermone compellat* (O). Außerhalb einer Klausel steht antekonsonantisches *atque* in der *Passio Pionii* ein einziges Mal: 4,19 *vidi terram vi divini ignis exustam* (O) *et in cinerem favillasque conversam* (cO) *omni humore atque fertilitate viduatam* (O²) als Wiedergabe von εἶδον γῆν πυρὶ τετεφρωμένην, ἄμοιρον παντὸς **καρποῦ** καὶ πάσης ὑγρᾶς οὐσίας. Da der Text hier nur in e i n e m Überlieferungszweig (ξ) erhalten ist, dieser auch sonst viele Flüchtigkeitsfehler aufweist, die griechische Vorlage aber die Übersetzung *fruge* nahelegt, halte ich es für wahrscheinlich, daß der überlieferte Text zu *omni humore atque f r u g e viduatam* (tO²) abgeändert werden muß. Die Verschreibung dürfte durch gedankliche Assoziation zustandegekommen sein. *Fruges* und *humor* findet man kombiniert bei Hieronymus (in Agg. 1,10 lin. 387f.), Iulianus von Aeclanum (in Am. 1,5, lin.127f.) und Gregor Magnus (moral. 22,20 lin. 39f.: *in unaquaque anima, ut ita dicam, internae gratiae* **humor** *exuberat, ut herba in* **frugem** *crescat*). Bei Curtius Rufus (5,1,12) findet sich einmal der Satz: *Causa f e r t i l i t a t i s est humor* (O).

148 Sie manifestiert sich auch in mancherlei Wort- und Klangfiguren, s. z. B.: 2,3 *funis vinculo ... colla circumdedit* (C): 4. *ut cum ab i n l a t u r i s vincula vincti invenirentur* (O), *scient, qui venerant* (Cm), *... cum essent vincula, priusquam iuberentur, i m p o s i t a* (cO³) – *et fidei testimonium* (H) *et voluntatis indicium* (O³). Zuvor schon in 2,1f. *vis persecutionis* (nach Oros. hist. 7,29,4?) *invenit; advenientia – adveniret; praevidit – vidit*; 3,5 *ut dum ipsi alios pellerent* (Cch), *ab aliis pellerentur* (T); 3,7 *ne subtraheren-*

aber auch der oftmals eingeschränkte Zeugniswert dieser lateinischen Übersetzung für die Textkonstitution bewußt gemacht sei.

Nach dem Urteilsspruch ging Pionius – so der griechische δ-Text – wegen seines Glaubenseifers eilends zum Stadium und entledigte sich, während der Amtsaufseher dabeistand, freiwillig seiner Kleider[149]. Hören wir, was der Übersetzer daraus macht:

> Pass. Pion. 21,1 *Ibat itaque vir tantus* (O¹) *futurus Christianis exemplo* (cS), *sacrilegis voluptati* (O). **Nec,** *ut ituris ad mortem solet* (C_m)*, lababant vestigia, titubabant genua, membra torpebant* (O)*, **non m e n s mali praescia** (C) *et certa iam mortis* (O) *relabentibus vestigiis impediebat incessum* (O)*: velox pedibus, alacer corpore, m e n t e securus* (O)*, absolutae a n i m a e* (O³) *ferebatur ad mortem* (O). *Cumque ad stadium pervenisset* (S)*, priusquam commentariensis iuberet* (cT)*, corpus suum ipse nudavit* (tO).

Außer dem Auftakt *ibat* und dem Schlußsatz bietet der Anonymus seinen eigenen Text, der beinahe ganz darauf ausgerichtet ist, das μετὰ σπουδῆς (διὰ τὸ πρόθυμον τῆς πίστεως) seiner Vorlage anschaulich umzusetzen: Durch *vir t a n t u s* wird der künftige Märtyrer verehrungsvoll erhoben; es folgen zwei parallel gebaute antithetische Kola (*Christianis exemplo, sacrilegis voluptati*), die die Quintessenz der folgenden Szene vorwegnehmen. Daran schließt sich eine wiederum antithetische Großperiode mit zwei voraufgestellten Negativsätzen (*nec …, non …*) an, die das übliche Verhalten der zitternd und zögernd zur Hinrichtung Wankenden ausmalen. Von diesen negativen Vordersätzen wird die positive Apodosis abgesetzt, die den raschen und behenden Todesgang des Glaubenszeugen schildert, der seiner selbst sicher und im Geiste gefestigt ist. Die Ersparung der Adversativpartikel *sed* verleiht dem Einsatz dieser positiven Schilderung besonderen Nachdruck. Effektvoll wird dem Trikolon des ersten Negativsatzes[150] das Anfangstrikolon der

---

tur miraculo (C_m), *aequiperabant ingenio quod natura **subtraxerat*** (C); 4,14f. *vento auferente **iactatur*** (tO) – *cum **iactant** in pelago retia* (C_ch); 4,19f. *vidi … vi divini … viduatam.* **vidi** … ***vidi***; 5,3 *vivere et valere conveniat* (O³); *… vita … vivere … et halitum huius lucis haurire* (O); 6,5 *cum vobis potestas vivendi esse non possit* (O); 10,1 *ut … vix undas populi praeclusus populi multitudine accessus* (tO) *egereret* (*praeclusus … accessus* ist Subjekt, *egereret* zielt auf das Objekt *undas populi*); 10,4 *habere non possumus potestatem* (CʃO); 15,5 *quid potestatis possit habere turmarius* (C); 20,5 *festinatione festinas* (tO).

149 MPion 21,1a (δ-Fassung) Ἀπελθόντος δὲ αὐτοῦ μετὰ σπουδῆς εἰς τὸ στάδιον διὰ τὸ πρόθυμον τῆς πίστεως καὶ ἐπιστάντος τοῦ κομενταρησίου ἑκὼν ἀπεδύσατο.

150 Man beachte den Gleichklang der drei Verba einerseits und der drei Substantiva andererseits mit der chiastischen Stellung des Schlußkolons: *lababant vestigia, titubabant genua, membra torpebant* (aAbBCc).

.ı Apodosis gegenübergestellt[151], das durch ein zusätzliches
..ɔglied mit veränderter grammatischer Form (Gen. qualitatis) zu
.em Tetrakolon ausgeweitet ist. Dieses bewußt abgesetzte Kolon *ab-
ɔolutae animae* variiert das voraufgehende *mente securus*. Dadurch
wird der Hauptbegriff des zweiten Negativsatzes (*mens*)[152] zweimal
aufgenommen und so gewissermaßen ein Ausgleich dafür geschaffen,
daß den beiden Negativsätzen nur eine positive Apodosis folgt. Durch
nec ut ituris ad mortem und *ferebatur ad mortem* wird die Großperiode und damit das ganze Gemälde vom Todesgang gerahmt. Das
Schlußkolon *ferebatur ad mortem* markiert den entschlossen zum Ziel
eilenden Schritt.

---

151 Auch hier ist das Schlußkolon wieder chiastisch zugeordnet: *velox pedibus, alacer corpore, mente securus* (aAbBCc). Ein weiteres Trikolon folgt in 22,1 *pura simplicitas,
fides pertinax* (O³∫C), *innocentia perseverans* (T); dort steht der Chiasmus zu Beginn
(aABbCc).
152 Auch dieser wird wieder durch zwei attributive Kola in chiastischer Stellung entfaltet:
non mens mali praescia et certa iam mortis (AbbA) *relabentibus vestigiis impediebat
incessum.* Durch *relābentibus vestigiis* wird das *lăbabant vestigia* des Vordersatzes mit
prosodischer Raffinesse (-lăb-/-lăb-) variiert.